스마트 공공 서비스를 위한
빅데이터 기반 예측 행정 시스템

도서출판 윤성사 070
스마트 공공 서비스를 위한
빅데이터 기반 예측 행정 시스템

초판 1쇄 2020년 8월 15일

지 은 이 이동규
펴 낸 이 정재훈
디 자 인 ㈜ 디자인 뜰

펴 낸 곳 도서출판 윤성사
주　　소 서울특별시 서대문구 서소문로 27, 충정리시온 제지층 제비116호
전　　화 편집부_02)313-3814 / 영업부_02)313-3813
전자우편 yspublish@daum.net
등　　록 2017. 1. 23

ISBN 979-11-88836-60-4 (93350)
값 22,000원

ⓒ 이동규, 2020

저자와의 협의에 따라 인지를 생략합니다.

잘못 만들어진 책은 구입하신 서점에서 교환 가능합니다.

스마트 공공 서비스를 위한
빅데이터 기반 예측 행정 시스템

Ⅱ
미래 불확실성에 대응하기 위한 이동규 교수의
예측 행정 시스템 벤치마킹 보고서

이동규

BIG DATA-BASED PREDICTION SYSTEM
FOR SMART PUBLIC SERVICE

도서
출판 윤성사
YOONSEONGSA

머리말

이 책은 미래 불확실성에 대응하기 위한 예측 행정 시스템 연구보고서를 소개하는 두 번째 시도이다. 최근 주목받고 있는 '빅데이터 기반의 스마트 공공 서비스'라는 주제에 대하여 메커니즘 기반 관점에서 '국내외 예측 행정 시스템'을 벤치마킹해 보려는 시도이다.

미래 스마트 공공 서비스를 위해서는 빅데이터와 행정의 현실적 접점을 행정 업무 효율성 향상과 사전적 공공 서비스 제공에 두는 것이 중요해졌다. 또한 행정 혁신을 제고하기 위한 '예측 분석'이 주목받게 되었다. 따라서 예측분석의 가능성과 빅데이터 기반 예측 행정 시스템의 현실적 추진 방향을 탐색해 보고자 노력하였다. 예측분석을 위한 빅데이터 기반 예측 행정 시스템을 형상화하고, 이를 위한 기술적·정책적 조건을 탐색하며, 추가 고려 사항 및 성공적인 과제 등을 도출하기 위한 제도적 노력을 벤치마킹하고자 노력하였다. 이를 위하여 빅데이터 분석 기술의 진화 흐름 속에서 빅데이터와 예측분석 그리고 행정의 실행 단계 간의 구체적 접점과 결합 방향을 개념적인 수준에서 모색하였다.

이런 맥락에서 조동성 교수(현 인천대학교 총장, 현 서울대학교 명예교수)가 제안한 '메커니즘 기반 관점'에서 국내외 예측 행정 시스템을 비교하여 예측 행정의 당위성과 가능성을 탐색하였다. 특히 시스템의 개념과 용도, 시스템 성능 요건과 이에 부합하는 기술 요소를 탐색하여 시스템의 구조와 기능을 메커니즘 기반 관점에서 제시하려고 노력하였다.

이상의 검토를 종합하여 정책적 함의와 법·제도 측면에서의 고려 사항 등을 제언하였다. 다른 한편으로는 실행가능성에 대한 검토도 동시에 진행하여 빅데이터 기술과 행정의 현실적·실천적 접점에 대한 중요한 시사점을 제시하고자 노력하였다.

첫째, 다양한 행정 관련 데이터 소스의 자동적 통합을 통하여 '행정 통합 빅데이터'를 구성할 수 있다. 둘째, 통합 빅데이터를 활용하여 행정 전 단계에 걸쳐 실시간 모니터링을 통하여 상황 인지를 향상시킬 수 있다. 셋째, 빅데이터 기반 예측분석을 통하여 행정의 사전 예측가능성을 높일 수 있으며, 사건이나 사고의 경우에는 예측을 통한 대비 과정을 통하여 재난 피해를 완화할 수 있다. 넷째, 빅데이터 기반 예측·처방적 분석을 통하여 행정 과정에서 필요한 최적의 의사결정과 신속한 대응 행동을 지원할 수 있다. 다섯째, 과거·현재·미래 데이터에 대한 통합적 빅데이터 분석을 통하여 미래에 선제적으로 대비하는 정책을 위한 사전 기획을 지원할 수 있다.

이 책은 빅데이터를 활용한 현실적인 예측 행정 시스템의 구축 방향을 모색해 보려는 선도적·실험적 연구 보고서이다. 한편으로는 두 분야의 결합을 모색하는 사고의 틀을 제시하고, 그 방안을 기술적으로 탐색해 보려고 시도하였다. 다른 한편으로는 후속 연구와 논의를 촉발하기 위한 문제 제기를 한 측면에서 그 의의가 있다. 이 책이 이러한 고민을 하는 분들에게 도움이 되기를 바라며, 독자 여러분의 질책과 고언을 기다린다.

이 책을 내놓으면서 일찍부터 미래 불확실성에 대응하기 위하여 예측 행정의 중요성을 일깨워 주신 은사 박형준 교수님께 감사드린다. 그리고 예측 행정 시스템에 대한 큰 관심을 갖게 해 주신 국회 박선춘 기획조정실장님, 국회 김철희 수석전문위원님, 행정안전부 김용균 실장님, 임현우 과장님, (주)파란인텔리전스 오재석 대표님, (주)사이람의 김강민 상무님, 그리고 미래 연구에 대한 기회의 장을 조성해 주신 (사)미래학회 이광형, 김동환 전·현직 학회장님 이하 임원진분들께 감사의 인사를 드린다.

이 책을 완성하는 데는 늘 가족과 우리 연구실의 학술 동료분들이 뒤에 있었다. 집필에 집중할 수 있도록 불편을 참아준 아내 양고운 변호사와 딸 시윤이에게 이 책 출판의 기쁨을 함께 나누고 싶다. 또한 학술 동료이자 'Team Invictus 1951' 동지인 박한흠, 김진석, 박현욱 박사님, 윤종원, 주성필, 강소라, 오희택, 류승훈, 유재룡, 김종수, 초운용, 박종율, 조정호, 김태헌, 이혜민, 김경태, 오태규, 이주연, 이영채, 강현칠 선생님에게도 감사의 마음을 전한다. 무엇보다 연구실과 긴급대응기술정책연구센터에서 고생하고 있는 이영웅, 김정훈, 김예슬, 임난영 특별연구원에게 고마움을 전한다. 그리고 동아대학교 기업재난관리학과 김병권 교수님과 학생분들에게도 감사의 마음을 전한다.

오랜 청춘의 방황을 끝내고 무언가에 집중할 수 있는 이유를 알려준 존경하는 장경환 교수님과 김종범 선배에게 깊이 감사드린다. 그리고 대학원을 마치고 첫 직장이었던 국회예산처 경제예산분석과에서 함께 근무하였던 동료분들을 통하여 행정에 대한 실제(practice)와 실천(praxis)

을 배울 수 있었다. 이 기회를 통하여 감사한 마음을 전하고자 한다.

  책의 내용이 다소 집필 목적에 맞게 서술되지 않았거나 미비한 부분이 있다면 전적으로 저자의 부족함 때문이다. 그런 부분이 있다면 언제든지 알려주길 바라며, 그 점은 보완하고 수정해 나갈 것임을 약속드린다. 또한 저자 개인의 학술적인 역량 부족은 학술 동료들과 함께 더욱 키워나가려고 노력할 것임을 밝힌다.

  마지막으로 책이 나오기까지 도움을 아끼지 않은 윤성사의 정재훈 대표님과 원고를 다듬고 교정하느라 고생한 편집진에도 깊이 감사드린다.

2020년 8월

이 동 규 씀

목차

머리말 / 4

제1편 빅데이터 기반의 예측 행정 시작하기　　11

제1장 빅데이터 기반 예측 행정의 이해　　13
1. 빅데이터의 의의 / 14
2. 빅데이터의 개념과 동향 / 16
3. 빅데이터 분석의 트렌드 / 18
4. 데이터 마이닝의 이해 / 22
5. 예측 행정과 예측 행정 시스템의 정의 / 24
6. 빅데이터 기반 예측 행정 시스템 / 30

제2편 예측 행정 사례 알아보기　　33

제2장 스마트 민원행정 통합 서비스 분야　　35
1. 미국 로스앤젤레스시의 MyLA 311 사례 / 35
2. 미국 워싱턴특별구의 Grade.DC.Gov 사례 / 39
3. 미국 아칸소주의 Gov2Go 사례 / 43

제3장 스마트 치안행정 분야　　48
1. 미국 뉴욕시의 CompStat(Compare Statistics) / 50
2. 미국 멤피스시의 Blue CRUSH(Crime Reduction Utilizing Statistical History) / 64
3. 미국 샌타크루즈시의 PredPol(Predictive Policing) / 72

제4장 스마트 재난관리의 시작 : 감염성 질병·약물 및 식품관리·공중위생 분야   80
1. 인공위성 데이터를 이용한 감염성 질병 연구 / 80
2. 약물 및 식품관리에서의 빅데이터 / 83
3. 빅데이터를 이용한 공중위생의 개선 / 85
4. 규모에 따른 질병 확산의 모형화 / 86

제5장 스마트 재난관리의 다양한 접근 : 빅데이터 기반 예측적 재난관리의 방향   88
1. 재난관리의 이해 / 89
2. 재난관리에 이용되는 빅데이터 / 90
3. 빅데이터 기반 예측적 재난관리의 의의와 제도화 방향 / 100

제3편 빅데이터 기반 예측 행정 시스템의 사례 살펴보기   105

제6장 빅데이터 기반 예측 행정 시스템의 국외 사례   107
1. 생활안전 분야 – Vision Zero Boston / 107
2. 홍수통제 분야 – Overflow Control System / 118
3. 공중보건 분야 – Drug Dashboard / 126
4. 산불진화 분야 – FireMap / 130

제7장 빅데이터 기반 예측 행정 시스템의 국내 사례   149
1. 통계 생산 및 산업화 지원 서비스 분야 – 통계데이터허브 / 149
2. 지능형 납세 서비스 분야 – 국세청 빅데이터센터 / 160
3. 맞춤형 보건의료 서비스 분야 – 보건의료 빅데이터 개방시스템 / 171
4. 기상기후 예측 서비스 분야 – 날씨마루 / 185

5. 국내 사례의 시사점 / 200

제8장 빅데이터 기반 예측 행정 시스템의 이해와 도입 추진   207
1. 예측 행정 시스템의 전략 추진 방향 / 207
2. 스마트 공공 서비스를 위한 빅데이터 기반 예측 행정 시스템의 이해와 실천 / 214

〈부록〉
1. 조직에서 추구하여야 할 빅데이터의 중요성 / 225
2. 빅데이터 활용 사례 : 정책결정 시스템을 중심으로 / 231
3. 국내외 사례를 통하여 본 빅데이터와 재난관리의 결합 방향 / 241
4. 유엔 글로벌 펄스의 헌치워크스 사례 / 247
5. 미래 예측과 구분되는 주요 개념 / 256
6. 미래 예측적인 행정운영 체계를 위한 예측 행정 시스템의 개념 및 발전 방향에 대한
   제안 : 재난이나 위기에 강한 도시 공동체의 회복력 강화를 중심으로 / 260
7. 도시 미래를 위한 빅데이터 기반 예측 행정 시스템의 구조 및 기능 설계 / 284
8. 도시 미래를 위한 빅데이터 기반 예측 행정 시스템 운영 및 활성화 방안 / 299
9. ser-M 분석 요약 : 빅데이터 기반 예측 행정 시스템 국내 자치단체 수준 사례 / 309
10. 그림으로 보는 스마트 공공 서비스를 위한 빅데이터 기반 예측 행정 시스템 활용 사례 / 329
11. CRISP-DM 예측 모델링의 이해 / 344

참고 문헌 / 354
찾아보기 / 361

01편

빅데이터 기반의
예측 행정 시작하기

빅데이터 기반 예측 행정의 이해

> "측정하지 않은 것을 관리할 수는 없다(You can't manage what you don't measure)." 정확한 측정은 관리의 선결 요건이다. 오늘날 기술의 발전으로 예전에는 데이터 형태로 남길 수 없었던 것들까지 디지털-데이터화(digital + datafication)할 수 있게 되면서 사회는 영역에 불문하고 '데이터 홍수(data deluge)'를 경험하고 있다. 이러한 빅데이터를 '적절하게 처리하고 분석할 때', 개인과 회사는 물론이고 지방자치단체와 정부는 미래경제적 효익을 누릴 수 있게 된다.

현재 데이터는 전 세계에서 예측할 수 없는 정도로 생산되고 있다. 다양한 원천으로부터 생산되는 데이터를 분석, 저장, 처리, 시각화하고 다양한 목적으로 활용하기 위한 발전이 이루어지고 있다. 정보통신기술(ICT)을 이용하는 도구들은 좀 더 빠르고 효율적이며 접근성을 개선하는 방향으로 계속 발전되고 있다. 폭발적으로 증가하는 데이터의 양은 정부와 지방정부, 그리고 공공기관에게 폭넓은 이용 가능성을 제공한다. 이러한 상황에서 빅데이터는 주요한 관심사가 되어 사회·경제적인 비용 절감뿐만 아니라 공공 서비스의 효율성 제고 및 경쟁력 강화를 위한 주요 수단으로 인식되고 있다.

1 빅데이터의 의의

빅데이터(big data)는 규모·다양성·속도의 증가 특성을 가지고 있고, 단순한 데이터의 크기가 아니라 데이터의 형식과 처리 속도 등을 포괄하는 개념이다. 즉, 데이터를 수집·저장·관리·분석이 어려운 대량의 정형 또는 비정형 데이터의 집합 그리고 이러한 데이터로부터 가치를 추출하고 결과를 분석하는 기술을 의미한다. 이와 같이 빅데이터는 데이터와 분석 둘을 동시에 가지고 있으므로 분석을 통해서만 데이터의 가치가 발생할 수 있다. 따라서 빅데이터에는 분석의 의미가 반드시 포함되는 것으로 이해하여야 할 것이다.

빅데이터는 일반적으로 데이터의 크기(Volume), 다양성(Variety), 생성 및 처리 속도(Velocity), 신뢰성 또는 진실성(Veracity) 등의 특성을 바탕으로 4V로 정의하였다. 최근에는 데이터의 유용성을 판단하는 데이터의 가치(Value), 유효성(Validity), 그리고 시각화(Visibility) 등 갖가지 V를 추가하면서 빅데이터에 대한 정의가 확대되고 있다. 빅데이터의 연산틀(paradigm)은 데이터의 저장, 처리 및 보호를 위한 데이터 관리 프로그램과 기술로 구성되어 있다. 상이한 데이터원으로부터의 데이터가 의사결정을 위하여 이용되는 것은 복잡한 과정을 거치게 된다. 빅데이터 관리의 주요한 목적은 데이터의 가치와 의사결정을 위한 이용가능성을 향상시키는 것이다. 빅데이터의 연산틀은 〈표 1-1〉에서 보듯 ① 숨겨져 있는 경향을 밝히기 위한 데이터의 수집에 관한 방법론(methods), ② 적은 비용으로 데이터를 저장하기 위한 데이터베이스 관리 체계를 제공하는 저장(bstorage), ③ 클라

〈표 1-1〉 빅데이터 연산틀

영역	하위 영역	개요
방법론 (methods)	데이터 마이닝 (data mining)	유의미한 경향과 규칙성을 파악하기 위하여 대량의 데이터를 탐색하는 과정
	기계학습 (machine learning)	인공지능(AI)을 이용하여 지식을 탐구하고 지적인 의사결정(intelligent decision)을 내리는 과정
	통계분석 (statistical analysis)	데이터의 취합, 분석, 해석, 표현 및 조직화에 대한 과정
	분석도구 (analytical tools)	원천 데이터를 조사하여 숨겨진 경향, 연관성 등을 밝히는 과정
저장 (storage)	데이터 저장소 (data warehouse)	조직 내의 폭넓은 원천으로부터 데이터를 취합하고 의사결정을 위하여 이용하는 데이터 저장 장소
	NoSQL 데이터베이스 (NoSQL database)	임시로 신속한 조직화와 분석을 가능하도록 하는 독립적이고 분산된 데이터베이스
	인 메모리 데이터베이스 (in memory database)	데이터의 저장을 위하여 일차적으로 이용되는 메인 메모리
처리 (processing)	하둡 엔진 (Hadoop engines)	빅데이터를 높은 신축성과 내구성을 가지면서 더 저렴한 비용으로 저장하고 처리하도록 하는 자바(Java) 언어를 기반으로 하는 공개 프로그램
	실시간 분석 (real-time analytics)	처리 과정의 대응성에 대한 것으로 데이터의 수령과 동시에 또는 즉시 유용한 판단을 제공
	클라우드 소싱 (cloud sourcing)	정보통신 자원을 외부에 이전함으로써 비용을 절감하고 기술자들이 더 적은 자원으로 이용할 수 있도록 함.
표현 (representation)	시각화 (visualizations)	특정한 목표에 관한 주요 지표를 일목요연하게 볼 수 있도록 제공

우드상의 처리를 위한 플랫폼을 제공하는 처리(processing), ④ 실시간의 데이터에 기초한 상황판과 시각화를 형성하는 소프트웨어를 제공하는 표현(representation)의 네 개 주요 영역으로 구분된다.

빅데이터는 미래의 경쟁력을 높일 수 있는 주요 자원으로 활용될 수 있다는 측면에서 주목받고 있다. 대규모 데이터 분석을 통하여 의미 있는 정보를 찾아내려는 노력은 이전에도 있었다. 그러나 지금의 빅데이터 관련 전반적인 환경은 과거와 달리 데이터의 양과 질 및 다양성, 그리고 활용 측면에서 기존 사고 방식자체를 바꿔야 한다는 것을 보여준다. 빅데이터의 활용에 대한 대부분의 연구는 민간 부문에서 이익을 창출하고 유지하는 데에 중점을 두고 있다. 하지만 정부·지자체·공공기관에서의 빅데이터 활용은 시민이 필요로 하는 맞춤형 행정 또는 스마트한 공공 서비스 제공을 가능하게 한다.

2 빅데이터의 개념과 동향

빅데이터가 무엇인가에 대해서는 수많은 기사와 자료, 연구 결과에서 이미 충분히 언급하여 왔다. 빅데이터를 어떤 관점에서 보는가에 따라 뉘앙스의 차이는 있지만 대동소이하다. 요약하면, 빅데이터의 속성은 '크다(volume)', '다양하다(variety)', '빠르게 생성된다(velocity)' 등이며, 그렇기 때문이 '다루기 어려운 거친 데이터'이다. 그리고 지금까지 빅데이터와 관련된 논의는 주로 '이런 데이터는 어떻게 다루어야 하는가?(기술적 측면)', '이런 데이터를 어디에 쓸 것인가?(사회경제적 측면)', '이런 데이터가 추가적으로 어떤 문제를 야기하는가?(정책적 측면)' 등과 같은 주제를 중심으로 이루어져 왔다.

우리의 입장에서 빅데이터는 분명 외생적인 개념이다. 그동안 국내에 수없이 보급되었던 IT 기술처럼 빅데이터 역시 외부에서 주입 또는 강요된 것이다. 그렇기 때문에 일시적 유행이나 부분적인 도입으로 그칠 수도 있는 현상이었다. 요즘도 많은 사람이 '과연 우리나라에, 정부·지자체·공공기관이나 기업에 빅데이터가 있는가?'라고 질문하면서 냉소적인 태도를 취하기도 한다. 그러나 빅데이터의 파장은 예상외로 상당히 크게 우리 사회의 많은 부분을 뒤흔들어 놓았으며, 아직도 진행 중이다.

왜 그럴까? 그 이유는 아마도 무언가 '정곡'을 찔렀기 때문일 것이다. 서서히 거품이 걷히면서 드러나는 것은, 사람의 '경험'과 '직관'에 과도하게 의존해 온 기존 관행에 대한 비판과 성찰로 보인다. '감(gut-feeling)'으로 하는 의사결정의 한계와 그것이 경쟁력이 없다는 사실을 느끼게 되었다는 것은 빅데이터 현상이 낳은 의외의 '부작용'이다. 적어도 공식적으로는 데이터와 분석의 중요성을 인정하기 시작하였기 때문이다.

빅데이터에 대한 관심이 폭발한 최근 2~3년 동안은 초기 수용자들이 데이터의 크기에 압도된 기간이었다. 엄청나게 큰 데이터를 어떻게 다룰 것인지가 도전 과제였기 때문에 빅데이터를 처리할 수 있는 인프라의 도입이 우선적인 관심사였다. '일단 모아서 쌓아놓자'는 식이었다. 물론 비용효율성에 대한 고려도 상당히 이루어졌다. 하지만 그것은 엄밀하게는 빅데이터의 효과라기보다는 오픈소스(open source: 공개된 정보)의 효과라고 볼 수 있다. 빅데이터 논의가 하둡(Hadoop)과 같은 오픈소스 프로젝트로부터 촉발된 측면이 강하기 때문이다. 그리고 오픈소스 소프트웨어의 생태계가 현재까지 빅데이터 기술을 떠받치고 있는 측면이 강하기 때문이다. 따라서 기존 시스템 인프라를 유지하는 것보다 비용이 더 절감된다는 주장이 설득력을 가질 수 있었다. 하지만 빅데이터 인프라의 초기 도입자들은 매우 실망하였다. 기술의 안정성도 문제였지만 그보다 더 큰 문제는 용도와 가치를 찾아내지 못하였기 때문이다. 데이터의 양과 소프트웨어만 달라졌을 뿐 그것으로 하는 것은 과거(Business Intelligence: BI)와 변한 것이 크게 없었기 때문이다. 극단적으로는 '쓰레기를 정성들여 쌓아놓은 형국'에 비유하는 사람들도 있다. 데이터 자체가 쓸모없는 것일까, 아니면 데이터로부터 쓸모를 찾아내지 못했기 때문에 쓸모가 없어진 것일까에 대한 논의가 부족하였다.

한편, 빅데이터에 대한 관심의 방향은 최근에 변화하기 시작하였다. 분석과 통찰력, 그리고 새로운 가치를 강조하는 주장이 주류를 이루고 있다. 이는 당연한 결과이며 어쩌면 처음부터 그랬어야 하는 것이었는지도 모른다. 빅데이터 분야에서 통찰력을 가진 전문가들은 처음부터 빅데이터를 데이터의 문제가 아니라 분석의 문제라고 보았기 때문이다. 나아가 빅데이터의 핵심은 '예측'에 있다고 주장하기도 한다. 즉, "빅데이터는 엄청난 양의 데이터에 수학을 적용하여 확률을 추론하려는 노력이라고 보는 것이다. 어느 이메일이 스팸 메일일 가능성, 무단횡단 중인 사람의 궤도와 속도로 보아 그 사람이 제때 길을 건널 가능성, 무인 자동차가 속도를 살짝 늦춰야 할 가능성 같은 것들 말이다. 이런 시스템이 잘 작동하는 것은 예측에 필요한 많은 데이터를 공급받기 때문이다. 그리고 시스템이 스스로 개선되어 나갈 수 있도록, 더 많은 데이터가 들어오면 어느 것이 최상의 신호이고 패턴인지 기록해 나가게끔 설계되어 있기 때문이다"(Mayer-Schönberger & Cukier, 2013: 27). 빅데이터에 대한 이런 설명은 스마트 공공 서비스와의 접점을 탐색하는 데 많은 시사점을 안겨준다.

3 빅데이터 분석의 트렌드

빅데이터의 핵심이 분석에 있다면 무엇에 주목하여야 하는가? 최근의 빅데이터 분석과 관련된 논의 중 스마트 공공 서비스와 관련하여 주목할 필요가 있는 흐름은 세 가지로 요약된다.

첫 번째는 데이터 통합의 중요성이다. 데이터 속에는 분명 발굴할 만한 가치가 내재되어 있지만 그것은 훨씬 더 큰 소음(noise) 속에 감싸여 있다. 다시 말해, 소음으로부터 신호, 즉 가치를 분리해 내는 작업은 많은 시간과 비용을 수반하게 된다. 그리고 단일 데이터에서는 발견하기 어려운 가치를 연계·연결된 복합 데이터에서 발견하게 되는 경우가 더 많기 때문에 어떤 데이터와 어떤 데이터를 함게 분석할 것인지가 빅데이터를 다루는 데 핵심적인 통찰력이 되었다. 따라서 단일 데이터의 크기와 무관하게 어떤 데이터를 연계·통합하여 빅데이터를 구성할 것인지가 중요한 의사결정 사항이 된다. 스마트 공공 서비스 측면에서는 센서 데이터, 정부 공동활용 정보, 그리고 민간 데이터 등 흩어져 있는 다양한 데이터 소스를 파악하여야 한다. 또한 모니터링과 분석의 용도에 맞게 통합 대상 데이터와 통합의 방식을 선택하여야 할 것이다. 이와 함께 새로운 용도와 요구 사항을 수용할 수 있도록 지속적인 통합이 가능한 기술과 인프라를 선정하는 것도 중요한 고려 사항이다. 빅데이터 사업은 데이터 통합에서부터 시작된다고 보아도 과언이 아니다.

두 번째는 데이터 분석의 고도화이다. 세계적으로 빅데이터가 빅 이슈로 등장하면서 데이터 분석 방법에 대한 관심도 동시에 고조되고 있는데, 이와 관련하여 두 가지를 살펴볼 필요가 있다. 그것은 '분석 3.0' 논의와 '분석 성숙도 모델(analytics maturity model)'이다. 다음 [그림 1-1], [그림 1-2] 분석 3.0은 국제분석연구소(International Institute for Analytics: IIA)의 설립자이자 데이터 분석 분야에서 세계적으로 가장 영향력 있는 인물이기도 한 토머스 데이븐포트(Thomas H. Davenport)가 주창한 개념이다. 데이터 분석이 '빅데이터 시대'를 넘어 '빠른 통찰력의 시대(the age of rapid insights)'로 진화하고 있으며, 분석의 목적 측면에서는 간접적인 기여에서 직접적인 기여로 변화하고 있음을 강조한다. 또 분석 방법적인 측면에서는 전통적인 설명적·진단적 분석에서 빠른 통찰력을 얻을 수 있는 예측적·처방적 분석으로 진화하고 있다[1](Davenport, 2014: 240-272)고 주장한다 (〈표 1-2〉 참조). 스마트 공공 서비스 중에 재난관리 측면에서는 재난의 예방, 대

---

1) 데이터 분석 방법의 수준은 가트너(Gartner)가 제시한 '분석 성숙도 모델(Analytics Maturity Model)'이 널리 인용되는데, 가트너는 분석의 수준을 설명(descriptive), 진단(diagnostic), 예측(predictive), 처방(prescriptive)으로 나누고 처방적 분석으로 갈수록 난이도와 가치가 높아진다고 본다([그림 1-1], [그림 1-2]).

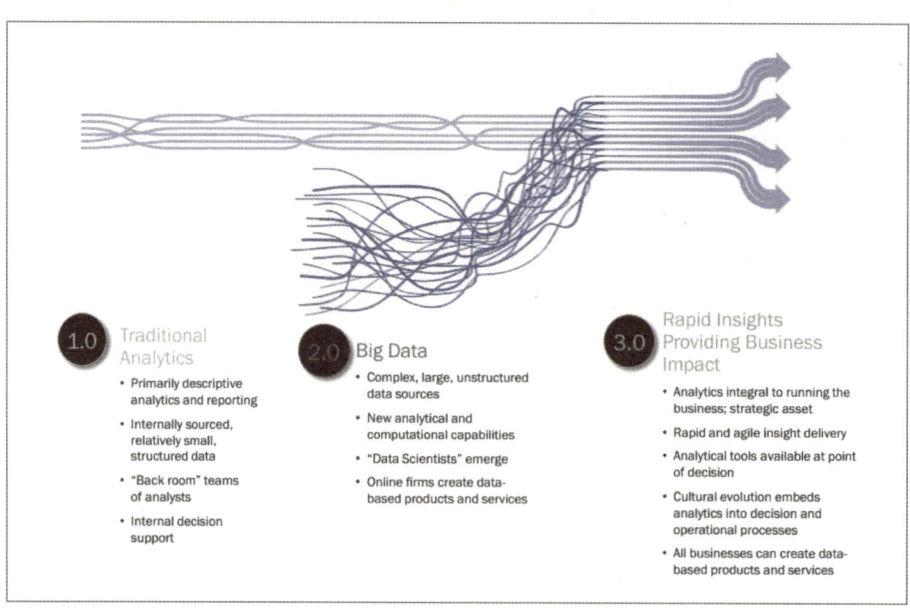

출처: Davenport(2013: 8).

[그림 1-1] 데이터 분석의 진화

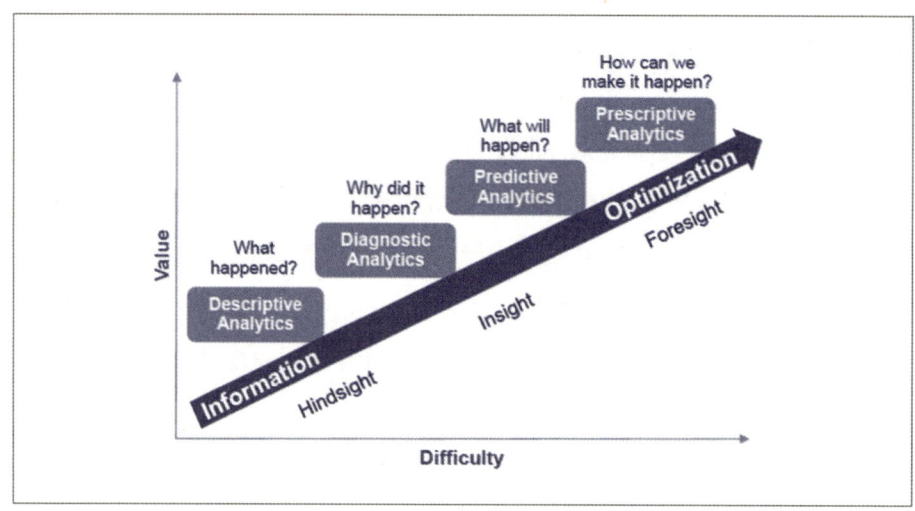

출처: Gartner(2011).

[그림 1-2] 가트너의 분석 성숙도 모델

비, 대응, 복구 단계별로 필요한 데이터 분석의 내용과 방법이 다르다. 다만 특이한 점은 주요 선진국에서 예방과 대비 단계에서 예측분석을 위하여 빅데이터를 활용하려는 노력이 많이 이루어지고 있다는 것이다.

〈표 1-2〉 데이터 분석의 진화(Analytics 3.0)

구분	분석 1.0	분석 2.0	분석 3.0
시대 구분	전통적 분석(BI) 시대	빅데이터 시대	빠른 통찰력의 시대
분석 목적	내부 의사결정	새로운 제품	의사결정과 제품
데이터 형태	소규모, 구조화	대규모, 비구조화	모든 형태 결합
창조 접근 방식	장기 일괄 처리 방식	단기 애자일(agile) 방식	단기 애자일 방식
주 기술	소프트웨어 패키지	공개형 소프트웨어	광범위한 조합
주 분석 형태	설명적	설명적 · 예측적	처방적

출처: Davenport(2014: 263).

세 번째는 분석의 속도 및 수준과 관련된 것으로 실시간 의사결정을 지원하는 것이다. 전통적인 분석 방법이 사후적인 진단과 미래 개선에 초점이 맞추어져 있었다면, 현재의 데이터 분석 트렌드는 현재 직면하고 있는 문제를 해결하는 데 분석이 기여하여야 한다는 방향으로 이동하고 있다. 이를 위하여 빅데이터 분야에서 실시간 데이터 수집과 통합, 그리고 분석 기술이 빠르게 발전하고 있으며, 많은 기업이나 연구소를 통하여 다양한 솔루션이 선을 보이고 있다. 스마트 공공 서비스를 위해서는 이루어져야 할 수많은 의사결정과 그 속도를 고려할 때 데이터 분석에 의한 실시간 의사결정 지원은 매우 중요한 주제가 될 수 있다. 더 나아가 의사결정 자동화(decision automation)까지 지원할 수 있다면 실질적인 처방적 분석의 수준에 이를 수 있을 것이다.

4 데이터 마이닝의 이해

데이터 마이닝(data mining)은 대략 반세기가 넘는 역사를 통하여 발전해 왔다. 한 외(Han et al., 2012)는 데이터 마이닝을 "방대한 양의 데이터에서 흥미로운 패턴과 지식을 발견하는 과정(the process of discovering interesting patterns and knowledge from large amounts of data)"으로 정의하였고, [그림 1-3]과 같이 (데이터 마이닝의 토대가 된) 데이터베이스 시스템 기술의 발전에 대하여 요약하였다.[2]

오늘날 데이터 마이닝은 상호연결성이 크게 증진된 상황에서 여러 종류의 데이터를 추출, 분석, 결합하여 정보로 변환하여야 하는 과제를 안고 있다.

예측 행정의 조작적 정의는 구체적인 모형설계(modeling)에 활용된다. 빅데이터의 존재와 그 유용성이 분명하게 평가받았다. 그럼에도 여전히 데이터 마이닝 기법과 관련된 프로젝트를 발주하는 '소비자들' 중에 여전히 데이터 마이닝이 버튼 몇 개만 누르면 저절로 유용한 결과와 교훈으로 이어질 것이라고 여기는 이들이 있다. 반면에, 데이터 마이닝 실무를 진행하여야 하는 이들은 다음의 이유로 삼중고(三重苦)를 겪고 있다.

① 데이터 마이닝에 능숙한 '신뢰할 수 있는' 전문가를 확보하기 어렵다는 점,

② 데이터 마이닝 프로젝트에 적용할 표준 프레임워크(standard framework)가 존재하지 않는다는 점,

---

[2] 1960년대부터, 데이터베이스와 정보 관련 기술은 원시적인 파일 처리 시스템에서 정교하고 강력한 기능을 수행할 수 있는 데이터베이스 시스템으로 체계적으로 변모하여 왔다. 1970년대부터 데이터베이스 시스템 관련 연구는 위계서열형-네트워크 데이터베이스(hierarchial and network database) 시스템에서 관계형 데이터베이스(relational database) 시스템으로 발전할 수 있는 원동력이 되었다. 이 과정에서 데이터 모델링 툴(data modeling tool), 색인형 방법(indexing model), 질의어(query language), 사용자 인터페이스, 질의어 최적화, 교환 과정 관리기법도 개발되었다.

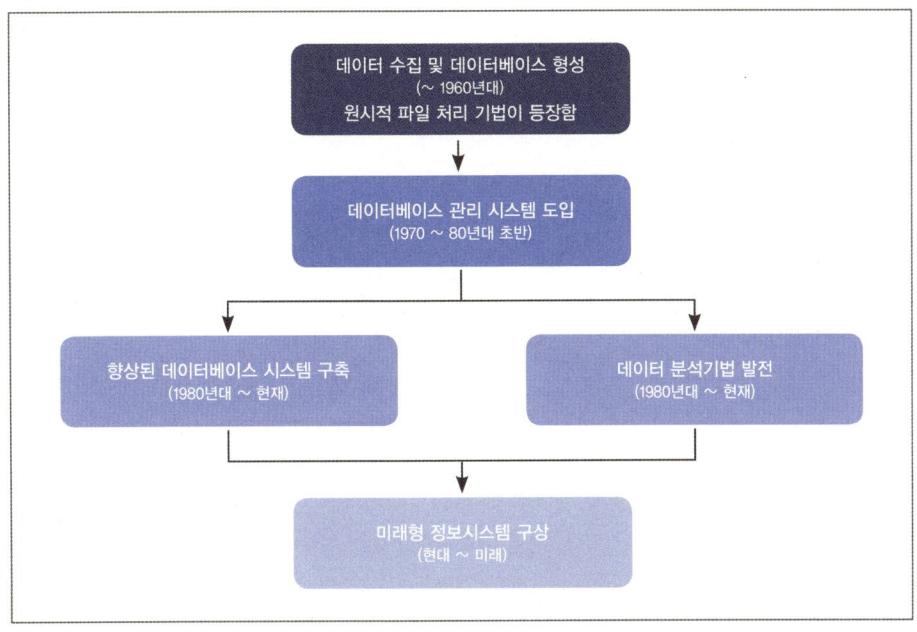

출처: Han et al.(2012: 3)을 재구성.

[그림 1-3] 데이터베이스 시스템 기술의 발전

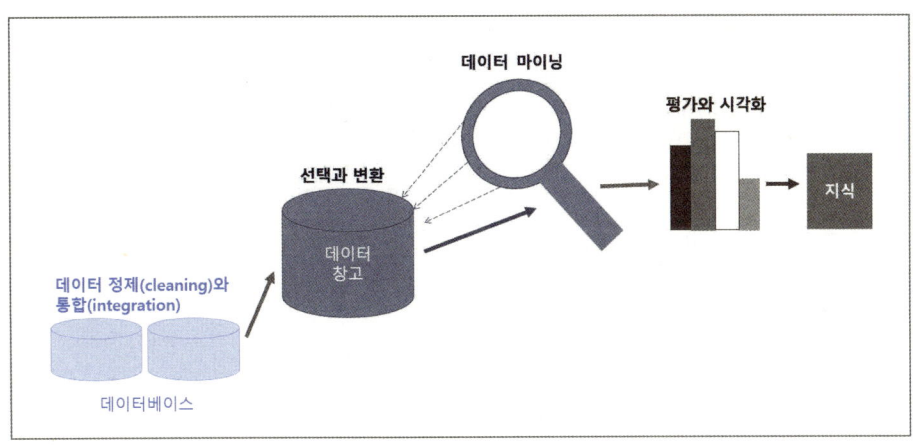

출처: Han et al.(2012: 6-8)을 재구성.

[그림 1-4] 데이터 마이닝을 통한 지식 발견

③ 데이터 마이닝에 관한 이해도 차이로 인하여 실무자가 아닌 조직 구성원들과의 커뮤니케이션이 어렵다는 사실 등이다.

데이터 마이닝은 다양한 툴(tool)과 다수의 유능한 인력이 갖추어져야 성공할 수 있는 복잡한 과업이다. 데이터 과학자(data scientist)의 양성에 대한 논의가 중요한 이유가 여기에 있다. 그리고 모형설계는 표준 프레임워크 도출을 시도한다. 따라서 실무자들은 데이터 마이닝 프로젝트의 유형에 따라 약간의 변형(adaptation) 절차만을 고려하면 관련 프로젝트를 성공적으로 수행할 수 있게 된 것이다. 모형에 대한 이해 수준이 향상된다면 조직의 안과 밖에서 데이터 마이닝 프로젝트에 관한 의사소통이 더 원활하게 이루어지는 데 기여할 수 있다.

5 예측 행정과 예측 행정 시스템의 정의

1) 사전적 정의로 예측 행정 접근하기

조작적 정의를 내리기 전에, 먼저 사전적 어휘를 통하여 어휘를 구성하여야 한다. 영영사전인 메리엄 웹스터(Merriam-Webster)를 참조하여 '예측'과 관련 있는 단어들을 살펴본 결과는 〈표 1-3〉과 같다.

행정 앞에 붙는 것이 가장 적절한 단어는 anticipatory, forecasting, predictive, foresight, expectation일 수 있다. 왜냐하면 인간의 경험을 비롯하여 과학적이고 기계적인 분석을 근거로 미래 상황을 가늠한다는 의미 부여가 가능하기 때문이다. 이 밖에 premonition과 prescience는 근거를 탐색하는 과정이 생략되어 있다는 점에서 제외할 수 있다.

다음으로 '행정'이라는 단어의 의미를 다루어야 한다. 국립국어원 표준국어

〈표 1-3〉 사전적 정의 구성을 위한 영영사전상 어휘별 정의

영단어	의미
forecasting	적절한 자료를 분석하여 미래 상황/조건을 계산하는(to calculate or predict (some future event or condition) usually as a result of study and analysis of available pertinent data The company is forecasting reduced profits.; especially: to predict (weather conditions) on the basis of correlated meteorological observations)
predictive	관찰, 경험, 과학적 근거로 미리 선언하거나 인지하는(to declare or indicate in advance; especially : foretell on the basis of observation, experience, or scientific reason)
foresight	닥쳐올 일을 볼 수 있는 능력(an act or the power of foreseeing)
anticipatory	향후에 일어날 수 있는 일을 미리 고려하거나 대응에 나서는(a prior action that takes into account or forestalls a later action)
expectation	일어날 것으로 생각하는 것이 합리적인 미래 상황에 대하여 사고하는(to anticipate or look forward to the coming or occurrence of)
premonition	의식적으로 근거에 대하여 생각하는 과정 없이 미래 상황에 대하여 위화감을 느끼는 (anticipation of an event without conscious reason)
prescience	평범한 사람이 하는 것은 불가능한 '예지' 수준의 내다보기(divine omniscience)

출처: https://www.merriam-webster.com/

대사전[3]에 따르면 행정이란, "국가 통치작용 가운데 입법작용과 사법 작용을 제외한 국가 작용. 법 아래에서 법의 규제를 받으면서 국가 목적 또는 공익을 실현하기 위하여 행하는 능동적이고 적극적인 국가 작용"이다.

영영사전(Merriam-Webster)[4]에서 행정(administration)은 "운영 의무의 성과 (performance of executive duties)", "어떤 것을 운영하는 과정 또는 행위 그 자체(the act of process of administering something)", "정책결정과 같은 결정행위와 구분되는 공무 집행(the execution of public affairs as distinguished from policy-making)", "운영을 담당하는 사람들로 이루어진 집단(a body of persons who administer)"과 같은 의

---

3) http://stdweb2.korean.go.kr/search/List_dic.jsp(국립국어원 표준국어대사전)

4) https://www.merriam-webster.com/dictionary/administration

〈표 1-4〉 행정에 관한 다양한 학술적 정의

학자	내용
W. T. Wilson (1887)	"행정은 공법(公法)의 상세하고 체계적인 집행이다. 일반적인 법률을 구체적으로 적용하는 모든 활동은 행정적 활동이다. 행정이 하여야 할 일을 지시하는 일반적 법률은 행정의 위에 그리고 밖에 있는 것이다. 정부활동에 관한 광범한 계획은 행정적인 것이 아니다. 그러한 계획의 상세한 집행이 행정적인 것이다."
L. D. White (1926)	"행정은 국가 목표를 성취하기 위하여 사람과 물자를 관리하는 것이다. 행정의 목적은 공적인 사업을 능률적으로 운영하는 것이다."
E. N. Gladden (1953)	"행정은 목표에 대한 수단이다. 행정의 임무는 정해진 목표의 성취에 자원을 가장 경제적으로 사용하는 것이다."
D. Waldo (1955)	"행정은 협조적 인간 행동의 한 국면이다. 행정은 정부의 목표를 성취하기 위하여 사람과 물자를 조직하고 관리하는 것이다. 행정은 국가 업무에 적용된 관리의 과학과 기술이다. 행정은 합리적 행동이다. 행정이 합리적이라고 하는 까닭은 공공적인 것이라고 규정되는 목표의 성취를 극대화하기 위하여 입안한 것이기 때문이다."
O. E. Hughes (2003)	"행정은 지시에 따르는 것에 관한 것이지만 (행정 개념을 대체하는) 관리는 결과의 성취와 결과 성취 행위에 대한 책임을 의미한다."

출처: 오석홍(2016: 85-87).

미를 갖는다고 수록되어 있다. 이렇듯 행정의 사전적 어휘에서는 "정해진 목표를 성취하기 위한 행위" 측면이 강조되고 있다. 연구자들도 행정에 관하여 다양한 학술적 정의를 제시한다.

이를 통하여 '예측 행정'의 사전적 정의를 "미래에 겪게 될 불확실성 상황에 대비하고 대응하기 위하여 법의 테두리 안에서 국가의 목적 또는 공익을 실현하기 위한 국가의 능동적·적극적·선제적(또는 사전적) 국가 작용"으로 정의내리는 것이 적절한 것으로 판단된다.

2) 학술적 의미로 '예측 행정 시스템' 접근하기

사전적 정의를 내리는 것도 필요하지만, 이것만으로는 어떻게 공공 부문에 예측 행정을 도입할 것인지 판단하는 데 도움을 얻기 힘들다. 만약, 예측 행정에 관한 조작적 정의를 내릴 수 있다면 현재 상황에서 어떤 요소를 보완하여야 하는지 '측정'을 통하여 알 수 있을 것이다. 기존의 행정 체계가 예측 행정의 형태로 변화하려면 행정 전반(계획에서부터 실행에 이르는)에 예측과 관련된 요소가 추가되어야 한다(Fuerth, 2009).

푸어스(Fuerth, 2009)에 따르면, '예측 행정 시스템'은 개인 차원에서도 할 수 있지만 컴퓨터의 발달로 인하여 여러 영역의 전문가들이 협력하는 차원에서도 가능하다고 주장한다. 특히 조직적 차원에서 좀 더 의미 있는 미래 예측을 할 수 있는 여건을 조성하고 있다고 전제한다. 예측 시스템의 구성원들에게 충분한 권한을 주어 그들의 예측 결과가 문서로만 남아 있고, 현실 정책에 반영되지 못하는 '실패'가 일어나지 않도록 하여야 한다.

푸어스(Leon S. Fuerth)의 예측적 거버넌스의 논리

기존 행정 체계가 예측 행정의 형태로 변화하려면 행정 전반(계획에서부터 실행에 이르는)에 관찰과 측정이 가능한 요소들이 추가되어야 한다고 주장

① **예측 시스템**(Foresight & Visualization)
- 예측은 개인 차원에서도 가능. 하지만 컴퓨터의 발달, 여러 영역의 전문가들이 협력하는 것을 막는 제약 요인들이 줄어들고 있어 조직적 차원에서 좀 더 의미 있는 미래 예측을 할 수 있는 여건이 조성
- 예측 시스템의 구성원들에게 충분한 권한을 주어 그들의 예측 결과가 문서로만 남지 않고, 현실 정책에 반영되지 못하는 '실패'가 일어나지 않도록 하여야 함.

② **예측과 정책 과정을 통합시킬 연결망 시스템**(Networked Operation)
- 예측을 정책에 적극 반영하려고 노력하고 있는 국가들조차 영역별로 예측 시스템이 난립 → 국가적 수준의 정책을 결정할 때 예측 결과를 활용하기 어려움.
- 예측 시스템 연결망을 구축하는 과업은 기존의 '관할권으로 분할되어 주무 부처와 일대일 대응을 시켜서 책임과 권한 소재를 명확히 함으로써 문제를 완전히

해결할 수 있다는' 관료주의적 사고방식에서 벗어나는 일
- 더 이상 '단기적 대책에 매몰되는 것만으로도 벅차다'는 통념과 결별하여야 함.
  - 행정부에서 가장 먼저 개혁이 시작될 것이다.
  - 기존의 '안전'이라는 개념이 확장되어 더 이상 응급 상황에 대한 대응 및 사후적 복구만을 의미하지 않게 된다. '국가 전체의 후생과 사회적 회복력을 유지하기 위한 일련의 서비스'로 안전의 의미가 변모할 것
  - 현재의 관할권 중심의 시스템은 존속하지 못하며, 이러한 경향을 가속화시킬 '독립적·초월적' 조직이 등장할 것
  - 현재 수준으로는 대응할 수 없는 복합적 문제 상황에 대응할 수 있도록 조직 전반을 재설계하는 작업이 이루어질 것

③ 성과를 측정하고 제도적 지식을 관리할 환류 시스템(Feedback & Learning)
- 지금까지는 정책의 성과를 측정하기 위한 환류 시스템과 표본 추출 기법은 사용되지 않았음. → 정책실패를 초기에 알 수 없었음.
- 이미 막대한 비용이 지불된 정책 종결 시점이 되어서야 실패 사실을 아는 것을 막기 위하여, 다음과 같은 정보가 의사 결정자들에게 제공되어야 함.
  - 정책집행 과정 내내 주시하여야 하는 정보 그리고 그와 관련된 원천 사항
  - 현재의 성과에 대하여 알 수 있는 지표들
  - 독립적으로 보고할 수 있는 팀이 주기적으로 수행하는 '성과감사'

④ 개방성을 장려하는 제도적 문화
- 변화는 당장 행정명령을 통해서도 시작될 수 있음.
- 예측 행정 전체 시스템이 지향하여야 할 가치를 담은 문화가 정착되지 않는다면 변화는 단기적인 것으로 끝나고 말 가능성이 높음.
- 공식적인 명령 체계와 네트워크를 갖추는 일 역시 소홀히 해서는 안 되지만, '계속된 훈련'을 통하여 관할권에 구애받지 않고 활동할 수 있는 '통합성'을 중시하는 비공식적 측면에서의 개선도 중요함.
- 앞서 언급한 세 가지 시스템의 구축과 직접적인 관련은 없지만, 예측 행정의 성공적 도입과 정착을 위해서는 다음과 같은 요소들이 문화에 포함될 수 있도록 충분한 시간을 들여야 할 것.
  - 편견 없는 상태

- 가정에 대하여 계속해서 질문하는 자세
- 대안이 존재하는지 끊임없이 탐구할 의지

예측 행정을 수행하기 위해서는 예측적 거버넌스(Anticipatory Governance) 체계를 구축하는 것이 중요 → 이는 '기존의 행정 체계를 재조직할 목적으로 예측 시스템, 연결망 시스템, 환류 시스템 그리고 제도적 문화를 도입한 새로운 행정 체계'를 도입하여야 함을 의미

지금까지 살펴본 푸어스(Fuerth, 2009)의 연구 결과를 통하여 예측 행정 시스템의 학술적 정의를 내리면 다음과 같다. "기존의 행정 체계를 재조직할 목적으로 예측 시스템, 연결망 시스템, 환류 시스템 그리고 제도적 문화를 도입한 새로운 행정 체계"이다[그림 1-5] 참조).

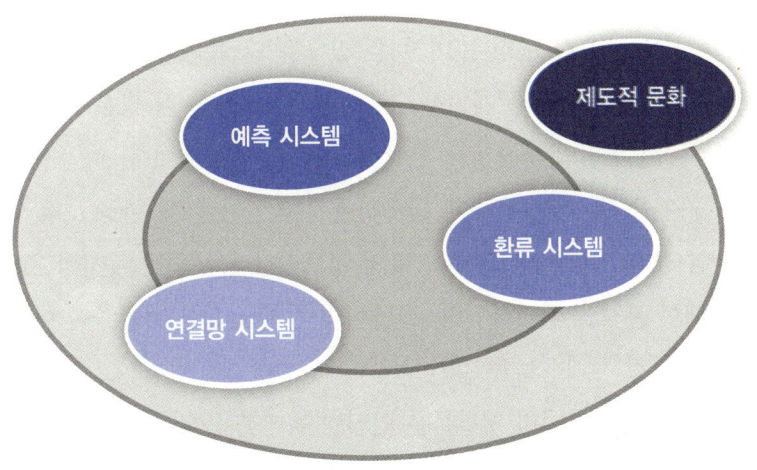

[그림 1-5] 예측 행정 시스템 구축을 위한 구성 요소

6 빅데이터 기반 예측 행정 시스템

빅데이터는 비용을 절감할 수 있는 역량과 새로운 인식을 발생시킴과 동시에 중앙 및 지방정부에 막대한 가치를 제공한다. 특히 정보가 취합됨에 따라 어떠한 규모의 지방자치단체도 데이터에 기반을 둔 결정을 통하여 범죄를 감소시키고, 교통 혼잡을 해소하며 환경을 개선할 수 있다. 데이터를 취합하는 것은 많은 시간을 필요로 한다. 하지만 장기적으로는 그러한 노력을 기울일 가치가 있음이 증명되고 있다. 정부의 차원에서 데이터가 큰 차이를 가져올 수 있는 영역은 특정한 기관, 부서, 사업의 가치를 평가하는 것이다. 지방자치단체는 종종 생활의 특정한 부분에 중점을 둔 사업을 시작하지만 그러한 사업들이 분명한 차이를 가져왔는지에 대하여 평가하는 데에는 관심을 갖지 않는다([부록 9] ser-M 분석 요약: 빅데이터 기반 예측 행정 시스템 국내 자치단체 수준 사례 참고).

또한 데이터는 예측적 분석을 활용하여 정부의 업무 처리를 다른 관점에서 좀 더 효율적이고 비용을 잘 사용할 수 있도록 하는 방안을 연구할 수도 있다. 미국 시카고시의 데이터 분석팀은 예측 분석 프로그램이 실무자를 포함한 행정 구성원들이 사회에 주요한 영향을 미칠 수 있다는 인식을 형성할 수 있도록 하는 공공 성과 평과 핵심 지표를 개발하거나 구상하고 있다. 더 많은 정보를 통하여 도시의 정부는 공무원의 생산성을 향상시킬 수 있다는 것이다. 따라서 지방자치단체가 그 자원을 좀 더 유용하게 활용하는지를 평가할 때 한층 효율적인 방식을 채택할 수 있다. 미국 샌프란시스코의 정보담당 공무원들은 시의 311 민원신고 전화에 대한 분석을 실시하였다. 그들이 발견한 사실은 사람들이 어떠한 도로의 청소 시간과 같은 사실들을 알기 위하여 더 이상 311 민원신고 전화를 이용하지 않는다는 것이었다. 이미 시민들은 인터넷 검색을 통하여 필요한 정보를 찾아내기 때문이다. 주민들에게 실시간의 정보 제공을 위하여 311센터를 인터넷 기반으로 변경함으로써, 샌프란시스코시는 연간 1백만 달러를 절감할 수 있었다.

지방자치단체들이 더 많은 정보를 취합할수록 그들은 지역의 문제를 해결하기 위한 좀 더 유용한 방법을 찾을 수 있다. 미국 플로리다주의 마이애미 데이드(Miami-Dade) 카운티의 공무원은 주민과 방문객들을 위하여 좀 더 안전한 도시를 만들기 위한 방법을 고민하였다. 그들은 IBM사와 협력하여 노상 범죄에 대한 데이터를 검토하였으며, 그러한 정보를 분석함으로써 지역의 경찰관들은 범죄를 억제하기에 더 좋은 위치를 파악하였다. 이러한 노력을 통하여 비용을 절감하면서 더욱 안전한 도시를 만들어 내었다.

즉, 데이터를 수집하고 유용한 방법론을 생성함으로써 정부와 지자체들은 전략을 결정하고 과거보다 더 효율적으로 비용을 집행하는 조치를 찾을 수 있게 된다. 위에서 살펴본 것들 이외에도 빅데이터 분석에 기반한 정책을 수행하는 사례들은 이른바 영국 런던시에서 추진하고 있는 스마트 시티(Smart City: 지능형 도시), 라틴 아메리카 일대에서 추진하고 있는 스마트 조세 징수 등을 들 수 있다.

이 책에서는 이어서 빅데이터 기반 공공 서비스 분야의 예측 행정 사례와 예측 행정 시스템에 대하여 소개하고자 한다. 가장 활발하게 진행되고 있는 국내외 사례를 통하여 빅데이터가 공공 영역에서 어떻게 활용되고 있으며, 그 사례들을 생활안전·치안과 재난관리로 구분하여 살펴본다. 먼저 빅데이터를 공공 서비스에 활용하고 있는 미국 지방자치단체의 상황을 살펴보고, 감염병과 같은 질병의 관리에 빅데이터를 활용하는 사례 및 빅데이터를 이용한 예측적 재난관리에 대하여 이루어졌던 연구들을 살펴보도록 한다.

02편 예측 행정 사례 알아보기

스마트 민원행정 통합 서비스 분야

1 미국 로스앤젤레스시의 MyLA 311 사례

민원신고에 대한 분석은 도시의 상황에 대한 깊이 있는 분석에서부터 민원의 해결에 대한 시정부의 효율성 분석에 이르는 다양한 목적으로 사용할 수 있다. 나아가 이러한 분석은 민원신고를 예측할 수 있도록 하여 도시의 행정자원을 효율적으로 운용할 수 있도록 하는 데에 도움을 줄 수 있을 것이다.

미국 로스앤젤레스시의 MyLA 311 민원신고는 시민과 관광객에게 도시의 일반적인 민원을 제기할 수 있도록 하는 전화번호로서, 311 민원신고에 접수된 사항은 그 문제를 해결할 수 있는 담당부서에 전달된다. 311 민원신고의 접수 사항에 관한 기록은 공개되며 매일 갱신된다. 911과 311의 구분은 통상적으로 "건물에 화재가 발생하였는가? 그러면 911. 건물의 화재에 대하여 의문이 있는가? 그러면 311."이라는 표현으로 정리된다.

로스앤젤레스시는 2013년 MyLA 311이라는 이름의 휴대전화용 애플리케이션을 개발하였다. MyLA 311은 도시와 관련된 각종 소식, 지역 명소의 소개 및 기존 311 민원신고의 체계를 포괄적으로 제공하고 있다. 이는 휴대전화기의 위성 위치 확인체계(Global Positioning System: GPS) 및 카메라를 이용하여 민원신고를 접수할 수 있도록 하는 동시에 도시 자원의 위치 현황을 파악할 수 있도록 하고 과태료의 납부도 할 수 있도록 하고 있다.

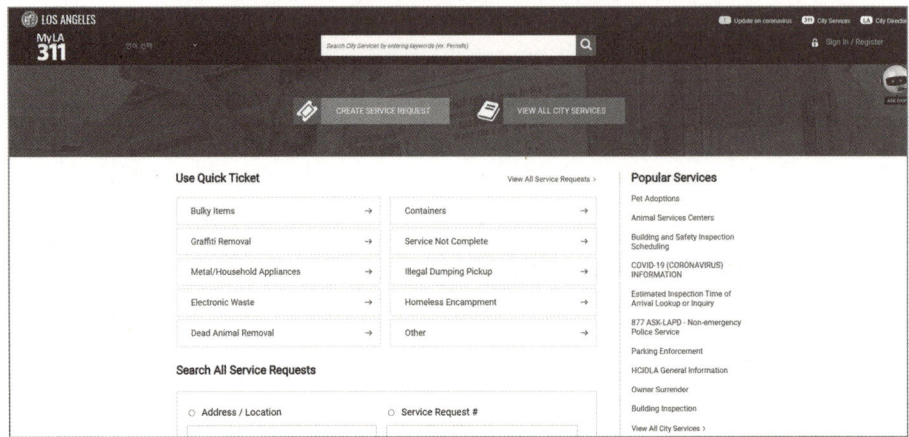

출처: https://myla311.lacity.org/portal/faces/home?_afrLoop=7816065214801159&_afrWindowMode=0&_afrWindowId=null#!%40%40%3F_afrWindowId%3Dnull%26_afrLoop%3D7816065214801159%26_afrWindowMode%3D0%26_adf.ctrl-state%3D15hipg6uid_4

[그림 2-1] MyLA 311 웹사이트 화면

출처: http://media2.govtech.com/images/940*1393/MyLA311.png

[그림 2-2] MyLA 311 시작 화면

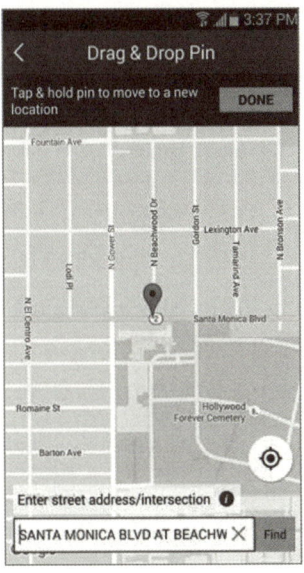

출처: https://androidappsapk.co/detail-myla311/

[그림 2-3] MyLA 311의 작동 화면 예시

〈표 2-1〉로스앤젤레스시의 MyLA 311 ser-M 분석

ser-M	세부 지표		내용
주체 (s)	지역명		미국 로스앤젤레스시
	사업명		MyLA 311 (https://myla311.lacity.org/portal/faces/home;jsessionid=mwmBOFPWAwKlcH5gEwirllhOcPDBwuuMlXjUHjkfg1HP5H6YtLAr!-1948973419!-1397859520?_afrLoop=199520577878008&_afrWindowMode=0&_afrWindowId=null#!%40%40%3F_afrWindowId%3Dnull%26_afrLoop%3D199520577878008%26_afrWindowMode%3D0%26_adf.ctrl-state%3Dhdmaoemje_4)

	목표 및 목적		• 휴대전화 및 인터넷을 이용한 통합 민원관리
			  − 경향의 파악 : 유용한 가정을 수립하기 위하여 311 서비스 요청에 대한 시간, 지리 및 인구 구성에 따른 경향 분석
			  − 조치의 제안 : 경향의 파악을 바탕으로 민원에 대한 이행 개선, 전체 민원량의 감축, 민원 대응 시간의 감소 등을 위한 개선 조치의 제안
			  − 평가 체계의 개선 : 제안된 해결책의 전제 및 효율성을 평가할 수 있는 체계의 구축

환경 (e)	환경 이슈		• 좀 더 신속하고 참여적 성격을 갖는 민원 통합관리의 필요성 제기
자원 (r)	입력	원천 데이터 내·외부 수집 및 이해	• 311을 통하여 접수된 각종 전화민원 : 기본적인 311 민원신고 관련 정보는 일시 및 민원의 유형, 민원이 어떻게 처리되었는지 그리고 어느 부서로 통지가 전해졌는지를 포함 • MyLA 311을 통하여 접수된 민원 : 여기에는 311 전화, 민원접수실, 전자우편, 휴대전화용 애플리케이션, 웹 사이트 등을 비롯한 다양한 민원이 모두 포함
	처리	데이터 저장, 정제, 가공, 통합 여부	• Lubricate Package 프로그램을 이용하여 변인들을 POSIXct 형식으로 변환 • 모든 일자 변수를 요일, 월 및 시간으로 변환
		데이터 분석 방법	• 시간의 경과에 따른 신고 내용 변화의 추적. 항목별 유의미한 통계의 작성 및 분석
	산출	분석 결과 및 평가	• 민원을 제기하는 주요 창구는 전화, 운전자의 자기보고, 휴대전화용 애플리케이션임. • 주된 민원 사항은 대용량 폐기물, 낙서의 제거임. • 가장 민원이 많이 제기되는 지역의 Zip Code는 90011, 90026임. • 가장 많은 민원이 제기되는 부서는 LADBS(건축물안전국)임. • 가장 많은 민원이 제기되는 경찰서는 노스이스트(Northeast), 뉴턴(Newton)임. • 평균적으로 대부분의 민원이 해결되는 데에 소요되는 시간은 3일가량이나, 노숙자의 수용이나 가로등과 관련된 문제는 약 6일가량이 소요됨.

메커니즘 (M)	제공 서비스	• 각종 민원신고의 접수 및 처리 과정의 확인. 처리된 민원에 대한 평가 • 도시자원의 배치 현황 확인 • 과태료 등의 납부
	활용 방향	• 민원신고의 통합관리를 통하여 신속하고 통합적인 대응 실현 • 집적된 민원신고에 대한 분석을 통한 예측적 행정의 실현, 정책에의 반영

	모니터링 및 환류	• 주된 논의 사항은 도심 낙서 제거(graffiti removal), 중복되는 민원, 행정의 품질임.
		• 도심 낙서 제거는 연간 25,000건이 증가하였으며 일부 지역에서는 지속적으로 문제가 되고 있음.
		  – 청소년 및 지역사회 교육 : 낙서 제거에 들어가는 비용에 대한 경각심 향상. 청소년에 대한 방과후 교육 실시
		  – 신속한 대응 : 낙서가 신속하게 제거된다는 것을 알게 되면 이에 대한 흥미를 잃을 것임.
		  – 좀 더 빈번한 법집행 : 도심 낙서에 대한 신고가 많은 지역에 대한 야간 순찰 강화
		• 중복되는 민원은 민원의 건수를 과다 집계할 우려가 있음.
		  – 민원 상황에 대한 상세한 정보 : 좀 더 투명성을 강화함으로써 민원인에게 민원의 처리 과정을 알 수 있게 함.
		  – 중복 가능성의 통지 : 동일한 지역에 대한 동일한 민원의 제기를 방지할 수 있음.
		  – 민원인들에게 민원 사항의 수정 권한 부여 : 그들에게 민원의 내용을 보충하거나 더 이상 필요 없게 된 민원을 취소할 수 있도록 함.
		  – 예상 처리 시간의 안내
		• 행정의 품질
		  – 일선 자원의 배치 : 대부분의 민원은 주초 또는 오전에 제기됨. 따라서 더 많은 인적 자원을 그 시간대에 배정하여야 함.
		  – 집중식 통지 체계의 운영 : 가로등 문제는 공공위원회, 노숙자 문제는 경찰과 같이 민원과 특정한 부서의 연결
		  – 처리 속도의 조절 : 민원의 종결 시간이 예상 시간보다 지연되는 경우에는 해당 부서의 감독자에게 통지

2 미국 워싱턴특별구의 Grade.DC.Gov 사례

시민들이 제공하는 고객 데이터의 수집과 시각화를 강화함으로써 더 낮고 빠른 시민 행정이 달성될 수 있다. 많은 도시가 311 민원신고를 민원의 해결 과정을 추적하는 고객 서비스 체계로 전환하고 있다. 하지만 약간의 노력만 더 기울임으로써 도시는 고객인 시민의 만족을 얻고 자원의 배분을 용이하게 할 수 있는 플랫폼을 만들 수 있다. 워싱턴특별구(Washington D.C.)의 Grade.DC.Gov는 그러한 플랫폼을 구성하기 위한 시도이다. Grade.DC.Gov는 시민들로 하여금 911/311 민원신고를 비롯하여 도시 기관들의 업무 수행을 평가하도록 하는 것이다. 시민은 Grade.DC.Gov에 직접 접속하여 평가를 하고 내용을 작성할 수 있다. 그 밖에도 블로그, 페이스북, 옐프(Yelp) 및 트위터 등에 글을 작성하고 게시함으로써 이에 참여할 수 있으며, 이것이 더 많은 사람에게 영향을 미치기도 한다.

다양한 형태로 구성된 시민의 평가는 취합되어 각 기관에 대한 실시간의 평가 결과를 형성한다. 현재까지 평가 등급은 내부적으로만 활용되며, 외부에는 한 달 간격으로 시의 공식 웹사이트를 통하여 공개되고 있다. 다만 상세한 평가 결과가 매일 기관의 책임자와 민원사무에 대한 직접적인 책임이 있는 관리자에게 전자우편으로 제공되며, 공무원은 특정한 민원 등에 대하여 직접적으로 추완(追完)할것이 요구되고 있다. 좀 더 포괄적으로는, 정기적으로 시민들이 도시의 행정에 대하여 어떠한 이야기들을 하는지를 파악하기 위하여 데이터에 대한 분석이 수행된다.

특정한 민원에 대한 직접적인 대응과 통합적인 수행평가를 조화시킴으로써 시정부는 시민과의 의사소통에서 중첩적인 순환고리를 유지할 수 있게 된다. 이는 개별적인 필요를 충족시킴과 동시에 구조적인 문제를 해결하기 위한 데이터를 활용함으로써 공공 일반의 이익을 추구할 수 있도록 한다.

시민들이 자신의 목소리가 반향을 불러일으킨다는 느낌을 갖도록 하기 위하여 도시에서 발간하는 보고서들은 시민의 관심사에 대하여 어떤 조치가 어떤 단계로 진행되고 있는지에 대한 사항을 포함하여야 한다.

Grade.DC.Gov의 시행 초기에는 공공사업국이 겨우 C-를 넘는 등 평가 결과가 저조하였으나, 시간이 경과하고 더 많은 기관이 참여하면서 기관들의 평가 등급은 모두 A와 B를 넘어서게 되었다. 중요한 것은 시정부가 자신들의 평가 능

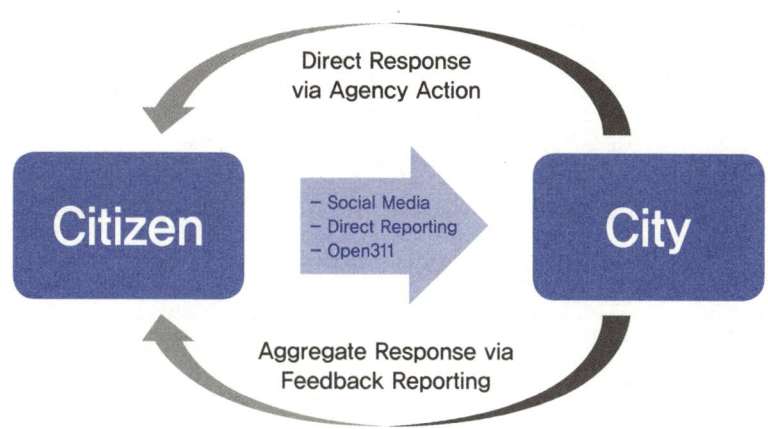

출처: http://datasmart.ash.harvard.edu/news/article/grade-dc-and-citizen-feedback-in-the-performance-reporting-model-322

[그림 2-4] Grade.DC.Gov의 운영 개요

력이 향상되었다고 평가한 것이 아니라 시민들이 이를 평가하였다는 점이다. 모든 체계는 그 제한을 가지고 있으나, 그럼에도 불구하고 Grade.DC.Gov는 정부로 하여금 좀 더 감응력 있는 정부가 되도록 하고 수치화될 수 있는 개선에 집중할 수 있도록 한다. 외부적으로 공개되는 평가 결과는 특정한 행정 업무나 기능에 대한 분석을 제공하지 않는다. 그러나 대부분의 경우 전체적인 평가의 의미는 쉽게 추론할 수 있다. 예컨대 만일 교통국의 등급이 지속적으로 상승한다면, 도시의 전반적인 교통 체계가 개선되고 있다고 할 수 있겠지만 기차와 버스 운송 체계 사이에서의 여론 동향을 구체적으로 파악할 수는 없다. 현재 계속적으로 데이터의 활용을 향상시킬 체계를 모색하고 있으며, 이러한 정보를 사용하여 시민과 소통하기 위한 절차를 공식화하고 있다. 예를 들어, 사회적 언론매체들을 분석하여 민원에 대한 기관들의 최소한 대응 시간에 대한 기준을 수립하고 있다.

출처: http://www.opendatanow.com/wp-content/uploads/2013/09/Grade.DC_.gov_.png

[그림 2-5] Grade.DC.Gov의 실행 초기 화면

〈표 2-2〉 미국 워싱턴특별구의 Grade.DC.Gov ser-M 분석

ser-M	세부 지표		내용
주체 (s)	지역명		미국 워싱턴특별구
	사업명		Grade.DC.Gov (https://grade.dc.gov/)
	목표 및 목적		• 정부기관의 행정 업무 수행의 결과에 대한 시민들의 평가를 취합, 분석하여 이후 행정에 반영
환경 (e)	환경 이슈		• 행정 업무 수행에 대한 객관적 평가의 어려움.
자원 (r)	입력	원천 데이터 내·외부 수집 및 이해	• 시민들의 직접적인 입력 • 페이스북, 트위터 등의 사회적 매체에서의 행정 업무 처리 결과에 대한 언급 분석

자원 (r)	처리	데이터 저장, 정제, 가공, 통합 여부	• 행정 업무의 처리 결과를 이야기하는 시민들의 사회적 매체 등에서의 언급을 정형화하여 수집 • 유형별로 분류 및 통합
		데이터 분석 방법	• 서비스 업종에 대한 이용자들의 반응을 분석하던 newBrandAnalytics을 이용하여 시민들이 트위터 또는 페이스북과 같은 사회적 매체에 행정에 대하여 언급한 사항들에 대한 언어분석을 실시
	산출	분석 결과 및 평가	• 처음에는 소비자보호부(DCRA), 교통부(DDOT), 자동차사업부(DMV), 공원관리부(DPR), 공공사업부(DPW)의 5개 기관만이 시범적으로 참여하였으나, 현재는 대부분의 기관이 참여하고 있음. • (설문조사에 비하여) 좀 더 광범위하고 객관적인 행정 업무에 대한 평가의 수합
메커니즘 (M)		제공 서비스	• 기관별 평가를 분석하여 제시 • 기관별·행정 업무별로 시민의 의견을 반영할 수 있도록 하고 있음.
		활용 방향	• 시민들의 평가를 분석하여 행정 업무의 개선에 좀 더 신속하게 반영 – 전체적인 부서 평가 및 특정 민원 관련 주제의 분석 – 시민들의 만족/불만에 대한 근본적인 원인의 분석 – 한정된 자원을 시민들이 가장 필요로 하는 문제를 해결하기 위하여 배치할 수 있도록 함.
		모니터링 및 환류	• 현재는 통합 플랫폼인 dc.gov와 결합하여 각종 정보의 공개 및 민원 신청 등을 위한 창구로 이용되고 있음.

3 미국 아칸소주의 Gov2Go 사례

Gov2Go는 클라우드 기반의 데이터를 이용하여 단일한 경로로 아칸소주의 주민들에게 아칸소주의 행정 업무를 사전적으로 안내하여 주는 지능적 '개인별 정부 업무 도우미'이다. 이는 이용자들에 대한 심층적인 이해를 바탕으로 사람들에게 그들의 컴퓨터, 휴대기기 심지어는 애플워치(Apple Watch)를 통하여 고도로 개별적이고 관련성이 있으며, 시기에 맞는 정보를 제공한다. 즉, 이용자들의 각종 정부 업무에 대한 기한(재산세 납부 기일, 운전 면허 갱신 기한, 면허세 납부 기일)을 파악하고 추적하여 그들에게 언제 어떠한 일을 하여야 하는지를 알려주고 그를 처리할 수 있는 사이트에 연결시켜 준다.

출처: http://a3.mzstatic.com/us/r30/Purple122/v4/0a/eb/db/
0aebdb83-355d-1ad8-a413-7dbc2396769a/screen390x390.jpeg

[그림 2-6] Gov2Go의 실행 화면

이용자의 사생활 보호를 위하여 이용자의 정보는 모두 암호화되어 정부기관을 비롯하여 누구와도 공유되지 않도록 하고 있다. 이용자는 그들이 제공하는 정보와 그들이 제공받는 편의를 전적으로 제어할 수 있으며, 자신들에 대한 정보를 언제나 추가·편집·삭제할 수 있다.

Gov2Go에서 가장 특징적인 점은 각 부처 사이의 칸막이를 제거하여 시민들이 더 이상 정부의 관료 체계 내에서 방황하지 않도록 한 것이다. 이는 주정부와 지역정부의 상이한 부서들을 연결하여 이때까지 불가능하였던 고도로 개별화된 편의를 제공하고 있다. 예를 들어, 아칸소주의 운전자들은 자신의 면허를 갱신하려면 검사를 받고 자동차세를 납부하고 보험을 갱신하여야 한다. 만일 운전자의 면허가 5월에 만료된다면 그는 먼저 차량에 대한 검사를 받아야 하는데, 매년 대상 운전자의 40% 이상이 이 시기를 놓치고 있다. Gov2Go는 이러한 불편을 해소하고 시민 편의적 행정을 구현하기 위하여 기존의 정부 민원 업무를 하나의 플랫폼에 통합하여, 개인적 필요에 따라 단일한 창구에서 일괄적으로 처리할 수 있도록 하는 것이다.

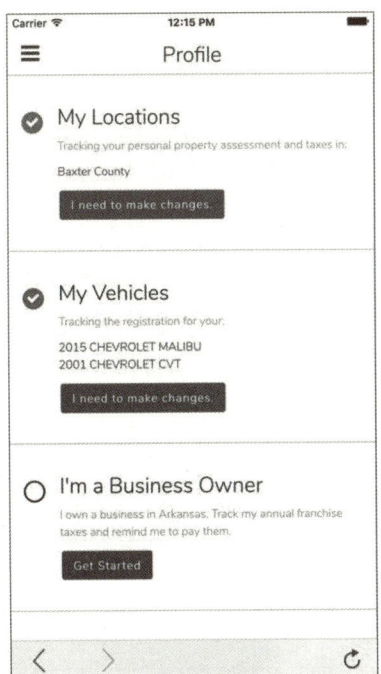

출처: https://itunes.apple.com/us/app/gov2go/id986930769?mt=8

[그림 2-7] Gov2Go의 시작 화면

궁극적으로, Gov2Go는 이용자들이 미처 인식하지 못하였던 행정 업무를 추천할 수 있을 것이다. Gov2Go가 이용자들에 대하여 더 많은 것을 파악하고 더 많은 행정 업무가 이에 부가될수록 주민들의 생활에 필수적인 요소가 될 것이며, 그들과 정부와의 연결을 더욱 강화할 것이다.

〈표 2-3〉 미국 아칸소주의 Gov2Go ser-M 분석

ser-M	세부 지표		내용
주체 (s)	지역명		미국 아칸소주
	사업명		Gov2Go (http://www.arkansas.gov/whats-new/)
	목표 및 목적		• 시민 편의적 행정의 구현
환경 (e)	환경 이슈		• 주민들은 행정 업무를 처리할 때 정부의 어느 부서로 가야 하는지에 대하여 혼란을 겪고 있음. 특히 그 업무가 일 년에 한 번 이루어지는 업무이거나 상이한 복수의 기관이 관여하는 업무인 경우에는 더욱 혼란을 겪고 있음. • 이러한 업무가 온라인으로 이루어지는 경우에도 정확한 사용법을 익히기에는 어렵다는 문제점이 있음.
자원 (r)	입력	원천 데이터 내·외부 수집 및 이해	• 각종 행정 업무의 수행에 필요한 내부적 데이터 • 행정 업무에 필요한 각 주민의 데이터(어디에 거주하는지? 차량을 소유하고 있는지? 차량의 번호는? 등) 수집
	처리	데이터 저장, 정제, 가공, 통합 여부	• 주민들이 입력한 정보를 바탕으로 행정 업무별로 필요한 개인의 상세한 데이터를 정렬 • 이용자들의 모든 정보에 대한 암호화 • 정렬된 개인의 데이터를 바탕으로 그에 필요한 행정 업무 관련 데이터의 정렬
		데이터 분석 방법	• 각 개인에게 필요한 행정 업무의 예측
	산출	분석 결과 및 평가	• Gov2Go를 이용한 아칸소주의 정보 네트워크(INA)는 '2017 Digital Edge 50 Award' 등 수상

메커니즘 (M)	제공 서비스	• 주민들이 제출한 개인의 정보를 바탕으로 각 주민에게 그들이 알아야 할 각종 일정(예 : 운전 면허의 갱신 일자, 재산세 신고일) 등에 대한 정보를 자동으로 적시(適時)에 제공. 동시에 일정에 맞추어 각종 행정 업무를 처리할 수 있도록 하는 환경을 제공 – 시작 도우미 : 이용자로 하여금 특정한 정부의 업무를 선택하도록 강제하는 것이 아니라, 이용자들에게 간단한 질문을 하고 통합된 플랫폼상에서 그들의 민원에 대한 대응이 이루어지는 부분을 표시함. 어느 지역에 거주하십니까? 차량을 소유하고 계십니까? 차량의 번호는 무엇입니까? – 상세 : 제공된 정보에 기초하여 이용자에게 어떠한 정부의 업무가 파악되는지를 알려주는 이용자 개인별 상세를 생성 – 일정 : 모든 이용자에게 매년 정부 민원 업무의 기한을 업무에 따라 제공 – 통지 및 환기 : 이용자는 Gov2Go가 파악한 정부 민원 업무의 기한을 그 만료 전에 전자우편, 애플리케이션상의 메시지, 문자 메시지 등의 방법으로 수령할 것을 선택할 수 있음. – 플랫폼 연결 : 현재 Gov2Go는 휴대전화를 통하여 시민들에게 해당 민원 업무에 대한 처리 권한이 있는 부서의 웹 사이트에 직접적으로 연결하고 있음.
	활용 방향	• 디지털 정부의 모든 행정 업무를 하나의 화면에서 처리할 수 있도록 통합함으로써 첨단의 시민 편의적 행정을 구현하는 예가 될 것임.
	모니터링 및 환류	• 현재 Gov2GO는 스마트폰에서만 구동되지만, 차후에는 Apple TV, 각종 게임, Amazon Echo, Facebook Messenger와 같이 사람들이 사용하는 다양한 통신 플랫폼에서 구동되도록 하여 접근성을 더욱 향상시킬 계획임.

3장 스마트 공공 서비스를 위한 빅데이터 기반 예측 행정 시스템

스마트 치안행정 분야

　　범죄는 무작위적으로 분포하지 않고 일정한 장소적 경향을 나타내고 있다. 특히 범죄가 많이 발생하는 지역을 핫스팟(hot spot)이라 한다. 핫스팟은 그 면적이 전체 면적에서 차지하는 비율은 크지 않지만, 범죄가 발생하는 비율은 매우 큰 특징을 나타내고 있다. 그 밖에도 핫스팟은 대체로 잘 변화하지 않는다, 즉, 경찰활동의 초점을 개인에 맞추면 지역사회의 인구 변화에 따라 전략을 바꾸어야 하지만 장소는 그 모습과 특징을 훨씬 안정적으로 유지하기 때문에 잦은 전략 변화가 필요하지 않게 된다는 장점이 있다.

　　스마트 치안행정을 위한 빅데이터 기반 예측활동은 지역사회 경찰활동과 문제지향적 경찰활동(Problem-Oriented Policing)에 대한 새로운 대안이 아니라 그 이념과 절차를 계승·발전시킨 종합적인 업무 수행 절차로 이해하여야 할 것이다. 미국에서의 경찰전략의 변화 과정을 그 예로 살펴보면 다음과 같다.

　　첫째, 초창기의 현대적 경찰관서에서 근무하던 경찰관들은 관할지역의 조그

만 구역(beat)을 도보로 순찰하면서 평온을 유지하는 데 전념하였다. 그러나 이는 치안활동과 범죄 대응에 제한적일 수밖에 없었다.

둘째, 1920년대에 들어 순찰차·양방향 무전기·전화기 등과 같은 새로운 장비를 도입하여 범죄신고에 최대한 빠르게 반응할 수 있는 경찰의 대응적 전략(reactive strategy)이 도입되었다. 이는 효율성을 향상시키기는 하였으나 결과적으로 경찰과 지역사회를 단절시키는 부작용이 있었다.

셋째, 1960년대에 경찰은 시민과의 관계를 개선하고 그간 시행하였던 대응적 전략을 재고하면서 경찰의 기본 임무를 범죄 통제보다 더 확장된 개념으로 전환하였다.

넷째, 1980년대 이후 중범죄가 역사상 최고 수준으로 증가하고 해결률이 절반 이하로 떨어지면서 정부와 경찰은 본격적인 혁신의 필요성을 절감하기 시작하였다. 그 결과 지역사회 경찰활동·핫스팟 경찰활동·문제지향적 경찰활동 등 새로운 경찰활동 전략과 범죄지도 작성, DNA 데이터 베이스·지문 시스템·탄도분석 등 새로운 범죄 예방 및 수사 기법이 개발되었다.

범죄 예측을 위하여 사용되는 기본적인 기법은 범죄지도 작성, 핫스팟(핫타임)분석, 도식화 등이다. 이에 더하여 고급 핫스팟 분석, 회귀분석, 데이터 마이닝(분류 기법, 군집 기법), 근접·반복 모델링, 시공간분석, 지리적 프로파일링, 위험지역 분석 등 다양하고 방대한 자료를 신속하고 효과적으로 처리하여 좀 더 정확한 미래 예측이 이루어지고 있다.

- 핫스팟분석(hot spot analysis) : 주로 과거의 범죄 자료를 이용하여 범죄 다발지역을 찾아내는 기법으로서 범죄 예측과 피해자 예측에 활용됨.
- 회귀분석(regression analysis) : 범죄 자료뿐만 아니라 다양한 위험 요인 자료를 이용하여 인과관계를 밝히는 분석. 범죄만이 아닌 모든 분야의 예측에 활용될 수 있음.
- 데이터 마이닝(data mining) : 컴퓨터 학습 기법을 사용하여 데이터들로부터 지식을 자동으로 분석하거나 추출하는 과정. 이를 통하여 데이터 속에

감추어진 유용한 경향을 파악하는 것
- 근접·반복 모델링(near-repeat modeling) : 장래의 범죄는 기존의 범죄와 매우 근접한 시간과 장소에서 다시 발생할 것이라는 가정을 바탕으로 범죄와 범죄자 예측에 활용
- 시공간분석(spatiotemporal analysis) : 범죄의 시간적 특성에 중점을 둔 분석
- 지리적 프로파일링(geographic profiling) : 범행의 지리적 특성을 고려하여 범죄 발생의 위험성을 등고선을 이용하여 시각화
- 위험지역 분석(risk terrain analysis) : 범죄에 영향을 미치는 지리적 요인(예 : 주점, 주류판매점, 특정 형태의 간선도로 등)을 파악하는 기법과 이러한 범죄 유발 지리적 요인과의 근접성을 근거로 범죄 위험을 예측하는 기법을 포괄하는 개념으로, 범죄 예측과 범죄 피해자 예측에 주로 사용됨.

이러한 경찰활동은 자체적인 분석 프로그램을 운용하는 경우와 기업체에서 제공하는 분석 프로그램을 이용하는 경우가 있다. 전자의 경우에는 CompStat(Compare Statistics), 후자의 경우에는 PredPol(Predictive Policing) 프로그램이 대표적이다.

1 미국 뉴욕시의 CompStat(Compare Statistics)

1) 주체 기반 관점 분석

(1) 사업명
CompStat / 뉴욕시 등

(2) 센터 운영 설계

뉴욕시 경찰당국은 데이터에 대한 분석활동을 개선하기 위하여 IBM사와의 협력을 통하여 실시간 범죄통제소(RTCC)를 설치하여 데이터 과학자가 경찰관과 함께 범죄에 대한 분석을 수행하도록 하고 있다. 실시간 범죄통제소는 인터넷 검색을 포함하여 뉴욕시 경찰국(NYPD)의 데이터와 다른 공공기관의 데이터를 통합한다. 정보는 국토안보부(DOH)와 같은 다른 안보기관과 쉽게 공유된다. 중앙집중화된 데이터의 취합, 보관 및 분석은 뉴욕시 경찰국으로 하여금 데이터에서의 규모의 경제를 달성할 수 있도록 하며 CompStat 비용을 절감할 수 있도록 한다.

또한 마이크로소프트(Microsoft)사와 협력하여 다양한 정부기관, 경찰의 현재와 과거 데이터, 그리고 사적으로 운용되는 CCTV 카메라 및 번호판 인식장치 등과 같은 폭넓은 데이터를 수집한다. 순찰 중인 경찰관에게 휴대용 기기를 통하여 제공하는 지역정보 인식 체계(Domain Awareness System: DAS)를 운영하고 있다.

(3) 조직관리/업무 분장

CompStat은 범죄 관련 각종 데이터의 분석을 바탕으로 경찰관 인력을 재배치하는 등으로 범죄의 경향에 맞추어 순찰을 비롯한 치안활동을 조정하는 협의체계이다.

매 주일마다 뉴욕시 각 경찰관구의 경찰관들은 범죄와 관련된 광범위한 데이터를 공유하기 위하여 회의를 개최한다. 절차를 간소화하기 위하여 경찰국장(Police Commissioner)을 비롯한 고위경찰관은 사전에 모든 분석자료를 제공받는다. 회의를 통하여 각 관구의 지휘관은 경찰국장을 비롯한 고위경찰관에게 경찰활동과 그 성과를 보고하고 경찰관구에서는 지역적 분석에 기초하여 경찰관을 재배치한다.

인근의 경찰관으로부터 데이터를 제공받은 분석관은 범죄의 발생과 그의 경향 발달에 대한 요약 정보와 시 전체 및 관구에 특정된 성과지표를 제공한다. 고위간부 수사관들 또한 CompStat 회의에 참석하여 각 경찰관구의 주요한 문제에 대한 복합적 해결책을 모색한다.

CompStat 회의에서 수립되는 전략계획은 범죄의 분석에 바탕을 둔 순찰경찰관의 배치를 위하여 이용된다. 이러한 관찰 및 분석 체계는 경찰지휘부로 하여금 높은 범죄율을 야기하는 주요한 요인을 파악하고, 그에 맞서기 위한 자원의 배치를 위한 정보를 제공한다.

CompStat이 시행되기 전에는 고위 경찰관리자와의 연락은 메모를 통해서만 이루어졌으며, 뉴욕시 경찰당국은 범죄의 통계를 정확하게 파악한다. 그리고 그들은 전략계획의 수립하는 데 사용할 수 있도록 하는 기능적 체계를 가지고 있지 못하였다. 범죄에 대한 통계는 그들이 분석되는 시점에서 이미 3개월에서 6개월가량 이전의 것이었다. CompStat을 통한 가장 큰 조직적인 변화는 일선의 지휘관에게 권한을 위임하였다는 것이며, 모든 단계의 관리자들이 개인적으로 일주일마다 서로 의사 교환을 하도록 되었다는 사실이다.

2) 환경 기반 관점 분석

(1) 목표 및 목적

CompStat은 범죄 발생의 기록을 분석하여 범죄 예방에 활용하는 것을 목적으로 하며, 다음과 같은 네 가지 원칙을 그 핵심으로 한다.

- 적시(適時)의 정확한 정보 제공
- 자원의 신속한 투입
- 효율적인 전술
- 지속적인 추완(追完)

앞의 두 가지 원칙은 정확한 범죄분석을 필요로 한다. 적시의 정확한 정보 제공 없이는 경찰이 범죄를 적시에 예견하거나 대응하는 것이 불가능할 것이다. 경찰 관리조직의 모든 계급에서 이루어지는 높은 수준의 협력은 위의 원칙의 적용을 담보하며, 경찰력을 빈틈이 없는 그물망으로 조직화한다. 이는 창조적인 집단사고(groupthink)와 혁신적인 문제 해결을 촉진하며 그 결과는 각 개인, 부서에 일관된 전략과 계획으로 나타난다. 간략화된 정보 공유 체계는 급격한 범죄 경향에 대한 대응 시간을 감축시킨다.

세 번째 범죄의 억제를 위한 효율적인 전술의 시행 원칙은 범죄의 경향과 그들에 대한 적절한 대응에 대한 효율적인 파악에 기초한다. 이는 관리자로 하여금 목표가 되는 범죄에 대하여 자원을 좀 더 비용 절감적으로 동원할 수 있도록 한다. 데이터를 통하여 어떠한 경찰관구에 추가적인 지원이 필요하며, 어느 경우에 특정한 지역에 더 많은 경찰관을 파견할 것인지를 파악할 수 있다. 어떠한 데이터셋은 위치정보를 포함하고 있으므로 경찰은 범죄활동이 발생할 가능성이 가장 높은 지역이 어디인지를 파악할 수 있다.

네 번째의 원칙은 최적화를 의미한다. 이는 환류와 추완을 통하여 관리자들이 하위 경찰관에게 권한을 이양하는 것을 내포하고 있다. 최적화는 경찰관 개인에게 임무에 대한 주체의식을 갖도록 함으로써 향상된다. 이러한 전략은 일선의 경찰관이 자신들의 지역사회에 대하여 가장 많은 지식을 가지고 있으므로 특정한 해결 방안에 대한 최선의 시각(視角)을 가지고 있다는 믿음에 근거한다. 관리 체계의 분할은 모든 경찰관에게 지역의 경향을 파악하도록 하는 주체의식을 갖도록 한다. 이는 마지막 원칙인 '지속적인 추완'의 바탕이 된다. 자율적인 권한 행사는 상위의 관리자로 하여금 좀 더 하위의 경찰관을 데이터에 의하여 보완된 명백한 성과지표를 통하여 관리할 수 있도록 한다.

(2) 환경 이슈

예측적 경찰활동은 경찰의 개입과 범죄의 예방 목적으로, 통계적 예측을 이용하여 발생 가능성이 높은 대상을 파악하는 데 양적 분석기술을 응용하는 것이다. 범죄학에 기반을 둔 이 모형은 범죄자와 피해자들이 공통적인 경향을 따르고 있음을 시사한다. 경향의 중첩은 범죄의 유사성을 보여준다. 어떠한 범죄자들의 범죄가 성공하면 그들이 과거에 성공을 거두었던 환경을 다시 구현할 가능성이 높아진다. 나아가 관리되는 데이터가 증가하면 용의자와 피해자에 대한 수사가 신속하게 이루어질 수 있다.

뉴욕시에서의 범죄율을 감소시킨 가장 중요한 최초의 단계는 범죄의 발생 및 공간분포에 대한 정보를 신속하게 수집, 분석 및 배포하는 절차를 수립한 것이다. 이것이 CompStat 체계로 발전하였다. CompStat이 만들어지기 전까지 뉴욕시 경찰당국은 범죄에 대한 통계를 신속하고 정확하게 파악하고 이를 전략적 계획 수립에 반영하도록 하는 체계를 갖추고 있지 못하였었다. 범죄에 대한 통계는 그들이 분석되고 제출되는 시점에서 이미 3개월에서 6개월가량이 지난 뒤였다. 그 분석에 사용되는 기법 또한 초보적인 수준이었다. 6개월 이전의 범죄에 대한 분석은 현재 범죄가 언제 어디에서 발생할지에 대하여 아무것도 알려주지 않기 때문에 현장에서 거의 활용되지 않았다. 또한 즉각적으로 효과를 거두는 전략이나 전술의 수립에 활용될 수도 없었다.

처음에 CompStat은 범죄 신고, 주요 범죄자의 검거 건수, 총기사고 등을 도시 전반에 걸쳐서 각 경찰서의 관할구역과 순찰구역에 따라 분류하였다. 연간 통계를 작성한 'CompStat book'이라고 불린 서류에서 시작하였는데, 이것이 계속적으로 발전하여 'Compare Stats' 즉 CompStat이라고 불리는, 상세한 분석을 담고 있는 컴퓨터 프로그램으로 발전하였다.

3) 자원 기반 관점 분석

(1) 입력

CompStat의 분석에는 경찰청이 관리하는 기존의 데이터셋이 먼저 이용되며, 이들은 일상적인 경찰활동을 통하여 수집된다. 여기에는 정형 데이터인 성별, 연령 및 인종과 비정형 데이터인 증인의 진술과 범죄 기록이 모두 포함된다.

그 밖에 CompStat에서는 다음과 같은 데이터를 취합하여 분석한다.

- Civil Immigration Detainers : 이민 및 관세법 위반을 이유로 하는 구금영장의 청구와 그에 대한 승인 건수
- Court Summonses : 범죄를 이유로 발부된 형사법원의 소환장에 대한 연간 데이터
- Crime and Enforcement Activity Reports : 다양한 유형의 범죄 용의자 및 피해자에 대한 인구통계학적 데이터
- Deployment Law : 각 구역별로 직권 남용을 이유로 징계를 받은 경찰관의 명단
- Desk Appearance Ticket Arrest Analysis Data : 관할구역별, 범죄 행위별, 그 밖의 유형으로 구분된 경찰의 보호 구금영장에 대한 상세한 데이터
- Firearms Discharge Reports : 뉴욕시 경찰관의 총기 사용에 대한 상세한 보고서
- School Safety Data : 뉴욕시 공립학교에서 발생한 범죄, 학교 파견 경찰관에 의하여 부상, 학교 안전요원에 대한 각종 민원신고 등에 대한 분기별 상세한 기록
- Stop, Question and Frisk Data : 뉴욕시의 불심검문에 대한 데이터
- Transit-Bus Crime Reports : 시내버스 등 대중교통 체계에서 발생한 범죄에 대한 상세한 통계자료

(2) 처리

CompStat에서는 인적 사항을 특정할 수 있는 데이터를 배제한 상태에서 각종 범죄와 관련된 통합적 데이터 베이스를 구축한다. 기본적으로 범죄 발생의 시기 및 장소 등에 대한 수리적 분석을 수행하며, 이에 더하여 피해자와의 면담을 통한 질적 분석을 통하여 범죄의 경향을 파악하는 예측적 분석을 실시한다.

데이터로부터 획득할 수 있는 가장 유익한 요소는 바로 범죄지도이다. 지리정보체계(Geographic Information System: GIS) 프로그램은 범죄와 일반 데이터 및 기존의 수사활동을 통합하여 범죄지도를 작성한다. 나아가 데이터 분 석가들은 개별적인 범죄와 특정 지역의 범죄밀도를 표시하는 지도를 이용하여 범죄 다발 지역(hot spot)을 파악할 수 있다.

CompStat 회의는 데이터의 취합과 분석으로 이루어지는 절차의 최종 단계이며, 이는 다음과 같은 순서에 따라 이루어진다.

- 데이터를 취합 및 분석
  - 데이터의 취합과 분석을 위한 절차를 설계한다.
  - 데이터(현재의 데이터, 가능한 경우에는 역사적인 데이터까지)를 취합한다.
  - 데이터를 입력한다.
  - 데이터를 분석한다(단순한 스프레드시트 분석으로도 충분하다).
  - 현재의 업무 수행 성과에 대한 기준을 설정한다.
  - 경향의 분석과 장기 전략계획을 수립하기 위하여 역사적 데이터를 검토한다.
  - 기준을 검토하고 해당 부서와 비교한다.
  - 합리적인 (그리고 달성 가능한) 목표를 설정한다.
  - 부서들 사이의 성과에 대한 현저한 차이를 파악한다.

- 데이터의 배포

- 초기 분석의 결과를 배포한다.
- 일선 부서로부터의 환류(예 : 데이터에 대한 개별적인 해석 및 성과에 대한 해명)를 취합한다.

• 회의의 준비
- 일선에서 '소규모의' CompStat 회의를 개최한다. 각 일선 지휘관은 회의에서 지표에 대하여 논의하고 예정된 CompStat회의에서 예상되는 질문과 지시를 준비한다.
- CompStat을 조직하는 부서에서는 정보를 정리하고 예정된 회의에서의 질문을 준비한다.

• (데이터, 경향에 대하여 논의하고, 추론을 하며 장기 전략계획을 수립하기 위한) 회의의 개최
- 고위 관리자와 조직 모든 부문의 대표를 소집한다.
- 선정된 일선 부서에서 발표한다.
- 질문을 하고 새로운 아이디어 또는 기술을 도출하기 위한 집단적 토론을 한다.
- 의사결정 및 일선 부서와 조직 전체의 단기 전략계획을 수립한다.

• 환류
- 회의 후 향후의 목표와 전략의 개요를 짜기 위하여 회의 내용을 재정리한다.
- 필요한 경우 개별 부서와 회의 후 추완을 한다.
- 일선 부서들은 회의 후 내부적인 사후분석을 할 수 있다.
- 회의 후 지표와 성과 기준에 대한 사후분석을 한다.
- 필요한 경우 지표를 변경하거나 새로운 지표를 추가한다.

- 체계적인 문제에 대한 추완을 하거나 개선을 위하여 조직 차원의 문제에 대한 제안을 한다.

(3) 산출

범죄에 관련된 각종 데이터의 분석을 통하여 범죄 다발지역을 파악한다. 특정한 범죄의 발생에 영향을 미치는 환경적 요소를 파악하여 특정 범죄의 발생 장소 및 시간에 대한 예측을 가능하도록 한다. 즉, 범죄의 경향이나 생활에 대한 문제가 제기되면 이는 즉시 시각적으로 파악되고, 그들을 뉴욕시 경찰당국이 인식하면 그를 해결하기 위하여 즉각적으로 대응한다. 이는 문제가 해결될 때까지 지속된다. 뉴욕시 경찰은 제기되는 문제에 대한 정확한 정보를 적시에 획득하며, 경찰력을 비롯한 가용한 모든 자원을 배치하여 그 문제를 해결하기 위한 효율적이고 복합적인 전략을 수립한다. 그리고 그 문제가 해결될 때까지 지속적으로 추완하고 상황을 파악한다. 뉴욕시 경찰당국의 이러한 방식은 과거의 수동적인 방식에 비하여 혁신적이라 할 것이며, 이는 CompStat에 기인한다.

[그림 3-1]은 CompStat 운영 화면의 예시로, 여기에서는 2016년 2월 22일

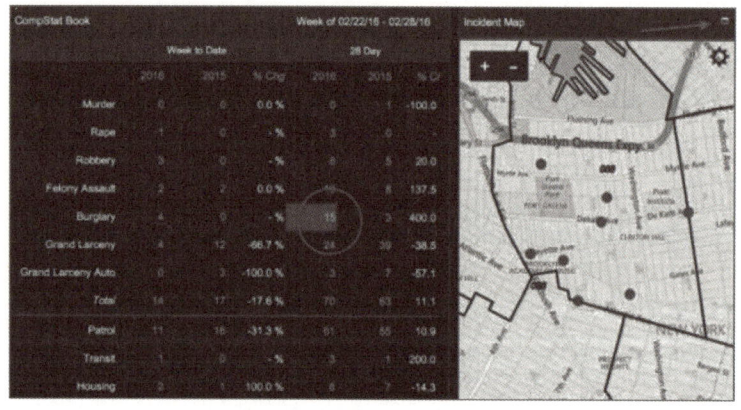

[그림 3-1] CompStat의 운영 화면 예시

부터 2월 28일까지의 뉴욕시 특정 지역에서의 각종 범죄의 발생 상황을 비교한 것이다. 지도를 바탕으로 살인·강간·절도 등의 주요 범죄의 발생이 과거 같은 기간과 비교하여 어느 정도의 차이가 있는지를 주간·월간의 기준을 통하여 나타내고 있다.

일반에게 공개되는 범죄 다발지역(hot spot)에 대한 지도는 범죄밀도를 통하여 특정 지역의 범죄 발생률을 보여준다. [그림 3-2]는 2014년 2월의 모닝하이츠(Morning Heights) 일대의 범죄 현황을 나타내고 있다. 현재의 화면에서는 모든 종류의 범죄 현황을 나타내고 있으나, 범죄의 유형별로 기간에 따라 표시할 수도 있다. 각 원의 크기는 그 장소에서 발생한 범죄의 건수에 비례하고, 동시에 인구 1,000명당 발생 범죄 또한 표시하고 있다.

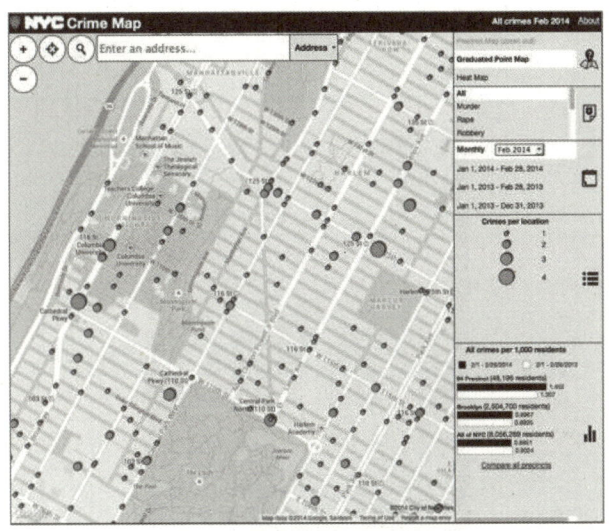

출처: http://ccnmtl.columbia.edu/projects/caseconsortium/
casestudies/127/casestudy/www/layout/case_id_127_id_886.html

[그림 3-2] 뉴욕시 범죄지도의 예시

4) 메커니즘 기반 관점 분석

(1) 제공 서비스

현재 뉴욕시 경찰당국은 일주일에 한 차례 광범위한 경찰관이 참여하는 회의를 개최한다. 컴퓨터로 분석한 범죄 데이터를 심도 있게 검토하여 특정 지역의 범죄를 차단하기 위한 방안을 논의하고 있다. 나아가 지역사회 자체의 치안 유지 역량을 양성하기 위하여 학교의 보안요원으로부터 지역 검사에 이르는 다양한 관계자를 회의에 참석하도록 한다. 이를 통하여 특정 우범지역에 대한 복합적이고 집중적인 대응을 할 수 있도록 한다.

CompStat은 관리자와 책임자들이 참여하여, 컴퓨터에 기반한 기술과 다른 기술 체계를 바탕으로 이루어지는 회의라고 할 것이다. 이는 전체적인 절차의 일부이다. 즉, CompStat에서 회의가 중요한 요소이기는 하지만 이는 전체의 일부

출처: http://nypdnews.com/2016/04/compstat-keeping-nyc-safe-an-inside-look/

[그림 3-3] 뉴욕 경찰당국의 CompStat 회의 모습

에 불과하다. 뉴욕시의 기록적인 범죄율 감소는 그 배후에 있는 다양한 요소에 기인한다고 여겨진다.

CompStat 회의는 책임자와 관리자로 하여금 범죄를 감소시킨다는 그들의 일차적인 목표를 수행하는 자신들의 활동을 모든 관점에서 시각적으로 파악할 수 있도록 한다. 경찰당국의 조직적·방법론적 변화를 시각적으로 면밀하게 관찰하여 도시를 더욱 안전한 곳으로 만들 수 있도록 한다.

(2) 활용 방향

CompStat을 통하여 우범지역에 대한 순찰 강화가 이루어졌다. 각종 건축물에 대한 안전대책(Engineering Security Report)이 마련되었고, 무차별 난사에 대한 위험경감책(Active Shooter : Recommendations and Analysis for Risk Mitigation)이 마련되기도 하였다.

무엇보다, 1993년 이후 뉴욕시에서의 범죄율이 기록적으로 감소(예를 들어, 살인사건의 발생 건수는 1993년의 1,946건에서 2015년에는 352건으로 감소)하였다는 사실은 미국의 사법행정에서 가장 눈에 띄고 많은 논의를 일으킨 사항이다. 실제로 뉴욕시의 중범죄는 지난 30년간에 비하여 그 유례가 없는 정도로 감소하였다. 현재에도 미국 내에서 가장 안전한 대도시 중의 하나가 되어 있다. 뉴욕시의 경찰당국에 따르면 2003년의 주요 범죄율은 1993년에 비하여 65.99%가 감소하였다. 또한 뉴욕시의 전체적인 범죄 건수와 범죄율은 1963년 이후 가장 낮은 수치를 기록하고 있다.

CompStat은 뉴욕시 경찰당국의 조직적 측면에 다음과 같은 세 가지 변화를 야기하였다고 평가되고 있다.

- 정보 공유 : CompStat은 부서 간 및 상하 간 정보의 흐름을 촉진시켰다. 이는 책임자들로 하여금 전체 조직에 대한 통합적인 시각을 갖도록 하였다.
- 의사결정 : 계층적 관료주의를 제거함으로써 일선 경찰의 족쇄를 풀었다.

경찰 지휘관은 더 많은 권한을 부여받았다.
- 조직문화 : 경찰당국이 더욱 창의적이고, 유연해졌으며, 위험 관리에 필요한 장비를 잘 갖추게 되었다.

CompStat 회의와 CompStat 분석기술은 갈수록 많은 미국의 사법집행기관이 사용하는 새롭고 혁신적인 관리 체계가 되었다. 이는 기관들의 기존 고립적이던 관리 체계를 통합하는 방향으로 이끌어가는 새로운 방식이었다. 뉴욕시에서의 시행 이후 미국의 경찰행정 체계에 급속히 파급되었으며, 경찰행정 이외의 분야에서도 채택되었다. 즉, 뉴욕시에서 개발된 CompStat을 이용하고 있는 지역은 로스앤젤레스, 마이애미, 시카고, 볼티모어, 오스틴, 내슈빌, 오클랜드, 필라델피아, 샌프란시스코, 워싱턴특별구 등이다. 이는 나아가 조직 내의 문제를 파악하고 그 문제를 해결할 수 있는 정책과 방법론을 제시하기 위하여 데이터를 취합하고 활용하는 활동인 'PerformanceStat'으로 발전되었다. 또한 도시정책 전반의 전략을 검토하기 위한 StateStat으로도 변형되었으며, StateStat을 이용하고 있는 대표적인 경우로는 Maryland StateStat 사업을 들 수 있다. 이러한 경우에 획일적으로 동일한 접근 방식을 채택하기보다는 각 조직의 상황이나 문화에 맞게 수정·보완하는 것이 성공 여부를 결정짓는 것으로 판단된다.

〈표 3-1〉 뉴욕시의 CompStat ser-M 분석

ser-M	세부 지표	내용
주체(s)	지역명	뉴욕시 등
	사업명	CompStat (http://www1.nyc.gov/site/nypd/stats/crime-statistics/crime-statistics-landing.page)
	센터 운영 설계	• 실시간 범죄통제소(RTCC) 등을 이용한 범죄와 관련한 각종 빅데이터 분석 및 지역정보 인식 체계(DAS)의 활용
	조직관리/ 업무 분장	• 각 경찰서의 주요 경찰관이 참여하여 1주일에 1회 회의(CompStat 회의)를 개최 • 회의 결과를 바탕으로 각 경찰서의 전략 수립 • 일선의 경찰관에게 가능한 최대한의 재량권 부여

ser-M	세부 지표	내용
환경 (e)	목표 및 목적	범죄 발생의 기록을 분석하여 범죄 예방에 활용 • 적시의 정확한 정보 제공 • 자원의 신속한 투입 • 효율적인 전술 • 지속적인 추완
	환경 이슈	• 범죄는 1990년대 초, 뉴욕시의 시장선거에서 가장 핵심적인 논의 사항 중 하나였음. • CompStat은 범죄의 발생 및 공간분포에 대한 정보를 신속하게 수집, 분석 및 배포하는 절차의 수립으로부터 시작 • 컴퓨터를 이용한 데이터 분석을 바탕으로 일선의 경찰관과 상호작용을 하는 조직 운영 체계의 수립
자원 (r)	입력	• 뉴욕시 경찰청이 관리하고 있는 성별, 연령 및 인종 등과 같은 정형 데이터와 증인의 진술 등과 같은 비정형 데이터를 모두 포함 • CompStst에서 이용하는 구체적 데이터의 예시 　– Civil Immigration Detainers: 연방정부가 요청한 예외적으로 연장된 기간의 구금 요청 및 그에 대한 승인 건수 　– Court Summonses: 범죄를 이유로 발부된 형사법원의 소환장에 대한 연간 데이터 　– Crime and Enforcement Activity Reports: 다양한 유형의 범죄 용의자 및 피해자에 대한 인구통계학적 데이터 　– Deployment Law: 각 구역별로 직권 남용을 이유로 징계를 받은 경찰관의 명단 　– Desk Appearance Ticket Arrest Analysis Data: 관할구역별, 범죄 행위별, 그 밖의 유형으로 구분된 경찰의 보호 구금영장에 대한 상세한 데이터
		– Firearms Discharge Reports: NYPD의 경찰관이 행한 총기 사용에 대한 상세한 보고서 – School Safety Data: 뉴욕시 공립학교에서 발생한 범죄, 학교 파견 경찰관에 의한 부상, 학교안전요원에 대한 각종 민원신고 등에 대한 분기별 상세한 기록 – Stop, Question, and Frisk Data: NYPD의 불심검문에 대한 데이터 – Transit-Bus Crime Reports: 시내버스 등 대중교통 체계에서 발생한 범죄에 대한 상세한 통계자료
	처리	• 각종 범죄와 관련한 통합적 데이터베이스 구축 • 범죄 발생의 시기 및 장소 등에 대한 수리적 분석 및 피해자와의 면담 등을 통한 질적 분석 등을 바탕으로 범죄의 경향을 파악 • CompStat 회의의 준비 과정 　– 데이터의 취합 및 분석 　– 데이터의 배포 　– 회의의 준비 : 각 관구별로 사전 회의 　– 회의의 개최 　– 환류
	산출	• 범죄 다발지역(hot spot)의 파악 • 특정한 범죄 발생에 영향을 미치는 환경적 요소의 파악 • 특정 범죄의 발생 장소 및 시간에 대한 예측 • 정기적으로 각 경찰서의 활동 평가 및 개선

ser-M	세부 지표	내용
메커니즘 (M)	제공 서비스	• 각종 범죄에 대한 통계 정보의 제공 • 범죄 발생 경향을 분석하여 우범지역(hot spot) 및 시간대를 지도에 표시 • 발생 범죄에 대한 관련 정보의 실시간 제공 • 매주일 개최되는 CompStat 회의의 기초 자료 제공
	활용 방향	• 우범지역에 대한 순찰 강화 등 경찰력 투입 조정 • 각종 건축물에 대한 안전대책(Engineering Security Report) 마련 • 무차별 난사에 대한 위험경감책(Active Shooter : Recommandations and Analysis for Risk Mitigation) 마련 • 현재 미국의 가장 많은 경찰당국이 활용하고 있는 범죄 예측 및 예방 프로그램 • 경찰 이외의 기관에서도 사용

2 미국 멤피스시의 Blue CRUSH
(Crime Reduction Utilizing Statistical History)

1) 주체 기반 관점 분석

(1) 사업명
Blue CRUSH / 멤피스시 등

(2) 센터 운영 설계
 Blue CRUSH는 멤피스시가 보유하고 있는 각종 데이터를 바탕으로 IBM의 예측적 분석을 통하여 장래 범죄가 발생할 가능성이 높은 장소를 파악하는 것을 내용으로 한다. 이는 안전한 지역사회(Safe Neighborhood) 사업의 일환으로 시작되어 멤피스대학교의 범죄연구학부, 지역의 민간기업인 SkyCop 등의 협력을 통하여 구축되었다. 데이터의 분석은 주로 IBM의 프로그램을 통하여 외부에서 이루어진다. 멤피스시의 경찰은 이러한 프로그램을 바탕으로 경찰력을 배분하는 등의 경찰활동에 이용한다.

멤피스시에서는 Blue CRUSH를 도시 전체로 확대시키기 위하여 중앙집중화된 부서인 범죄분석팀(Crime Analysis Unit)을 실시간 범죄통제소(RTCC)에 배치하였다.

2) 환경 기반 관점 분석

(1) 목표 및 목적

Blue CRUSH는 범죄 발생의 기록을 분석하여 범죄 예방에 활용하는 것, 즉 "적절한 경찰력을 정확한 장소에 정확한 시간에 배치하는 것"을 목적으로 하며, 구체적으로는 다음과 같다.
- 증가하는 범죄율의 감소
- 예산 제약하에서의 효율적 인력 운용
- 시민의 안전감 회복

이를 위하여 Blue CRUSH에서 가장 중점을 두는 것은 경찰 지휘관이 서로 교훈을 얻는 것을 장려하는 일이다. 어떠한 범죄 대책이 성과를 거두는 경우 경찰 지휘관은 이를 공유하여야 하며, 동시에 그다지 효율성이 없었던 범죄 대책에 대해서도 스스럼없이 공유하여야 한다.

(2) 환경 이슈

1997년 미국의 국립사법정책연구소(NIJ)는 멤피스시를 비롯한 5개 도시를 지역사회 안전을 위한 전략 사업(Strategic Approaches to Community Safety Initiative)의 시범도시로 선정하였다. 멤피스시는 그중 성범죄 예방을 위한 시범도시로 선정되었다. 이 전략사업에서 멤피스시는 데이터의 분석을 통하여 성범죄를 대폭 감소시켰으며, 이를 바탕으로 대상을 일반 범죄로 확대하였다.

과거 멤피스시는 뉴욕시 경찰당국에서 개발한 전통적인 CompStat을 이용하였으나, 경찰 인력의 부족, 통계적 분석을 실시하는 전담부서의 부재 등의 이유로 독자적인 범죄 예측분석 프로그램을 개발할 필요성을 인식하고 있었다. 이에 따라 멤피스시에서는 "누가 그것을 하였는가"를 분석하는 범죄 수사 기법을 IBM의 예측분석 프로그램과 접목하였다. 이를 통하여 범죄를 예방하고 경찰행정을 한층 효율적으로 만들었으며, 이를 위하여 거리에서 발생하는 사건들을 파악하는 CCTV 카메라에서부터 경찰당국이 관리하고 있는 과거의 기록에 이르는 모든 자료를 바탕으로 분석하도록 하였다.

3) 자원 기반 관점 분석

(1) 입력

Blue CRUSH는 멤피스시 경찰청의 기록관리 체계로부터 직접적으로 데이터를 제공받으며 그 밖의 무수한 보고와 자원을 활용한다. 즉, 멤피스시 경찰의 기록관리 체계를 통하여 자동적으로 입력되는 정보에 다른 기관으로부터 제공되는 정보 및 오늘날에는 위성위치 확인체계(GPS)에서 제공되는 정보 또한 부가된다. 여기에는 다음과 같은 사항이 포함된다.

- 과거 범죄에 대한 자료
- 피해자와의 면담
- 순찰차로부터 제공되는 범죄 발생 일시, 장소 및 가해자와 피해자의 특징에 대한 정보
- 각 지역의 지리적 특성

(2) 처리

각종 범죄와 관련한 통합적 데이터 베이스를 구축하고, 실시간으로 취합되는 관련 정보를 이에 통합하며, 이 과정에서 인적 사항을 특정할 수 있는 데이터는 배제한다.

범죄 발생의 시기 및 장소 등에 대한 수리적 분석과 피해자와의 면담을 통한 질적 분석을 바탕으로 범죄의 경향을 파악한다. 여기에 이용되는 프로그램은 Esri의 geographical information mapping, Crystal Reports 및 Microsoft infrastructure 등이 있으나, IBM의 Predictive Analytics Portfolio가 주로 이용된다. 사업의 초반에는 SPSS에 많이 의존하였으나, 이는 현재 IBM의 분석 프로그램의 일부로 이용되고 있다.

(3) 산출

범죄 다발지역(hot spot)을 파악하고 특정한 범죄의 발생에 영향을 미치는 환경적 요소를 파악한다. 나아가 특정 범죄의 발생 장소 및 시간에 대하여 지리정보를 바탕으로 하는 예측을 가능하게 한다. 즉, 범죄의 경향에 대한 세밀한 추적을 통하여 멤피스시 경찰은 장래 범죄의 우범지역을 파악할 수 있게 되고, 이러한 예측을 바탕으로 경찰자원을 미래에 대비하여 배치할 수 있게 된다.

4) 메커니즘 기반 관점 분석

(1) 제공 서비스

Blue CRUSH에서는 IBM의 예측분석 프로그램을 이용하여 특정 지역에서 범죄 발생의 증감을 보여주는 분석보고서를 작성한다.

범죄의 발생 경향을 분석하여 우범지역 및 시간대를 지도에 표시하며 경찰관에게 발생 범죄에 대한 정보를 실시간으로 제공한다. 또한 범죄에 영향을 미

출처: http://www.managementexchange.com/story/
managing-21st-century-crime-prevention-memphis

[그림 3-4] 뉴욕 경찰당국의 CompStat 회의 모습

치는 장기간 방치된 가옥과 같은 주변 환경적 상황을 전달한다. Blue CRUSH는 멤피스시의 지도 위에 표시를 하여 그 지역에서 특정한 종류의 범죄가 언제 발생할 가능성이 있는지에 대한 정보를 실시간으로 파악할 수 있도록 한다. 범죄의 우발지역을 표시하는 다층식으로 구성된 지도를 살펴봄으로써 지휘관은 현재의 범죄 상황뿐만 아니라 이전의 경찰 투입 전술의 변경으로 인한 범죄활동의 변화를 알 수 있다. 다음의 [그림 3-5]에서는 232번 구역에서의 기존 발생 범죄를 폭력범죄(푸른색)와 재산범죄(분홍색)로 구분하여 표시하고 있다. 동시에 그 지역사회의 특이 상황(수리가 필요한 건축물, 공지 등)을 다른 각기 다른 색을 이용하여 나타내고 있다.

　　Blue CRUSH는 데이터의 분석을 근간으로 하지만, 데이터를 포함한 각종 정보를 수집하고 공유하는 관리 체계를 포괄하고 있다. 즉, 멤피스시는 예측분석

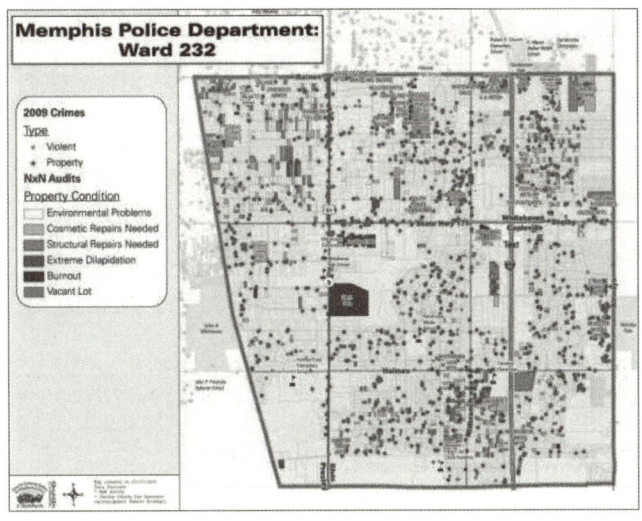

출처 : http://mediaverse-memphis.blogspot.kr/
2010/08/on-dangerous-neighborhoods-crime.html

[그림 3-5] 멤피스시 범죄지도의 예시

프로그램을 이용하여 경찰당국의 전략 수립에 기여한다. 동시에, 데이터를 공개하고 공유하는 문화를 형성하고 있다. 현재 멤피스시 경찰당국은 일주일에 한 차례 TRAC(Tracking for Responsibility, Accountability and Credibility)회의를 개최한다. 이 회의에서는 경찰서장 및 중간관리자들이 모여 지난 주간의 성과를 바탕으로 어떠한 전술이 효과가 있었고 어떠한 전술이 효과가 없었으며 다음 주에 전술을 어떠한 식으로 변형하여야 할지에 대하여 논의한다. 즉, Blue CRUSH는 효율적이고 신속한 대응 및 범죄의 경향에 영향을 끼치는 장기적인 환경적 요소에 대한 심도 있는 분석을 수행한다.

출처: http://www.managementexchange.com/story/
managing-21st-century-crime-prevention-memphis

[그림 3-6] TRAC 회의의 모습

(2) 활용 방향

멤피스시에서는 2013년 기준으로 강력범죄는 30%, 폭력범죄는 20%가 감소하였다. 추가적인 세금의 부담 없이 제한된 예산의 범위 내에서 효율적인 인력 운용이 가능하게 되었다는 평가를 받고 있다. 즉, 범죄의 경향을 분석함으로써 경찰서장으로 하여금 그들의 전술을 변경하고 범죄자를 좀 더 효율적으로 체포함과 동시에 범죄를 예방할 수 있도록 순찰자원을 적재적소에 재배치할 수 있는 역량을 강화하였다.

Blue CRUSH가 가지고 있는 함의는 다음과 같다.

- 모든 경찰관은 범죄 예방을 위한 역할을 수행할 수 있다(교통경찰관이 우범지역 일대를 순찰하는 것만으로도 범죄율이 감소한다).
- 참여 관계자들의 의견을 통합하는 것으로 모두를 절차에 참여시킬 수 있다.
- 순찰경찰관에게 그들의 업무를 수행하기 위한 정보를 제공하는 것은 시민

의 안전을 보호하기 위한 그들의 역량을 최대한 발휘하도록 한다.
- 일반 시민이 참여할 수 있도록 하는 방식을 개발하는 것은 그들의 적극적인 관여를 유도하고 그들의 안전을 보호할 수 있도록 하는 것이 된다.

Blue CRUSH는 우범지역에 대한 순찰을 강화하고 우범지역인 지역사회에 대한 교육을 실시하며 지역사회와의 유대를 강화하는 데에도 이용될 수 있다. 따라서 교통사고 발생을 감소시키기 위한 CRASH(Crash Reduction Analyzing Statistical History), 범죄에 취약한 지역사회 개선사업인 Operation Safe Community 등으로 발전하였다.

[표 3-2] 멤피스시의 Blue CRUSH ser-M 분석

ser-M	세부 지표	내용
주체 (s)	지역명	멤피스시 등
	사업명	Blue CRUSH
	센터 운영 설계	• 실시간 범죄통제소(RTCC) 등을 이용한 범죄와 관련한 각종 빅데이터 분석 및 지역정보 인식 체계(DAS)의 활용 • 멤피스시가 가지고 있는 각종 범죄 관련 데이터를 IBM사의 예측적 분석 프로그램을 이용하여 분석
환경 (e)	목표 및 목적	• 범죄 발생 기록을 분석하여 범죄 예방에 활용하며, 적절한 경찰력을 정확한 장소에 정확한 시간에 파견하는 것 • 증가하는 범죄율의 감소 • 예산 제약의 범위 내에서 효율적 인력 운용 • 시민의 안전감 회복 및 고양
	환경 이슈	• 1997년 미국의 National Institute of Justice가 멤피스시를 비롯한 5개 도시를 Strategic Approaches to Community Safety Initiative의 시범 도시로 선정. 그중에서도 멤피스시는 특히 성범죄가 심각하였음. • 데이터의 분석을 통한 성범죄의 대폭 감소를 바탕으로 적용 대상을 일반 범죄로 확대

ser-M	세부 지표	내용
자원(r)	입력	• 과거 범죄에 대한 자료(체포 기록, 발생 기록 등) • 피해자들과의 면담 • 순찰경찰관으로부터 제공되는 범죄 발생 일시, 장소 및 가해자와 피해자의 특징에 대한 정보 • 각 지역의 지리적 특성
	처리	• 각종 범죄와 관련한 통합적 데이터 베이스 구축 • 실시간으로 수집되는 관련 정보의 통합 • 인적 사항을 특정할 수 있는 데이터의 배제 • 범죄 발생의 시기 및 장소 등에 대한 수리적 분석 및 피해자와의 인터뷰를 통한 질적 분석을 바탕으로 범죄의 경향 파악 • IBM사의 Predictive Analytics Portfolio 등을 활용한 예측적 분석
	산출	• 범죄 다발지역(hot spot)의 파악 • 특정한 범죄의 발생에 영향을 미치는 환경적 요소의 파악 • 특정 범죄의 발생 장소 및 시간에 대한 예측
메커니즘(M)	제공 서비스	• 범죄 발생 경향을 분석하여 우범지역(hot spot) 및 시간대를 지도에 표시 • 경찰관에게 발생 범죄에 대한 관련 정보의 실시간 제공 • 범죄에 영향을 미치는 주변 환경적 요인(장기간 방치된 가옥 등)의 제공 • 주 1회의 TRAC 회의를 통하여 관할권 사이 및 관할권 내에서의 자원 배분 조정 및 치안 전술의 변경 여부 결정
	활용 방향	• 범죄 다발지역에 대한 순찰 강화 • 지역사회에 대한 교육 실시 및 지역사회와의 유대 강화(Operation Safe Community) • 교통사고 발생을 감소시키기 위한 CRASH 프로그램에도 응용

3 미국 샌타크루즈시의 PredPol(Predictive Policing)

1) 주체 기반 관점 분석

(1) 사업명

PredPol / 샌타크루즈시 등

(2) 센터 운영 설계

샌타크루즈시의 PredPol은 로스앤젤레스시 경찰당국과 UCLA대학교의 협력 연구사업에 기원을 두고 있는 민간 범죄 예측 프로그램이다. 이 연구사업의 목적은 데이터가 언제 어디에서 또 다른 범죄가 발생할 것인지에 대한 미래의 예측을 제공할 수 있는지를 파악하기 위함이었다. 따라서 샌타크루즈시를 비롯한 경찰당국은 PredPol에서 제공하는 데이터의 분석 결과를 이용하여 이를 치안 활동에 활용한다. 이러한 점에서 경찰당국에서 전적으로 데이터를 취합하고 분석·활용하는 CompStat, 민간기업의 보조를 받아 경찰당국에서 데이터를 취합·분석·활용하는 Blue CRUSH와 차이가 있다고 할 수 있다.

2) 환경 기반 관점 분석

(1) 목표 및 목적

PredPol은 범죄 발생의 시기와 장소를 예측할 수 있게 된다면 경찰관을 사전에 배치하여 그러한 범죄의 발생을 예방할 수 있을 것이라는 가정을 전제로 한다. 즉, PredPol의 목표는 데이터를 통하여 언제 어디에서 범죄가 발생할 것인지에 대한 미래지향적인 결과를 확보하는 것이다. 따라서 범죄 발생의 시간과 장소에 대한 예측을 통하여 경찰관을 선제적으로 파견하여 범죄를 예방할 수 있도록 하는 것이다.

(2) 환경 이슈

PredPol은 로스앤젤레스시의 경찰청과 UCLA의 협동연구에 의하여 만들어졌다. CompStat의 데이터를 단순한 과거 사건에 대한 분석 이상으로 이용하는 방법을 모색하고자 하였다. UCLA와 샌타클라라대학교의 수학자들과 행동과학자들의 협력을 통하여 다양한 데이터의 유형과 행동예측 모형을 만들어 내었다.

3) 자원 기반 관점 분석

(1) 입력

PredPol의 범죄 데이터베이스는 범죄 유형과 발생 장소·발생 시간을 기본적으로 수집한다. 범죄정보(유형·위치·시간) 외에는 어떠한 개인정보나 지역사회 정보가 이용되지 않는다는 점이 특징이다. 따라서 다른 예측적 경찰활동 프로그램에 비하여 분석과 이해가 비교적 용이하다. 인권문제 또는 개인의 사생활 문제로부터 자유롭다는 장점이 있다.

(2) 처리

각 정부기관이 보유하고 있는 범죄 관련 데이터 및 범죄의 환경적 데이터를 수집하고 통합한다. GPS 위치 추적 데이터와 연계하여 범죄 경향을 파악하여 자체학습 능력이 있는 연산 논리 체계인 Epidemic Type Aftershock Sequence(ETAS)를 통한 예측적 분석을 실시한다.

6개월 단위로 기존의 역사적인 데이터와 새로운 데이터를 비교분석하며, 이 경우 최근의 범죄에 대해서는 가중값이 부여된다.

(3) 산출

PredPol의 핵심은 특정 시간대에 범죄가 증가할 것으로 예상되는 지점을 지속적으로 추적하는 것이다. 이를 위하여 과거 범죄 발생 데이터베이스를 이용하여 미래의 범죄 발생 확률을 150×150미터의 격자지도에 표시한다.

[그림 3-7]에서 붉은색의 상자로 처리된 지역이 범죄 발생의 가능성이 높다고 판단되는 지역으로서, 경찰관들이 순찰을 할 때 주의를 기울이도록 요청받는 장소이다. PredPol은 범죄의 발생가능성이 높은 시간과 장소를 동시에 분석하므로, 이러한 정보가 거의 실시간으로 경찰관에게 제공된다. 또한 기존에 발생한

출처: http://america.aljazeera.com/watch/shows/techknow/
blog/2013/9/15/predictive-policingtechnologylowerscrimeratesinuscities.html

[그림 3-7] PredPol이 표시한 범죄 위험지역

범죄에 대해서는 색을 구분하여(강도 - 붉은색, 폭행 - 주황색, 차량범죄 - 녹색 등) 표시하고 있다.

또한 PredPol은 일선 경찰관만이 아니라 경찰 지휘관이 사용할 수 있는 지휘분석 프로그램을 제공한다. 여기에서는 범죄 탐색, 임무 통제, 레이더, 위성위치 확인체계(GPS) 및 자동차 경로 추적 등의 기능을 제공하여 지휘관으로 하여금 인력을 더욱 효율적으로 투입할 수 있도록 한다.

4) 메커니즘 기반 관점 분석

(1) 제공 서비스

경찰관은 교대근무에 임하기 전에 탐색된 범죄 다발지역(hot spot)에 대한 정보를 제공받고 다른 지역보다 해당 우범지역에서 더 많은 시간을 순찰하도록 지시받는다. 아울러 근무 중에도 온라인 시스템에 접속하여 실시간으로 해당 범죄 다발지역에 대한 정보를 확인할 수 있다. 즉, PredPol의 분석을 바탕으로 평소의 순찰 대상지역이 아닌 지역을 순찰할 수 있다. 이는 또한 주민들과의 접촉 기회를 늘려 지역사회의 자체 치안활동을 강화할 수 있는 기회를 제공한다. 아울러 객관적인 정보와 증거에 기반한 활동을 하고 활동 내용이 모두 데이터로 보존되기 때문에 법집행의 투명성을 제고한다는 점에서도 주민의 경찰활동에 대한 신뢰를 증가시키는 요인이 된다.

출처: http://www.firstcoastnews.com/news/crime/police-software-claims-to-predict-crime-before-it-happens/20695992

[그림 3-8] PredPol을 이용한 순찰 중 정보 확인

구체적으로 PredPol이 제공하는 서비스는 다음의 세 가지이다.
- 예측적 경찰활동 : 순찰의 장소와 시간에 대한 지침. (최근 2년에서 5년 사이의) 기록된 사건의 데이터를 바탕으로 연산 논리 체계를 수립한 후, 경찰관으로부터 제공되는 사건을 수합하여 반영한다. 그 결과는 구글지도(Google Maps)를 통하여 제공되며, 각 일자 내지는 근무시간대에 따라 가장 위험성이 높은 지역을 표시한다. 경찰관에게는 순찰시간의 10%(시간당 약 6분)를 위험성이 높은 지역을 순찰하는 것이 권장된다.
- 순찰활동 : 순찰계획의 수립과 관리. PredPol은 각 근무시간 또는 특정 요일에 대한 특정한 형태의 임무를 설정하도록 하여, 각 임무에 따른 사건이 발생할 가능성이 가장 높은 지역을 한다. 또한 순찰의 정도를 지도에 표시하도록 하여 지휘관으로 하여금 그들의 관할권 내의 순찰이 지나치게 집중되어 있거나 분산되어 있는지를 확인할 수 있도록 한다.
- 분석 : 데이터와 보고의 환류. PredPol은 범죄 및 경찰활동에 대한 데이터를 시각화하고 이를 PDF 형식 등으로 제공한다. CompStat과 유사한 형태의 분석과 보고를 제공하는 PredPol은 풍부하고 복합적인 데이터셋에 대하여 신속한 요약을 제공한다. 이러한 정보들은 지역의 정부 및 지역사회와 공유되어 지역 전반에서 이루어지는 순찰의 정도를 비교할 수 있도록 하여 투명성을 확보하도록 한다.

(2) 활용 방향

PredPol의 고유한 분석기법은 기존의 도시들이 가지고 있는 범죄 데이터의 활용 가능성을 증가시키는 것으로 평가된다. 또한 현장 경찰관들은 무조건적으로 PredPol에 의존하지 않고 이를 기존의 경험이나 정보를 보충하는 수단으로 사용하도록 권장된다. 이처럼 PredPol은 경험과 직관을 보완해 주는 역할을 하기 때문에 경찰관의 업무 수행을 전반적으로 상향 평준화시키는 장점이 있다는 평가를 받고 있다. 특히 신임 경찰관의 직무 수행 능력을 향상시키는 것으로 나타나고 있다고 한다.

〈표 3-3〉 샌타크루즈시의 PredPol ser-M 분석

ser-M	세부 지표	내용
주체 (s)	지역명	샌타크루즈시 등
	사업명	PredPol (https://www.predpol.com)
	센터 운영 설계	• 민간기업인 PredPol에서 제공하는 범죄 예측 프로그램의 이용 • 데이터의 분석을 전적으로 외부기관에 위탁하고 있다는 점에서 CompStat, Blue CRUSH와의 차이점이 있음
환경 (e)	목표 및 목적	• 범죄 발생의 시간과 장소에 대한 예측을 통하여 경찰관을 선제적으로 파견하여 범죄의 발생을 예방
	환경 이슈	• CompStat의 데이터를 단순한 과거 사건에 대한 분석 이상으로 이용할 필요 • 개인정보 또는 지역사회에 대한 정보 수집으로부터 야기되는 인권 침해, 인종 차별의 문제에 대한 고려
자원 (r)	입력	• 각 경찰서의 기록관리 체계로부터 제공되는 범죄의 유형, 발생 일시, 발생 지역에 대한 데이터 • GPS 위치 추적 데이터
	처리	• 각종 범죄와 관련된 통합적 데이터베이스의 구축 • 범죄 발생의 시기 및 장소 등에 대한 수리적 분석을 바탕으로 범죄의 경향을 파악 • 자체학습 능력이 있는 연산논리 체계인 ETAS를 통한 예측적 분석 • 6개월 단위로 기존의 역사적인 데이터와 새로운 데이터를 비교분석 • 최근의 범죄에 대한 가중값 부여
	산출	• 특정 시간대에 범죄가 증가할 것으로 예상되는 지점을 지속적으로 추적 • 범죄 탐색, 임무통제, 레이더, GPS 및 자동차 경로 추적 등의 기능을 통하여 일선에 대한 지휘를 용이하게 함.
메커 니즘 (M)	제공 서비스	• 예측적 경찰활동 : 순찰 장소 및 시간의 지정 • 순찰활동 : 순찰계획의 수립과 관리 • 분석 : 데이터 및 보고의 환류, 공개
	활용 방향	• 범죄 발생의 가능성이 높은 지역에 대한 범죄 발생 예상 시간대에의 순찰 강화 • 순찰의 강화에 따른 지역사회와의 유대감 형성 • 샌타크루즈시를 비롯하여 미국 내 로스앤젤레스시, 애틀랜타시 등의 50여 개 경찰청에서 채택하였으며, 영국의 일부 경찰청에서도 사용 중

PredPol은 주거침입 절도에 특히 효과적인 것으로 드러났다. PredPol의 시행 전인 2011년 7월과 그 이전인 2020년 7월을 비교하면 주거침입 절도가 27% 감소하였다. 시행 전후 6개월(2011년 1월 ~ 6월과 2010년 1월 ~ 6월)을 비교하였을 때에는 305건에서 263건으로 14% 감소하였음이 보고되고 있다. 이는 일반적으로 재산범죄가 폭력범죄에 비하여 예측이 정확하고, 특히 주거침입 범죄는 범행을 합리적으로 계획하기 때문에 예측과 예방이 효과적인 것으로 판단된다. 이러한 PredPol 프로그램은 미국 내 50개의 도시에서 이용하며, 영국의 일부 지역에서도 이용하고 있다.

스마트 재난관리의 시작 : 감염성 질병·약물 및 식품관리·공중위생 분야

1 인공위성 데이터를 이용한 감염성 질병 연구

데이터의 생성은 미국 항공우주국(NASA)의 기본적인 업무의 하나이다. 이들은 감염성 질병(vector-borne disease)의 연구에 이용될 수 있는 여러 기상 및 기후 관련 데이터를 보유하고 있다. 이들 데이터에는 35년 간의 해수면 온도와 식생 유형, 37년간의 강우량 및 16년간의 지표면 온도 등이 포함되어 있다. 해수면 온도는 강우에 영향을 미치고 이는 결과적으로 지표면의 온도와 식생에 영향을 미쳐 상이한 감염병의 매개체가 발생하고 질병을 퍼트릴 수 있는 환경을 조성한다. 따라서 이러한 데이터는 질병의 연구에 매우 유용하다. 존재 자체는 중요성이 크지 않지만 장기간 지속되는 경우에 중요한 의미를 갖는 변칙성을 탐지할 수 있기 때문이다. 특히 이러한 장기간의 데이터는 그 가치가 크다. 비정상적으로 장기간의 습하거나 건조한 환경은 식생에 영향을 미친다. 감염병의 매개체들이 번성할 수 있는 환경을 조성하는 데에 크게 작용한다. 이러한 기간들은 모형화작업에서도 중요한 지표가 된다.

 이러한 데이터가 감염성 질병의 발생을 어떻게 추적할 수 있는지에 대한 사례로는 1930년대 케냐에서 발견되었다. 사람들의 질환과 많은 가축이 죽음으로써 경제 및 영양상의 심각한 피해를 야기하였다. 모기에 의하여 감염되는 바이러스성 질병인 리프트밸리열병(Rift Valley Fever)의 모형화를 들 수 있다. 리프트밸리열병의 발생에 가장 핵심적인 기후 특성은 동태평양과 인도양의 온도를 상승시키고 동태평양과 동부 아프리카에서의 흐린 날씨를 증가시키는 엘니뇨/남방진동주기(El Niño/Southern Oscillation Cycle)이다. 사하라사막 이남의 아프리카에서의 대부분의 리프트밸리열병의 발생은 엘니뇨주기와 관련을 맺고 있다.

 기후정보에 더하여 감염병 모형의 또 다른 중요한 요소는 바이러스를 매개하는 모기 종류의 개체군 변동 추이(population dynamics)이다. 가축 및 그 밖의 동물들을 바이러스에 감염시키는 주된 매개체인 숲모기(Aedes mosquito)는 강물을 범람시키는 폭우가 내린 후 5일 내지 10일 사이에 나타남에 반하여, 가축 및 그 밖의 동물로부터 사람에게 바이러스를 전파하는 뇌염모기(Culex mosquito)는 홍수 이후 5일에서 30일 사이에 대규모로 발생한다. 이러한 개체군은 폭우가 내린 후 돋아나는 잔디와 맞추어 급증한다.

 리프트밸리열병의 모형은 사하라사막 이남의 아프리카, 동부 아프리카 및 남부 아프리카 지역에서 사전에 결정된 한곗값을 넘어 3개월 이상 지속되는 이례적인 강우 및 식생을 계산한다. 이 3개 지역은 문헌 및 기후에 대한 역사적인 기록의 조사를 통하여 리프트밸리열병의 발생에 영향을 미치는 장소를 기준으로 선택되었다. 이러한 모형화의 결과 시간의 경과에 따른 변경을 반영하는 위험지도가 작성되었다. 이 모형에 대한 회고적 분석의 결과 이는 동 아프리카에서 발병의 70%, 수단에서 발병의 50% 이상을 예측할 수 있었다. 그러나 남아프리카에서의 발병은 30%를 예측할 수 있었음이 밝혀졌다. 남아프리카에서의 예측률이 낮은 이유는 그 모형이 케냐에서의 모기 개체군 변동 추이에 대한 연구를 기초로 하였기 때문으로 분석되었다. 현재에는 남아프리카에서의 이 모형의 정확성을 개선하고자 매개체의 변동 추이에 대한 좀 더 정확한 정보를 수집하기 위하여 현지의 연구원들과 협력하고 있다. 또한 과거에는 가축 전염병의 발생지역으로 분류되지 않았던 지역에서의 발생도 확인되고 있다. 이는 가축 전염병 지도가 부정확하거나 그 지역이 리프트밸리열병이 새로이 확산되고 있는 지역임을 의미하는 것으로 여겨진다.

이러한 연구사업은 위험이 높은 지역에 파견되는 군인을 보호하는 국방부의 지원을 받아서 이루어졌다. 모형화의 결과는 위험이 높은 지역에서 수입하는 상품에 대한 검역을 위한 목적으로 미국 농무부(USDA)에 제공되었다. 발병에 대응하기 위하여 도움을 필요로 할 수 있는 잠재적으로 피해가능성이 있는 국가의 외교관에게 경보를 발하기 위한 목적으로 미 국무부에도 제공되었다. 이를 통하여 생산된 정보는 그 밖에도 세계보건기구(World Health Organization: WHO), 식량농업기구(Food and Agriculture Organization: FAO), 세계동물보건기구(World Organization for Animal Health: OIE) 및 대규모 감염병의 유행을 방지하기 위한 국제기구를 포함한 그 밖의 미국과 국제기관에 제공되었다. 특히 미국 농무부는 이 모형의 분석 결과에 기초한 보고서를 매월 농업기술원(Agricultural Research Service)의 웹사이트를 통하여 공개하고 있다.

이러한 모형을 통한 조기경보는 예방 조치를 취하는 데에 긍정적인 효과를 가져다주었다. 예를 들어, 2007년 이 모형은 리프트밸리열병이 케냐에서 발생하기 3개월 전에 그리고 탄자니아에서는 발생 5개월 전에 조기경보를 발하였다. 그에 따라 보건담당 공무원은 1997년과 1998년에 비하여 약 2개월 일찍 대응 조치를 취할 수 있었다. 2016년에는 이 모형이 발병 1년 전에 위험성이 높은 지역을 예측하여 조기 대응 조치를 취할 수 있었고, 그에 따라 해당 지역에서는 리프트밸리열병이 발생하지 않았다. 현재에는 이 기술을 서부 나일 바이러스(West

Nile virus), 뎅기열(dengue fever), 머레이밸리뇌염(Murray Valley encephalitis) 그리고 지카(Zika)와 같은 다른 감염성 질병에 적용하기 위한 연구가 진행되고 있다.

운량(雲量)처럼 고해상도의 영상과 같은 새로운 데이터원은 발병의 가능성이 높은 지역에 대하여 상세한 검사와 모형화를 가능하게 할 것이다.

2 약물 및 식품관리에서의 빅데이터

미국 식품의약국(FDA)의 기본은 데이터이다. 데이터는 많으면 많을수록 좋고, 그 데이터의 기간이 길면 길수록 업무 수행의 품질 및 무결성의 기준을 맞추게 된다. 감염병 분야에서 식품의약국과 질병 예방 및 통제본부(CDC)는 협력하여 GenomeTrakr program을 구축하였다. 이는 빅데이터를 이용하여 식품매개 병원균(foodborne pathogon)의 원천을 추적하는 것이다. 이러한 주, 연방 및 민간 협력기관이 수행하는 전체 유전자 염기서열 분석(whole-genome-sequencing) 네트워크는 51,000개 이상의 데이터를 추출하여 17테라바이트 이상의 데이터를 적립하였다. 매월 1,000개 이상의 염기서열을 추출하는 이 네트워크는 식품매개 질병의 발생(food-borne outbreaks)에 대한 파악과 조사 방식의 변환을 가능하게 하였다. 2014년의 경우, 이 데이터베이스는 미국 식품의약국(FDA)으로 하여금 어떠한 땅콩버터 설비에서 여러 주의 살모넬라균(Salmonella)에 의한 식품 오염을 야기하는 것을 추적하여 그 설비의 작동을 중지시켜 식중독의 발생을 중단시키도록 하였다.

미국 식품의약국은 또한 차세대 염기서열 분석(next-generation sequencing)을 통한 빅데이터를 이용하여 항바이러스 약제의 신약실험을 하는 경우에 바이러스 내성을 분석하는 데에 이용하고 있다. 차세대 염기서열 분석은 미국 식품의약국으로 하여금 전통적인 염기서열 분석으로는 탐지할 수 없었던 낮은 정도의 바이러스 유전자 변이를 파악할 수 있도록 한다. 예를 들어, 미국 식품의약국의 과학자들은 이러한 데이터를 이용하여 C형 간염 바이러스가 새로운 항바이러스 약제에 대하여 내성을 갖출 수 있는 경로를 분석하였다. 이러한 변이가 상대적으로 드물게 발생하기는 하지만 이들은 약품의 효율성을 감소시키고 장래 치료 방법의 선택을 제한할 수 있다. 이에 대한 정보는 현재 약품에 표시되어 임상의에게 최적의 치료계획을 제공하는 데에 이용된다.

박테리아에 대한 저항성(bacterial resistance) 분야에서 미국 식품의약국은 빅데이터를 이용하여 중단점(breakpoint)이라고 알려진, 세균이 약에 대하여 내성을 갖게 되는 항균성 약제의 농도를 설정한다. 중단점은 치료가 성공할 수 있는 가능성을 파악하도록 하여 환자의 치료에 대한 정보를 제공하도록 한다. 미국 식품의약국과 같은 기관은 박테리아 사이에서 새로운 내성 체계가 발생하는 것에 맞추어 중단점을 갱신한다. 이를 위하여 취합되는 데이터에는 추출된 박테리아의 특징, 감염을 치료하기 위하여 사용된 항균성 약제, 환자의 위험 요소 그리고 의학적 결과 등이 포함된다. 이러한 데이터는 미국 식품의약국으로 하여금 실제 의료 데이터를 이용하여 의학적으로 유의미한 방법으로 중단점을 설정하고 갱신하도록 한다.

빅데이터를 활용할 수 있는 주요한 방법 중의 하나는 항균성 약제의 임상실험 설계를 개선하는 것이다. 대체적으로 심각한 급성감염증, 특히 병원 내 감염 폐렴-인공호흡기 관련 폐렴(HAP-VAP)에 대한 항균성 약제의 효능에 대한 임상실험은 어렵고 비용이 많이 든다. 미국 식품의약국은 듀크대학교 임상실험개선사업(Clinical Trials Transformation Initiative)으로 이루어지는 병원 내 감염 폐렴과 인공호흡기 관련 폐렴을 앓고 있는 환자들의 위험 요인을 파악한다. 고위험군의 환자를 파악하고 그들이 병원에 입원하면서 임상실험에 참여한다는 사전동의서를 작성하도록 하는 대규모 연구에 자금을 지원하고 있다. 이는 이러한 환자가 그들의 질병이 진행되는 중에 더 빠른 시기에 임상실험에 참여할 수 있도록 한다.

3 빅데이터를 이용한 공중위생의 개선

시카고시와 일리노이시는 다른 많은 도시와 마찬가지로 도시에 관한 풍부한 데이터를 자신의 웹사이트를 통하여 시민들에게 제공하고 있다. 시카고시의 경우에는 235평방마일에 걸쳐 설치된 100,000여 개의 집수구에서 포획된 모기의 서부 나일 바이러스(West Nile virus)에 대한 시험 결과를 공개하고 있다. 시카고시는 WindyGrid라는 이름의 개방형 정보공개 체계(open source system)를 이용하여 수십 종류의 데이터를 실시간으로 하나의 프로그램을 통하여 취합하여 보건행정의 효율성을 개선하고 있다.

이러한 분석 중의 하나는 도시들로 하여금 인간과 애완동물에 대한 질병을 매개하는 설치류를 한정된 자원으로 좀 더 효율적으로 통제하도록 하는 것이다. 이 분석은 시민의 민원을 바탕으로 도시 전반에서 설치류가 집중적으로 활동하는 지역을 지도에 시각적으로 표시한다. 카네기멜론(Carnegie Mellon)대학교의 사건 및 경향분석연구실(Event and Pattern Detection Laboratory)과의 협력을 바탕으로 350가지의 상이한 요인의 상호관계를 파악한다. 도시에서 설치류의 활동이 급증하는 지역을 중심으로 시공간적 모형이 개발되었다. 이 모형은 설치류 관련 민원이 언제 어디에서 발생할 가능성이 높은지를 예측하는 31가지의 요인을 파악하였다. 이러한 결과는 웹 프로그램을 통하여 설치류를 추적하고 퇴치하는 방역관을 파견하는 도시의 관리자에게 제공된다. 현재에는 이 프로그램을 이용하여 밤에 계획을 수립하고 오전에 방역관을 파견하는 방식으로 운용되고 있다.

All Insurance사의 데이터 과학팀과 Civic Consulting Alliance와의 협력으로 진행되었던 또 다른 연구는 음식점 위생검사의 효율성을 향상시키고 식품매개 질병의 발병을 억제하는 것이었다. 시카고시에는 약 15,000개의 음식점이 있으며, 32명의 검사관이 이 음식점을 1년에 최소한 1번씩은 검사한다. 여기에서 가장 검사가 필요한 음식점에 검사관을 투입하여야 한다는 고전적인 대기이론의 문제(queing-theory problems)가 발생한다. 연구팀은 십여 종류 이상의 공개된 데이터원을 이용하여 심각한 법률 위반, 즉 식품매개 질병을 야기할 가능성을 예측할 수 있는 모형을 개발하였다. 이를 통하여 법률 위반을 예측하는 데에 유용한 10개의 변수를 선정하였다. 2개월의 실험을 통하여 데이터에 기반한 위생검사가 법률 위반을 평균적으로 7일 정도 먼저 파악할 수 있음이 밝혀졌는데, 이는 사람들이 식품매개 질병에 노출되는 기간을 그만큼 단축시킬 수 있는 것이다.

4 규모에 따른 질병 확산의 모형화

인공지능 또는 기계학습을 온라인상의 데이터와 접목시켜 질병과 싸우기 위한 새로운 도구를 만들어 내는 것 또한 중요한 과제 중의 하나이다. 성인의 약 65%는 온라인 소셜 미디어를 이용하고 있다. 그러한 활동의 대부분은 실시간으로, 현재의 장소에 대한 데이터를 제공하는 스마트폰을 통하여 이루어진다. 이는 유기 감지망(organic sensor network)이라고도 불리며, 이로부터 생산되는 데이터를 취합·선별하여 그로부터 가치를 창출할 수 있을 것이라고 여겨진다. 이러한 데이터의 대부분은 장소의 요소를 포함하고 있기 때문에 데이터로부터 관련된 사건에 대한 추론을 가능하게 할 것이며, 이들을 이용하여 예측을 할 수 있도록 할 수 있을 것이다.

이러한 기술은 새로운 것이지만, 이러한 방법론은 오랜 역사를 가지고 있다. 1800년대 중반, 존 스노(John Snow)는 런던의 각 가정을 방문하여 그들의 상태를 묻고 그 결과를 엮어서 콜레라의 상황을 나타내는 지도를 작성하였다. 이를 통하여 공용 우물이 콜레라균의 군집지역과 관련된 장소에 위치하고 있으며, 따라서 콜레라가 오염된 물을 통하여 전파된다는 결론을 이끌어 내었다.

트윗(tweet)을 이용하는 데에 가장 중요한 문제는 사람들의 메시지로부터 자연언어 처리 과정(natural language processing)을 통하여 유용한 정보를 추출하는 것이다. "I am sick of work(나는 일에 질렸어)"와 "I feel sick(나 아파)"의 두 문장이 모두 질병과 관련이 있는 것으로 해석될 수 없기 때문에 간단히 sick와 같은 단어를 검색해 내는 단순한 연산 논리 체계는 도움이 되지 않는다. 로체스터대학교의 연구진은 사람들이 질병과 관련하여 작성한 메시지와 그렇지 않은 것을 구분하고, 이러한 사례로부터 스스로 학습을 하는 학습 프로그램(learning application)을 개발하였다.

 이러한 프로그램을 이용하여 모든 트윗을 분석하고 어떠한 것이 감기에 걸린 사람이 작성한 것인지를 파악하며, 트윗의 위치를 바탕으로 그러한 사람과 밀접하게 접촉하게 될 다른 모든 사람을 추적할 수 있다. 그 결과 어떠한 사람이 만나는 사람의 숫자가 증가할수록 그가 질병에 걸릴 가능성이 기하급수적으로 증가한다는 사실을 예측하였다. 질병에 걸린 친구가 있을 경우 그 또한 질병에 걸릴 확률을 증가시킨다는 것도 예측하였다. 실제로 이 프로그램이 위험하다고 예측한 소규모의 사람들과 접촉하여 감기의 여부를 진단하거나, 우편번호 또는 카운티 수준으로 통합된 데이터를 질병 예방 및 통제본부의 공식적인 통계와 비교한 결과 그러한 예측이 실제의 통계와 연관성을 가지고 있음을 확인하였다.

 또한 이와 동일한 언어처리 기술을 이용하여 뉴욕시의 식중독과 관련이 있는 음식점을 파악하기 위한 트윗을 취합할 수 있었다. 그 결과 또한 시 보건부서의 보고서와 강한 연관성을 가지고 있었다. 따라서 이를 음식점의 위생검사를 위하여 실시간으로 이용할 수 있음을 보여주었다. 실제로 네바다주의 라스베이거스시에서 3개월간 시범적으로 트윗 분석을 기반으로 위생점검을 실시하여 기존의 위생검사 방식과 비교한 결과, 문제가 있는 음식점의 적발은 50%, 음식점의 폐쇄는 70% 이상 증가하였다는 사실을 확인하였다.

스마트 재난관리의 다양한 접근 : 빅데이터 기반 예측적 재난관리의 방향

예측 행정의 대표적인 실제 사례는 재난관리 분야에서 확인되고 있다. 재난에 대한 효과적인 관리 및 관측은 세계적인 문제이다. 지역사회는 사회적이든 자연적이든 재난에 대하여 취약하다. 재난은 지역의 역량을 초과하는 것으로, 국가적 또는 국제적인 지원의 요청을 필요로 하거나 심각한 손해와 파괴 및 주민들의 피해를 야기하는 예측할 수 없는 급작스러운 사건으로 정의된다. 재난은 홍수, 화재, 태풍, 석유 또는 화학물질의 유출, 테러리스트의 공격, 원자력 사고 또는 그 밖의 기상적 또는 인위적 사고에 의하여 발생한다. 재난의 경제적 영향은 지역 경제에 대한 직접적인 영향(예 : 기반시설, 곡물, 주택의 피해) 및 간접적인 영향(예 : 수익의 감소, 실업 및 시장의 불안정성)으로 구분된다. 안전 전문가 및 정부기관의 노력에도 불구하고 재난은 계속 발생하며 여전히 많은 수의 사상자를 야기하고 있다.

재난 시에 생성되는 폭넓은 데이터원은 통합되고 효과적으로 시각화할 필요가 있다. 대규모의 재난 관련 데이터를 저장하고 처리하는 것은 시민 보호, 경찰,

소방, 보건을 비롯하여 재난을 관리하는 정부기관에 큰 문제가 될 수 있다. 빅데이터 프로그램과 기술은 재난을 관리하는 공무원이 의사결정 절차를 최적화하는 데에 도움을 줄 수 있다. 재난이 발생한 이후에도 기관은 재난의 피해를 경감시키기 위한 장래의 계획을 수립하여야 한다. 그러나 효과적인 계획 수립과 관리는 가용한 데이터의 양과 질에 많이 의존한다. 잘 관리되고 효율적으로 보강된 데이터는 의사결정권자로 하여금 재난의 기간 동안 정확한 평가를 가능하게 할 뿐 아니라 효과적인 재난 대응 및 복구를 위하여 적합한 조치를 취할 수 있도록 하여준다.

1 재난관리의 이해

재난관리는 "재난에 대한 예방, 대비, 대응, 복구 또는 경감 역량을 형성하고 유지하며 개선하기 위하여 필요한 모든 활동을 통합하는 것"으로 정의된다. 위험관리(예방, 대비)와 위기관리(대응, 복구)에 중점을 둔 이러한 활동이 재난관리의 순환 체계를 구성한다. 이러한 활동은 고립적이지도 않고 순차적으로 발생하지도 않는다. 실제로 재난에 대한 대응과 복구 단계는 거의 동시에 시작되지만, 사람들은 수일 또는 수개월에 걸치는 장·단기의 복구계획을 수립한다. 나아가 공중보건 및 경제 복구의 과정은 수년 이상이 걸릴 수도 있다. 대응 및 복구활동의 궁극적인 성공은 대비 및 예방 단계에서 수집된 데이터에 의하여 좌우된다.

재난관리는 재난의 부정적인 영향 및 피해를 경감시키는 것, 즉 사람들과 사회적 기반시설을 보호하는 것을 일차적인 목표로 하는 체계적인 절차이다. 재난에 대한 대응은 재난관리에서 가장 중요한 단계이며, 피해를 입은 사람들로 하여금 생활을 지속할 수 있도록 즉각적인 지원을 제공하는 것을 목적으로 한다. 재난에의 대응 역량을 개선하기 위해서는 재난관리에 대한 지식을 강화할 필요가 있다.

효율적인 데이터 수집, 저장 및 분석은 효율적인 재난관리를 위하여 필수적이다. 빅데이터는 재난관리의 모든 단계에서 주요한 역할을 수행할 수 있다. 재난관리의 목적은 실시간으로 생산되는 대용량의 데이터를 적시의 의사결정을 위하여 시간과 비용을 절감하며 처리하고 저장하는 빅데이터 시스템을 통합시킴으로써 향상될 수 있다.

2 재난관리에 이용되는 빅데이터

오늘날 빅데이터는 지진계, 원격감지기 등과 같은 전용의 감지망으로부터 제공된다. 또한 인터넷과 웹 서비스의 발달로 사물인터넷(IoT), 소셜 미디어(social media) 및 서로 다른 형식의 스마트폰으로부터 제공되는 데이터도 재난관리에 이용될 수 있다. 대중으로부터 제공되는 데이터(crowdsourcing data) 역시 아이티와 네팔의 지진 및 열대 태풍에 대한 재난관리에서 유용함을 보여주었다. 과거에는 구조화되지 않거나 부분적으로 구조화된 데이터는 무용한 것으로 여겨졌다. 그러나 빅데이터 기술의 발전으로 이러한 데이터의 분석을 통하여 재난관리에 가치 있는 정보를 제공하게 되었다.

지역정보(geo-informatics)와 격지에 있는 감지기로부터 생성되는 빅데이터는 재난에 대한 조기경보 체계에 도움을 준다. 클라우드에 기반을 둔 지리정보체계(GIS), 위성위치 확인체계(GPS) 및 환경관측 감지기는 해빙으로 인한 홍수 및 지진과 같은 재난을 예측할 수 있다. 운송망에 대한 데이터와 연결되는 지역정보는 재난의 경우 사람들의 이동 경향을 이해할 수 있도록 한다. 트위터와 같은 사회관계망은 자동적으로 재난경보를 전파하고 재난의 발생에 대하여 실시간에 가까운 정보를 제공할 수 있다. 상이한 데이터 흐름을 빈틈없이 통합하는 것은 효과적인 재난 예방·대비를 위한 데이터의 처리 및 저장에 기여할 수 있다. 다양한 자원으로 구성되는 사회관계망의 데이터는 또한 태풍을 추적하는 데에 이용될 수 있다.

　　상이한 유형의 지형도를 구조화하는 것은 효과적인 전략을 수립하고 재난의 잠재적 피해를 최소화하는 데에 도움을 준다. 빅데이터의 처리와 저장에 대한 연구에 더하여 재난 관련 데이터의 신속한 의사결정을 위하여 재난 데이터의 검색 시간을 단축하기 위한 연구 또한 진행되고 있다. 나아가 화재 또는 폭발과 같은 재난 상황의 시뮬레이션을 위하여 대규모 사고 현장을 3D 시뮬레이션 시나리오로 구현하려는 연구도 이루어지고 있다. 많은 사람과 교통이 포함되어 있는 넓은 지역에서의 대규모 재난은 재난 시뮬레이션을 위한 상호작용이 가능한 3D모형을 생성할 수 있는 빅데이터를 제공한다. 또한 연구자는 홍수의 발생을 예견하는 빅데이터 분석의 중요성을 강조한다. 기존의 체계는 매우 한정적인 데이터원을 가지고 있어, 더 많은 데이터셋과 변수를 통합함으로써 홍수관리의 조기 경보 체계를 더 효율적으로 만들 수 있다. 무엇보다 완벽하게 통합된 재난정보관리 체계를 수립하고 재난을 관리하는 기관에 인터넷 기반의 체계를 통하여 통합된 데이터셋을 제공하는 것은 효율적인 의사결정을 위하여 필수적이다.

1) 재난 예방·대비에서의 빅데이터

　　적시에 제공되는 정확한 정보는 재난으로부터의 피해를 경감시킬 수 있도록 하기 때문에 예측할 수 없는 상황에 대하여 계획을 수립하는 것은 재난 예방·대비에 핵심적인 요소가 된다. 무수히 많은 변수와 불확실성 사이의 의존성 때문에 재난의 모든 파급 효과를 모형화하는 것은 매우 어려운 일이다. 따라서 재난 예방·대비 단계에서는 다양한 위험을 모두 고려하여야 한다. 이러한 의존성을 정확하게 모형화하기 위해서는 매우 높은 정확성을 지닌 빅데이터가 필요하다. 빅데이터를 이용하여 대규모의 재난에 대한 예상 가능한 시나리오를 설정하는 것이 가능하다. 자연재해를 예측하기 위한 플랫폼에는 Darthmouth Flood Observatory, 산불 및 화산 폭발을 관측하기 위한 Near Real-time Thermal Monitoring Global Hot-spots, National Hurricane Centre Active Tropical Cyclone, Global Agricultural Drought Monitoring 등이 있다. 이러한 관측 및 예측 체계는 방대한 양의 원격 감지 데이터와 그 밖의 데이터원으로부터의 데이터를 이용하며, 매일 방대한 양의 데이터를 처리하기 위하여 고성능의 컴퓨터 체계를 필요로 한다.

빅데이터는 상이한 데이터원으로부터 다양한 형식으로 제공되는 데이터를 통합하여 발생 가능한 범람, 범람의 지속도 및 홍수에 따른 하천 유량과 같은 다양한 관점에서 홍수를 조기에 탐지하도록 할 수 있다. 원격 감지 데이터 및 소셜 미디어가 제공하는 데이터 모두 홍수의 예측과 피해 분석에서 중요한 역할을 수행할 수 있다.

지진에 대해서는 아직까지도 적절한 조기 예측 체계가 만들어지지 않고 있다. 그러나 빅데이터 분석은 통계적 분석을 바탕으로 하는 인공위성과 대기의 데이터를 이용하여 지진의 예측에 기여할 수 있다. 예를 들어 테라 사이즈믹(Terra Seismic)은 세계 각지에 대한 인공위성 데이터를 이용하여 주요한 지진을 예측할 수 있는 가능성을 연구하고 있다. 여기에서는 많은 인공위성 및 지상의 도구들을 이용하여 에너지 또는 가스 분출에 따른 대기의 이상 상황을 그 진행 경과에 따라 관측한다. 미국 지질조사연구소(United States Geological Survey: USGS)에서는 정확한 진원지를 파악하기 위하여 전용 감지망으로부터의 데이터를 지질학적 모형에 투입하여 전 세계의 지진을 관찰하고 있다. 비록 이것이 지진을 조기에 예측하기 위한 체계는 아니지만, 지진을 신속하고 즉시 파악할 수 있도록 할 수 있다. 미국의 지질조사연구소는 또한 트윗의 지진에 대한 언급으로 지진경보를 발할 수 있도록 세계적으로 지진을 관측하는 USGSted를 이용하고 있다. Quank Catcher Network 또한 지진을 더 신속하고 더 정확하게 탐지하고 그 특성을 파악하기 위하여 전문화된 컴퓨터 체계를 이용하고 있다. 여기에서 인터넷과 연결된 컴퓨터는 초소형 전자기계 체계(MEMS)를 갖추고 있으며, 지진을 감지하기 위한 대규모의 연락망을 갖추고 있다. 소셜 미디어의 데이터를 실시간으로 특징짓는 것은 지진의 발생을 신속하게 탐지하고 정도를 양적으로 파악하는 데에 도움이 된다. 따라서 트위터를 이용하여 지진을 탐지하는 것이 조직화가 빈약한 지역에서는 더 빨리 지진을 탐지할 수 있도록 하여준다는 연구도 존재한다.

열대 태풍 또는 지진해일과 같은 기상학적 재난은 지진처럼 빨리 진행되지는 않기 때문에 선행적으로 경보를 발하는 것이 가능하다. 빅데이터는 이러한 기상학적 재난을 예측하고 경보하는 체계에서 유용하게 이용할 수 있음을 입증하였다. 바다의 한가운데에서 지진이 발생하면 곧바로 지진해일이 발생할 수 있다. 소셜 미디어에 게시되는 빅데이터는 곧 다가올 지진해일에 대한 경보를 발하는 데에 도움이 된다. 예를 들어 일본의 도호쿠(東北) 대지진을 전후하여 약 200만 건의 트윗이 전파되었으며, 도쿄(東京)에서 전송된 최초의 트윗은 연안의 진원지에서 지진이 발생한 후 2분 이내에 그 사건을 보고한 것이었다. 이러한 트윗은 곧 발생할 지진해일 및 그에 따른 파급 효과인 후쿠시마(福島) 원자력 발전소의 사고에 대한 조기경보로 볼 수 있다.

세계적으로 빅데이터를 분석하여 조기경보를 제공하는 체계는 많이 존재하며, 따라서 빅데이터는 재난 대비에 중요한 역할을 수행하고 있다고 할 수 있다.

2) 재난 대응에서의 빅데이터

재난이 발생하는 경우, 공공의 안전을 위한 대피 및 구조작업이 가장 중요하다. 빅데이터는 다음의 세 가지 관점에서 재난 대응을 더욱 강화할 수 있다고 여겨진다. 그 세 가지 관점은 가장 위험한 지역을 파악하고, 실시간으로 상황을 분석하며, 과거의 경험으로부터 가장 효과적인 대응 방안을 모색하는 것이다. 스마트폰, 소셜 미디어 플랫폼, 휴대용 프로그램 등의 증가에 따라 재난 시에 다양한 형식의 대규모 데이터를 수집하는 것이 가능해졌다. 이러한 데이터원으로부터 제공되는 방대한 양의 데이터는 시각화와 지도에 지리정보체계(GIS)를 투영함으로써 재난관리를 개선할 수 있는 기회를 부여한다. 빅데이터는 사람들이 도움을 필요로 하는 장소가 어디인지 그리고 어디에 자원을 투입하여야 하는지를 파악할 수 있도록 한다. 발달된 위성위치 확인체계(GPS)를 이용하여 사람들에게 위험지역으로부터 대피하도록 하기 위한 지침을 제공할 수 있다. 예를 들어, 2010년의 아이티 지진에서 수색과 구조뿐만 아니라 다른 대응활동을 위하여 8만 건 이상의 문자 메시지가 분석되었다. 이와 유사하게 네팔의 지진에서는 라스트퀘이크(Lastquake)라는 이름의 스마트폰 프로그램과 트위터 로봇을 이용하여 지진에 대한 정보를 전달하였다.

재난이 발생한 직후에 취합되어 인터넷에 게시되고 세계 각지에서 자발적으로 제공되는 고해상도의 원격 화상은 그러한 피해에 대한 화면을 지도에 표시할 수 있도록 한다. 재난이 발생한 후의 원격 화상을 이용한 다원적 지도 작성(crowd mapping) 활동은 2010년의 아이티 지진 이후에 일상적으로 이루어지고 있다. 아이티의 지진 기간 동안 세계의 OpenStreetMap(OSM)의 이용자들은 자발적으로 인공위성의 화상을 내려받아 사회기반시설의 피해 정도를 파악하였다. 이는 현장의 봉사자들에 의하여 보완되었다. 자발적인 지역정보(VGI) 제공 활동 및 다원적으로 제공되는 데이터는 각지에서의 역할 분담을 통하여 지역 정보를 신속하게 획득하도록 하는 데에 중요한 역할을 수행한다. 허리케인 샌디(Sandy)의 경우, 민간 항공순찰을 통하여 151,000건의 화상이 취합되었다. 온라인 프로그램을 통하여 사람들이 그들의 주소에 피해 관련 정보를 입력할 수 있도록 하였다.

재난관리에서 데이터를 취합하여 분석하도록 하는 다원적 데이터 플랫폼의 유효성은 현재 널리 알려져 있다. 다원적 데이터의 확보는 현장에 설치된 감지기에 의한 데이터 수집에 비하여 많은 한계를 가지고 있다. 그 첫 번째는 이러한 감지기는 장소적으로 한정되어 있어 재난 발생 시 그 피해지역에 충분히 설치되어 있을 수 없다. 두 번째로 이러한 감지기는 그들을 필요로 하는 순간에 피해를 입을 수 있다. 세 번째로 클라우드의 상태에 따라 원격 화상 전송이 가능하지 않을 수도 있기 때문이다.

3) 재난 복구에서의 빅데이터

재난의 복구 단계는 주로 피해의 산정, 교훈으로부터 필요한 정보의 획득 및 복원성을 강화하기 위한 연구활동 등을 포함하는 재난 이후의 활동으로 이루어져 있다. 중국 야안(雅安)에서의 지진에서는 전통적인 2차원적인 피해 산정을 대신하여 무인항공기(UAV)를 이용하여 건축물의 피해를 3차원으로 분석하는 화상 촬영을 실시한 바 있다. 무인항공기가 촬영한 화상 또한 빅데이터로서, 재난관리에서는 신속한 정보의 처리가 필수적이기 때문에 여기에서 가장 중요한 과제는 방대한 양의 데이터에 대한 처리 시간을 단축하는 것이었다. 재난의 복구 과정에 대한 연구는 과거의 사건으로부터 많은 교훈을 제공한다. 많은 연구자는 재난을 미래의 재난에 대한 관리 역량을 강화할 수 있는 기회라고 여긴다. 예를 들어, 건축 관계 법령은 재난 발생 후의 구조적 손상에 관한 정보를 바탕으로 개정된다. 유사한 재난으로부터의 피해에 대한 추정은 미래의 재난에도 도움이 될 수 있다. 과거의 재난, 예컨대 과거의 화재 또는 홍수에 대한 빅데이터 분석은 기반시설에 대한 상세한 정보, 그들의 위치 내지 재난에 대한 상세한 정보를 필요로 하는 미래의 화재 또는 홍수의 예방에 도움을 줄 수 있다.

재난관리에 빅데이터를 이용하기 위한 방법론에 대해서는 많은 연구가 이루어지고 있으며, 그 결과를 실무에 활용하기 위한 방안 또한 계속적으로 연구가 진행되고 있다. 이러한 사례 중의 일부에 대한 개요는 다음과 같다.

- 해빙 홍수 경보 연구 : 산지의 빙하 등이 녹으면서 발생하는 홍수 등을 조

기에 탐지하기 위한 연구로, 지질정보(즉 원격탐지기술[RS], 지리정보체계[GIS] 및 위성위치 확인체계[GPS]), 사물인터넷(IoT) 그리고 클라우드 서비스를 이용한 정보통합 체계(IIS)를 이용하여 통합적으로 해빙 홍수에 대한 경보를 제공하는 체계를 연구하였다.

- 자동경보 체계 연구 : 예측할 수 없는 재난에 대하여 신속하게 경보를 발할 수 있도록 하는 경보 체계에 대한 연구로서, 다양한 감지망과 재난정보의 지도화 서버(disaster information mapping server), 문자 메시지 전송기(SNS module) 및 웹 서버로 구성되는 자동경보 체계(autonomous emergency warning system)를 설계하였다. 재난을 감지하면, 이 체계는 위험의 수준과 심각한 위험의 징후 그리고 안전지대에 대한 실시간의 정보 등을 감지기의 데이터와 위성위치 확인체계(GPS)를 바탕으로 주민들에게 문자 메시지(Twitter) 및 구글 지도를 이용한 웹사이트를 통하여 제공한다.

- 재난에 대한 사람들의 반응 시뮬레이터 : 재난 이후, 사람들의 대응 행동에 대한 이해와 시뮬레이션은 효과적인 구조활동, 재난관리 및 장기의 복구활동을 계획하는 데에 중요한 주제가 될 것이다. 그러나 다양한 재난 사례는 실제로 상당히 드물고 사람들의 행동에 대한 광범위하고 신뢰성 있는 데이터를 확보하는 것은 어려운 일이어서 이에 대한 연구가 많이 이루어지지는 않고 있었다. 따라서 이 연구에서는 상이한 재난들이 발생한 이후 사람들의 행동을 파악하고 분석하기 위하여 일본의 3년간 1,600만 건의 위성위치 확인체계(GPS) 데이터, 4년간 일본의 1,750건의 지진, 뉴스 및 대중교통 데이터 등과 같은 방대한 데이터를 취합하였다. 이러한 데이터를 취합함으로써 재난 발생 후 사람들의 행동을 규정하는 기본적인 원칙을 밝히고 사람들의 재난 대응 행동에 대한 일반적인 모형을 구축하였다.

- 사회적 빅데이터의 실시간 관리 연구 : 일본 및 아이티에서 발생한 지진에서는 소셜 미디어가 피해의 정도를 파악하고, 경고를 발하며 정보를 교환

하기 위한 경로로 이용되었다. 이 연구에서는 그러한 사례를 바탕으로 트위터와 같은 사회적 데이터원으로부터 취합된 데이터를 이용하여, 재난과 관련된 트윗(tweet)을 분석하고, 재난의 상황과 진행 경과를 지도상에 표시하는 방안을 분석하였다.

- 클라우드 서비스를 이용한 재난관측 체계 연구 : 현재 무선감지기망(WSN)을 이용한 재난감시 체계는 그 정확성과 적시성이 부족하다는 지적을 받고 있으며, 단일한 유형의 재난에 대해서만 기능하고 있다. 그 이유는 주로 통신량의 과부하와 서버의 처리 능력의 제약에 기인한 데이터 처리의 지연에 있다. 따라서 서버 내에서의 연산 과정을 개선하기 위한 연구가 필요하다.

- 소셜 미디어 데이터를 이용한 사이버 지리정보체계(CyberGIS) 연구 : 기존의 지리정보체계(GIS)는 지리정보를 다양하게 응용하도록 하고는 있으나, 이는 데이터의 역동적인 처리에는 부족한 측면이 있었다. 특히 이러한 점은 재난의 경우에 문제가 되었으며, 따라서 이 연구에서는 소셜 미디어의 데이터 및 사회경제적 데이터와 같은 다원적 데이터를 자동적으로 동기화하여 재난의 발생을 추적하고 지도에 표시하며 재난관리를 위한 공간적·전술적 분석을 수행하도록 하는 방안을 마련하였다.

- 재난 대응을 위한 공간 정보웹의 검색 기능 향상 연구 : 공간정보의 신속한 검색은 재난 구호물자 등을 피해 지역에 가능한 효율적인 방법으로 전달하는 데 필수적이다. 그러나 필요로 하는 지역에 대한 지리정보를 파악하는 것은 과중한 지리정보의 계산과 공간 데이터의 상이성으로 인하여 여전히 어려운 문제로 남아 있다. 따라서 지리정보에 대한 병행 처리(parallel approach) 방안에 대한 연구를 진행하여 공간정보에 대한 검색의 수행 시간을 단축할 수 있도록 하였다.

- 웹상의 소셜 미디어 및 기구의 데이터에 기초한 연무(smog) 재난 분석 연

〈표 5-1〉 빅데이터 프로그램의 재난관리에의 이용 연구 사례

사례	재난 유형	재난 단계	데이터	함의
해빙 홍수의 조기 경보를 위한 통합 정보 체계[1]	홍수	예방·대비	지역정보 및 감지기의 데이터	지역정보, 사물인터넷(IoT) 및 클라우드 서비스를 통합적으로 운용하는 방법론의 구현
클라우드 서버와 문자 전송을 기반으로 한 자동재난경보 체계[2]	지진 및 화재	예방·대비	지진 및 가스감지기의 데이터	새로이 개발된 트위터(Twitter)를 이용하여 자동으로 재난 경보를 전파하는 체계는 재난에 대한 유용한 전파 수단임.
재난 시 사람의 이동 시뮬레이터 설계[3]	지진	예방·대비 및 대응	2010년 8월 1일부터 2013년 7월 31일까지 일본에서 160만 명의 GPS 이용자에 대한 기록, 뉴스 및 운송망의 데이터	실험 결과를 예측에 이용하기 위하여 사람들의 재난 시 행동에 대한 일반적인 모형의 시뮬레이션 및 검증
재난관리를 위한 사회적 빅데이터의 실시간 관찰[4]	홍수, 화재 및 폭발	대응	소셜 미디어 데이터 (tweets)	재난과 관련된 트위터의 내용을 실시간으로 분석하고 재난에 대한 경향을 지도상에 표시
Zigbee 및 클라우드 서비스를 이용한 재난관측 체계의 개발[5]		예방·대비 및 대응	10여 차례에 걸쳐 상이한 7개의 감지기에서 취합한 기온측정값 정보	재난의 실시간 관측 및 예측을 위하여 생성된 인식제어 모형
재난관리용 통계분석을 위한 다원 데이터의 동기화[6]	태풍	대응	분석을 위하여 38,224건의 트윗으로부터 취합된 소셜 미디어 데이터 및 지리 데이터	잠재적인 피해의 경감, 재난 시의 대응과 협력을 효율적으로 하기 위함.
재난 대응을 위한 공간정보 웹의 검색 기능 향상[7]		대응	54개의 학교와 3,449곳의 거리로부터 수집된 지리공간정보	재난 대응 프로그램에서의 개별적인 지리공간정보에 대한 검색 시간을 단축시킴.
웹상의 소셜 미디어 및 기구들에 대한 데이터에 기초한 연무(smog) 재난분석[8]	연무 (smog)	예방·대비	위치가 표시된 10만여 개의 트윗으로부터 무작위로 수집된 위치가 표시된 소셜 웹 데이터	사람들의 행동에 대한 지침을 지공하며 연무 재난을 경감시키기 위한 정부의 전략을 수립하는 데에 도움이 됨.
도시재난 시 구조활동을 위한 빅데이터 개념의 확립[9]	화재	대응	인구분포, 지리정보, 화상 및 사회·경제 데이터	재난 시의 보조적 의사결정 역량을 향상시키기 위하여 재난에 대한 시뮬레이션을 실행하는 대규모 재난의 3D 시뮬레이션 시나리오
홍수정보관리를 위한 빅데이터 분석에 기초한 조기경보 체계의 수립[10]	홍수	예방·대비	3년 간(2012~14)의 최고 일간 강우량과 수위	홍수 발생의 연산 논리 체계를 이용하여 강우와 하천 수위의 상관관계를 파악

1) S. Fang, et. al.(2015). "An integrated information system for snowmelt flood early-warning based on internet of things," *Information Systems Frontier*, 17(2): 321-335, 2015.

2) G. Buribayeva, et. al.(2015). "An Autonomous Emergency Warning System Based on Cloud Servers and SNS," *Procedia Computer Science*, 60: 722-729.

3) X. Song, et. al.(2015). "A Simulator of Human Emergency Mobility Following Disasters: Knowledge Transfer from Big Disaster Data," In Proc. AAAI, : 730-736.

4) S. Choi & B. Bae(2015). "The real-time monitoring system of social big data for disaster management," *Computer Science and its Applications*, pp. 809-815, Springer Berlin Heidelberg.

5) J. Cen, et. al.(2011). "Developing a disaster surveillance system based on wireless sensor network and cloud platform," in Proc. IET International Conference on Communication Technology and Application(ICCTA 2011).

6) Q. Huang, et. al.(2015). "DisasterMapper: A CyberGIS framework for disaster management using social media data," In Proc. of the 4th International ACM SIGSPATIAL Workshop on Analytics for Big Geospatial Data, : 1-6.

7) C. Zhang, et. at.(2014). "A Map-Reduce based parallel approach for improving query performance in a geospatial semantic web for disaster response," *Earth Science Informatics*, 8(3): 499-509.

8) J. Chen, et. al.(2014). "Big smog meets web science: smog disaster analysis based on social media and device data on the web," In Proc. of the ACM 23rd International Conference on World Wide Web: 505-510.

9) X. Zhang, et. al.(2016). "Big Data Cognition for City Emergency Rescue," In Proc. IOP Conference Series Earth and Environmental Science, 46(1): 1-5.

10) A. Yusoff, et. al.(2015). "Big data analytics for Flood Information Management in Kelantan, Malaysia," in Proc. IEEE Student Conference on Research and Development(SCOReD) : 311-316.

구 : 현재의 스모그에 대한 분석은 일반적으로 기존의 느긋한 방식으로 제공하는 데이터원과 정확성 및 이용성의 제약이 있는 물리적 환경정보에 기반한다. 사람과 기구의 인터넷 연결을 내포하는 웹 과학(web science)의 영역에서는 실시간으로 웹 데이터를 분석하고 새로운 데이터 분석 방식을 제안하고 있다. 이 연구에서는 소셜 웹데이터를 이용하여 연무에 의한 보건상의 위험의 계량화를 위한 개별적인 공공보건지수(IPHIs)를 산정하고, 소셜 웹 및 기기의 데이터를 통합하여 보건 위험의 등급을 산정하며, 보건 위험의 예측을 위한 모형을 개발하였다.

- 도시재난 시 구조활동을 위한 빅데이터 개념의 확립 연구 : 빅데이터의 분석을 통하여 재난 시의 구조활동은 더욱 효율적으로 수행될 수 있다. 이 연구에서는 중국 신장(新疆)에서의 사례를 바탕으로 다양한 관점에서 도시의 구조활동을 위한 빅데이터의 개념을 정립하였다.
- 빅데이터 분석에 기초한 조기경보 체계의 수립 연구 : 여기에서는 빅데이터 분석을 이용하여 말레이시아의 켈란탄(Kelantan) 지역에서의 홍수관리를 연구하였다. 이 연구에서는 지역정부로부터 제공되는 데이터를 통계분석 및 빅데이터 분석을 통하여 가공하는 방안을 연구하였으며, 이를 통하여 조기경보를 위한 체계를 설계할 수 있게 되었다.

3 빅데이터 기반 예측적 재난관리의 의의와 제도화 방향

스마트 재난관리를 위한 예측적 재난관리(Predictive Disaster Management)는 재난의 이상 징후를 탐지하여 재난의 발생을 사전에 예측할 수 있게 하는 기능을 수행하는 것으로 이해할 수 있다. 또한 재난이 발생한 이전과 동안, 그리고 이후에도 필요한 자원의 동원 및 배치에 관하여 중요한 정보를 제공하는 것으로 정의

할 수도 있다. 즉, 재난의 4단계(예방, 대비, 대응, 복구)에 관여하는 모든 관계자가 빅데이터를 재난관리에 활용하는 것은 효율적이고 실시간으로 최적의 의사결정을 가능하게 하는 체계적인 접근 방법을 수립하는 것이다.

이러한 접근은 기존의 기술, 인력 또는 물리적인 자원만에 의하여 이루어지는 것은 아니다. 무선 네트워크, 무인 시스템, 내장형 감지기, 행동 유형의 분석, 공간 재구성, 데이터의 융합 등이 필요하다. 실시간으로 적시의 결정을 위한 정보를 제공하고, 자원의 요구에 따라 변동하는 데이터의 흐름을 조화시키는 체계적인 접근을 통하여 이루어질 수 있다. 재난관리에 빅데이터에 대한 연구를 접목시키는 것은 공식적이거나 비공식적인 관계자들을 지원함으로써 사회 전체에 많은 이익을 가져온다. 관계자들에게 인명을 더 많이 구조할 수 있게 하고, 부상을 입은 자들에게 더 나은 삶을 보장하며, 경제적 회복을 가속하며, 그리고 정부의 업무연속성을 유지할 수 있게 한다.

재난관리의 규모가 재난 유형 · 지속기간 · 피해 지역 · 피해 인구 수, 재난 특성에 따라, 그리고 예방 · 대비 · 대응 · 복구의 각 단계에 따라 결정되기 때문에 이를 예측하는 것은 어려운 과제이다. 하지만 이를 극복하기 위한 환경과 인간에 대한 두 가지 감지 모형이 존재한다. 한 측면은 과거의 재난으로부터 역사적인 특징적인 데이터를 형성하는 자연적인 현상들을 수집하는 환경감지모형(environmental sensing modeling)이다. 또 다른 한 측면은 그 지역의 인구밀도와 분포를 포함한 일반 공중의 행동을 감지하는 인간행동모형(human behavior modeling)이다. 재난 경로 빅데이터를 스마트 폰이나 기기, 공공 운송수단에서 사용되는 전파식별태그(Radio Frequency Identification tag : RF-ID tag), 도심지역의 CCTV 카메라 등으로부터 수집할 수 있다. 이는 사람들의 행동을 모형화하여 측정하는 데에 매우 유용하다. 이 두 가지의 모형을 조합하여 스마트 재난관리를 위한 예측적 재난관리에 대한 기대가 높아지고 있다.

빅데이터의 활용을 위해서는 다양한 정보의 통합적 운용이 필요하다. 이는 각기 다른 역할을 수행을 하는 부처 또는 부서들이 통합적으로 운용되어야 한다는 것을 의미한다. 따라서 경찰, 소방, 홍수통제 및 도로교통 등을 담당하는 관계부서들이 협동하여 작업을 수행할 수 있는 환경이 조성되어야 한다. 나아가 협동적 작업환경과 기존의 행정조직과의 관계 또한 정립이 되어야 할 것이다. 즉, '통합 상황실' 내지 '스마트 상황실'의 역할을 설정하는 것이 중요하다. 단순히 데이터를 종합하여 기존의 행정조직에 현재의 상황을 전달하는 역할만을 수행하는 것인지, 아니면 어느 정도의 기본적인 행정행위를 직접 수행할 수 있는지와 같은 '상황실'의 지위가 설정되어야 할 것이다. 왜냐하면 정보의 통합·융합을 의미하는 빅데이터의 운용은 동시에 그에 대한 행정 권한의 통합·융합 등을 통한 조직법적 관계의 정립을 필요로 하는 것을 의미하기 때문이다.

빅데이터 기반 예측적 재난관리는 방대한 양의 상이한 데이터를 수집하여 형성되는 것이다. 다양한 데이터는 서로 상이한 차원의 기본권 관련성을 가지고 있다. 즉, 기본권 주체와는 전혀 관계가 없다고 할 수 있는 단순한 기상 상황의 정보로부터 개인의 사생활과 관련이 높다고 볼 수 있는 CCTV 촬영 영상 및 트위터의 내용 등에 이르기까지의 다양한 정보가 통합되는 것이다. 이에 대한 기본권 보호 방안을 정립할 필요가 있다.

스마트 재난관리를 위한 빅데이터의 운용에 대한 가장 큰 비판은 기본권에 대한 침해의 가능성이다. 미국 뉴욕 경찰의 공공안전에서의 사생활보호지침(Public Security Privacy Guidelines)에서처럼 수집되는 데이터의 활용과 목적을 제한하여야 한다. 나아가 안면인식기술(facial recognition technology) 등 기본권 침해의 여지가 큰 기술의 배제를 명시적으로 규정하는 등의 조치가 필요하다. 이러한 상황실의 업무와 관련한 일반적인 기본권 보호지침을 작성하여 기본권 침해의 여지를 최소화하는 것이 필요하다. 그러한 기본권 보호지침의 주요 내용은 ① 기술적인 측면에서 운용 기술 또는 데이터의 수집 방법을 제한하고, ② 개인의 기본권 침해의 우려가 높은 데이터에 대해서는 그 보존 기간을 설정하고 보존 여부의 판단은 별개의 독립된 기관에서 수행하도록 하며, ③ 나아가 이에 의하여 수집된 데이터의 활용에 대해서도 엄격한 제한을 두고, ④ 이러한 데이터에 접근할 수 있는 인원에 대한 자격이나 정기적인 교육 실시에 관한 사항 등에 관한 것이 될 것이다.

　미국을 비롯한 주요 국가에서는 스마트 재난관리를 위한 빅데이터 기반 예측적 재난관리 시스템을 직접적으로 운용하기 위하여 '스마트 통합 상황실'의 권한을 조정하는 제도화에 노력하고 있다. 왜냐하면 방대한 데이터를 바람직하게 다루기 위해서는 기본권 침해 여지를 최소화하기 위한 기본권 보호 조치들을 제도화하는 것이 필요하다는 공통된 인식 때문이다.

03편

빅데이터 기반 예측 행정 시스템의 사례 살펴보기

빅데이터 기반 예측 행정 시스템의 국외 사례

1 생활안전 분야 – Vision Zero Boston

1) 주체 기반 관점 분석

(1) 사업명
Vision Zero Boston / 보스턴시

(2) 센터 운영 설계
Vision Zero는 보스턴시의 도로교통 체계를 개선하기 위한 사업이다. 각종 교통사고 관련 각종 데이터를 분석하여 안전한 교통이 가능하도록 도로 및 도심 설계에 반영하는 것이다. 따라서 여기에는 빅데이터 분석을 포함하여 도시공학 및 도로에 대한 분석이 동시에 요구된다.

(3) 조직관리 / 업무 분장

보스턴시에는 Vision Zero 사업을 수행하기 위하여 특별위원회(Task Force)를 조직하고 있다. 이는 교통, 공공사업, 보건, 경찰, 재난관리, 공립학교, 노년위원회, 장애인위원회, 혁신기술부(Department of Innovation and Technology) 신도심기술국(New Urban Mechanics) 그리고 보스턴 자전거연맹(Boston Cyclists Union), LivableStreets Alliance, WalkBoston과 같은 자문기관의 대표로 구성되어 있다. 이들은 월 1회씩의 회의를 통하여 진행 정도를 분석하고 도로를 좀 더 안전하게 만들기 위한 정책과 사업에 대한 의견을 제시한다.

2) 환경 기반 관점 분석

(1) 목표 및 목적

Vision Zero 사업의 궁극적인 목적은 "교통사고로 인한 사상자가 발생하지 않게 하는 것"으로 간단하게 정리될 수 있다.

이를 위한 구체적인 조치는 다음과 같다.

- 좀 더 정확한 교통사고 데이터를 확보하기 위하여 보스턴시 경찰서의 교통사고 전자보고 체계를 개선한다.
- 교통안전 데이터 분석관과 교통사고 데이터를 분석하기 위하여 범죄와 교통의 안전을 위한 데이터 분석관(DDACTS)을 고용한다.
- 데이터의 분석에 기초하여 보행로의 사고가 잦은 지역과 교통사고의 발생이 많은 도로지역을 파악한다.
- 사고가 잦은 보행로와 교통사고의 발생이 잦은 도로 및 주거의 감속 구간에 대한 개선책을 실험한다.
- 보스턴시 보건위원회(BPHC)를 통하여 도로상의 안전행동에 대한 주민들에 대한 교육활동을 시행한다.

(2) 환경 이슈

교통사고의 유발 원인은 운전자 등 당사자의 과실을 가장 먼저 들 수 있으나, 그 밖에도 도로 설계상의 잘못, 신호 체계의 오류 등 다양한 원인이 있을 수 있다. 또한 운전자 등 당사자의 과실의 경우에도 그러한 과실을 유발하는 외적인 요인이 있을 수 있으므로 교통사고가 집중되는 지역에 대한 다양한 고려가 필요하다.

Vision Zero는 1994년 스웨덴에서 시작되었으며, 1997년경 법률에 "교통사고에 의한 생명의 손실을 허용할 수 없다"는 규정이 포함되어 스웨덴의 사회기반시설 설계와 도로 교통에 적용되었다. 이후 네덜란드를 거쳐 미국에 도입되었다. 미국에서는 2000년 워싱턴주의 'Target Zero'를 시작으로, 2003년에는 미네소타주의 'Toward Zero Deaths', 그리고 유타, 네바다 및 아이오와주가 'Zero Fatalities'사업을 개시하였다. 2016년 3월 기준으로 미국의 16개 도시가 Vision Zero에 참여하고 있으며, 그 숫자는 계속 증가하고 있다.

보스턴시의 경찰당국은 데이터를 통하여 보행자의 교통사고로 인한 사망 비율이 증가하고 있는데 반하여 자전거 운전자들의 사망 비율은 고정적이고, 자동차 운전자의 사망 비율은 다소 감소하는 추세를 보인다는 사실을 파악하였다.

Vision Zero Boston은 현재 진행 중인 보스턴시 전체의 교통 체계 개선사업인 Go Boston 2030의 선행적 사업이라고 할 수 있다. 광범위한 지역사회 참여를 통하여 안전이 최우선 과제로 선정되었고, 그에 따라 "보스턴시에서 교통사고 사망자를 0으로 만들자"는 것이 Go Boston 2030의 일차적인 목표가 되었다.

3) 자원 기반 관점 분석

(1) 입력

보스턴시 경찰국 및 응급의료단(EMS)으로부터는 다음과 같은 데이터가 제공된다.
- 각종 교통사고(보행자, 자전거, 자동차)의 위치 정보 및 통계
- 카메라 및 감지기를 통하여 수집한 보행자, 자전거 및 차량의 이동에 대한 데이터
- 도로 인근의 각종 시설(학교, 주차장 등), 우회 교통로 등에 대한 일련의 지리적 데이터

또한 무선통신기업인 Verizon으로부터는 다음과 같은 사항을 제공받는다.
- 실시간으로 상황을 파악할 수 있도록 하는 지능형 비디오. 지능형 비디오는 첨단의 분석기술을 활용하여 경보를 제공하고 관련되는 영상을 촬영하여 지능형 비디오 관리 체계(IVMS)에 전송한다.
- 지능적 데이터 분석 및 데이터에 기반한 판단을 가능하게 하는 지능형 통제 장치 및 무선 게이트웨이를 부착한 LED 전등을 포함하는 지능형 조명 시설
- 실시간으로 교통 상황을 제공하고 교통 상황 분석에 대한 보고를 하는 지능형 교통분석
- 데이터 분석, 상황판, 시각화 및 보고 등의 활동을 제공하는 인터넷 기반의 플랫폼인 'ThingSpace'

(2) 처리

이상과 같은 데이터를 익명화 처리 과정을 거쳐 통합 분석하여 교통사고를 야기하는 지리적 및 지정학적 요인을 분석한다. 이를 바탕으로 한 예측적 분석을 실시하여 사고 감소 전략을 수립하는 것이 Vision Zero Boston에서의 빅데이터 활용에 대한 기본 구조이다.

Vision Zero의 목표를 달성하기 위한 여러 사업 중 빅데이터를 활용하는 사항은 다음과 같다.

- 도로 설계 : 새로운 카메라 운영 기술을 적용하여 자동차, 자전거, 보행자들의 통행 상황을 익명화하여 계획 입안자에게 제공한다. 또한 사고 데이터, 주민의 요청, 상호작용하는 안전지도에서의 데이터를 바탕으로 도로 설계가 신속하게 실시되어야 하는 지역을 선정한다.
- 시행 : 보스턴시로 하여금 교통 혼잡지역에 대한 설계의 변경 전·후의 효과를 평가할 수 있도록 하는 WAZE와 데이터 공유 관계를 지속한다.
- 데이터 수집 : 보스턴시 응급의료단으로부터 제공된 자전거 및 보행자 사고에 대한 정보를 취합한다. 또한 기존의 데이터를 활용하여 사고의 발생이 빈번한 지역과 사고 발생 가능성이 높은 지역을 파악하고 과거의 교통사고 기록에 대한 심도 깊은 지정학적·통계학적 분석을 실시하고 상호작용이 가능한 사고 데이터 공개 사이트를 개설한다.
- 데이터의 공유 : Vision Zero Boston 웹사이트를 개설하여 1개월 간격으로 갱신되고 상호작용이 가능한 사고 현황 지도를 공개한다. 또한 보스턴시에서 발생한 교통사고로 인한 사상자 수를 게시한다.

(3) 산출

교통사고의 발생을 비롯한 각종 빅데이터의 분석을 통하여 교통사고 다발지역을 선정하고, 교통사고의 주요 유발 요인을 파악한다. 그리고 도로환경 및 신호 체계를 개선하며 속도제한구역을 재설정한다.

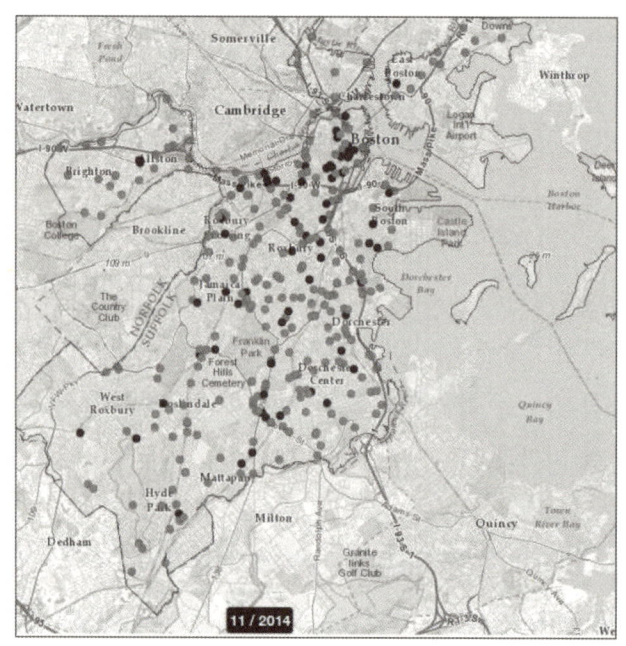

출처: http://app01.cityofboston.gov/VisionZero/

[그림 6-1] 보스턴시의 교통사고 현황 지도

위의 지도는 2014년 11월의 교통사고 현황을 나타내고 있으며, 붉은색 원은 보행자 사고를, 노란색은 자전거 사고를, 푸른색은 자동차 사고를 각각 나타내고 있다.

또한 사고 다발구역을 파악하여 해당 지역에 대한 도로환경 및 신호 체계의 개선, 속도제한구역의 재설정과 같은 도로환경의 정비를 위한 기본적 자료를 제공하고 있다. 즉, 도시 재설계를 비롯한 교통환경 정비를 위하여 유기적으로 활용되고 있다는 점이 특색이라 할 것이다.

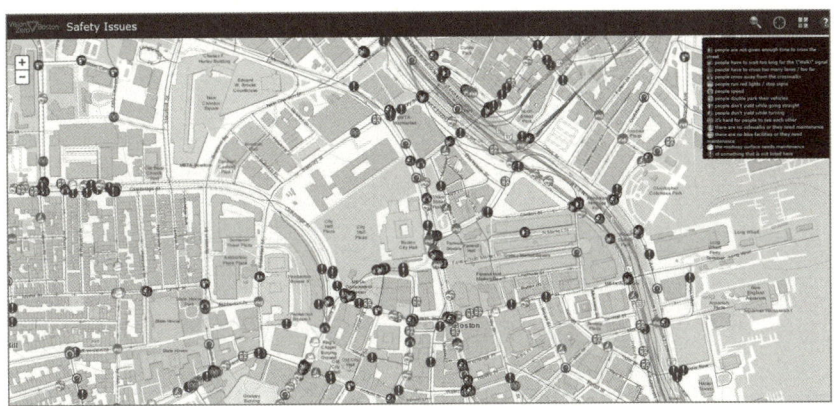

출처: http://app01.cityofboston.gov/VZSafety/

[그림 6-2] 보스턴시의 교통안전 관련 사항 안내 지도

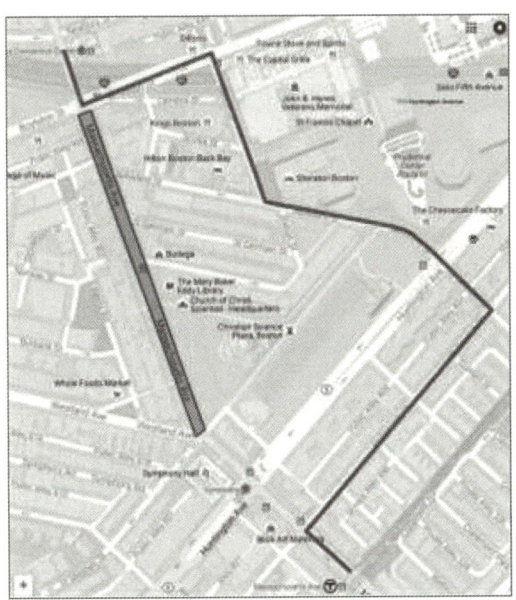

출처: http://www.visionzeroboston.org/massave

[그림 6-3] 보스턴시 도로 개선 공사 기간 중 우회로 표시의 예

4) 메커니즘 기반 관점 분석

(1) 제공 서비스

Vision Zero사업을 통한 데이터 분석을 통하여 보스턴시에서는 교통사고 발생가능성이 높은 지역에 대한 예측적 분석을 수행한다. 이를 근거로 교통사고 감소전략을 수립한다. 이러한 전략은 구체적으로 속도감속지역사업(Neighborhood Slow Street), 집중관리구간(Priority Corridor), 교차로 안전 개선(Intersection Safety Improvement) 및 지역사회 안전활동(Neighborhood Safety Projects) 등의 사업을 통하여 이루어진다.

2017년 기준으로 보스턴시에서 안전한 도로환경을 만들기 위하여 현재 진행 중이거나 완료된 사업의 현황은 [그림 6-4]와 같다.

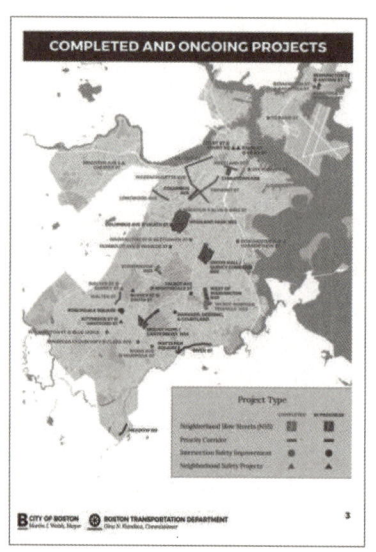

[그림 6-4] Vision Zero Boston의 주요 사업

속도감속지역사업은 특정한 지역의 전략적 지점에 차량속도 억제시설(traffic calming device)을 설치하여 주거지역 도로에서의 속도를 제한하고자 하는 것이다. 현재 두 곳의 사업(Talbot Norfolk Triangle in Codman Square 및 Stonybrook in Jamaica Plain)은 완료되었으며, 2017년에 선정된 다섯 곳의 지역에 대해서는 계획과 설계가 이루어지고 있다.

속도감속지역에서의 차량속도 억제시설에는 다음과 같은 것이 있다.
- 속도감속지역으로의 진입을 알려주는 표지판의 설치
- 노면 표시 등을 이용한 커브 구간의 일시적 확장
- 과속방지턱의 설치

집중관리구간은 Beacon Street, Kneeland Street, Tremont Street 등이며, 이러한 구간에서는 다음과 같은 활동을 한다.
- 코너를 확인할 수 있도록 하는 주간 조명의 설치
- 자전거 전용도로와의 분리
- 횡단보도에서의 보행신호 시간의 조정
- 우회전 전용도로의 설치
- 보도의 시야 개선
- 새로운 주차공간의 확보와 도로변 주차 시간의 연장
- 운전자의 주의를 끌어 속도를 감축시키기 위한 보도 안내판의 설치

교차로 안전개선사업(Intersection Safety Improvement)에는 다음과 같은 활동이 포함된다.
- 새로운 횡단보도와 주간 조명의 추가 설치
- 교차로 진입 구간의 커브에서 운전자의 주의를 끌 수 있도록 하는 노면 표시 및 탄력성 있는 안내표지의 설치
- 보행자 대피지역(pedestrian refuge island) 설치

지역사회 안전활동에서는 새로운 횡단보도의 설치와 동시에 커브 구간 확

장, 보행자 대피지역 설치, 점멸 신호등 설치 등을 통하여 특정 지역의 교통 체계를 보행자 중심으로 개편하고 도로상의 안전을 도모한다.

또한 이에 부수하여 교통사고에 대한 위치 기반의 각종 통계 정보 및 도로 상황에 대한 실시간 정보를 인터넷을 통하여 제공하며, 관할권 및 관할 기관을 통합한 응급구조대(Rapid Response Team)를 편성하고 운용한다.

(2) 활용 방향

Vision Zero 사업은 교통사고 다발지역의 도로 상황에 대한 집중적 관리가 가능하도록 하며, 주거지역에서의 최고 속도를 제한하도록 하는 근거가 된다. 또한 주민들로부터 각종 교통상의 문제점에 대한 의견을 수집하고 이를 반영하며, 지역사회에서의 이러한 정보를 활용하는 것을 촉진한다.

또한 보스턴시에서는 통합 플랫폼인 City of Boston을 구축하여 Vision Zero Boston을 포함한 각종 빅데이터 관련 사업을 통합적으로 수행하고 있다.

〈표 6-1〉 Vision Zero Boston ser-M 분석

ser-M	세부 지표	내용
주체 (s)	지역명	보스턴시
	사업명	Vision Zero Boston (http://www.visionzeroboston.org/)
	센터 운영 설계	• 도로교통과 관련한 각종 빅데이터 분석 및 도시공학과 도로에 대한 분석 등
	조직관리/ 업무 분장	• Vision Zero Task Force • 각 정부부처 및 자문기관의 대표 참여 • 월 1회 회합
환경 (e)	목표 및 목적	• 교통사고로 인한 인명 피해의 감축
	환경 이슈	• 1994년 스웨덴에서 시작되어 2003년에 미국에 도입 • 보스턴시에서는 2015년부터 시작 • 보스턴시 전체의 교통 체계 개선사업의 일환

자원
(r)
	입력	• 보스턴시 경찰국 및 응급의료단(EMS)으로부터 제공되는
		  – 각종 교통사고(보행자, 자전거, 자동차)의 위치 정보 및 통계
		  – 카메라 및 감지기를 통하여 수집된 차량, 자전거 및 보행자의 이동에 대한 데이터
		  – 도로 인근의 각종 시설(학교, 주차장 등), 대체 교통로(보도 등)에 대한 일련의 정보

	처리	• 보스턴시 경찰국 및 응급의료단(EMS)을 비롯한 관련 기관들의 교통사고 및 교통운용 체계에 대한 각종 데이터의 통합 • 교통사고에 관련한 지리적 정보 및 지정학적 정보의 분석 • 컴퓨터 프로그램 기반의 시뮬레이션을 활용하여 교통 정책 또는 도로환경의 변경이 교통에 미치는 영향을 분석
	산출	• 교통사고 다발지역의 선정 • 교통사고 유발 원인의 주요 원인 파악 • 도로환경 및 신호 체계의 개선 • 속도제한구역의 재설정

메커
니즘
(M)
	제공 서비스	• 교통사고 발생 가능성이 높은 지역에 대한 각종 예측적 분석을 통한 사고 감소전략의 수립
		  – 속도감속지역사업
		  – 집중관리구간 설정
		  – 교차로 안전 개선
		  – 지역사회 안전활동
		• 교통사고에 대한 위치 기반의 각종 통계 정보 제공, 도로 상황에 대한 실시간 정보를 인터넷을 통하여 제공
		• 관할권 및 기관을 통합한 응급구조대(Rapid Response Team)의 편성 및 운용

	활용 방향	• 교통사고 다발지역에 대한 도로 상황의 집중적 관리 • 주거지역에서의 최고속도 제한 • 시민들로부터의 각종 교통상의 문제점에 대한 의견 수렴 및 반영, 지역사회에서의 활용 촉진
	모니터링 및 환류	• 시범지역을 설정하고 그로부터의 성과를 측정하여 계속적인 정책 수립에 반영 • 응급구조대의 운용경험 및 그로부터의 경험을 도시 교통정책 수립에 반영 • 통합 플랫폼인 City of Boston을 구축하여 Vision Zero Boston을 포함한 각종 빅데이터 관련 사업을 통합적으로 수행

2 홍수통제 분야 – Overflow Control System

1) 주체 기반 관점 분석

(1) 사업명
Overflow Control System / 밀워키시

(2) 센터 운영 설계
　미국의 홍수 관련 업무는 연방정부와 지방정부가 역할을 분담하여 수행한다. 연방정부 차원의 업무는 국립해양대기청(NOAA) 산하 국립기상국(NWS)이 주관하고 있다. 특히 국립기상국에서는 전국 단위의 기상 및 수문 자료의 수집, 홍수예측모형의 운영 그리고 돌발 홍수 예측 및 경보 발령 업무를 수행한다. 또한 기상예보실(WFO)과 하천예보본부(RFC)를 통하여 홍수 예보와 관련된 업무를 수행한다. 이 중 하천예보본부는 국립기상국에서 개발한 국립기상국 하천예보체계(NWSRFS)를 이용하여 홍수 예보를 수행한다.
　이에 대하여 지방정부는 미국의 광활한 지역적 특성을 고려하여 독자적으로 별도의 홍수 예보 업무를 수행한다. 즉, 지방정부에서 운영하는 지역홍수경보체계(LFWS)는 카운티 또는 도시 등의 군소지역 단위로 수행되고 있으며, 주요 업무 내용으로는 각 군소 단위별 홍수 예보 및 주민 대피가 있다.
　즉, 연방정부의 국립기상국에서 수합한 강수 관련 정보, 전국 단위의 주요 하천의 수위 등에 대한 정보를 바탕으로 각 지방자치단체가 홍수의 가능성을 예측하며, 독자적으로 배수위 조절 등을 통하여 홍수의 발생을 방지하고 있다.

(3) 조직관리 / 업무 분장
　밀워키시의 하수처리국(Milwaukee Metropolitan Sewerage District)은 [그림

6-5]와 같은 조직으로 이루어져 있다.

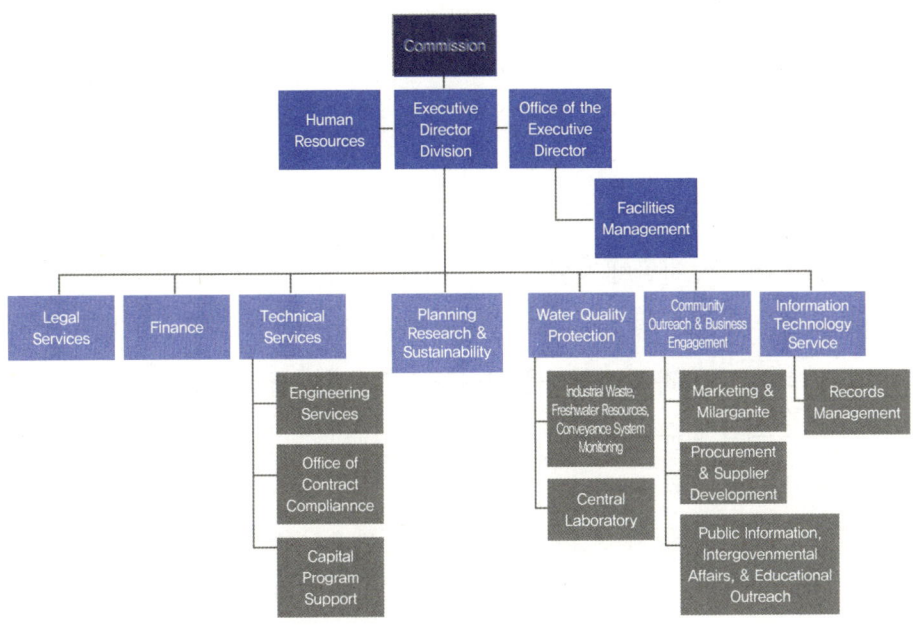

[그림 6-5] 밀워키시 하수처리국 조직도

밀워키시의 하수처리국은 300개가 넘는 고정식·이동식의 다양한 감지기와 유량계 등을 통하여 수위, 유량, 강우량, 독성 가스 및 그 밖의 관측을 수행하고 있다. 수질보호부(Water Quality Protection Division)는 중앙실험실(Central Laboratory), 하수도관 체계관리(Conveyance System Monitoring), 현장관리(Field Monitoring), 공업폐수 사전처리(Industrial Waste Pretreatment), 수자원관리(Freshwater Resources Monitoring)의 5개 부서로 이루어져 있다. 그중 하수도관 체계관리과에서 각종 감지기와 유량계로부터 제공되는 데이터의 분석 및 보고와 하수도관 및 지하수의 데이터에 대한 정규적인 보고를 담당한다.

또한 정보기술서비스부(Information Technology Services Division)의 기반시설관리과(Infrastructure)에서는 네트워크, 와이파이, 서버, 데이터 베이스, 데이터 저장소, 원격 및 무선통신 등의 관리를 통하여 각종 업무 수행을 지원한다.

2) 환경 기반 관점 분석

(1) 목표 및 목적

홍수의 예측은 국민의 생명과 재산 피해를 최소화하기 위하여 실시간으로 변화하는 강우(降雨)의 특성을 고려하여 자연재해의 영향을 저감하기 위한 것이다. 즉, 관측된 강우 자료의 특성을 고려하여 홍수량의 규모를 산정하고 이에 따른 하천의 수위와 침수 위험성을 최소화할 수 있는 방안을 제시하는 것이 홍수예보 체계의 목적이라 할 수 있다.

밀워키시의 홍수통제 체계는 기존의 저수, 배수시설의 정비 및 개선과 함께 데이터를 바탕으로 하수관 통제설비를 좀 더 신속하게 제어할 수 있는 체계를 구축한다. 이를 통하여 하수처리장 및 배수 체계의 최적 효율성을 확보하여 하수관 역류로 인한 홍수 피해의 감축을 도모하는 것을 목적으로 한다.

(2) 환경 이슈

밀워키시는 지역의 하수 체계에 의하여 발생한 하수를 수합, 이동, 저장하는 대규모의 체계를 운용하고 있다. 지역의 하수 체계는 밀워키시의 관할에 속하며, 밀워키시와 계약을 체결하고 있는 지방자치단체에서 운영한다.

지역의 하수는 밀워키시에 의하여 2개의 주요 하수처리장으로 수합된다.

밀워키시의 하수처리 체계는 도심하수 차단 체계(Metropolitan Interceptor Sewer[MIS] System)와 도관저수 체계(Inline Storage System[Deep Tunnels]) 그리고 중앙제어 체계(Central Control System)로 구성되어 있다. 도심하수 차단 체계(MIS)는

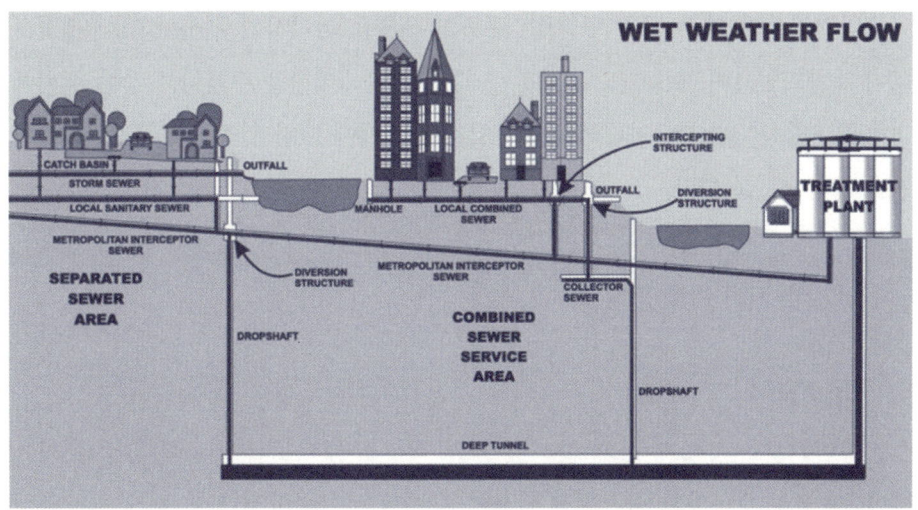

출처: http://city.milwaukee.gov/commoncouncil/District10/Stormwater-and-Sewer-Capacity.htm#.WUoR4OvyiUk

[그림 6-6] 밀워키시의 하수처리 체계

지역의 밀워키시 하수처리국(MMSD)의 관할 내에 있는 지역의 하수관과 합류식 하수도에로의 하수의 유입을 차단한다. 유수(流水)에 대한 관측 분석과 제어를 위하여 7개의 하부구역으로 구분되어 있다. 유수는 존스 아일랜드(Jones Island) 및 사우스 쇼어(South Shore)의 하수처리장으로 보내지거나, 그 처리장에서 유수를 처리할 수 있는 용량이 확보되기까지 도관저수 체계에 저장된다.

도관저수 체계는 지표로부터 300피트 지하에 설치된 19.4마일의 터널로, 처리장의 용량을 초과하는 수위의 유수를 임시로 저장한다. 이러한 도관저수 체계는 405만 갤런의 유수를 저장하여 각 지역 하수의 역류를 방지하기 위하여 설계되었다.

그중 도심하수 차단 체계 및 도관저수 체계는 설비의 측면이라고 할 것이다. 따라서 하수의 역류로 인한 홍수의 통제를 개선하기 위해서는 이러한 설비의 개선도 필요하지만, 그와 동시에 이러한 설비를 운용하는 중앙제어 체계(Central Control System)의 개선이 필요하다.

밀워키시의 하수 배출 및 저수 체계의 운용을 파악하기 위하여 MACRO 모형이 개발되었으며, MACRO는 유수에 대한 시뮬레이션을 수행하여 각종 설비에 대한 운용을 결정한다. 아래에서는 중앙제어 체계에 대한 관점에서 홍수 통제 방안을 살펴보도록 한다.

3) 자원 기반 관점 분석

(1) 입력

밀워키시의 중앙제어 체계는 고정식·이동식 모니터를 통하여 유수를 관측한다. 고정식 모니터는 300개소 이상의 장소에 설치되어 전화선 또는 무선통신을 통하여 데이터를 중앙제어 체계에 전달한다. 또한 이동식 모니터는 현장의 인원들에 의하여 일시적으로 설치되고 데이터가 취합된다.

MACRO를 구동하기 위해서는 다음의 세 가지 파일이 입력되어야 한다.

- Command File : 여기에는 입력 파일 및 출력 파일의 이름, 시스템의 용량(한계), 시뮬레이션 구동의 시작일과 종료일 그리고 그 밖의 다양한 선택 사항을 포함하여 시뮬레이션을 제어하기 위한 변수로 이루어져 있다. 여기에서 이용자들은 상이한 상황을 설정하여(도관저수 체계 또는 하수처리설비의 용량을 증가시키는 등) 하수 체계를 검증할 수 있다.
- VRSSI File : 도관저수 체계로 유입되기 위하여 저장되는 개별적인 하수의 유입에 대한 일 또는 시간당의 저장 값을 포함한다. 또한 역사적인 태풍에 따른 기상 예측을 바탕으로 한 수치를 제공한다.
- HSPF File : 이는 1940년경부터 기온 데이터와 강수 데이터를 바탕으로 수리학 시뮬레이션 프로그램(Hydrologic Simulation Program-Fotran)을 이용하여 계산된 시간당의 유수 값을 포함하고 있다. 이러한 유수 값은 역사적 기록에서 최적의 값이 산출되도록 계산된다.

(2) 처리

밀워키시에서 운용하고 있는 하수관 중앙처리 체계는 통합적인 데이터 취합 체계로서, 별도로 분리되어 있던 우량계, 유량 관찰 모니터 등으로부터의 정보를 취합하고, 이러한 데이터를 바탕으로 오수처리장의 저장 용적을 10분 단위로 자동으로 조정한다.

또한 여기에 이용되는 MACRO 프로그램은 도심하수 차단 체계(MIS)로부터 사우스 쇼어 및 존스 아일랜드의 하수처리장과 도관저수 체계(Deep Tunnels), 하수 배출구에 대한 유수(流水)의 흐름에 대한 시뮬레이션을 수행하는 유수 추적 모형(routing model)이다. 유수는 시뮬레이션에서 1시간 단위로 지속적으로 파악되고, 도관저수 체계의 하수량 또한 추적되며, 나아가 하수처리장(특히 존스 아일랜드)의 희석 과정 또한 시뮬레이션한다.

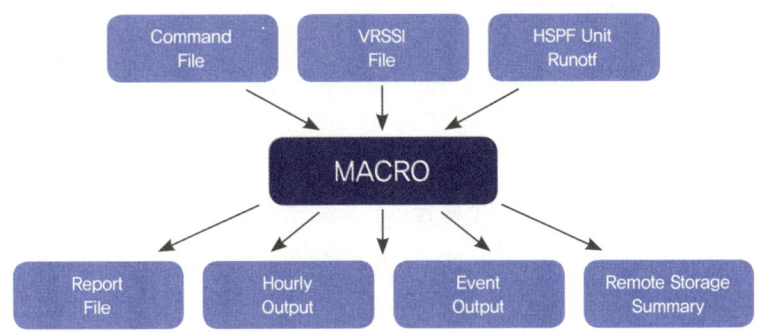

[그림 6-7] MACRO 프로그램의 운용 개요

(3) 산출

MACRO 프로그램은 입력한 정보를 바탕으로 다음의 네 가지 파일을 생성한다.

- Report File : 연간 도관저수 체계 및 개별 하수 체계의 운용 요약을 포함한 시뮬레이션 결과의 요약
- Event Summary File : 도관저수 체계에 대하여 시뮬레이션을 시행하였던 각각의 결과
- Detailed Output File : 시간당 측정된 상세한 계산 결과
- Remote Storage Summary File : 별도의 저수에 대한 요약

이러한 결과를 바탕으로 유량의 실제 측정 데이터에 의하여 하수 배수 체계의 원격 제어를 가능하게 한다. 즉, 하수관 역류의 발생 예상지역과 시간을 예측하여 가장 효율적인 배수량 조절이 이루어지도록 하기 위한 판단의 근거를 제공한다.

4) 메커니즘 기반 관점 분석

(1) 제공 서비스
홍수를 방지하기 위한 방법은 기본적으로 다음의 세 가지가 있다.
- 하수 처리와 저장을 좀 더 효율적으로 운용한다.
- (하수처리장으로의 유수 용량을 포함하여) 하수 처리의 용량을 확대한다.
- 도관저수 체계의 저장 용량을 확대한다.

밀워키시는 하수의 역류를 포함한 홍수의 대비를 위하여 저수 및 배수시설의 개선과 함께 이들 설비를 제어할 수 있도록 하는 중앙제어 체계를 새로이 구성하였다. 이를 위하여 주요 지점에서의 강수량, 유입량, 저수량 등의 데이터를 통합·분석하는 데이터 분석 및 예측 체계를 수립하였다. 즉, MACRO 프로그램은 하수의 역류를 통한 홍수를 방지하기 위하여 다양한 구조 및 운용 방법을 분

석한다. 이에 따라 극심한 강우가 발생하여 지역의 하수관 등이 초과되는 유수

〈표 6-2〉 Overflow Control System ser-M 분석

ser-M	세부 지표	내용
주체 (s)	지역명	밀워키시
	사업명	Overflow Control System
	센터 운영 설계	• 연방정부의 국립기상국(NWS)에서 취합한 강수 관련 정보, 전국 단위의 주요 하천의 수위 등에 대한 정보를 바탕으로 밀워키시를 비롯한 각 지방자치단체가 홍수의 가능성을 예측하여, 독자적으로 배수위 조절 등을 통하여 홍수의 발생을 통제
	조직관리/ 업무 분장	• 밀워키시의 하수처리국 수질보호부의 하수도관체계관리과에서 각종 감지기와 유량계로부터 제공되는 데이터의 분석 및 하수도관·지하수의 데이터에 대한 정규적인 보고 담당 • 정보기술서비스부의 기반시설관리과에서는 네트워크, 와이파이, 서버, 데이터베이스, 데이터 저장소, 원격 및 무선통신 등의 관리를 통하여 각종 업무 수행을 지원
환경 (e)	목표 및 목적	• 하수관 통제설비를 좀 더 신속하게 제어할 수 있는 체계를 구축함으로써 하수처리장 및 배수 체계의 최적 효율성을 확보하여 특히 하수관 역류로 인한 홍수 피해의 감축
	환경 이슈	• 낙후된 기존의 홍수 예측 체계의 개선에 대한 필요성 • 도심하수 차단 체계(MIS) 및 도관저수 체계를 운용하는 중앙제어 체계의 개선
자원 (r)	입력	• 고정식·이동식 카메라의 활용 • 15분 간격의 실시간 저수량 파악 • 강우량, 실시간 유입량 파악 모니터 화면, 저수조 용량의 현황 등
	처리	• 실시간으로 강우량 및 저수량, 용수량 등 시의 배수 관련 데이터 통합 • 하수 배출구 등에 대한 유수의 흐름을 추적하는 시뮬레이션 프로그램인 MACRO를 이용하여 홍수의 발생 예상 지역과 시간 예측
	산출	• 홍수의 예상 발생 지역과 시간 예측 • 배수량 조절을 위한 판단의 근거 제공
메커니즘 (M)	제공 서비스	• 홍수의 발생 예상지역, 예상시간, 피해 범위 등을 내용으로 하는 경보 발령 • 각 지역별 배수량의 조절 등으로 홍수 피해의 최소화
	활용 방향	• 홍수에 대한 사전적 대피 경고의 발령 및 신속한 대처 • 밀워키시의 저수 및 용수시설 개선을 위한 지침 제공

의 유입을 감당할 수 없게 되는 경우에 초과되는 유수는 인근의 하수로로 유도되거나 도심저수 체계로 보내져서 하수처리장이 이를 처리할 수 있는 충분한 용량을 확보할 때까지 저장된다.

(2) 활용 방향

밀워키시의 홍수관리 체계는 각종 데이터의 분석을 바탕으로 하수관의 역류로 인한 도심의 홍수를 방지하기 위하여 최적의 하수도관 배치 및 저장시설의 설치와 같은 설비 차원의 개선을 설계하도록 하는 지침을 제공한다. 동시에 실제 폭우가 내리는 경우 하수도관의 상태를 실시간으로 파악하여 가용한 모든 저수시설을 최대한으로 활용하고 사람들에게 사전에 어느 지역에서 홍수가 발생할 우려가 있는지를 경보할 수 있도록 운용되고 있다.

3 공중보건 분야 – Drug Dashboard

공중보건 분야는 인구구조의 고령화, 저출산, 기후 및 사회환경의 변화, 질병 양상의 변화, 정치 및 행정 차원에서 보건복지 분야의 위상 변화 등으로 인하여 새로운 도전과 변화를 요구받고 있다. 이러한 변화 양상은 사회안전망으로서의 보건복지 정책의 수립과 실천을 강조하고 있으며, 또한 복지수급자 수 및 재정지출의 지속적인 증가를 초래하고 있다.

통합행정국(MPH)은 약물 중독 경향 및 유행에 대한 전문가들의 이해를 돕기 위하여 주정부의 기관과 각급 지방자치단체의 데이터를 취합하고 있다. 약물 남용의 위험지역과 약물 남용에 영향을 미치는 환경적 요인을 분석하여 약물 남용을 억제할 수 있도록 하는 정책을 수립한다. 분산되어 있는 데이터원을 통합하고 시각화함으로써 통합행정국의 분석가는 미국 인디애나주의 약물 문제에 대하여 통합적이고 거시적인 관점을 갖게 되었다. 이러한 데이터는 약물오남용대책반을 위한 전략적 상황판을 만드는 데에 사용되었다. 이를 통하여 약물 오남용으로 인한 사망의 사례가 현저하게 감소한 것으로 보고되고 있으며, 장기적으로는 이러한 성과를 바탕으로 다른 현안에도 활용할 수 있을 것으로 예상된다.

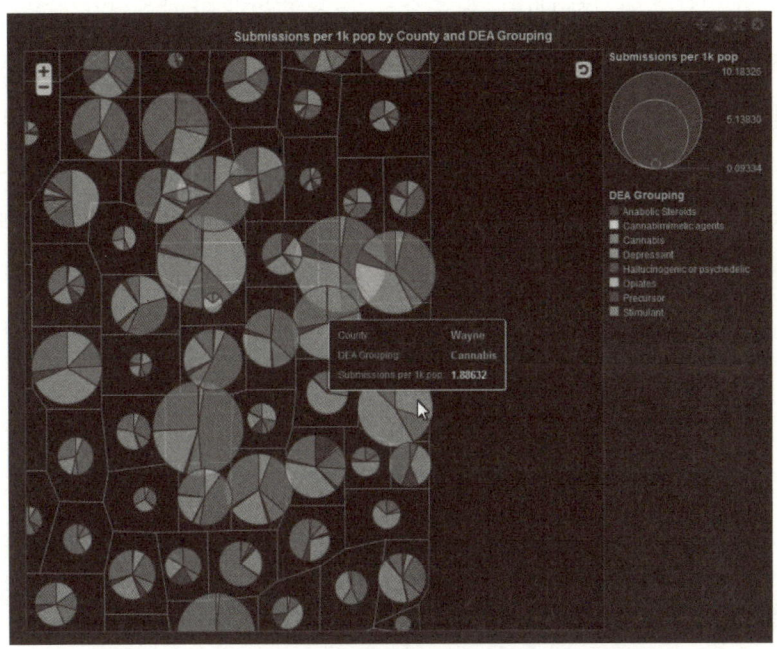

출처: https://www.govloop.com/fighting-the-opioid-epidemic/

[그림 6-8] 지역별 약물 관련 사망자 수를 나타낸 도표

최근 국내에서 제정된 「공공데이터의 제공 및 이용 활성화에 관한 법률」은 보건복지 분야의 다양한 정보의 개방·공유를 유도하고 있다. 이는 보건복지 활동 측면에서 많은 효과를 제공할 것으로 기대된다. 즉, 이러한 보건복지 공공정

보의 공개 및 개방은 국민들과의 적극적 소통과 교류의 증진, 정책정보에 대한 정책고객의 알 권리 보장, 보건복지 관련 정책의 질적인 향상 및 산업의 활성화를 꾀할 수 있게 할 것이다.

이러한 보건 분야에서의 빅데이터 활용은 그 방안이 매우 다양하다 할 것이다. 미국의 경우에는 약물의 오남용에 대한 대처에도 이를 활용하고 있다. 사법경찰기관, 공중보건기관, 의회 및 지역사회는 약물과 관련된 문제를 통합적으로 해결하기 위하여 확실한 데이터를 필요로 한다. 그러나 각 데이터가 관할 기관에 분산되어 있는 경우에는 이들을 활용하고 협력하는 것이 매우 어렵다는 문제점이 있다. 인디애나주의 통합행정국(Management and Performance Hub: MPH)은 약물 오남용의 확산을 방지하기 위하여 데이터 분석을 활용하기로 결정하였다. 즉, 첨단의 경영정보 및 분석 소프트웨어를 이용하여 각 부서에 흩어져 있는 데이터를 취합하고 분석하여 주지사의 약물오남용대책반(Govenor's Task Force on Drug Enforcement, Treatment and Prevention) 및 다른 주정부 기관의 업무를 지원할 수 있는 인디애나주 전반에 걸친 복합적 분석을 실시하고 있다.

〈표 6-3〉 Drug Dashboard ser-M 분석

ser-M	세부 지표	내용
주체(s)	지역명	인디애나주
	사업명	Drug Dashboard
	목표 및 목적	• 약물 오남용을 방지하기 위하여 흩어져 있는 약물 관련 정보를 취합하여 주 전체의 통합적인 분석 • 일선의 집행기관인 사법집행기관, 공중보건 전문가 또는 정책결정자로 하여금 자원을 어디에 투입하여야 하는지에 대한 결정을 내릴 때 활용할 수 있는 도구의 제공

ser-M	세부 지표	내용
환경 (e)	환경 이슈	• 인디애나주의 경우, 연간 인구 100,000명 당 14.4명이 약물의 오남용으로 사망하고 있었으며, 미국 내의 워싱턴특별구를 비롯한 29개 주에서는 교통사고로 인한 사망자보다 약물의 오남용으로 인한 사망자가 높게 나타나고 있음. • 아편과 같은 중독성 약물이 높은 비율을 차지하고 있으나, 그 밖에 처방 약품의 오남용으로 인한 생산성의 손실, 의료비용 및 법집행비용 등과 같은 사회적 비용은 연간 534억 달러에 달하는 것으로 집계되고 있음.

자원 (r)	입력 / 원천 데이터 내·외부 수집 및 이해	• Indiana State Police Laboratories
		  – Laboratory Information Management System(LIMS)
		• Marion County Forensic Laboratory
		  – Laboratory Information Management System(LIMS)
		• Indiana State Department of Health
		  – Vital Records
		• Substance Abuse and Mental Health Service Administration
		  – Substance Abuse Treatment Facility Locator
		• Division of Mental Health & Addiction
		  – Indiana Opioid Treatment Program Locations
		• Indiana Professional Licensing Agency
		  – Indiana Board of Pharmacy Prescription Monitoring Program(INSPECT)(Reporting loss of controlled substances)

자원 (r)	처리 / 데이터 저장, 정제, 가공, 통합 여부	• 주지사 직할의 통합행정국(MPH)에서 다른 기관으로부터 제공된 데이터를 통합하여 관리
자원 (r)	처리 / 데이터 분석 방법	• 예측적 분석을 활용하며, 유의미한 데이터의 발굴 및 그의 시각화 • 데이터의 보관 및 보관된 데이터의 추출과 변형 등은 SAP(System, Applications and Products in Data Processing)사에서 개발하여 판매하고 있는 SAP HANA System을 이용
자원 (r)	산출 / 분석 결과 및 평가	• 약물 남용의 위험지역 분석 • 약물 남용에 영향을 미치는 환경적 요인의 분석
메커니즘 (M)	제공 서비스	• 통합행정국(MPH)에서는 약물의 오남용과 관련되는 기관에 상호작용을 통하여 생성된 데이터를 시각화하여 제공 • 예측적 분석 결과를 바탕으로 인디애나주 경찰당국은 현장의 경찰관에게 400회 투약분의 마약 과용 해독제를 배포하여 지도상 약물 남용의 위험지역으로 표시된 지역에 투입
메커니즘 (M)	활용 방향	• 통합행정국(MPH)에서 제공되는 시각화된 데이터는 경찰을 비롯한 약물 남용 대책 기관에서 데이터에 기반한 결정을 내리고 그들의 한정된 자원을 가장 피해의 우려가 크다고 나타나는 지역에 집중할 수 있도록 함. • 분석된 데이터를 기반으로 약물 남용에 대한 관련 기관들의 연계를 강화
메커니즘 (M)	모니터링 및 환류	• 약물 오남용으로 인한 사망의 사례가 현저하게 감소한 것으로 보고되고 있음. • 약물치료소의 설치 위치를 결정하기 위한 판단 근거로 활용(인디애나주는 현재 13곳의 약물치료소를 운영하고 있으며, 추가로 5곳을 설치할 예정임) • 장기적으로는 이러한 성과를 바탕으로 인디애나주의 다른 현안의 해결에도 활용될 수 있을 것으로 예상됨.

4 산불 진화 분야 – FireMap

1) 주체 기반 관점 분석

(1) 사업명
FireMap(WiFire 활용) / 로스앤젤레스시 소방청(LAFD)

(2) 센터 운영 설계
산불의 발생 및 진행에 대한 다양한 데이터를 통합하여 유기적으로 활용하기 위하여 캘리포니아주립대학(UCSD) 및 퀄컴(Qualcomm)사, 로스앤젤레스시 소방청(LAFD) 등이 협력하여 수립한 WiFire Lab에서 와이파이어 프로그램(WiFire Program)을 개발하였다. WiFire Lab은 데이터에 기반한 모형으로 자연의 위험을 관측하고, 시뮬레이션하며 대응하는 예측 체계를 개발하고 있다. 이 프로그램은 다른 요소들 중에서 특히 기상 상황, 지형, 현장의 감지기, 정부의 데이터 및 가연성 물질 등에 대한 실시간 정보를 바탕으로 산불이 어디로 번질 것인지를 예측한다.

WiFire Lab에서는 독자적으로 산불에 대한 예측을 진행하며, 동시에 로스앤젤레스시 소방청에 산불 예측 및 분석을 위한 프로그램인 파이어맵(FireMap)을 제공한다. 즉, 파이어맵을 위한 각종 자료의 통합 및 분석은 일차적으로 WiFire Lab에서 담당하고, 로스앤젤레스시 소방청은 이를 바탕으로 WiFire Lab이 제공하는 파이어맵을 통하여 산불 소방에 대한 지휘를 하는 것으로 이해할 수 있다. 다음의 [그림 6-9]는 데이터가 와이파이어(WiFire)를 통하여 관측, 시각화 및 모형화되고 그 결과들이 다시 데이터로 집적되어 순환하는 과정을 묘사하고 있다.

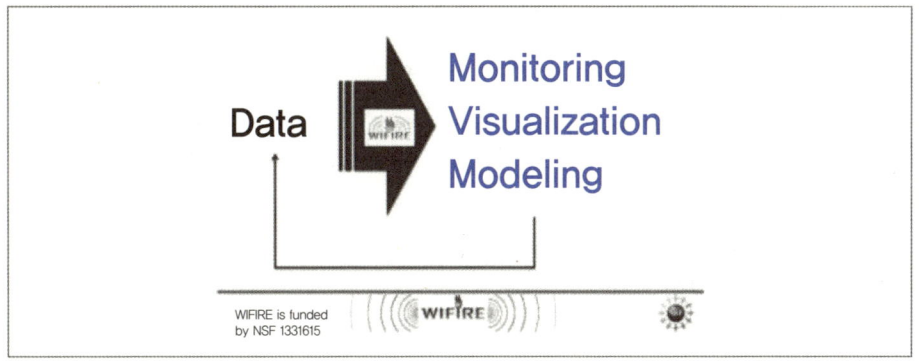

출처: Ilkay Altintas et. al., WIFIRE, UCSanDiego, p. 6.

[그림 6-9] WiFire의 개념도

(3) 조직관리 / 업무 분장

파이어맵은 정부기관인 로스앤젤레스시 소방청(LAFD)과 대학교(UCSD), 민간 기업(Qualcomm) 등이 협력하여 설립한 공공 연구기관인 WiFire Lab에서 운용하

출처: https://wifire.ucsd.edu/node/28

[그림 6-10] 지휘소에서 FireMap을 실행하고 있는 모습

여 제공하는 프로그램인 파이어맵을 기반으로 한다. 따라서 로스앤젤레스시 소방청에는 파이어맵을 운용하기 위한 독자적인 빅데이터 분석기관은 존재하지 않으며, 지휘본부 및 소방 현장에서 직접 파이어맵을 이용하여 지시하고 소방활동에 활용한다.

2) 환경 기반 관점 분석

(1) 목표 및 목적

와이파이어는 산불의 진행에 대하여 실시간의 데이터에 기반한 시뮬레이션, 예측 및 시각화를 제공하는 종단간 사이버 기반시설을 구축한다. 와이파이어의 목적 중의 하나는 산불의 확장에 대한 정확한 예측을 하는 도구를 개발하는 것이다. 이러한 목적을 위하여 와이파이어는 화재 및 기상의 예측을 개선하도록 고밀도의 감지기망을 통합하고 시각화하는 인터페이스를 개발하였고, 감지되고 보존된 데이터, 감지기, 인공위성, 카메라, 모형화 프로그램, 작업흐름도, 트위터의 기재 내용을 포함한 사회적 정보망과 같은 산불에 대한 자원의 데이터 모형을 개발하여 산불에 대한 대응과 연구에 이용하였다.

산불이 발생하는 경우, 산불의 확산에 영향을 미치는 풍속 및 풍향은 급격하게 변화하며, 현장의 대응자는 상황의 변화에 따라 신속하게 대응하는 경우에만 효율적으로 대처할 수 있게 된다. 필요한 데이터를 전달하기 위해서는 상황의 변화를 파악하는 데 필요한 일련의 상세한 정보를 확보하여야 한다. 현재의 재난관리에서 부족한 것은 감지기로부터의 실시간 데이터, 인공위성의 사진, 실시간에 가깝게 데이터를 처리할 수 있는 도구, 산불의 상황을 예상할 수 있는 도구 및 대규모 화재 발생 전·후에 재난지휘소와의 연락을 통합하는 체계이며 파이어맵은 이러한 기능을 구현하기 위하여 만들어졌다.

(2) 환경 이슈

세계적인 기후 변화 등을 이유로 21세기에 들어 캘리포니아, 애리조나 및 텍사스주는 기록적인 화재를 경험하였다. 2003년 10월, 캘리포니아 남부에서 계절풍(Santa-Ana Winds)의 영향으로 일련의 대규모 화재(일명 'Cedar Fire')가 발생하였다. 이로 인하여 샌디에이고 카운티에서는 280,278에이커의 토지와 2,820채의 건축물이 소실되었으며 소방관 1명을 포함한 15명이 사망하였다. 2007년에는 동일한 계절풍이 더 극심한 산불을 발생시켜 샌디에이고 카운티에서 미국 산불 역사상 가장 큰 규모인 50만 명 이상의 이재민을 발생시키고 5억 달러 이상의 재산 피해를 야기하였다. 2011년 6월에 발생한 일명 '왈로 산불(Wallow Fire)'은 애리조나 역사상 가장 큰 규모의 화재였다. 따라서 갈수록 대규모로 발생하는 산불에 대한 효율적인 대응을 위하여 관련 데이터를 신속하게 분석하여 산불을 예측할 수 있는 정보통신 기반 프로그램의 필요성이 부각되었다. 소방관이 재난 현장으로 파견되는 경우, 활동의 초기 단계에서 신속한 결정을 내릴 수 있는 것이 재난 대응의 성공을 위하여 가장 중요한 일이다. 그러나 소방관들의 투입에 대한 결정은 주관적인 경험에 기초하여 이루어지지만 이는 서로 모순될 수 있으며, 잘못된 결정이 내려질 수도 있다.

3) 자원 기반 관점 분석

(1) 입력

과거 각 소방서는 독자적인 계산식을 이용하고 보고서를 작성하여 그들의 데이터를 어떻게 해석하여야 할지에 대하여 혼란이 발생할 우려가 있었다. 와이파이어 프로그램은 로스앤젤레스 일대 4곳의 운영본부(operational bureau)와 106곳의 소방서가 가지고 있는 데이터를 통합하였다.

FireMap(WiFire)에서 분석을 위하여 취합하는 데이터에는 기상 상황, 기상

예보, 카메라 영상, 역사적 화재, 표면의 연소재, 인공위성의 탐지활동, 공기의 청정도 등이 있다. 이러한 정보는 다음의 데이터원으로부터 수집한다.

- 화재의 모형화 : FARSITE
- 기상관측소의 관측 결과 : HPWREN, SDG&E 그리고 MesoWest & SynopticsLabs
- 기상예보 : NOAA HRRRX와 NWS National Digital Forecast Database
- 카메라 영상 : HPWREN, SDG&E, UNR Seismological Laboratory 그리고 NV BLM
- 역사적 화재 : CAL FIRE FRAP Program과 USGS GeoMAC
- 연소재 : USGS LANDFIRE Program
- 인공위성의 탐지활동 : NASA FIRMS
- 공기의 청정도 OpenAQ

(2) 처리

파이어맵의 기반이 되는 와이파이어는 과학적이고 기술적인 방법을 통하여 감지기로부터의 관측 자료, 자료의 동화(同化), 동적 모형의 생성, 화재의 예측 및 확산률의 예측을 통합하는 체계이다. 파이어맵은 다음의 공개 프로그램을 이용한다.

- Leaflet
- Highcharts
- GDAL
- GeoServer
- Kepler
- PostGIS

• Vert.x

이 프로그램은 수동적으로 계산하는 경우에는 수시간이 소요될 복잡한 계산을 1분 내외로 수행한다. 이러한 연산 논리 체계는 국립기상국(NWS)으로부터의 기상정보, 내무부(DOI)로부터의 식생정보, 국립항공우주국(NASA)으로부터의 인공위성 데이터 등을 이용한다. [그림 6-11]은 인공위성의 이미지와 지상에 설치된 각종 감지기 등으로부터의 데이터가 서버를 통하여 취합되고 분석되는 과정을 나타낸다.

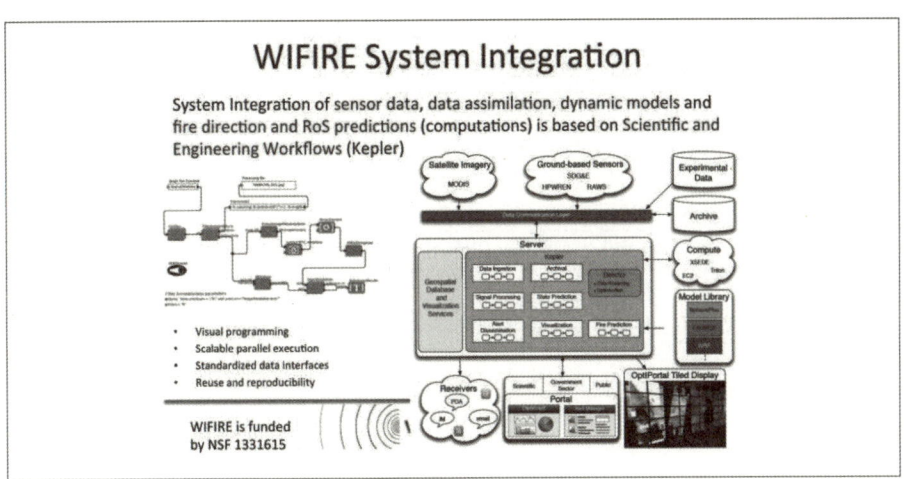

출처: Ilkay Altintas et. al., WIFIRE, UCSanDiego, p. 26.

[그림 6-11] WiFire의 운용 개요

파이어맵이라고 불리는 지도 애플리케이션은 이용자들의 웹 브라우저를 통하여 구동되며 다음의 [그림 6-12]에서 볼 수 있는 바와 같이 Pylaski, GeoServer, Kepler Webview 그리고 LiveWx의 4개 프로그램과 연동된다.

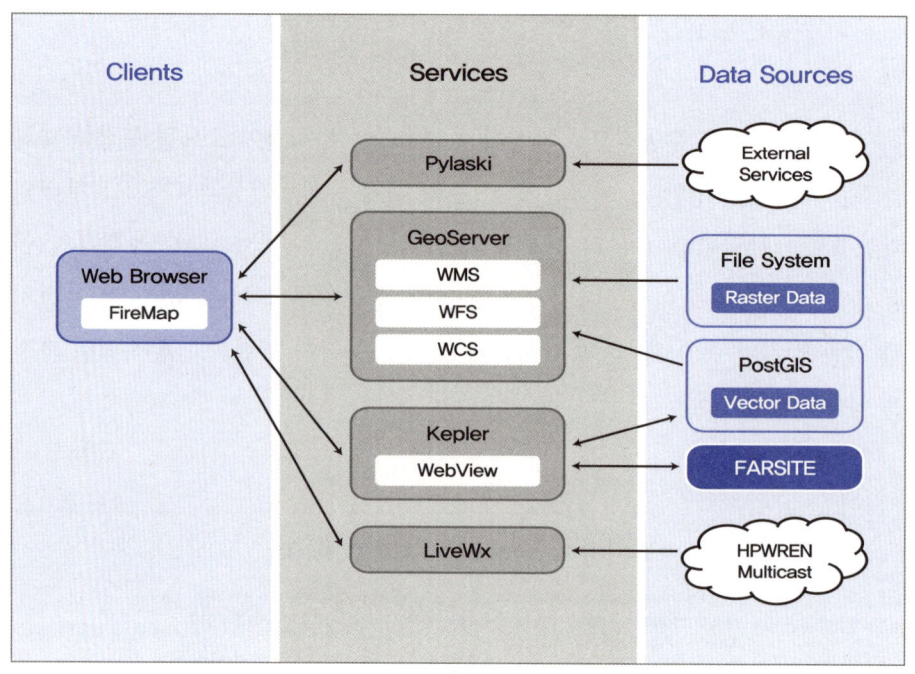

[그림 6-12] WiFire를 이용하는 FireMap의 구성 체계

a. Pylaski

어떠한 검색 요청이 Pylaski에 도달하면, 요청에 포함되어 있는 변수를 바탕으로 적절한 데이터원을 검색한다. 다수의 데이터원은 와이파이어 체계의 외부에 존재하며, 이는 REST 서비스를 통하여 이용할 수 있다. 각각의 데이터원은 고유한 검색변수(query parameter)를 사용하고 있기 때문에 Pylaski는 이용자로부터의 검색변수를 각 데이터원의 검색변수로 변환한다. 이에 더하여 상이한 데이터원으로부터 제공되는 데이터들은 JSON 또는 XML과 같은 상이한 도식(schema)과 상이한 형식(format)을 가지고 있다. Pylaski는 상이한 데이터원으로부터의 모든 결과를 통일적인 GeoJSON으로 통합하여 이용자에게 제공한다.

Pylaski를 통하여 접근할 수 있는 데이터는 매우 방대하기 때문에 REST는 먼저 검색변수를 공간적·시간적 유형에 따라 또는 이들의 일부를 혼합하여 한정한다. 공간적 검색 요청은 가장 인근의 경도와 위도의 조합으로 이루어지거나 상자로 표시되기도 한다. 데이터는 또한 가장 최근 데이터 또는 특정 시간대의 과거 데이터로 분류될 수 있다. 예를 들어 최종적으로 검색되는 데이터는 산불의 모형을 구동할 수 있도록 하는 것과 같이 특정한 유형으로 한정되며, 그 결과를 기온, 풍속 및 풍향 그리고 상대 습도에 따라 한정할 수 있다.

다음은 Pylaski에 의하여 제공되는 데이터원이 파이어맵에서 어떻게 이용되는지에 대한 내용이다.

- 기상관측소 : Meso West and Synoptics Labs은 북미지역에 분포되어 있는 30,000여 개소의 기상관측소의 관측 결과를 제공한다. '기상관측소 창(Weather Station Layer)'은 앞 기상관측소의 위치와 그곳에서 가장 최근에 관측한 결과를 보여준다. 나아가 이 관측소들은 발화지역에 가장 가까운 관측소의 현재 또는 역사적 기상 상황에 기초한 산불 모형을 제공할 수 있다.

- 기상예보 : The High-Resolution Rapid Refresh(HRRR)는 공간적으로 3km, 시간적으로 15분의 범위에서 분석을 한다. 이는 예상되는 기상에 따라 산불 모형의 정확성을 향상시키기 위하여 Environmental Data Exchange(EDEX) 서버로부터 고해상도의 자료를 확보하여야 한다.

- 카메라 영상 : The High Performance Wireless Research and Education Network(HPWREN)와 San Diego Gas and Electric(SDG&E)는 샌디에이고 카운티 일대에서 탑에 설치된 카메라를 운용하고 있다. 이 카메라들은 대부분 산 정상에 설치되어 오지에서 발생한 산불의 위치를 파악하기에 이상적인 전망을 가지고 있다. AlertTahoe는 타호(Tahoe) 호수 인근 및 네바다 일대에서 탑에 설치된 카메라를 운용하고 있다. 이 카

메라의 대부분은 확대-축소-회전 기능을 가지고 있어 산불에 맞추어 초점을 조절할 수 있다. '카메라창(Camera Layer)'은 카메라들의 위치와 이들로부터 촬영된 영상을 보여준다.

- 공기청정도관측소 : OpenAQ는 40여 국가로부터 공기의 청정도에 대한 데이터를 취합한다. '공기청정도창(Air Quality Layer)'은 이러한 관측소들의 위치와 그들의 최근 측정 결과를 보여준다.

[그림 6-13]은 위에서 살펴본 다양한 종류의 데이터와 데이터원으로부터의 자료를 통일적으로 이용할 수 있도록 하는 Pylaski의 운용 개요이다.

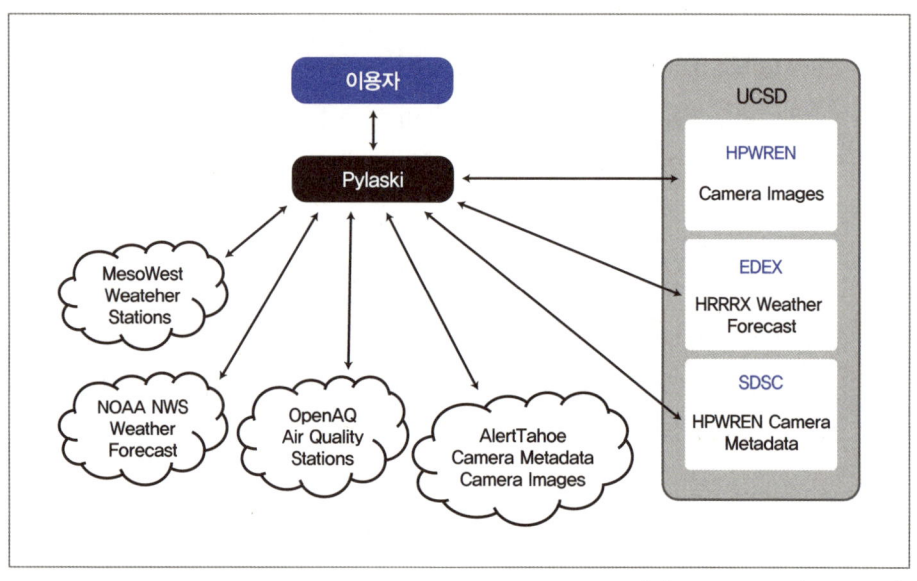

출처: Crawl et. al.(2017: 2235).

[그림 6-13] Pylaski와 외부의 데이터원

b. GeoServer

파이어맵은 지리정보체계(GIS)의 데이터를 표시하기 위하여 공간정보에 접근할 수 있도록 하는 공개 서버인 GeoServer를 이용한다. GeoServer는 Web Feature Service(WFS), Web Map Service(WMS) 및 Web Coverage Service(WCS)와 같은 개방형 지리공간협의회(OGC)에서 공개한 일련의 기준을 이용한다. 파이어맵이 다양한 시각화창을 구동하기 위하여 WMS 서비스에 요청하면, WMS는 GeoServer가 PostGIS 데이터베이스로부터 벡터 데이터(vector data), 레스터 데이터(raster data)를 생성하기 위한 레스터 파일(raster file)을 읽을 수 있도록 이미지화된 데이터를 제공한다([그림 6-14]).

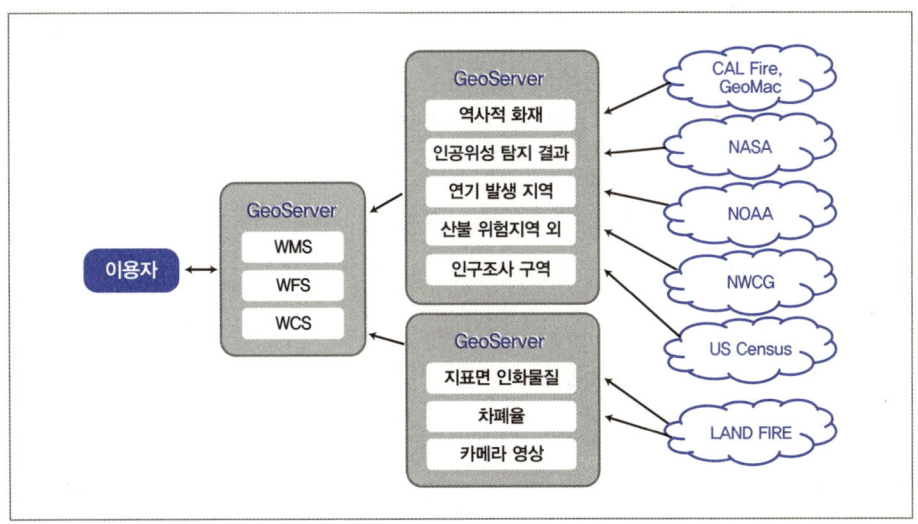

출처: Crawl et. al.(2017: 2236).

[그림 6-14] GeoServer 서비스와 공간 데이터[1]

---

1) 인공위성의 탐지 결과, 연기 발생 지역 및 산불위험경보(Red Flag Warning)는 1시간마다 자동적으로 PostGIS 데이터베이스에 추가된다.

파이어맵의 다음과 같은 창들은 GeoServer에서 제공된다.

- 역사적 화재(Historical Fires) : GeoMAC으로부터 제공되는 2000년부터 2015년까지의 미국의 화재 발생지역 및 CAL FIRE로부터 제공되는 1878년부터 2014년까지의 캘리포니아의 화재 발생지역. 이 창은 산불의 발생지역을 보여주며, 해당 지역을 선택하면 명칭, 발화 및 진화 일자, 전체 지역을 포함하는 산불 관련 정보를 제공한다.
- 위성탐지(Satellite Detections) : 적외선·방사선정보(VIIRS)위성 및 MODIS 위성으로부터 상황에 따라 제공되는 375m 및 1km 해상도의 열영상. 각 위성은 같은 지역을 하루에 2회 지나간다. 탐지 결과는 NASA로부터 제공되어 PostGIS 데이터 베이스에 1시간마다 취합된다.
- 연기 발생지역(Smoke Areas) : 연기의 발생은 산불이 발생하였을 가능성이 있는 지역을 보여준다. 연기와 관련된 데이터는 국립해양대기청(NOAA)의 위험지도 표시체계(Hazard Mapping System)로부터 제공되어 PostGIS 데이터 베이스에 1시간마다 취합된다.
- 산불 위험지역(Red Flag Areas) : 풍속이 강하거나 상대습도가 낮아서 "심각한 발화의 가능성이 있는" 기상 상태에 있는 지역. 산불위험경보는 국립산불관리단(National Wildfire Coordinating Group)으로부터 제공되어 PostGIS 데이터베이스에 1시간마다 취합된다.
- 인구조사구역(Census Blocks) : 2010년의 미국 인구조사 결과에 의한 인구 및 주택의 숫자. 산불의 위협을 받는 인근 주민들의 숫자는 대피 시간을 결정하는 데 매우 중요하다. 파이어맵은 인구조사구역과 해당 구역에서의 인구조사의 결과를 검색할 수 있는 도형화된 창을 제공한다.
- 지표연소재(Surface Fuels) : LANDFIRE에서 지표의 식물군을 지표 연소의 유형에 따라 13개로 구분한 등급. 지표연소재는 산불을 모형화하는 데에 매우 중요하며, 파이어맵은 이 데이터를 시각화한 창을 제공한다.

- 차폐율(Canopy Cover) : LANDFIRE에서 계산한 나무로 덮인 산림층(forest floor)의 비율. 차폐율은 나무의 꼭대기의 잎들을 타고 번지는 화재를 모형화하는 데에 이용된다.
- 카메라의 시야(Camera Viewsheds) : HPWAREN 및 AlertTahoe 카메라의 주변 가시 영역. '카메라의 시야창'은 카메라의 시각이 닿을 수 있는 부분과 닿을 수 없는 부분을 시각화한다.

c. Kepler WebView

Kepler WebView는 웹상의 기술을 Kepler Scientific WorkFlow System에 통합시킨다. 경량의 웹서버는 Kepler 내에서 구동되어 이용자와 Kepler 사이에서의 실시간 통신을 제공하며, 데이터는 JSON으로 교환된다.

Kepler는 구동 요소(actor)라고 불리는 일련의 실행 가능한 요소로 이루어져 있으며, 서로 연결되어 전체적인 프로그램 실행계획을 구성한다. 각각의 구동 요소는 하나 이상의 입력 및 출력 포트를 가지고 있으며, 이를 통하여 다른 구동 요소와 연결되어 데이터의 의존성을 만들어 낸다. 구동 요소는 또한 그들의 실행을 파악할 수 있는 일련의 변수를 가지고 있다. Kepler는 감독 요소(director)라고 불리는 요소를 포함하고 있으며, 이들은 컴퓨터를 통한 모형화와 구동 요소가 어떻게 상호작용을 하는지와 같은 프로그램 실행의 의미를 구체화한다.

Kepler는 화재 확산 시뮬레이터인 FARSITE를 구동하기 위하여 개발되었다. 입력값에는 기상 상황, 시뮬레이션 시간 및 발화지역이 포함된다. Kepler는 이러한 변수를 바탕으로 FARSITE의 구성 파일을 생성하며 FARSITE를 실행시킨다. FARSITE가 시뮬레이션을 완성시키고 나면 Kepler는 그 결과로 산출된 화재지역을 이용자의 브라우저에 전송하고 파이어맵에 새로운 창을 생성시킨다. FARSITE는 화재 확산지역을 ESRI Shapefile로 기록하고, Kepler WebView는 이 결과를 파이어맵에 전송할 때 이를 자동적으로 GeoJSON으로 변환시킨다.

파이어맵(FireMap)을 구동하기 위하여 다음의 명령어가 실행된다.
- RunFarsite : 입력된 변수를 바탕으로 FARSITE 구성 파일을 생성하며, FARSITE를 구동하고, 그 결과인 화재지역을 제공한다.
- ExportRun : 화재의 진행에 대한 정보를 KML 또는 ESRI Shapefile 형식으로 변환하여 이용자들의 브라우저를 통하여 다운로드시킨다.
- ShareFireRun : 기상 상황, 시뮬레이션의 길이 등과 같은 화재 모형의 실행(fire run)에 대한 입력변수를, PostGIS 데이터베이스에서 실행시킨 사람에 따라 저장한다.
- ListShredRuns : PostGIS 데이터베이스에 저장되어 있는 화재 모형의 실행 목록을 보여준다.
- GetSharedRuns : PostGIS 데이터베이스로부터 하나 이상의 화재 모형의 실행을 검색한다.

d. LiveWx

LiveWx는 탑에 설치된 다수의 카메라와 함께 있는 HPWREN 감지기로부터의 실시간 측정값을 제공한다. 이러한 감지기들은 매 초당 바람의 측정값과 매 10초당 기온, 기압 및 상대습도를 보고한다. LiveWx는 새로운 데이터가 HPWREN의 다중접속 연결망에 나타나면 WebSocket을 통하여 이용자들에게 새로운 측정값을 전달한다. 이때에는 감지기로부터 끊임없이 측정값이 전달되기 때문에 REST가 아닌 WebSocket이 이용된다.

'실시간 기상관측소창(Real-Time Weather Stations Layer)'이 활성화되면, 파이어맵은 WebSocket을 개방하여 LiveWx와 연결하고 측정값을 수신하여 실시간으로 창을 갱신한다. 높은 빈도로 이루어지는 이러한 갱신은 정확한 관측을 가능하게 할 뿐만 아니라, 십 분 또는 한 시간 간격의 낮은 빈도로 측정값을 제공하는 관측소에서는 놓치는 기상 상황의 가변성을 분명히 나타낸다.

(3) 산출

화재에 대응하기 위하여 소방관이 투입되면, 본부의 지휘관은 최초의 절차로 와이파이어 프로그램을 구동한다. 그 후 와이파이어 서버는 수치를 분석하여 화재의 예상 궤적을 보여주는 화면을 생성한다. 이러한 지도는 전자적 방식으로 본부에서 현장의 현장지휘관에게 전달된다.

파이어맵은 이용자들로 하여금 예측적 산불 모형을 구동할 수 있게 하고 와이파이어의 지리적 데이터를 시각화할 수 있는 상호작용을 하는 그래픽 기반의 애플리케이션이다. 기본적인 인터페이스는 웹 브라우저상에서 이용자가 확대 및 축소를 할 수 있는 타일 모양의 지도이다. 와이파이어의 데이터는 지도상에 개별적으로 추가되거나 삭제될 수 있는 일련의 창으로 시각화된다. 각 창의 투명도를 조절하여 중첩적으로 보여지는 데이터를 쉽게 구분할 수 있도록 되어 있다. [그림 6-15]는 각 창으로 표기되는 데이터들의 예시이다.

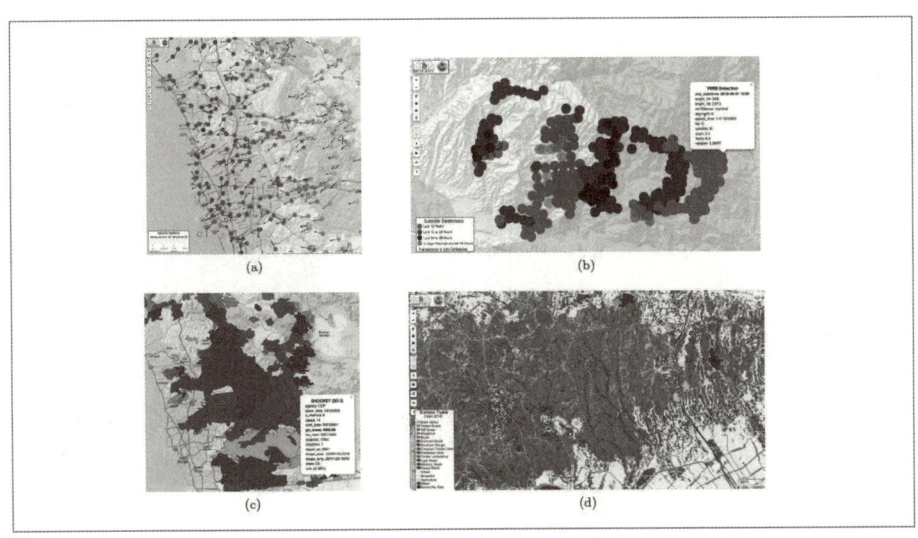

출처: Crawl et. al.(2017: 2234).

[그림 6-15] WiFire를 통하여 시각화된 데이터 예시

(a)는 샌디에이고 카운티 일대의 기상관측소를 보여주는 '기상관측소창(Weather Stations Layer)', (b)는 2016년의 인공위성으로 탐지한 레이 화재(Rey Fire)를 보여주는 '적외선·방사선정보창(VIIRS Layer)', (c)는 과거 샌디에이고 카운티 일대에서 발생한 산불을 보여주는 '역사적 화재창(Historical Fires Layer)', 그리고 (d)는 로스앤젤레스 북서부의 연소재가 될 수 있는 식물군을 보여주는 '지표연소재창(Surface Fuels Layer)'을 각각 보여준다.

파이어맵은 예측적 산불 모형을 구동할 수 있도록 하는 다수의 상호작용적 요소를 포함하고 있다. 이용자가 먼저 지도상에 발화지역(initial fire perimeter)을 선택하면 설정창(configuration dialogue)에 기상 상황과 예상 시간이 표시된다([그림 6-16]의 (a)). 기온, 풍속 및 풍향, 상대습도 등과 같은 기상변수는 이용자가 'what-if' 시나리오를 조사할 수 있도록 수동적으로 조정할 수 있다. 또한 기상은 산타아나(Santa Ana)의 상황, 발화지역에서 가장 가까운 장소의 현재 또는 과거의 관측 결과, 또는 기상의 예측을 바탕으로 구성될 수 있다. 파이어맵은 발화지점의 관측 결과 또는 기상 예측을 바탕으로 하는 경우의 시나리오를 생성하기 위하여 Pylaski 프로그램을 이용한다.

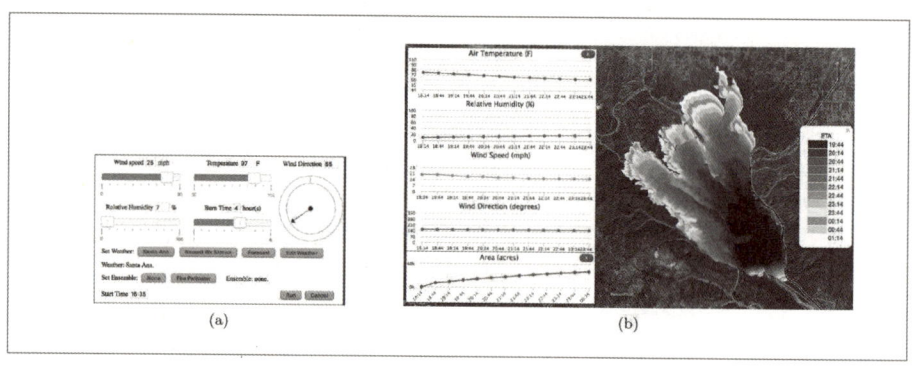

출처: Crawl et. al. (2017: 2235).

[그림 6-16] FireMap의 예측 모형

실행 버튼을 누르면, 파이어맵은 분석 수치를 Kepler WebView로 보내 모형을 구동시킨다. 시뮬레이션이 완성되면 Kepler WebView는 화재 확산의 범위를 파이어맵으로 전송하여 이를 시각화하여 [그림 6-16]의 (b)에서 볼 수 있는 것처럼 새로운 창으로 표시하도록 한다. 예정 시간은 지도상의 경계선 옆에 화재의 도달 시간으로 표시된다.

4) 메커니즘 기반 관점 분석

(1) 제공 서비스

파견지휘소에서 파이어맵을 이용하여 생성하는 예측모형은 현재 차량에 설치된 화면이나 태블릿을 이용하여 현장지휘관에게 전달될 수 있다. 예측모형이 제공하는 정보는 다양한 시점을 선택할 수 있도록 되어 있으며, 여기에는 인공

출처: https://time.com/5497251/wildfires-artificial-intelligence/

[그림 6-17] 차량에 탑재된 컴퓨터를 통하여 FireMap을 실행시키고 있는 모습

위성의 사진, 지형도 또는 소방관이 대피를 필요로 하는 거리(street)를 확인할 수 있도록 하는 거리의 조망 등이 포함된다. 그 밖에 도시의 송전선, 가스관 등을 시각화하여 제공함으로써 소방관으로 하여금 화재의 진행 경로에 송전선, 가스관 등이 존재하는지를 파악하고 다른 관계 기관과 협력할 수 있도록 하는 것도 포함되어 있다.

이러한 정보들은 현장지휘관에게 그들이 어느 지역의 대피에 집중하여야 하는지, 현장의 어느 지점에 소방관을 위치시켜야 하는지 그리고 그들의 노력을 어느 지역에 투입하여야 하는지 등을 결정하는 데에 도움을 준다. 나아가 파이어맵은 지휘관과 파견지휘소로 하여금 더 쉽게 통신하고 화재에 대응하고 있는 현장의 컴퓨터를 이용하여 데이터를 현장지휘관에게 제공할 수 있도록 한다.

지역 데이터와 그 결과물을 이용하기 위하여 와이파이어는 Kepler Scientific Workflow System을 이용하여 웹 브라우저 플랫폼인 파이어맵에서 작동하는 지역적 처리 프로그램을 개발하였다. 신축적인 데이터의 통합과 처리와 함께 지리정보체계(GIS) 역량을 이용하여 파이어맵은 정보의 불확실성을 고려하며 총체적인 조화를 이룰 수 있는 단순한 모형을 만들어 낼 수 있다. 그 결과 우수한 가독성(可讀性)과 공유성 및 반복성을 가지게 되었고, 시계열을 동영상으로 표시할 수 있게 되었다.

파이어맵은 와이파이어의 사이버 기반시설을 일상적인 업무에 이를 이용할 때, 지방자치단체 또는 주의 화재관리기관으로 하여금 유용하게 이용할 수 있도록, 산불정보의 배포와 산불의 진행에 대한 실시간에 가까운 예측을 제공하는 단순화되고 신축성과 확장성이 있는 지도화 및 시각화의 플랫폼을 제공한다.

(2) 활용 방향

현재 로스앤젤레스시 소방청에서 2016년 WiFire Lab의 초기 프로그램을 이용하여 파이어맵을 사용하기 시작한 지 4년이 되고 있으며, 이는 약 400만 명의 주민에 대한 책임을 부담하고 있는 소방청에 동일한 정보원을 제공함으로써 중요성이 강조되고 있다. 와이파이어 연구자가 개발한 프로그램은 데이터에 기반한 예측모형을 구동하고, 급격히 확산될 위험성이 있는 화재에 대한 분석을 수행한다. 화재에 대한 실시간의 파악에 더하여 앞으로의 화재 확산에 대한 사전적·예측적 분석을 가능하게 한다. 이는 또한 과거의 화재, 과거와 현재의 기상 상황, 인공위성 탐색 결과에 대한 정보와 다양한 정보원으로부터 초목 및 조경에 대한 정보에 쉽게 접근할 수 있도록 한다. 이들은 모두 상이한 웹사이트에서 제공되는 데이터이지만, 이제 이용자들은 이들을 한자리에서 확인하고 화재에 대한 대응계획의 수립이나 자연자원의 사전관리에 이용할 수 있다.

〈표 6-4〉 FireMap ser-M 분석

ser-M	세부 지표	내용
주체 (s)	지역명	로스앤젤레스시 소방청(LAFD)
	사업명	FireMap
	센터 운영 설계	• 캘리포니아주립대학(UCSD) 및 퀄컴(Qualcomm)사, 로스앤젤레스시 소방청 등이 협력하여 수립한 WiFire Lab에서 개발한 WiFire프로그램 활용 • WiFire Lab에서는 독자적으로 산불에 대한 예측을 진행하며, 동시에 로스앤젤레스시 소방청에 산불 예측 및 분석을 위한 프로그램인 FireMap을 제공 • FireMap을 위한 각종 자료의 통합 및 분석은 일차적으로 WiFire Lab에서 담당하고, 로스앤젤레스시 소방청은 이를 바탕으로 WiFire Lab이 제공하는 FireMap을 통하여 산불 소방에 대한 지휘를 함.
	조직관리 / 업무 분장	• 로스앤젤레스시 소방청에는 FireMap을 운용하기 위한 독자적인 빅데이터 분석기관은 존재하지 않으며, 지휘본부 및 소방현장에서 직접 FireMap을 이용하여 지시하고 소방활동에 활용하고 있음.
환경 (e)	목표 및 목적	• FireMap의 목적 중의 하나는 산불의 확장에 대한 정확한 예측을 하는 도구를 개발하는 것 • 감지기로부터의 실시간 데이터, 인공위성의 사진, 실시간에 가깝게 데이터를 처리할 수 있는 도구, 산불의 상황을 예상할 수 있는 도구 및 대규모의 화재 발생 전·후에 재난지휘소와의 연락을 통합하는 체계의 구현
	환경 이슈	• 갈수록 대규모로 발생하는 산불에 대한 효율적인 대응을 위하여 관련 데이터를 신속하게 분석하여 산불을 예측할 수 있는 정보통신 기반 프로그램의 필요성 • 소방활동의 초기 단계에서 신속한 결정을 내릴 수 있도록 하는 정보 제공 체계의 필요성

ser-M	세부 지표	내용
자원 (r)	입력	• FireMap(WiFire)에서 분석을 위하여 취합하는 데이터에는 기상 상황, 기상예보, 카메라의 영상, 역사적인 화재, 표면의 연소재, 인공위성의 탐지 결과, 공기의 청정도 등이 있음. • 활용되는 데이터원 　- 화재의 모형화 : FARSITE 　- 기상관측소의 관측 결과 HPWREN, SDG&E 및 MesoWest & SynopticsLabs 　- 기상예보 : NOAA HRRRX와 NWS National Digital Forecast Database 　- 카메라 영상 : HPWREN, SDG&E, UNR Seismological Laboratory 및 NV BLM 　- 역사적 화재 : CAL FIRE FRAP Program과 USGS GeoMAC 　- 연소재 : USGS LANDFIRE Program 　- 인공위성의 탐지활동 : NASA FIRMS 　- 공기의 청정도 OpenAQ
	처리	• FireMap은 다음의 공개 프로그램을 이용함. 　- Leaflet 　- Highcharts 　- GDAL 　- GeoServer 　- Kepler 　- PostGIS 　- Vert.x • FireMap 지도 애플리케이션은 이용자들의 웹 브라우저를 통하여 구동되며 Pylaski, GeoServer, Kepler Webview 그리고 LiveWx의 4개 프로그램과 연동됨.
	산출	• FireMap은 이용자들로 하여금 예측적 산불모형을 구동할 수 있게 하고 WiFire의 지리적 데이터들을 시각화할 수 있는 상호작용을 하는 그래픽 기반의 애플리케이션임. • 산불이 발생하는 경우, 관련 데이터를 분석하여 화재의 예상 궤적을 파악하고 이를 소방관 등에게 전달
메커니즘 (M)	제공 서비스	• FireMap의 기본적인 형태는 웹 브라우저상에서 이용자가 확대 및 축소를 할 수 있는 타일 모양의 지도 • WiFire의 데이터는 지도상에 개별적으로 추가되거나 삭제될 수 있는 일련의 창으로 시각화. 각 창의 투명도를 조절하여, 중첩적으로 보여지는 데이터를 쉽게 구분할 수 있도록 되어 있음. • FireMap을 이용하여 생성된 예측모형은 현재 차량에 설치된 화면이나 태블릿을 이용하여 현장지휘관에게 전달될 수 있음. • 예측모형이 제공하는 정보는 다양한 시점을 선택할 수 있도록 되어 있으며, 여기에는 인공위성의 사진, 지형도 또는 소방관이 대피를 필요로 하는 거리(street)를 확인할 수 있도록 하는 거리의 조망 등이 포함 • 그 밖에 도시의 송전선, 가스관 등을 시각화하여 제공함으로써 소방관으로 하여금 화재의 진행 경로에 송전선, 가스관 등이 존재하는지를 파악하고, 다른 관계 기관과 협력할 수 있도록 함.
	활용 방향	• 데이터에 기반한 예측모형을 구동하고 급격히 확산될 위험성이 있는 화재에 대한 분석을 수행하며, 화재에 대한 실시간의 파악에 더하여 앞으로의 화재 확산에 대한 사전적·예측적 분석을 가능하게 함. • 과거의 화재, 과거와 현재의 기상 상황, 인공위성 탐색 결과에 대한 정보와 다양한 정보원으로부터 초목 및 조경에 대한 정보에 쉽게 접근할 수 있도록 함.

빅데이터 기반
예측 행정 시스템의 국내 사례

1 통계 생산 및 산업화 지원 서비스 분야 – 통계데이터허브

1) 주체 기반 관점 분석

(1) 사업명
통계데이터허브 / 통계빅데이터센터

(2) 센터 운영 설계
통계청은 자신들이 보유하는 각종 통계 관련 데이터를 제공하는 국가통계포털과 함께 빅데이터에 대한 분석을 지원하는 통계빅데이터센터를 운영하고 있다. 통계청에서 운영하고 있는 통계빅데이터센터는 데이터 간 연계 및 비식별화를 지원하는 독립된 제한 공간이다. 중앙 가상화 서버에 개별 데이터센터가 행정

망을 통하여 원격 접근하는 방식을 취하고 있다. 즉, 공공기관과 민간기관이 보유하는 각종 데이터를 취합하여 통계등록부·마이크로 데이터·민간 데이터를 비롯한 연계 자료와의 통합·분석을 통하여 통계 작성기관이나 연구·분석 목적을 가지고 있는 연구기관, 대학 등의 으로 일반이용자에게 제공하는 방식으로 운용되고 있다([그림 7-1]).

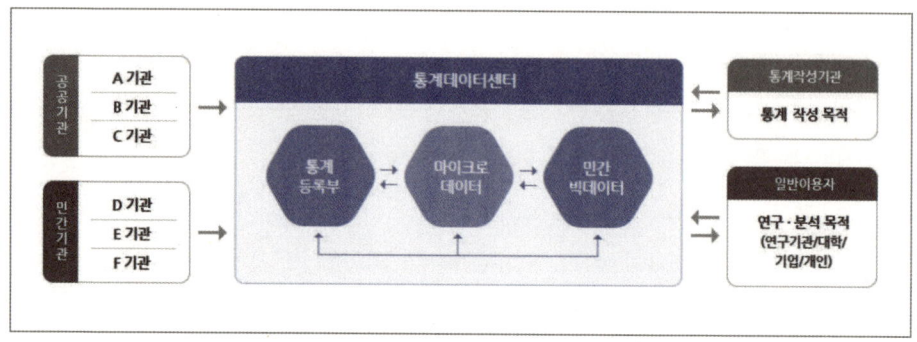

출처: 통계빅데이터센터 홈페이지(http://data.kostat.go.kr/sbchome/contents/cntPage.do?cntntsId=CNTS_000000000000106&curMenuNo=OPT_03_01_00_0).

[그림 7-1] 통계빅데이터센터 개념도

(3) 조직관리/업무 분장

통계청은 본청 소속에 1관, 5국, 1정책관, 1심의관, 4담당관의 35과 1팀으로 이루어져 있으며, 그 기본적인 구조는 [그림 7-2]와 같다.

이 중 통계빅데이터센터는 정보화 기본계획의 수립 및 시행, 행정자료 데이터베이스 시스템의 개발 및 운영, 행정자료를 활용한 통계 생산의 기획, 빅데이터를 활용한 통계의 기획 및 작성 등의 업무 수행을 담당하는 통계데이터허브국의 빅데이터통계과에서 운용하고 있다.

빅데이터통계과는 빅데이터 통계 생산·기획, 개인사업자, 온라인 물가,

스마트 공공 서비스를 위한 빅데이터 기반 예측 행정 시스템

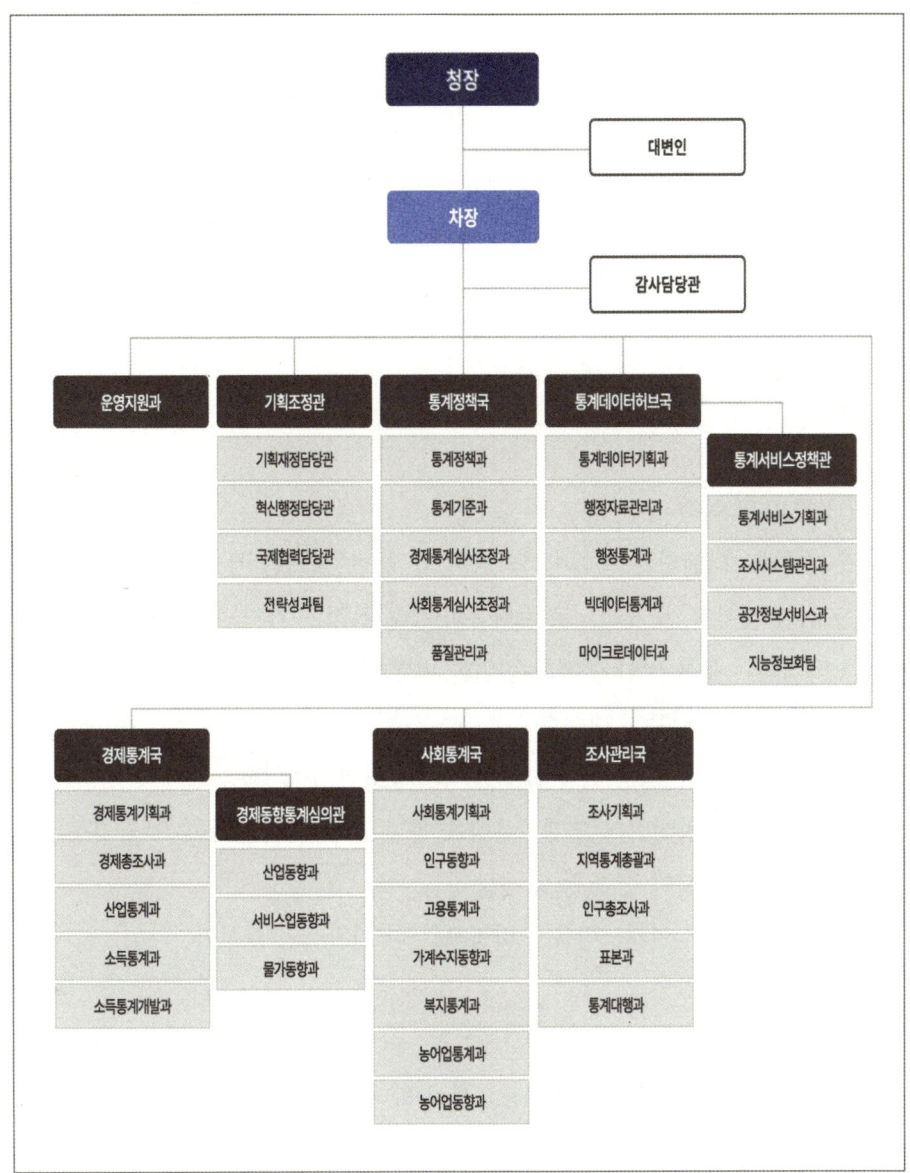

출처: 통계청 홈페이지(http://kostat.go.kr/portal/korea/kor_ko/5/1/index.action).

[그림 7-2] 통계청의 조직도

SNS DB 및 빅데이터 시스템 개발·개선·유지관리의 업무를 수행하며, 구체적으로는 다음과 같은 업무를 수행한다.
- 빅데이터 활용에 관한 기본계획의 수립 및 시행
- 통계 생산을 위한 빅데이터의 입수·정비 및 관리
- 빅데이터를 활용한 통계의 기획 및 작성
- 빅데이터 활용 시스템의 개발 및 운영

2) 환경 기반 관점 분석

(1) 목표 및 목적

통계빅데이터센터는 빅데이터의 활용을 통한 신개념 통계 생산 및 산업화 지원을 위한 것이며, 구체적으로는 다음과 같은 목적을 가지고 있다.
- 빅데이터 활용 방안 구체화를 위한 빅데이터 통계 전략 포럼 및 민관 합동 빅데이터 T/F 운영 내실화
- 빅데이터 활용 민생 관련 속보성 경제지표 개발 및 제공 확대
- 공공-민간 빅데이터 연계·분석을 통한 정부와 국민의 수요에 부응하는 경제·사회 분야 신규 통계 개발
- 빅데이터와의 연계·활용을 바탕으로 한 민간산업 활성화

(2) 환경 이슈

사회 전반에 거쳐서 데이터의 중요성이 확대되어 데이터가 국가, 기업, 개인의 새로운 경쟁력으로 부각되는 '데이터 경제(Data Economy)' 시대가 도래하였다. 따라서 데이터 공유와 활용을 통한 부가가치 창출과 경제 활성화를 위한 양질의 데이터 필요성이 증대되었다. 그리고 한국의 빅데이터 활용 능력은 63개국에서 31위(IMD,18)라는 문제도 제기되었다.

또한 안전한 데이터 활용을 할 빅데이터센터가 있어야 할 필요성으로는 통계 생산용으로 구축된 행정 데이터베이스(DB)를 통계 작성 및 연구분석을 원하는 국민들에게 제공하여야 한다는 것이다. 또한 개인정보 보호와 데이터를 자유롭게 분석 활용할 수 있는 물리적 공간, 그리고 데이터 분석에 도움을 필요로 하는 이용자를 지원하는 서비스 제공이 필요하다는 점이 지적되었다. 이에 따라 2015년 9월 정부 3.0 추진에 따라 대폭 개방·공유되고 있는 공공 데이터와 각종 빅데이터를 통계 서비스에 적극 활용하는 맞춤형 통계 허브(Hub) 역할을 위하여 통계정보국을 '통계데이터허브국'으로 확대 개편하였다. 통계 관련 빅데이터 분석 역량을 강화하기 위하여 통계데이터허브국에 '빅데이터통계과'를 신설하였다.

통계빅데이터센터는 [그림 7-3]에서 보는 바와 같이, 2016년 3월 행정자료이용센터의 개소를 시작으로, 2018년 1월에는 이용 대상을 행정기관에서 통계작성기관으로 확대하였다. 2018년 3월 통계빅데이터센터 서비스 시스템을 구축하여, 2018년 11월에는 통계빅데이터센터 서울센터를 개소하면서 통계빅데이터센터를 정식으로 개소하였다.

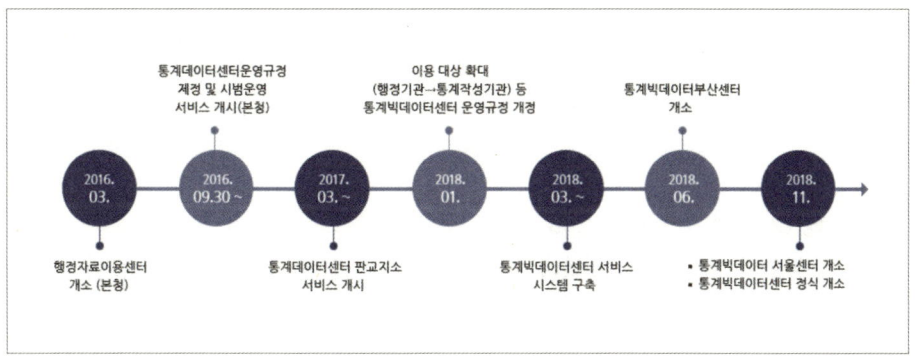

출처: 통계빅데이터센터 홈페이지(http://data.kostat.go.kr/sbchome/contents/cntPage.do?cntntsId=CNTS_000000000000106&curMenuNo=OPT_03_01_00_0).

[그림 7-3] 통계빅데이터센터의 개소 과정

3) 자원 기반 관점 분석

(1) 입력

온라인 물가, 자료 간 연계, SNS 데이터, 포털자료, 공문서 원문자료 등을 이용하여 특정한 주제에 대한 분석을 수행하도록 하고 있다. 예를 들어, 개인신용평가 전문회사인 KCB(Korea Credit Bureau)와의 협력을 통하여 2018년 5월에 수행하였던 '신혼부부 가구의 부채 보유 현황과 상환 능력 평가'에서는 다음과 같은 데이터가 이용되었다.

- 행정자료 : 등록센서스(인구DB, 가구DB, 주택DB), 건강보험DB, 주택 소유 통계 기초자료
- 마이크로데이터 : 인구동향조사
- KCB 보유 자료 : 부채, 카드사용액 자료
- 횡단 DB : 2014년 기준 혼인신고 후 5년이 경과하지 않은 신혼부부(2009년 11월 1일 ~ 2014년 10월 31일 동안 혼인신고하고 2014년 11월 1일 현재 혼인 유지)
- 종단 DB : 2010. 기준 신혼부부(2009년 11월 1일 ~ 2010년 10월 31일 동안 혼인신고하고 2014년 11월 1일 현재 혼인 유지)

(2) 처리

KCB와 같은 외부기관과 데이터를 통합하여 분석하는 경우에는 다음과 같은 절차를 거쳐 데이터에 대한 통합과 분석이 이루어진다.

- 통계청과 상대 기관이 동일한 암호화 과정을 통하여 비식별 연결키를 마련한다.
- 통계청표본에 대한 비식별 연결키 값을 상대 기관에 전송한다.
- 통계청으로부터 수신한 비식별 연결키에 해당하는 상대 기관의 관련 정보를 추출한다.

- 내외부망이 분리된 독립 서버(통계청 보안룸)에서 통계청 자료와 상대 기관의 자료를 연계하여 DB 구축 후 연계키를 삭제하고 분석을 수행한다.
- 이러한 과정에서 보안을 유지하기 위하여 통계청 데이터센터 내의 서버와 PC에 시건장치를 설치하여 권한부여자만 접근하도록 한다.

빅데이터 분석에 이용되는 주요한 프로그램은 다음과 같다.
- 분석도구 : SAS, SPSS, STATA, R, 엑세스
- 프로그램 : MS Office 2016, 한글 2014 등
- 보안 : Zero-Client 단말기(자료 저장 불가)를 통하여 분석 시스템 접속

(3) 산출

통계청은 일반적인 분석 이외에 정부의 정책결정에 도움을 주기 위한 특정 주제에 대한 빅데이터 분석도 수행하므로, 투입되는 데이터 및 그의 산출 결과 또한 주제별로 상이하다. 그러한 사례들 중의 하나로 앞서 예를 든 '신혼부부 가구의 부채 보유 현황과 상환 능력 평가'에서의 분석·산출 결과를 정리하면 다음과 같다.

- 최근 결혼한 가구일수록 대출 잔액 증가(주택 매매, 전세가격 상승 등 주거비 부담 증가의 요인).
- 신혼부부의 평균 신용 등급은 맞벌이의 신용도가 상대적으로 양호
- 맞벌이 아내 신용도가 남편보다 우량한 것으로 나옴. 이는 신용활동을 주로 남편이 함에 따라 연체가능성도 남편이 상대적으로 높아지고, 아내의 신용도가 좋을수록 외벌이, 맞벌이 모두 남편 차입 규모가 커지는 걸로 나옴.
- 아내의 신용도가 나쁘면 남편의 연체율도 높아짐(특히 외벌이에서 뚜렷), 남편의 차입 규모 및 부실 위험성은 아내의 신용도에 따라 설명 가능
- 따라서 신혼부부 상환 능력 및 부실 위험을 평가할 경우 배우자를 포함한 가구 단위의 평가가 필요함.

4) 메커니즘 기반 관점 분석

(1) 제공 서비스

통계청은 2017년 12월 통계빅데이터센터 확대를 확대하여 ① 각종 통계데이터 활용 플랫폼으로 통계빅데이터센터를 추가 설치하고 활용 성과를 토대로 접근성을 대폭 강화하며, ② 통계빅데이터센터에서 데이터를 추출하고 맞춤형으로 분석할 수 있도록 공공-민간데이터 간 연계 서비스를 제공하도록 하고 있다.

통계빅데이터센터는 이용자가 통계자료 및 민간 자료를 편리하게 이용하고, 연계·융합이 가능하도록 구축된 데이터 플랫폼이다. 온라인 물가정보, 경기동향 속보지표 등 통계빅데이터센터 서비스 시스템을 이용한 대국민 서비스를 제공하는 것을 기본으로 한다. 구체적인 서비스의 내용은 다음과 같다.

- 분석센터 서비스
  - 통계자료(통계등록부·통계 기초자료) 및 민간 자료 연계, 분석
  - 센터 제공 자료 및 이용자 반입 자료 연계, 분석
  - 데이터 분석 플랫폼 제공(이용자 반입 자료로 데이터 분석)

- 주문형 서비스
  - 이용자가 원하는 형태로 연계, 분석하여 그 결과를 제공(통계청 기준에 맞게 비식별화 처리된 형태로 제공)

- 분석지원 서비스
  - 자료분석 경험이 없는 이용자를 위한 데이터 분석 지원
  - 자료 이용 상담 및 연계, 분석 자문

• 분석도구 및 분석 사례 교육

현재 통계빅데이터센터에서는 행정통계자료 및 민간 자료 20여 종을 서비스하고 있으며, 대전·서울·부산에 분석센터를 운영하여 총 50석 규모의 데이터 분석 공간을 제공하고 있다.

〈표 7-1〉 통계빅데이터센터 현황

지역	주소	분석 좌석
대전	대전광역시 서구 한밭대로 713, 통계센터 13층 (042-381-7220~7237)	32석
서울	서울특별시 중구 세종대로 9길 42, 부영빌딩 7층 데이터 안심존 (02-310-9405, 9050)	10석
부산	부산광역시 해운대구 센텀동로 45, CENTAP 6층 (051-731-5650)	8석

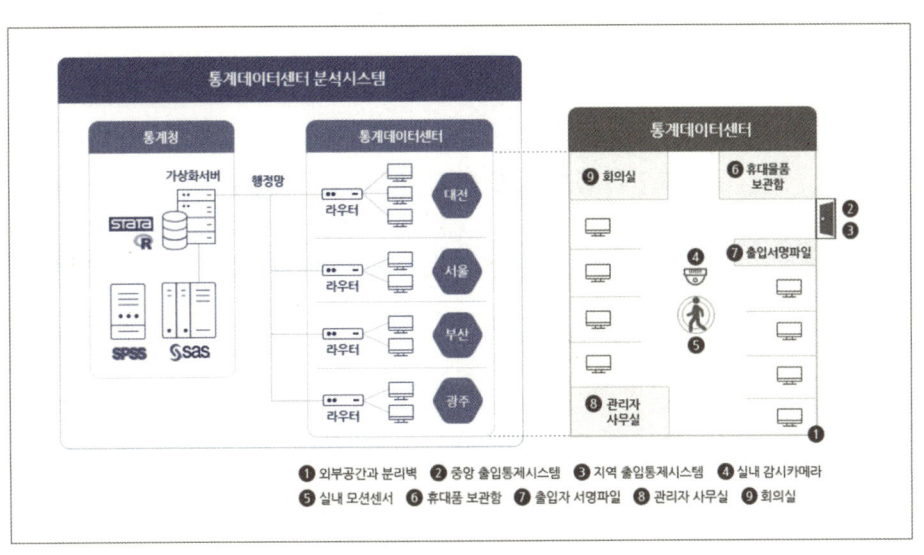

출처: 통계빅데이터센터 홈페이지(http://data.kostat.go.kr/sbchome/contents/cntPage.do?cntntsId=CNTS_000000000000107&curMenuNo=OPT_03_02_00_0).

[그림 7-4] 통계빅데이터센터 이용 방식

(2) 활용 방향

통계청은 국가의 중앙통계기관이다. 우리나라가 보유한 빅데이터의 상당 부분을 관리하고 있으므로 이를 바탕으로 빅데이터의 취합·분석하는 데 중심적인 역량을 가지고 있다고 할 수 있다. 따라서 통계청의 인구·가구·주택·사업체 정보와 민간의 신용·통신 데이터를 연계하여 가계부채 및 개인사업자 데이터베이스 구축·분석, 출퇴근·근무·여가시간 등 삶의 질 향상을 위한 정보를 생산할 수 있으며, 빅데이터 관련 산업에 필요한 데이터 오픈 플랫폼, 분석전문가 양성 등 인프라의 지원 또한 가능하다.

즉, 통계청의 빅데이터센터를 통하여 일반인을 비롯한 각종 연구기관에 통계의 분석을 위한 기본적인 정보를 제공할 수 있다. '통계빅데이터센터 자료분석·활용대회' 등의 행사를 통하여 데이터 기반의 의사결정 문화를 확산시키거나, 특정한 주제에 대한 빅데이터의 분석으로 정부의 정책결정에 풍부한 근거를 제공할 수 있다.

〈표 7-2〉 통계청의 통계빅데이터센터 ser-M 분석

ser-M	세부 지표	내용
주체 (s)	사업명	통계데이터허브 / 통계빅데이터센터
	센터 운영 설계	• 데이터 간 연계 및 비식별화를 지원하는 독립된 제한 공간 • 공공기관과 민간기관이 보유하고 있는 각종 데이터를 취합하여 연계 자료와의 통합·분석을 통하여 통계 작성기관이나 일반 이용자에게 제공
	조직관리 / 업무 분장	통계데이터허브국의 빅데이터통계과에서 운용 • 빅데이터 활용에 관한 기본계획의 수립 및 시행 • 통계 생산을 위한 빅데이터의 입수·정비 및 관리 • 빅데이터를 활용한 통계의 기획 및 작성 • 빅데이터 활용 시스템의 개발 및 운영

ser-M	세부 지표	내용
환경 (e)	목표 및 목적	빅데이터의 활용을 통한 신개념 통계 생산 및 산업화 지원 • 빅데이터 활용 방안 구체화를 위한 빅데이터–통계 전략 포럼 및 민관합동 빅데이터 T/F 운영 내실화 • 빅데이터 활용 민생 관련 속보성 경제지표 개발 및 제공 확대 • 공공–민간 빅데이터 연계·분석을 통한 정부와 국민의 수요에 부응하는 경제·사회 분야 신규 통계 개발 • 빅데이터와의 연계·활용을 바탕으로 한 민간산업 활성화
	환경 이슈	• 데이터 공유와 활용을 통한 부가가치 창출과 경제활성화를 위한 양질의 데이터에 대한 필요성 • 통계 생산용으로 구축된 행정 데이터베이스를 통계 작성 및 연구 분석을 위하여 제공하고, 데이터 분석에 도움을 필요로 하는 이용자를 지원하는 서비스 제공의 필요성
자원 (r)	입력	• 온라인물가, 자료 간 연계, SNS 데이터, 포털자료, 공문서 원문자료 등 (예: 2018. '신혼부부 가구의 부채 보유 현황과 상환 능력 평가') – 행정자료 : 등록센서스, 건강보험 DB, 주택소유통계 기초자료 – 마이크로데이터 : 인구동향조사 – 외부자료 : 부채, 카드사용액 자료 – 횡단 DB, 종단 DB
	처리	• 데이터 처리 절차 – 암호화 과정을 통하여 비식별 연결키 마련 – 비식별 연결키에 해당하는 상대 기관의 관련 정보 추출 – 통계청 자료와 상대 기관의 자료를 연계하여 DB 구축 후 연계키 삭제하고 분석 수행 • 이용 프로그램 – 분석도구 : SAS, SPSS, STATA, R, 엑세스 – 프로그램 : MS Office 2016, 한글 2014 등 – 보안 : Zero–Client
	산출	• 국가통계관리를 위한 일반적인 통계 데이터 분석 • 정책결정을 보조하기 위한 각종 주제별 데이터 분석(예 : 2018. '신혼부부 가구의 부채 보유 현황과 상환 능력 평가' 등)
메커니즘 (M)	제공 서비스	• 분석센터 서비스 – 통계자료(통계등록부·통계 기초자료) 및 민간자료 연계, 분석 – 센터 제공 자료 및 이용자 반입 자료 연계, 분석 – 데이터 분석 플랫폼 제공(이용자 반입 자료로 데이터 분석) • 주문형 서비스 – 이용자가 원하는 형태로 연계, 분석하여 그 결과를 제공(통계청 기준에 맞게 비식별화 처리된 형태로 제공) • 분석 지원 서비스 – 자료 분석 경험이 없는 이용자를 위한 데이터 분석 지원 – 자료 이용 상담 및 연계, 분석 자문 • 분석도구 및 분석 사례 교육
	활용 방향	• 삶의 질 향상을 위한 각종 정보(예 : 출퇴근·근무·여가시간) 생산 • 빅데이터 관련 산업에 필요한 데이터 오픈 플랫폼, 분석전문가 양성 등 인프라의 지원

2 지능형 납세 서비스 분야 – 빅데이터센터

1) 주체 기반 관점 분석

(1) 사업명
빅데이터센터/국세청

(2) 센터 운영 설계
국세청의 빅데이터센터의 빅데이터분석 체계에 대해서는 공개되어 있지 않다. 그러나, 해당 체계를 개발하는 LG CNS에서는 [그림 7-5]와 같은 분석의 개요를 제공하고 있으므로 그 기본적인 틀을 이해하기 위하여 참고할 수 있을 것이

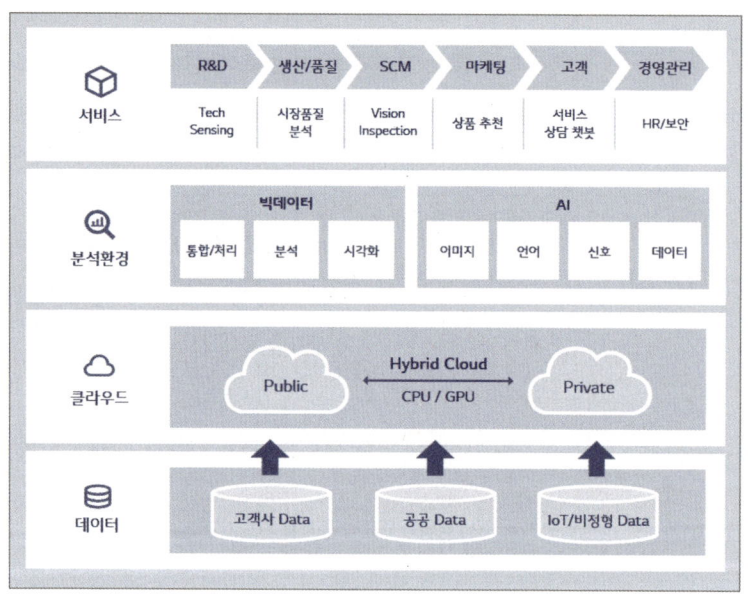

출처: LG CNS, LG CNS AI 빅데이터, 3면.

[그림 7-5] LG CNS의 빅데이터 분석 개요

다. 즉, 국세청의 빅데이터 분석은 공공의 데이터를 클라우드를 통하여 그 밖의 비정형 데이터 및 일반 데이터와 융합하여 분석하고 시각화하였다. 각종 국세 관련 업무 처리 및 탈세 포착 기술의 개발, 국세행정의 관리에 응용하는 방식으로 관리·운용되고 있다고 이해된다.

(3) 조직관리/업무 분장

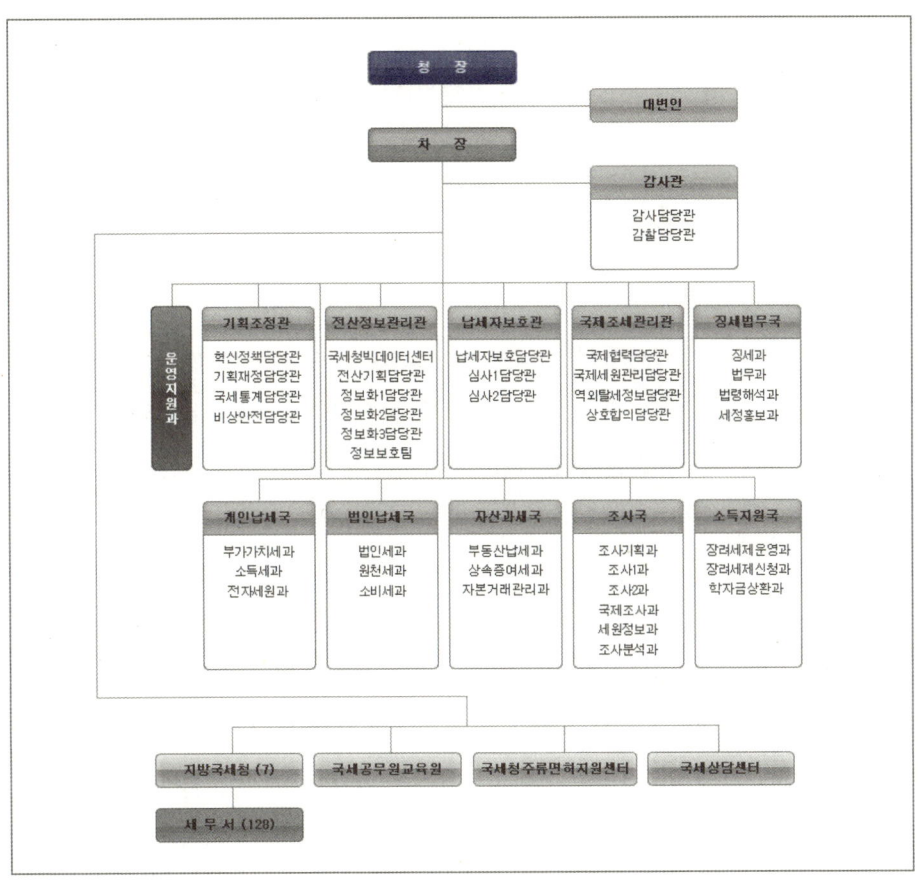

출처: 국세청 홈페이지(https://www.nts.go.kr/about/about_01_05.asp).

[그림 7-6] 국세청 조직도

국세청은 5관, 6국을 바탕으로 구성되어 있으며, 그 기본적인 구조는 앞의 [그림 7-6]과 같다.

이 중 국세청빅데이터센터는 전산정보관리관의 소속으로 되어 있으며, 국세행정 관련 빅데이터 발전계획의 수립 및 시행과 빅데이터 관리 및 분석, 정보분석 시스템의 구축·운영 및 유지 관리를 주로 담당한다. 그 주요 업무는 다음과 같다.

- 빅데이터 업무 총괄
- 빅데이터 분석 과제 개발 및 관리 총괄
- 데이터 분석 과제 수행을 위한 기술 지원 총괄

2) 환경 기반 관점 분석

(1) 목표 및 목적

빅데이터센터는 납세자의 편의를 높이고 과세 관리 사각지대에서 벌어지는 탈세에 대응하는 등 세무행정을 고도화하고 혁신하기 위하여 설립되었다. 국세행정 관련 빅데이터의 효율적 관리를 목적으로 하고 있으며, 또한 디지털 경제에서 고도화되는 조세 회피에 대응하기 위하여 불공정 자본 거래, 법인자금 사적 사용 등 분야별 탈루 혐의를 과학적으로 분석한다는 목표를 가지고 있다.

빅데이터 활용을 통한 국세청의 추진 과제는 과학적 탈세 대응, 지능형 납세 서비스, 일하는 방식 효율화의 세 가지이다. 과학적 탈세 대응은 불공정 자본 거래를 이용한 변칙 상속·증여 혐의의 검증과 법인자금의 사적 사용 등 탈세 혐의를 입체적으로 분석·포착하는 것이다. 지능형 납세 서비스는 챗봇 기술을 활용한 부가가치세 신고 도용 서비스의 제공과 주택임대소득, 인적 용역 사업자 등 맞춤형 도움 자료의 개발이다. 일하는 방식 효율화는 납세자 실거주 지역 분석을 통한 단순 현장 확인 업무의 감축을 그 내용으로 한다.

〈표 7-3〉 빅데이터 활용 주요 분석 추진 과제

과학적 탈세 대응	• 불공정 자본 거래를 이용한 변칙 상속·증여 혐의 검증 • 법인자금 사적 사용 등 탈세 혐의를 입체적으로 분석·포착
지능형 납세 서비스	• 챗봇 기술을 활용한 부가가치세 신고 도움 서비스 제공 • 주택임대소득, 인적 용역 사업자 등 맞춤형 도움 자료 개방
일하는 방식 효율화	• 납세자 실거주지역 분석을 통한 단순 현장 확인 업무 감축

(2) 환경 이슈

기존의 국세행정시스템(NTIS)은 정형 데이터 처리를 위하여 설계된 것이어서 비정형 데이터 분석이 어렵다. 대량 데이터 분석에도 성능에 한계가 있었다. 이에 따라 2017년 11월 국세청에서는 4차 산업혁명 등 환경 변화에 대응하고 100대 국정과제 중 하나인 '과세 형평 제고 및 납세자 친화적 세무행정 구축'을 뒷받침하기 위하여 빅데이터 도입을 추진하였다. 즉, 2019년까지 '빅데이터센터' 설립을 목표로 하여, 2017년 말까지 그를 위한 기본계획을 수립하고 2018년부터는 '빅데이터추진단'을 출범시켜 세부 실천계획을 마련할 계획을 세웠다.

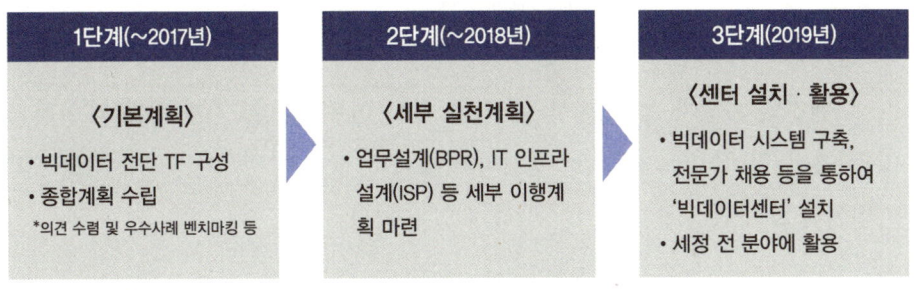

출처: e경제뉴스(2017. 11. 27).

[그림 7-7] 국세청 빅데이터센터 설립 과정

이에 따라 국세청은 2019년 4월 '과세 형평 제고, 납세자 친화적 세무행정 구축'을 목표로 빅데이터 시스템 구축 프로젝트를 시작하였다. 대기업 참여를 예외적으로 허용하는 '신산업 분야'로 인정받아 LG CNS가 사업을 낙찰받았다.

국세청은 2019년 6월 기존의 한시 조직인 빅데이터추진팀을 확대해서 정규 조직화하여 인프라 구축까지 완료함으로써 빅데이터 사업을 전담할 총 50명 규모의 '빅데이터센터' 구성을 확정하였다. 국세청은 2019년 7월 초에 빅데이터 플랫폼 인프라(소프트웨어, 하드웨어) 구축을 마무리하고, 빅데이터 분석 과제에 착수하였다.

3) 자원 기반 관점 분석

(1) 입력

국세청 빅데이터센터는 기본적으로 자신들이 보유하고 있는 국세 관련 데이터를 바탕으로 분석한다. 특히 다년간의 사업자 등록 신청 정정 처리자료, 세무서 담당자가 접수된 사업자 등록 신청서의 구비 서류(인허가 사항, 임대차계약서) 및 납세자의 제반 정보(체납, 사업 이력 등)를 토대로 현장 확인을 하였는지 안 하였는지에 대한 정보 등을 기반으로 분석을 실시한다.

(2) 처리

다년간의 사업자 등록 현장 확인 및 실시 여부, 승인, 거부 유형 데이터를 기계학습과 빅데이터 기법으로 분석하고 있다고 밝혀져 있으나 그 밖의 구체적인 데이터 처리 과정에 대해서는 알려져 있지 않다.

(3) 산출

국세청은 예측모형의 정확도 검증을 위하여 2019년 상반기에 초기 모형 테스트를 진행하고, 2019년 8월 말부터 2개 세무서를 선정하여 시범 운영하였다. 그 결과 전년 동기 대비 사업자 등록 신청자 중 현장 확인 대상자로 선정된 납세자는 1/3 정도 감소하였음에도 사업자 등록이 거부된 건수는 전년과 유사한 수준인 것으로 나타났다. 즉, 시범 운영의 결과 현장 확인 없이 사업자등록증을 즉시 발급하는 건수가 크게 증가하여 납세자 편의와 직원의 업무 효율이 증가하는 효과가 확인되었다. 즉, 빅데이터분석을 통하여 사업자 등록 발급 업무의 효율성을 증가시킬 수 있음이 확인되었다고 할 수 있다. [그림 7-8]은 빅데이터분석을 사업자 등록 신청 · 정정 절차에 활용함으로써, 현장 확인 여부의 판단을 간소화하여 업무를 개선하는 모습을 도식화한 것이다.

　국세청은 2019년 11월 4일부터 사업자 등록 업무에 빅데이터를 본격적으로 활용한다. 즉, 지금까지는 사업자 등록 신청 · 정정 처리 시 세무서 담당자가

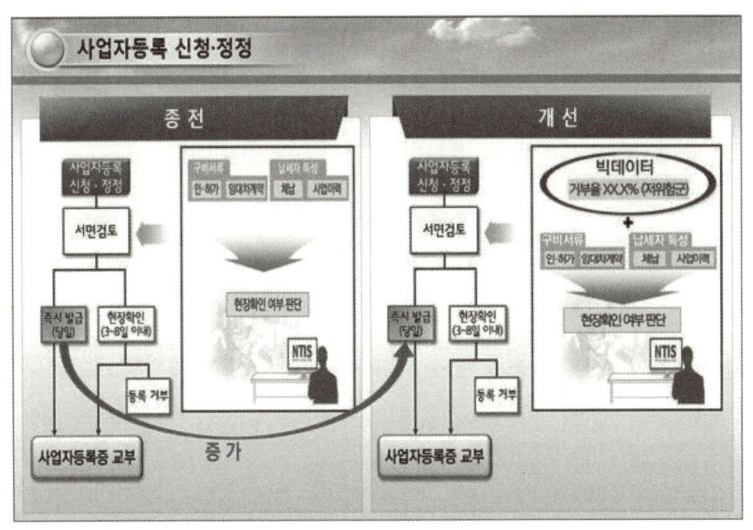

출처: https://www.nts.go.kr/news/news_01.asp?infoKey=
MINF8420080211204826&page=11&type=V

[그림 7-8] 사업자 등록 신청 · 정정

인허가, 사업 이력 등 납세자의 제반 정보를 감안하여 현장 확인이 필요한지 여부를 판단하였으나, '사업자 등록 예측모델(다년간의 사업자 등록 신청·정정 처리자료를 빅데이터로 분석하여 개발한 사업자등록 현장 확인 대상자 선정 관련 예측모델)'으로 분석한 '현장 확인 후 사업자 등록이 거부될 확률'을 담당자에게 사전 제공하여 과학적이고 일관성 있는 기준으로 현장 확인 대상 여부를 판단하게 된다.

4) 메커니즘 기반 관점 분석

(1) 제공 서비스

국세청은 앞서 살펴본 사업자 등록 업무의 간소화에 빅데이터를 활용하는 것과 같이 빅데이터 분석 결과의 대부분을 업무의 간소화와 탈세의 방지 등에 이용하고 있으며, 그 구체적인 운용에 대해서는 공개하지 않고 있다.

그 밖에 현재 국세청 홈페이지 – 정보 공개 – 공공데이터 제공 페이지에서 국세청이 전자적으로 관리하고 있는 데이터베이스(DB), 전자화된 파일 등의 정보인 공공 데이터를 28개 사항으로 구분하여 제공하고 있다.

- 교육세 현황 : 교육세의 세원별 현황 등 관련 데이터 제공, 세월별 교육세의 징수세액, 신고세액, 고지세액 현황
- 국세 환급 현황 : 국세 환급 현황을 지역별 등으로 구분하여 국세 통계로 제공
- 증여세 신고 현황 : 증여세 신고 현황에 대하여 납세자별로 신고서 내용을 통계화하여 제공
- 인지세 정보 : 인지세 신고 및 납부 현황
- 소관 세수 총괄 현황 : 소관 세수 현황, 징세비 현황, 세목별·지역별 납세 인원 현황을 파악한 데이터
- 간이과세 배제 기준 : 부가가치세법에 따라 간이과세 배제 기준에 관한 사항

을 종목 기준, 부동산임대업 기준, 과세유흥장소 기준, 지역 기준으로 제공
- 국세청 퇴직소득 신고 현황 : 퇴직소득 원천징수 신고 현황을 원천징수 지역별·거주자 구분별·징수의무자 유형별로 구분하여 제공
- 상속세 신고 현황 : 지역별 상속세 신고 현황을 신고서상 항목별로 제공 (납세자별, 피상속인 수, 총상속재산가액 등)
- 체납자의 정보관리 및 압류공매 현황 : 체납자 정보 및 압류공매에 관한 현황을 통계화하여 공개, 연도말 한국신용정보원에 체납자로 등록된 인원을 기준으로 작성한 데이터 공개
- 양도소득세 신고서 현황 : 부동산, 주식 및 골프회원권 등 양도소득세 신고 현황을 제공
- 현금영수증 현황 : 2017년 말 현재 지역별·업태별·납세자 유형별 가입 현황
- 출국 규제 현황 : 국세징수법 시행령 제10조의 5 규정에 따라 출국금지된 국세 5천만 원 이상 체납자에 대한 통계 현황 정보
- 주세 신고 현황 : 주세신고 현황에 대한 국세 통계 제공 (지역별, 주류별 현황)
- 조기공개 정보 : 매년 국세통계연보가 발간되기 전에 1차 및 2차로 나누어 조기에 통계를 공개함으로써 적시성 있는 통계 정보를 제공. 상속재산 가액, 과세표준별로 상속세 신고 현황 통계정보 제공
- 개인납세자 관련 세무정보 : 개인 납세자 관련 세무정보에 대하여 통계화된 자료 제공
- 기준경비율·단순경비율 : 소득세법 제80조 제3항 단서 및 법인세법 제66조 제3항 단서에 따라 소득 금액 추계 결정 또는 경정을 하는 경우에 적용되는 경비율 및 업종 코드 데이터 제공
- 취업 후 학자금 현황 : 취업 후 학자금 상환 등의 관련 통계를 시계열 형식의 소득 종류별 상환 대상 등 국세 통계 현황. 소득 종류별로 취업 후 학

자금 상환 대상, 상환 실적, 미상환자 등의 인원 및 금액 제공. 해당 연도 12월 말 학자금 대출 상환 실적을 기준으로 작성
- 세금 정보 현황 : 전자세금계산서 제도의 이해, 금융소득종합과세 해설, 종합소득세 신고서 작성 요령 등
- 가동사업자 현황 : 가동사업자에 대한 현황 - 시군구 지역별, 사업자 종류별 등 관련 데이터를 수록한 2019년 8월 말 기준 14개 업태 사업자 현황을 시군구별, 성별로 구분하여 공개
- 사업 및 근로 현황 정보 : 국민들의 관심이 높은 업종에 대한 사업자 현황을 분석하여 공개. 청년 창업에 대한 통계, 여성의 경제활동 정보, 전문, 의료, 교육 서비스업 현황 등
- 재산제세 관련 세무정보 : 건물의 기준시가 산정 방법 해설과 가업 승계 지원제도에 관련된 정보를 제공
- 건물·오피스텔 기준시가 : 상업용 건물 및 오피스텔의 기준시가 제공. 매년 1월 1일 기준 고시된 상업용 건물·오피스텔 단위 면적당 기준시가를 제공
- 국세통계연보 : 국세 통계를 총괄, 징수, 각 세목별 등으로 구분하여 발간되는 통계연보 책자 파일(제공 항목 : ① 총괄, ② 징수, ③ 종합소득세, ④ 원천세, ⑤ 양도소득세, ⑥ 상속증여세, ⑦ 종합부동산세, ⑧ 법인세, ⑨ 부가세, ⑩ 주세, ⑪ 소비제세, ⑫ 국제조세, ⑬ 세무조사, ⑭ 근로·자녀장려금, ⑮ 기타)
- 시계열 통계정보 : 국세청에서 제공하는『국세통계연보』에 대하여 1998년부터 최신 발간분까지 시계열로 제공하는 시스템으로 이용자가 직접 통계를 선택하여 제공(제공 항목 : ① 총괄, ② 징수, ③ 종합소득세, ④ 원천세, ⑤ 양도소득세, ⑥ 상속증여세, ⑦ 종합부동산세, ⑧ 법인세, ⑨ 부가세, ⑩ 주세, ⑪ 소비제세, ⑫ 국제조세, ⑬ 세무조사, ⑭ 근로·자녀장려금, ⑮ 기타)
- 농어촌 특별세 현황 : 농어촌특별세의 세목별 징수세액, 신고세액, 고지

세액 통계를 제공
- 법인세신고 안내정보 : 법인세 신고서 작성을 알기 쉽게 설명하고 최근 세법 개정 사항 및 법령 해석 사례 제공
- 상속세 신고 현황 : 국세청에 제출한 상속세 신고 현황을 구체적인 항목별로 통계화하여 제공(납세지별, 피상속인 수, 총상속재산가액 등)

(2) 활용 방향

빅데이터센터는 납세자의 편의를 높이고 과세 관리 사각지대에서 벌어지는 탈세에 대응하는 등 세무행정을 고도화하고 혁신하기 위하여 설립되었다. 납세자의 편의를 높이기 위하여 빅데이터를 기반으로 주택임대소득, 고소득 인적 용역 사업자 등에 맞춤형 도움 자료를 개발하고, 챗봇을 활용한 부가가치세 신고도움 서비스도 제공할 예정이다. 실사업자 검증을 위한 단순 현장 확인 업무도 빅데이터 분석 활용으로 축소될 것으로 예상된다. 또한 향후 빅데이터를 통한 업종별·규모별 탈세 위험을 분석하고 인공지능(AI)을 이용한 탈세 예측 모형도 개발할 예정이다. 또한 디지털 경제에서 고도화되는 조세 회피에 대응하기 위하여 불공정 자본 거래, 법인자금 사적 사용 등 분야별 탈루 혐의를 과학적으로 분석한다는 목표를 갖고 있다. 따라서 최근 증가하는 큐알(QR) 코드 간편 결제, 블로그·소셜 미디어 등 전자상거래에서 탈세 유형을 정밀 분석하고 세원 확충 방안을 강구하는 데에도 기여할 것으로 예상된다.

〈표 7-4〉 국세청의 빅데이터센터 ser-M 분석

ser-M	세부 지표	내용
주체 (s)	사업명	빅데이터센터/국세청
	센터 운영 설계	공공의 데이터를 클라우드를 통하여 그 밖의 비정형 데이터 및 일반 데이터와 융합하여 분석하고 시각화하여 각종 국세 관련 업무 처리 및 탈세 포착 기술의 개발, 국세행정의 관리에 응용
	조직 관리 / 업무 분장	전산정보관리관 소속의 국세청빅데이터센터에서 운용 • 빅데이터 업무 총괄 • 빅데이터 분석 과제 개발 및 관리 총괄 • 데이터 분석 과제 수행을 위한 기술 지원 총괄

환경 (e)	목표 및 목적	• 과학적 탈세 대응
		  – 불공정 자본 거래를 이용한 변칙 상속·증여 혐의 검증
		  – 법인자금 사적 사용 등 탈세 혐의를 입체적으로 분석·포착
		• 지능형 납세 서비스
		  – 챗봇 기술을 활용한 부가가치세 신고 도움 서비스 제공
		  – 주택임대소득, 인적 용역 사업자 등 맞춤형 도움 자료 개방
		• 일하는 방식 효율화
		  – 납세자 실거주지역 분석을 통한 단순 현장 확인 업무 감축

	환경 이슈	• 2017년 11월 4차 산업혁명 등 환경 변화에 대응하고 100대 국정과제 중 하나인 '과세형평 제고 및 납세자 친화적 세무행정 구축'을 뒷받침하기 위하여 빅데이터 도입을 추진 • 2019년 4월 '과세형평 제고, 납세자 친화적 세무행정 구축'을 목표로 빅데이터 시스템 구축 프로젝트를 시작 • 2019년 7월 초 빅데이터 플랫폼 인프라(소프트웨어, 하드웨어) 구축을 마무리하고 빅데이터 분석 과제에 착수
자원 (r)	입력	• 자체적으로 보유하고 있는 국세 관련 데이터를 바탕 • 특히 다년간의 사업자 등록 신청 정정 처리자료, 사업자 등록 신청서의 구비 서류 (인허가 사항, 임대차계약서) 및 납세자의 제반 정보(체납, 사업 이력 등) 등을 토대로 분석
	처리	다년간의 사업자 등록 현장 확인 및 실시 여부, 승인, 거부유형 데이터를 기계학습과 빅데이터기법으로 분석
	산출	2019년 시범 운영의 결과 현장 확인 없이 사업자등록증을 즉시 발급하는 건수가 크게 증가해 납세자 편의와 직원의 업무 효율이 증가하는 효과가 확인
메커니즘 (M)	제공 서비스	• 빅데이터 분석 결과의 대부분을 업무의 간소화와 탈세의 방지 등에 이용 • 그 밖에 현재 국세청 홈페이지의 공공데이터 제공 페이지에서 국세청이 전자적으로 관리하고 있는 데이터베이스(DB)·전자화된 파일 등의 정보인 공공데이터를 28개 사항으로 구분하여 제공
	활용 방향	• 납세자의 편의를 높이기 위하여 빅데이터를 기반으로 주택임대소득, 고소득 인적 용역 사업자 등에 맞춤형 도움자료를 개발하고, 챗봇을 활용한 부가가치세 신고도움 서비스도 제공할 예정 • 향후 빅데이터를 통한 업종별·규모별 탈세 위험을 분석하고 인공지능(AI)을 이용한 탈세 예측 모델도 개발할 예정 • 최근 증가하는 큐알(QR) 코드 간편 결제, 블로그·소셜 미디어 등 전자상거래에서 탈세 유형을 정밀 분석하고 세원 확충 방안을 강구하는 데에도 기여할 것으로 예상

3 맞춤형 보건의료 서비스 분야 – 보건의료 빅데이터 개방시스템

1) 주체 기반 관점 분석

(1) 사업명
보건의료 빅데이터 개방시스템/건강보험심사평가원 빅데이터센터

(2) 센터 운영 설계
건강보험심사평가원의 보건의료 빅데이터 개방시스템은 '개방포털시스템'과 '통계분석시스템'으로 구성되어 있다.

- 개방포털시스템 : 건강보험심사평가원은 원천 데이터를 개방하기 위하여 주민등록번호를 비롯한 개인 식별정보를 암호화한 다음, 통계분석DB로 데이터를 이행하고, 개방 포털에서 다운로드 등의 서비스를 제공하기 위하여 통계분석DB를 가공하여 데이터 개방DB로 이행한다. 데이터 개방DB를 통하여 국민은 공공데이터 및 오픈 API 서비스를 이용할 수 있고, 질병 통계, 진료비 청구 경향 등의 정보를 그래프와 차트, 맵의 형식으로 볼 수 있다.
- 통계분석시스템 : 외부 연구자들이 건강보험심사평가원에 특정 질환, 특정 약제 사용 등에 대한 자료를 요청하면, 통계분석DB의 자료를 데이터 셋으로 가공하여 제공받을 수 있으며, 연구자들은 SAS 분석, 시각화 분석, 마이닝 분석 툴 등을 이용하여 분석을 수행한다. 이러한 통계분석 시스템은 건강보험심사평가원 내 빅데이터센터를 방문하거나, 원격시스템 (150개 계정 운영)을 통하여 자신의 사무실이나 연구실에서 인터넷으로 이용할 수 있다.

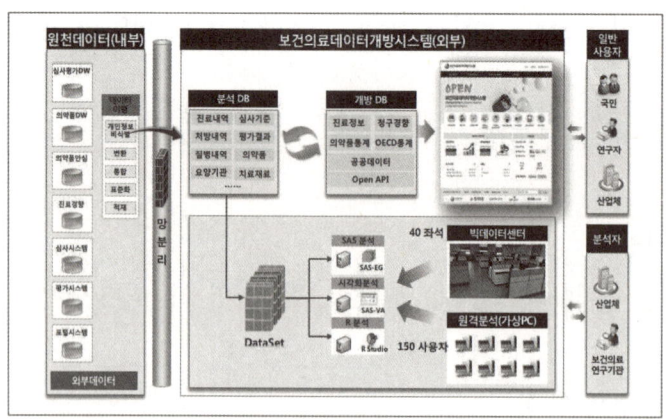

출처: http://www.hira.or.kr/bbsDummy.do?pgmid=HIRAA020041000100
&brdScnBltNo=4&brdBltNo=8982&pageIndex=3#none

[그림 7-9] 보건의료 빅데이터 개방시스템의 운용 개요

(3) 조직관리/업무 분장

건강보험심사평가원은 기획상임이사, 개발상임이사, 업무상임이사 3인의 상임이사와 독립적인 심사평가연구소를 두고 있으며, 그 기본적인 구조는 다음의 [그림 7-10]과 같다.

이 중 심사평가연구소는 심사평가연구실, 혁신연구센터, 빅데이터실의 부서를 두고 있으며, 빅데이터실 산하에 빅데이터기획부, 빅데이터사업부, 급여정보운영부, 급여정보분석부가 있다. 이들의 구체적인 업무는 다음과 같다.

- 빅데이터기획부
  - 통계 생산·분석 및 제공(공개) 관리에 관한 사항
  - 통계간행물 제작과 발간 관리에 관한 사항
  - 국가 승인통계 관리 등에 관한 사항
  - 통계 산출 기준 마련 및 표준화에 관한 사항
  - 정보공개 업무에 관한 사항

스마트 공공 서비스를 위한 빅데이터 기반 예측 행정 시스템

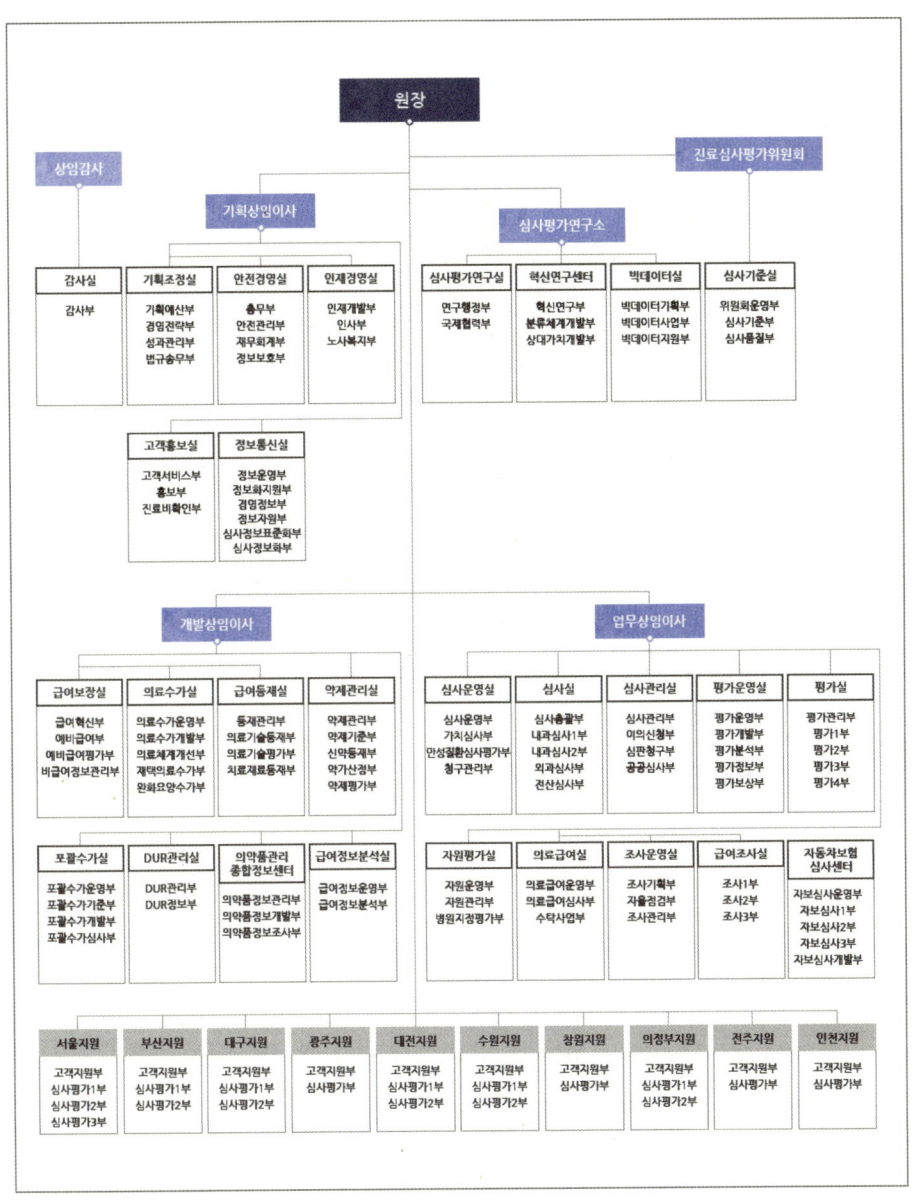

출처: 건강보험심사평가원 홈페이지(https://www.hira.or.kr/dummy.do?pgmid=HIRAA040011000000).

[그림 7-10] 건강보험심사평가원 조직도

- 보건의료 빅데이터 개방시스템 구축 운용 및 유지 보수에 관한 사항
- 공공서비스 공공저작물 제공 및 관리에 관한 사항
- 행정정보 공동 이용 등에 관한 사항
- 기타 부서 내 업무 혁신 및 업무 조정에 관한 사항

- 빅데이터사업부
  - 빅데이터 총괄관리 및 기획에 관한 사항
  - 빅데이터를 활용한 창업 지원에 관한 사항
  - OPEN R&D 센터 운영 및 관리에 관한 사항
  - 빅데이터 콘텐츠 개발 및 활용에 관한 사항
  - 기관 간 정보 공유와 협업에 관한 사항
  - 빅데이터 관련 국가사업(IT) 지원에 관한 사항
  - 빅데이터 표준화(CDM) 및 활용에 관한 사항
  - 보건의료 빅데이터 개방시스템 구축·운영에 관한 사항
  - 행정정보 공동 이용 등에 관한 사항

- 빅데이터지원부
  - 빅데이터 기획 총괄에 관한 사항
  - 공공데이터 개방 및 관리에 관한 사항
  - 기관 간 정보 공유·협업 및 정보 연계 현황 관리에 관한 사항
  - 신규 데이터셋 개발, 제공 및 관리에 관한 사항
  - 빅데이터 콘텐츠 개발 및 활용에 관한 사항
  - 빅데이터 분석 협업 과제 추진에 관한 사항
  - 빅데이터를 활용한 창업 지원에 관한 사항
  - 의약정보 생산 및 공개, 제공에 관한 사항

- 보건의료빅데이터센터 운영 및 관리에 관한 사항
- 빅데이터 교육과정 운영에 관한 사항
- 보건의료 빅데이터 인공지능 프로젝트 총괄 및 수행에 관한 사항
- 주요 이슈 분석 및 분석 리포트 생산에 관한 사항

• 급여정보운영부
- 의료 이용 모니터링 지표 개발 및 검증에 관한 사항
- 재정지출 예측모델 개발 및 적용 방안 마련에 관한 사항
- 의료 이용 모니터링 실시·분석 및 활용에 관한 사항
- 통합 모니터링 시스템 설계 및 구축 운영에 관한 사항

• 급여정보분석부
- 기존 급여 급여정보분석에 관한 사항 총괄
- 기존 급여 급여정보분석 로드맵 수립에 관한 사항
- 기준 정보 마스터 운영에 관한 사항
- 재정 추계 산출 기준 유형화 및 표준화에 관한 사항
- 사회적 관심(노인진료비, 4대 중증질환, 만성질환, 환자 쏠림) 급여정보분석에 관한 사항
- 분석 콘텐츠 발굴에 관한 사항

2) 환경 기반 관점 분석

(1) 목표 및 목적

보건의료 빅데이터 융합 데이터베이스(DB) 구축사업은 보건의료정책 지원, 국민 맞춤형 서비스, 산업 분야의 고가치 데이터 제공 및 보건의료 연구개발

(R&D) 지원을 위한 보건의료 빅데이터와 유관 기관 데이터를 융합하여 데이터베이스를 구축하는 것을 목표로 한다.

(2) 환경 이슈

빅데이터의 중요성과 데이터 개방·공유 패러다임 변화로 빅데이터의 융합과 활용을 통한 새로운 가치 창출의 필요성이 제기되었다. 특히 보건의료 분야에 대해서는 국회, 정부, 지차체 등의 다양한 분야에서 〈표 7-5〉에서 볼 수 있듯이 방대한 양의 빅데이터 분석자료를 요청하고 있다. 따라서 건강보험심사평가원 자체적으로 빅데이터 분석을 수행하여 각 기관의 요청에 응하고, 나아가 건강보험 관련 정책의 수립에 반영하여야 할 필요성이 인정되었다.

〈표 7-5〉 유관 기관의 빅데이터 분석 자료 요청 사례

구분	요청 내용	분석 목적
국회	• 지역별 뇌혈관 질환 진료 현황(환자 수, 진료비, 내원일수 등) • 지역별 분만 현황(제왕절개·자연분만 건수, 금액 등) • 지역별 인플루엔자 진료 현황 • 지역별 감염병(성매개감염, 이감염 등) 진료 현황 • 지역열 성별 응급의료 이용 현황 • 지역별 성별 우울증 진료 현황 • 지역별 아동 충치 현황 • 지역별 19세 미만 성장호르몬제 현황(의약품) • 지역별 성별 스테로이드 사용 현황(의약품) • 지역별 인체조직(생체조직 사용 현황(치료재료))	• 거주지와 의료기관 간 거리 등 확인 • 지역거주자별(소득 수준, 도농 간) 비교 • 지역별 응급의료센터 지정 • 지역별 비교
정부 (보건복지부, 질병관리본부, 식약처)	• 급성심근경색증 지역별 발생 현황 • 지역별 식중독 환자 수 • 지역별 공공의료 진료 실적 • 지역별 소아 야간 진료 현황 • 지역별 19세 미만 성장호르몬제 현황(의약품) • 지역별 성별 스테로이드 사용 현황(의약품) • 지역별 성별 카테타 사용 현황(치료재료)	• 거주지와 의료기관 간 거리 등 확인 • 식중독지수 예보 • 지역별 환자, 진료 규모 파악 • 정책 수립 기초자료 활용 등

지자체	• 지역주민 건강 요인 지표(환경성 질환자 수 등, 시군구별) • 치매환자, 정신질환자 지역별 현황(환자 수, 진료비, 시군구별) • 거주지별 야간 진료기관 이용 실적 • 지역주민 의료기관 종별 이용 현황 • 지역주민(시군구 소재) 주요 수술 현황 • 지역주민 중증질환 치료 현황	• 전국 및 지역 단위 비교 • 관리 대상 질환자 지원관리 • 지역별 의료정책 수립 등 • 거주지와 의료기관 간 거리 등 확인

출처: 건강보험심사평가원 홈페이지(www.hira.or.kr), 박종훈(2017) 참고.

이에 따라 2017년 12월부터 보건의료 빅데이터 사업계획에 대한 공개 의견 수렴을 시작하여, 2018년 11월 30일에는 보건의료 빅데이터 시범사업 계획을 확정하였다. 그 시범사업의 결과를 바탕으로 2019년 9월 17일 보건의료 빅데이터 플랫폼을 개통하였다.

〈표 7-6〉 보건의료 빅데이터 주요 추진 경과

일정	주요 내용
2017. 12. ~ 2018. 4.	보건의료 빅데이터 사업계획 공개 의견 수렴(복지부 누리집)
2017. 8. ~ 2018. 6.	국회 논의 및 시민사회, 전문가 의견 청취
2018. 7. 13.	보건의료 빅데이터 정책심의위원회 발족
2018. 11. 30.	보건의료 빅데이터 시범사업 계획 확정
2019. 4. 15. ~	보건의료 빅데이터 연구평가소위원회 구성·운영(연구과제 심의)
2019. 9. 17.	보건의료 빅데이터 플랫폼 개통

3) 자원 기반 관점 분석

(1) 투입

건강보험심사평가원의 융합 데이터베이스는 행정자치부의 거주지 정보, 국립중앙의료원의 응급환자 정보, 통계청의 사망 원인 정보·신생아 자료, 보건복지부의 장애등록 정보, 기상청의 기후 정보·황사 정보와 같은 다양한 기관의 원천 데이터를 바탕으로 구축되어 있다.

〈표 7-7〉 건강보험심사평가원 융합 데이터베이스의 기본 데이터

기관	데이터명	테이블명	전체 건수
행정자치부	거주지 정보 (2016. 7. 기준)	수진자 주민등록정보 현황 (행자부 정보 연계 거주지 정보 마스터)	약 5,700만 건
		수진자 주민등록정보 이력 (수진자별 거주지 변경 이력)	약 6,000만 건
국립중앙의료원	응급환자 정보 (2014~15)	응급환자 정보	약 1,400만 건
통계청	사망 원인 정보 (2009~14)	사망 원인 정보	약 78억 건
	신생아 자료 (2007~14)	통계청 신생아	약 370만 건
보건복지부	장애등록 정보 (2016. 9. 기준)	복지부 장애인등록 정보	약 12만 건
기상청	기후 정보 (2007~16. 7)	기상청_종관 기상관측	약 30만 건
	황사 정보 (2007~16. 7)	기상청_부분유진 측정	약 120만 건

출처: 건강보험심사평가원 홈페이지(www.hira.or.kr), 박종훈(2017) 참고.

(2) 과정

보건의료정보와 융합하게 될 외부 연계 데이터를 선정하여 연계 데이터의 값, 표준화 수준, 생성주기 등을 분석하여 융합 서비스(안)을 도출한다. 도출된 융합 서비스를 바탕으로 전문가 검토와 설문, 인터뷰를 통하여 융합 데이터베이스 서비스를 선정한다. 융합 목적과 활용 목적에 따라 보건의료 빅데이터와 외부 기관 데이터 융합 데이터베이스를 설계한다.

활용도가 높은 서비스를 위하여 융합 데이터베이스의 데이터와 항목을 이용해 만들어진 데이터 모델을 사용자 및 개발팀이 업무 반영 적절성, 개발된 모델의 품질, 통합된 관점에서 중복 배제와 표준화 여부를 교차 검증하고, 대용량 데이터 정보를 분석할 수 있는 시스템 성능을 확보한다. 최종 설계된 융합 데이터베이스 및 빅데이터는 데이터 이행 후 먼저 검증 프로그램을 통하여 전체 건수를 파악하고 후에 품질관리 시스템을 통하여 상세히 검증한다.

좀 더 구체적으로 건강보험심사평가원의 빅데이터는 〈표 7-8〉과 같은 처리 과정을 거쳐 융합 데이터베이스를 형성하게 된다.

〈표 7-8〉 융합 데이터베이스 구축 절차

구분	절차	작업 내용	비고
현황 분석	연계 데이터 선정	보건의료정보와 융합하게 될 외부기관 연계 대상 정보에 대한 정의	연계 데이터 선정을 위한 협의 체계 구성
	데이터 현황 분석	연계 데이터의 값, 표준화 수준, 생성주기, 개인정보, 데이터량 등 현황 분석을 수행하고, 보건의료 빅데이터와의 교차 분석을 통하여 융합 서비스 안 도출	
	수요조사 및 대상 선정	데이터 현황 분석을 통하여 도출된 융합 서비스 안에 대한 전문가 검토를 통하여 융합 DB 서비스를 선정	• 수요조사 설문/인터뷰 실시 • 시급성, 수요도 평가 필요 • 서비스 우선순위 및 범위 선정
DB 설계	융합 DB 설계	보건의료 빅데이터와 외부기관 데이터를 융합 및 활용 목적의 주제별 융합 DB 설계	통합 관점의 모델 설계
	통계분석 DB 설계	융합 DB를 활용하여 데이터 및 항목을 활용하여 활용도가 높은 서비스 위한 모델을 설계	통계분석 관점의 Mart 설계 다차원 모델 활용
	데이터 모델 검증	업무 반영의 적절성 검증 개발된 모델의 품질 검증 통합의 관점에서 중복 배제와 표준화 여부 확인	사용자 및 개발팀 교차 검증
	DB 성능 확보	대용량 데이터 기반의 다양한 정보 분석 업무를 수행하여야 하므로 시스템 성능 확보	• 비정규화 및 테이블 병합 • 요약 테이블 적용 • QL 튜닝 • 지속적인 성능 개선 활동 및 절차 적용

데이터 이행	융합 DB데이터 이행	최종 설계된 융합 DB 및 빅데이터 분석DB로 이행	• 데이터 이행방안 수립 • 매핑 정의(테이블, 칼럼) • 데이터 정합성을 위한 데이터 사전 정제 필요
	이행 검증	검증 프로그램을 활용하여 데이터 이행 단계별로 추출 및 적재 데이터의 As-Is와 To-Be 결과 정합성 검증	
데이터 품질관리	품질 현황 분석	보건의료 빅데이터 융합 DB에 대한 업무 규칙 진단 프로파일링 진단 후 품질 개선계획 수립	품질진단계획서
	품질 수행	품질 개선계획에 따라 품질 개선활동 수행	개선 결과 보고서
	품질 검증	품질 개선활동에 대한 결과 검증	

출처: 건강보험심사평가원 홈페이지(www.hira.or.kr), 박종훈(2017) 참고.

(3) 산출

위에서 원천 데이터를 처리·분석하여 생성된 융합 데이터베이스의 예시는 〈표 7-9〉와 같다.

〈표 7-9〉 건강보험심사평가원 융합 데이터베이스의 예시

기관	데이터명	데이터 예시
행정자치부	거주지 정보	건강보험심사평가원정보(심사 결정) 의료기관명세서, 약국명세서, 의료기관 진료 내역, 약국 조제 내역, 의료기관 수진자 상병 내역, 약국 수진자 상병 내역, 의료기관 약제 내역, 의료기관 처방전 교부 상세 내역, 약국 처방전 교부 상세 내역
		행정자치부 정보 및 GIS정보 행정동 코드, 법정동 코드, 도로명 코드, 건물본번명, 건물부번명, GIS좌표정보(X, Y)
통계청	사망 원인 정보	건강보험심사평가원정보 입원환자 표본, 전체 환자 표본, 고령환자 표본, 소아·청소년환자 표본
		통계청 정보 사망 일자, 사망 원인, 사망 장소
국립 중앙의료원	응급환자 정보	내원/퇴원 시 응급환자의 상태정보 내원 경로, 내원 사유, 활력 징후, 진료 결과, 발병 일시, 내원 일시, 퇴실 일시 등
		응급실과 입원 후 주요 진료 내역 비용 추정정보(응급의료 대불금 포함), 특수질환 검증

통계청	신생아 정보	신생아 기본정보 신고(연월일), 출생(연월), 출생 주소지(시도), 출생 장소, 출생자(성별)
		부모 정보 부모교육정도, 결혼년월, 연령, 동거기간, 임신주수, 다태아 여부(태아 수), 다태아(출생 순위), 출생아 체중, 출산아 수, 출생 혼인중/외
보건복지부	장애등록 정보	장애 기본정보 개인식별번호, 종합장애 등급, 주장애 유형, 주장애 등급, 부장애 유형, 부장애 등급
		장애 상세정보 주장애 등급 결정일자, 부장애 등급 결정일자, 장애 최초 등록일자, 장애 재취득 등록일자
기상청	기후 정보	지역별 일별 기후정보 평균기온(℃), 최고기온(℃), 1시간 최다 강수량(mm), 일 강수량(mm), 최대 풍속(m/s), 평균 풍속(m/s), 평균 이슬점온도(℃), 최소 상대습도(%), 평균 상대습도(%), 평균 현지기압(hPa), 합계 일사(MJ/m2), 합계 3시간 신적설(cm), 평균 전운량(1/10), 합계 대형 증발량(mm), 안개 계속시간(hr)
	황사 정보	시간별 황사 정보 1시간 평균 미세먼지 농도(μg/m³)

출처: 건강보험심사평가원 홈페이지(www.hira.or.kr), 박종훈(2017) 참고.

4) 메커니즘 기반 관점 분석

(1) 제공 서비스

건강보험심사평가원은 의료기관, 제약기업, 식약처 등으로부터 실시간 수집, 정제된 데이터 형태로 2015년 기준 연간 진료비 청구 14억 건, 심사 진료비 66조 원 등의 원천 데이터를 바탕으로 5,258억 건의 빅데이터 정보를 개방 DB로 구축하여 개방하고 있다. 또한 보건의료 빅데이터 개방시스템을 2015년 6월부터 내부의 전산망과 분리·구축하여 빅데이터 분석 서비스, 공공 데이터 개방 서비스, 맞춤형 정보 제공 서비스를 제공하고 있다.

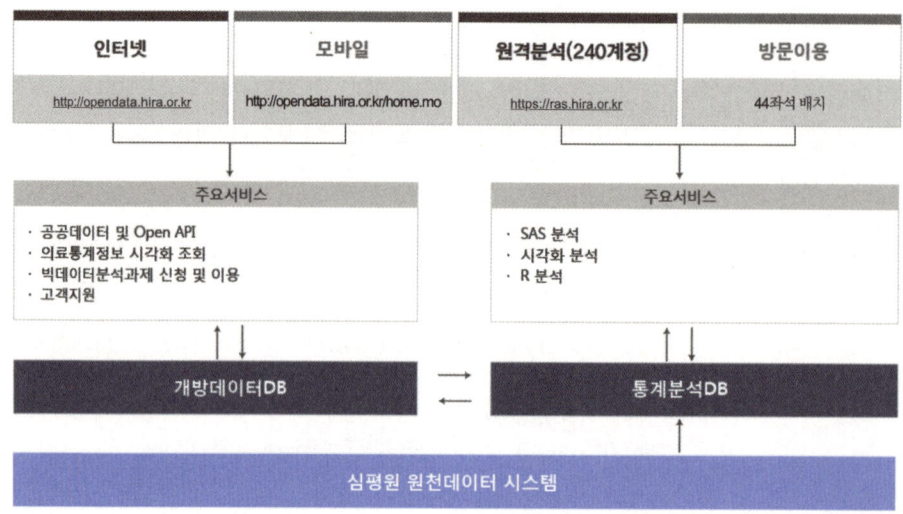

출처: 보건의료빅데이터시스템 홈페이지(https://opendata.hira.or.kr/op/opb/selectHelhMedDataInfoView.do).

[그림 7-11] 건강보험심사평가원의 빅데이터 제공 서비스

(2) 활용 방향

　빅데이터 개방 서비스는 산업체나 연구자가 원하는 맞춤형 원천 데이터 분석이 가능하도록 지원하고 있다. 민간기업이나 개발자, 이용자들이 손쉽게 직접 응용 프로그램과 서비스를 개발할 수 있도록 병원·약국정보 서비스 등 보건의료 데이터 8종을 지원하고 있다. 또한 연구자의 필요에 따라 약 150만 명에 해당하는 환자 표본 데이터 등 총 4개 DB 데이터셋을 생성하여 제공하고 있다.

　통계정보 제공 서비스는 국민·의료계·학계 등 고객 수요에 맞추어 원하는 정보를 실시간 연동하고 시각화하여 맞춤형 통계 자료를 제공하였다. 산업계 전문분석 서비스는 제공사의 요청에 따라 수요자 맞춤형으로 의약품 이용 및 유통 정보를 분석하여 제공하고 있다. 창업 아이디어 발굴 경진대회를 통하여 유의미

한 창업이 이루어질 수 있도록 지원한다. 또한 손쉬운 병원 찾기 서비스나 실시간 투약 이력 제공 서비스와 같은 실시간 조회 서비스를 제공하고 있다.

이러한 서비스의 제공을 통하여 학술연구를 위한 데이터 분석 컨설팅 및 지원과 빅데이터 활용 공동 연구 과제를 발굴하고 사업화하는 데에 활용할 수 있다. 나아가 건강보험심사평가원이 보유하고 있는 빅데이터와 외부 데이터의 연계·융합을 통하여 유망한 기술과 아이디어를 지원하여 새로운 가치를 창출하는 데 기여하였다. 의료적 근거가 개발되고, 적용되는 인공지능 사회를 선도하는 데에도 기여할 수 있을 것이라 여겨진다.

〈표 7-10〉 건강보험심사평가원의 보건의료 빅데이터 개방시스템 ser-M 분석

ser-M	세부 지표	내용
주체 (s)	사업명	보건의료 빅데이터 개방시스템/건강보험심사평가원 빅데이터센터
	센터 운영 설계	• 개방포털 시스템 : 데이터 개방 DB를 통하여 공공 데이터 및 오픈 API 서비스를 이용할 수 있고, 그래프 등으로 시각화된 정보를 열람할 수 있음. • 통계분석 시스템 : 외부 연구자의 요청에 따라 통계분석 DB의 자료를 데이터셋으로 가공하여 제공. 이는 빅데이터센터를 방문하거나, 원격시스템(150개 계정 운영)을 통하여 인터넷으로 이용할 수 있음.
	조직관리 / 업무 분장	• 심사평가연구소는 심사평가연구실, 혁신연구센터, 빅데이터실의 부서를 두고 있으며, 빅데이터실 산하에 빅데이터기획부, 빅데이터사업부, 급여정보운영부, 급여정보분석부가 있음.
환경 (e)	목표 및 목적	• 보건의료 정책 지원, 국민 맞춤형 서비스, 산업 분야의 고가치 데이터 제공 • 보건의료 R&D 지원을 위한 보건의료 빅데이터와 유관 기관 데이터를 융합하여 DB 구축
	환경 이슈	• 빅데이터의 중요성과 데이터 개방·공유 패러다임 변화로 빅데이터의 융합과 활용을 통한 새로운 가치 창출의 필요성 및 자체적으로 빅데이터 분석을 수행하여 각 기관의 막대한 요청에 응하고, 나아가 건강보험 관련 정책 수립에 반영하여야 할 필요성 • 2017년 12월 보건의료 빅데이터 사업계획에 대한 공개 의견 수렴 • 2018년 11월 30일 보건의료 빅데이터 시범사업 계획 확정 • 2019년 9월 17일 그 시범사업의 결과를 바탕으로 보건의료 빅데이터 플랫폼 개통

자원(r)	입력	• 행정자치부 : 거주지 정보
		• 국립중앙의료원 : 응급환자 정보(2014~15)
		• 통계청 :
		  − 사망원인 정보(2009~14)
		  − 신생아자료(2007~14)
		• 보건복지부 : 장애등록 정보(2016. 9. 기준)
		• 기상청
		  − 기후 정보(2007~16. 7)
		  − 황사 정보(2007~16. 7)

	처리	• 현황분석
		  − 연계 데이터 선정
		  − 데이터 현황분석
		  − 수요조사 및 대상 선정
		• DB 설계
		  − 융합 DB 설계
		  − 통계분석 DB 설계
		  − 데이터 모델 검증
		  − DB 성능 확보
		• 데이터 이행
		  − 융합 DB데이터 이행
		  − 이행 검증
		• 데이터 품질관리
		  − 품질 현황 분석
		  − 품질 수행
		  − 품질 검증

	산출	• 2015년 기준 연간 진료비 청구 14억 건, 심사 진료비 66조 원 등의 원천 데이터를 바탕으로 5,258억 건의 빅데이터 정보를 개방 DB로 구축하여 개방 • 빅데이터 분석 서비스, 공공 데이터 개방 서비스, 맞춤형 정보 제공 서비스를 제공

메커니즘(M)	제공 서비스	• 빅데이터 개방서비스
		  − 산업체나 연구자가 원하는 맞춤형 원천 데이터 분석이 가능하도록 지원
		  − 민간기업이나 개발자, 이용자들이 손쉽게 직접 응용 프로그램과 서비스를 개발할 수 있도록 병원·약국정보 서비스 등 보건의료 데이터 8종을 지원
		  − 연구자의 필요에 따라 약 150만 명에 해당하는 환자 표본 데이터 등 총 4개 DB 데이터셋을 생성하여 제공
		• 통계정보 제공 서비스
		  − 국민·의료계·학계 등 고객 수요에 맞추어 원하는 정보를 실시간 연동하고 시각화하여 맞춤형 통계자료를 제공
		  − 산업계 전문분석 서비스 : 제공사의 요청에 따라 수요자 맞춤형으로 의약품 이용 및 유통정보를 분석하여 제공
		  − 창업 아이디어 발굴 경진대회 : 유의미한 창업이 이루어질 수 있도록 지원
		  − 그 밖에 손쉬운 병원 찾기 서비스나 실시간 투약 이력 제공 서비스와 같은 실시간 조회 서비스를 제공

	활용 방향	• 학술연구를 위한 데이터 분석 컨설팅 및 지원과 빅데이터 활용 공동 연구과제를 발굴하고 사업화하는 데에 활용할 수 있음. • 건강보험심사평가원이 보유하고 있는 빅데이터와 외부 데이터의 연계·융합을 통하여 유망한 기술과 아이디어를 지원하여 새로운 가치를 창출하는 데 기여 • 의료적 근거가 개발되고 적용되는 인공지능 사회를 선도하는 데에도 기여

4 기상기후 예측 서비스 분야 – 날씨마루

1) 주체 기반 관점 분석

(1) 사업명
날씨마루/기상청

(2) 센터 운영 설계
기상청은 기상과 관련한 각종 자료를 공개하는 기상자료 개방 포털과 기상기후 빅데이터 분석 플랫폼인 날씨마루를 각 운영하고 있다. 기상자료 개방 포털은 지상관측 · 레이더 · 기상위성 · 수치예보 모델 등 기상청이 각종 관측을 통하여 파악한 1차적인 데이터를 제공한다. 날씨마루에서는 각종 데이터와 외부기관이 보유한 데이터를 융합하여 분석한 자료를 제공하고 사람들로 하여금 스스로 빅데이터 분석을 할 수 있는 환경을 제공한다. 날씨마루의 운용 개념은 [그림 7-12]에서 보는 바와 같다.

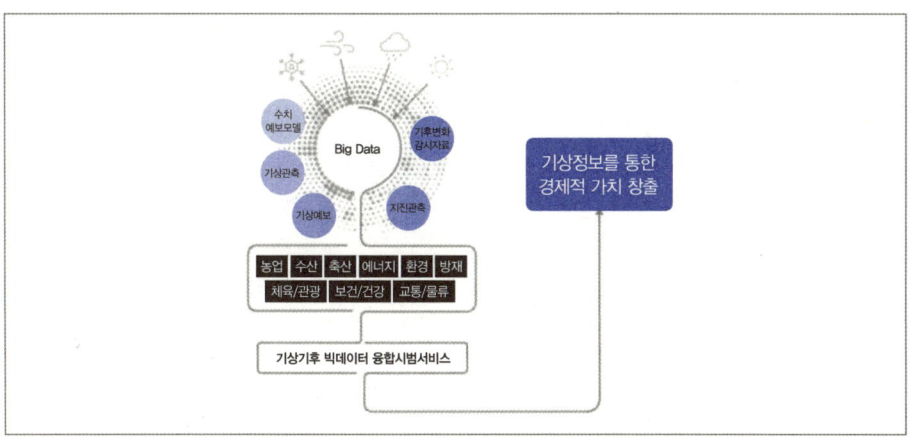

출처: 인터넷 이미지 검색(https://newsjel.ly/archives/newsjelly/daisy/daisy-use-case/7404).

[그림 7-12] 날씨마루의 운용 개념도

(3) 조직관리/업무 분장

기상청은 1관, 5국을 바탕으로 조직되어 있으며, 이들을 중심으로 한 기본적인 구조는 [그림 7-13]과 같다.

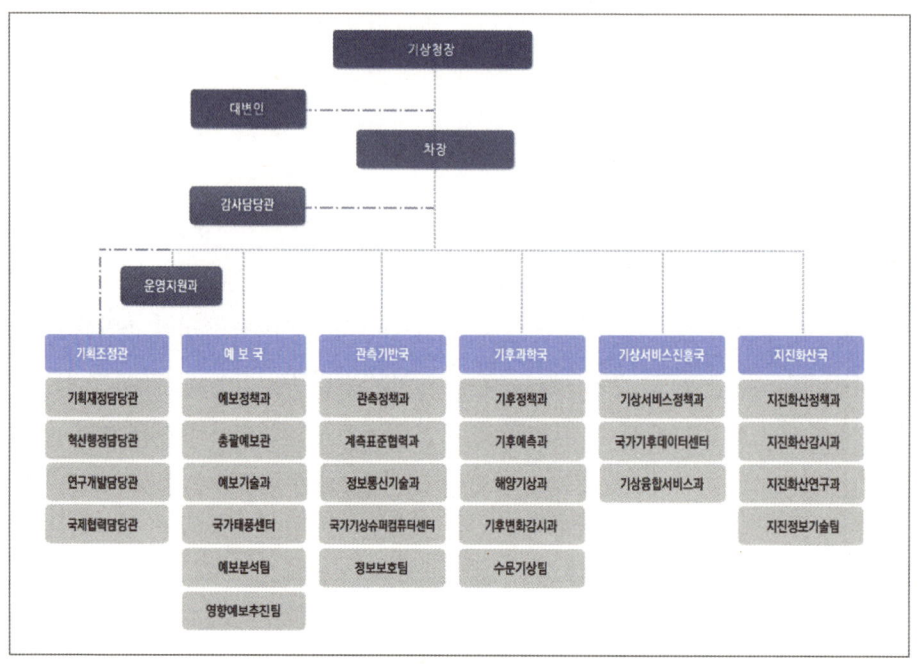

출처: 기상청 홈페이지(https://www.kma.go.kr/aboutkma/organization/chart.jsp).

[그림 7-13] 기상청의 조직도

이 중 기상청에서 빅데이터 융합 서비스를 제공하는 날씨마루는 기상서비스진흥국 소속의 기상융합서비스과에서 그 운용을 담당하며, 주요 업무는 다음과 같다.

- 기상기후 빅데이터 활용에 관한 정책 및 기본계획의 수립 · 종합 · 조정
- 기상기후 빅데이터 융합 서비스 발굴 및 기술 개발에 관한 사항

- 응용특화기상(생활·농림·산업·생명·교통안전 등)에 관한 정책 및 기본계획의 수립·종합·조정
- 응용특화기상(생활·농림·산업·생명·교통안전 등)에 대한 정보 생산 및 기술 개발에 관한 사항
- 기상기후 빅데이터 분석 시스템 및 응용특화기상정보 생산 시스템의 운영
- 기상기후 빅데이터, 응용특화기상 및 지역 맞춤형 서비스 관련 대외 협력
- 지역 맞춤형 기상정보 활용 서비스를 위한 계획의 수립·종합 및 조정
- 지역 맞춤형 기상정보 활용 서비스 발굴·관리 및 홍보에 관한 사항

2) 환경 기반 관점 분석

(1) 목표 및 목적

기존의 기상자료 개방 포털은 기상 상황에 대한 관측 결과를 제공하고 있다. 그러나 이러한 1차적 기상정보를 실생활에 바로 이용하기에는 어려움이 있다. 따라서 기상 상황에 대한 데이터와 각종 공공 데이터를 융합하기 위한 별도의 플랫폼인 날씨마루가 개발되었다. 즉, 기상청의 날씨마루는 기상 상황에 대한 관측 결과를 제공하는 기상자료 개방 포털에 더하여 기상 데이터를 다른 데이터와 융합하여 실생활에 적용할 수 있도록 하는 데이터 분석 결과를 제공하고 연구자들과 일반인으로 하여금 자신들의 필요에 맞는 분석을 직접 할 수 있도록 하고 있다. 이를 통하여 과학적 의사결정을 지원하고 민간 기상 서비스 시장을 확대한다는 등의 목표를 가지고 있다.

(2) 환경 이슈

기상청의 빅데이터 관리 및 제공은 무엇보다 산업의 고도화, 기후 변화 대응 등에 필요한 기상·기후 데이터 수요가 급증하였다. 자료 서비스의 패러다임이

수요자 중심의 맞춤형 자료 제공 방식으로 전환되었다는 점을 그 배경으로 하고 있다.

　또한 첨단 정보기술이 접목된 고품질 기상기후 자료를 생산하고 국가기후 자료 서비스의 체계화가 필요하였다. 이를 바탕으로 기후 자료에 대한 신뢰성을 강화하고 공공 데이터 서비스의 품질 수준을 제고하여야 할 필요성 또한 제기되었다. 즉, 기상 데이터를 그 밖의 데이터와 융합하여 분석함으로써 농작물의 수확량을 예측하거나, 기상 변화에 따른 도로 사고의 발생가능성을 파악할 수 있다. 각종 행사의 기획 등에 응용하는 등의 서비스를 제공함으로써 기상정보가 가지고 있는 무한한 가능성을 더 널리 활용할 수 있도록 하기 위한 필요에 따라 기상청에서 날씨마루를 운용하게 되었다.

3) 자원 기반 관점 분석

(1) 입력

　기상청은 자체적으로 다양한 기상관측 활동을 수행하고 있으며, 이는 크게 지상관측, 레이더, 기상위성의 관측 등으로 분류된다. 이러한 방식으로 자체적으로 수집된 정보와 다른 국가기관이 보유하고 있는 데이터를 통합하여 각 상황의 필요에 맞는 빅데이터 분석을 실시하고 있다. 예를 들어, 날씨마루에서 제공하는 융합 서비스 중의 하나인 호우 피해 가능성 예측에는 기상 데이터인 각종 기상관측의 결과와 예보·특보를 비기상 데이터인 도시계획 현황, 토양 특성 및 하수도 통계와 결합하여 분석을 실시한다. 다음의 [그림 7-14]는 호우 피해 가능성을 예측하기 위한 빅데이터 분석의 개요이다.

스마트 공공 서비스를 위한 빅데이터 기반 예측 행정 시스템

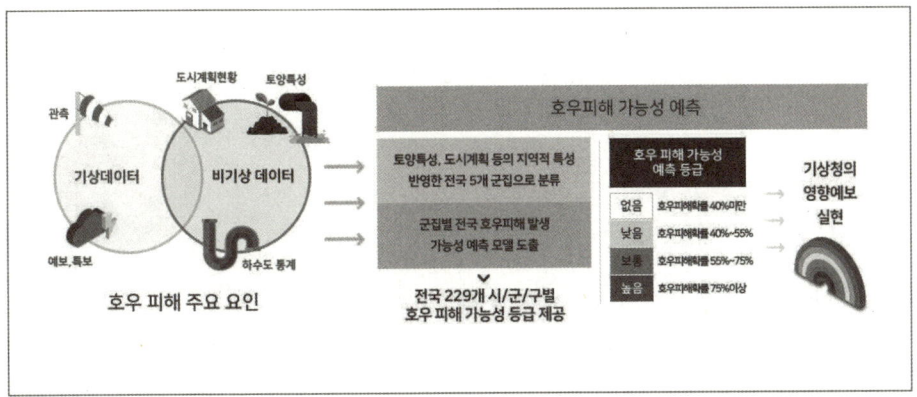

출처: https://bd.kma.go.kr/kma2019/fs/preventionInfo.do?menuCd=F050400000

[그림 7-14] 호우 피해 가능성 예측 융합 서비스 개요

(2) 처리

데이터 로딩–데이터 탐색–데이터 처리–모형 구축–모형 검증의 순서로 진행되는 빅데이터 처리의 기본적인 절차를 따르고 있다. 사람들로 하여금 직접 기상과 관련된 빅데이터 분석을 수행할 수 있도록 하는 날씨마루의 '분석환경'에서는 단위 면적당 농작물 생산량 예측 모델을 구축하는 절차를 다음과 같이 예시하고 있다.

- 데이터 로딩 : 분석환경을 설정하고 기상 및 비기상 데이터를 로딩하여 분석에 필요한 데이터를 준비하는 단계
  - 분석환경 설정 및 패키지 로딩
  - 데이터 불러오기
  - 데이터 결합하기

- 데이터 탐색 : 분석 데이터의 데이터 타입을 변환하고 탐색적 자료분석 (exploratory data analysis)을 수행하는 단계
  - 타입 변환
  - 탐색적 자료 분석

- 데이터 처리 : 이상값과 결측값을 대체하며 파생변수를 생성하여 최종 분석 데이터셋을 완성하는 단계
  - 이상값 및 결측값 대체
  - 파생변수 생성
  - 분석 데이터셋 완성

- 모형 구축 : 데이터 간의 다중공선성을 제거하여 단위 면적당 농작물에 대한 영향변수를 선택하는 단계
  - 다중공선성 해결 및 변수 선택
  - 모형 구축

- 모형 검증 : 최종 구축한 산출 모형의 성능을 검증하는 단계
  - 교차검증

또한 융합 서비스 중 작물의 생산성 예측과 관련하여서는 다음의 [그림 7-15]와 같이 누적 강수량과 평균 기온과 같은 장기예보 값과 각종 관측값을 바탕으로 생산성 예측 알고리즘을 실행하여 장기예보 값과 비교하는 과정을 거쳐 농작물의 단수생산성을 예측하고 있다.

〈표 7-11〉 빅데이터 분석모형 구축 절차 예시

단계	개요	세부 절차
1. 데이터 로딩	분석환경을 설정하고 기상 데이터 및 비기상 데이터를 로딩하여 분석에 필요한 데이터를 준비하는 단계	1. 분석환경 설정 및 패키지 로딩 2. 데이터 불러오기 3. 데이터 결합하기
2. 데이터 탐색	분석 데이터의 데이터 타입을 변환하고 탐색적 자료 분석을 수행하는 단계	1. 타입 변환 2. 탐색적 자료 분석
3. 데이터 처리	이상값과 결측값을 대체하며 파생변수를 생성하여 최종 분석 데이터셋을 완성하는 단계	1. 이상값 및 결측값 대체 2. 파생변수 생성 3. 분석 데이터셋 완성
4. 모형 구축	데이터 간의 다중공선성을 제거하여 단위 면적당 농작물에 대한 영향 변수를 선택하는 단계	1. 다중공선성 해결 및 변수 선택 2. 모형 구축
5. 모형 검증	최종 구축한 산출 모형의 성능을 검증하는 단계	1. 교차 검증

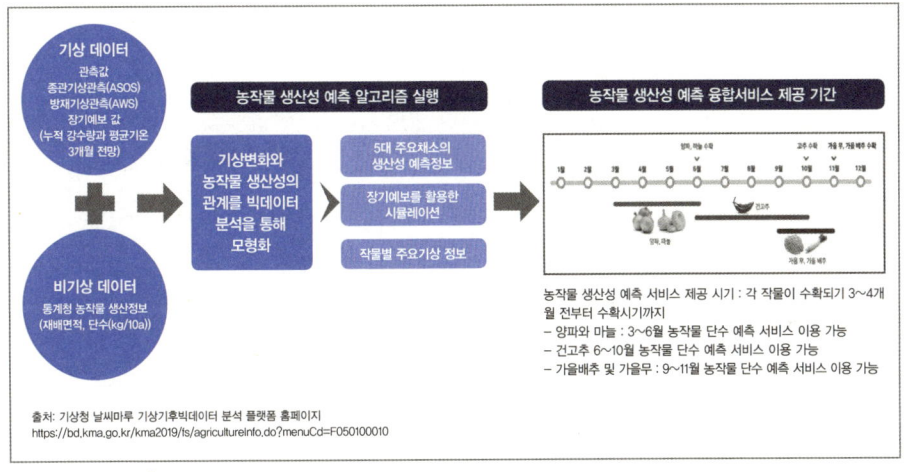

출처: 기상청, [2016 맞춤형 기상기후 빅데이터 서비스 기반 구축사업] 완료보고서, 2016. 10면.

[그림 7-15] 장기예보 값을 활용한 생산성 예측

(3) 산출

날씨마루에서 빅데이터 분석을 통하여 제공하는 서비스 중의 하나인 융합 서비스에서는 농림수산, 문화·체육, 보건·환경, 교통·물류, 방재·기후, 에너지·산업의 여섯 가지 분야에 대한 각 항목별 분석 결과를 제공하고 있다.

예를 들어, 호우 피해 가능성 예측의 경우에는 전국 229개 시군구의 예보 및 관측 강수량을 사용하여 매 6시간마다 분석의 결과를 갱신하여 제공하고 있다. [그림 7-16]에서 볼 수 있는 것처럼 시군구별로 강수량에 따라 색을 달리하여 그 위험성을 표시하고 있다.

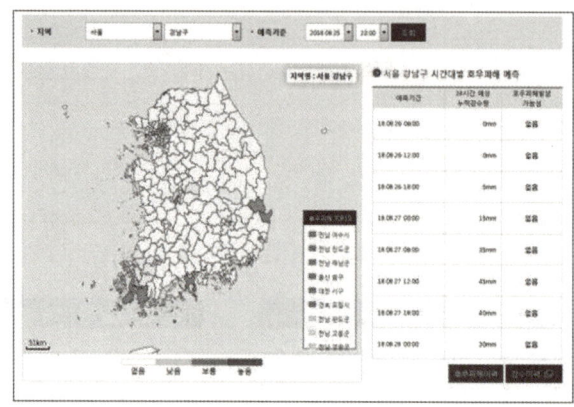

출처: 날씨마루 홈페이지(https://bd.kma.go.kr/kma2018/fs/preventionSelect2.do?menuCd=F050402000).

[그림 7-16] 호우 피해 가능성 예측 화면

또한, 서리 발생 가능성에 대한 융합 서비스에서는 다음과 같은 예측 결과를 제공한다.

- 서비스 기간 : 10월 ~ 5월(6월 ~ 9월) 제외
- 서리 발생 시간 : 전날 18시 ~ 당일 09시까지 서리 발생 가능성을 예측하여 내일, 모레의 서리 발생 가능성 정보 제공

- 서리 예보 시간 : 내일, 모레의 서리 발생 가능성을 예보함(하루 두 번).
- 서비스 제공 방법 : 전국을 5km×5km 격자로 구분하여 격자 내 서리 발생 가능성을 확률로 나타내고 지도에 표출

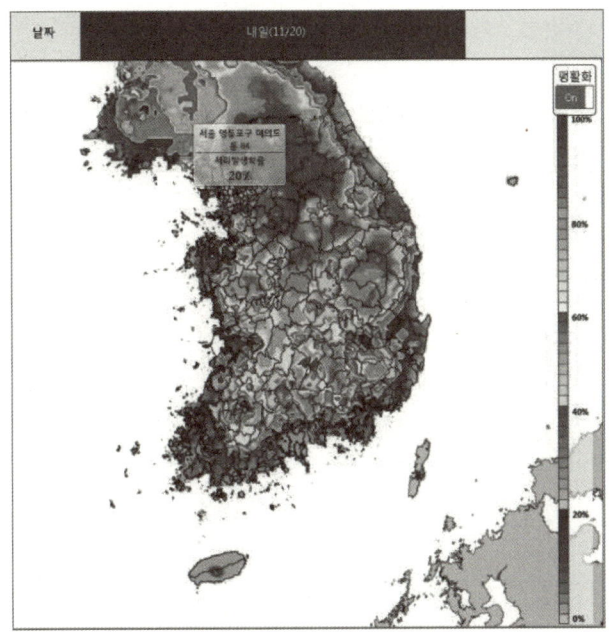

출처: 날씨마루 홈페이지(https://bd.kma.go.kr/kma2018/fs/frostSelect1.do).

[그림 7-17] 서리 발생 가능성 예측 화면

4) 메커니즘 기반 관점 분석

(1) 제공 서비스

기상청의 기상자료 개방 포털에서는 기상청의 관측자료와 일기예보 관련 자료를 제공하며, 각종 기상기후에 대한 빅데이터 분석 결과는 기상기후 빅데이터

분석 플랫폼인 날씨마루를 통하여 제공하고 있다.

날씨마루에서는 크게 기상융합 서비스와 빅데이터 분석환경을 제공하고 있다. 빅데이터 분석환경에서는 기상청이 보유한 각종 기상 관련 데이터와 그 밖의 빅데이터를 활용하여 이용자가 직접 기상 관련 빅데이터 분석을 수행할 수 있도록 하고 있다.

〈표 7-12〉 빅데이터 분석환경에서 응용하는 하드웨어 등

하드웨어	• OS : RadHat Enterprise Linux 6.6 • Memory : 40G(Giga) • Disk : 50T(Tera)

소프트웨어	• 분석 S/W
	  - R(Ver : 3.3.0)
	  - Python(Ver : 3.6.2)
	  - Fortran(Ver : kernel 0.1.0)
	• 빅데이터 S/W(Hadoop, Hive, Impala, Spark)

데이터	기상 데이터(관측, 예 · 특보, 기상지수, 수치 자료)

또한, 기상융합 서비스에서는 다음과 같은 부문에 대한 기상청의 빅데이터 분석 결과를 제공하고 있다.

- 농림수산
  - 주산지 기상정보 : 농작물 주산지의 날씨정보를 제공하고, 생육 시기별 품질에 영향을 미치는 주요 기상 조건 및 과거 기상정보와 극한 기상정보를 제공함으로써 농민의 경작활동 계획과 도매상 작물 거래 시기 결정, 농업 관련 공공기관의 연구활동 등에 활용할 수 있다.
  - 농작물 생산성 예측 : 농작물의 가격 안정과 수급 조절을 위하여 농업 관련 정부부처의 정책결정과 과학적 농업 경영을 지원한다.

- 서리 발생 가능성 : 서리로 인한 농작물 피해를 최소화하기 위하여 주요 기상 데이터를 바탕으로 서리 발생 가능성에 대한 정보를 제공함으로써 농민이 사전에 방지 대책을 세워 대비할 수 있도록 지원한다.
- 살오징어 어획량 예측 : 한반도 인근 해역을 대상으로 바다 예보 및 특보, 중기예보 등 조업활동에 중요한 영향을 미치는 기상정보와 함께 시기별·해구별 살오징어의 어획량 예측정보를 제공함으로써 수산 관련 기관과 어민의 과학적 수산 경영을 지원한다.

• 문화·체육
- 관광코스 기상정보 : 지자체가 추천하는 400여 개 관광코스에 대하여 테마별·일정별 정보를 제공하며, 또한 코스별 상세 기상정보를 제공하고, 비나 눈이 예상될 때에는 대체 관광지를 추천한다. 이러한 서비스는 관광객들이 야외활동 및 관광지를 선택하는 데 도움을 주고, 지자체의 관광정책 수립에 효과적으로 활용할 수 있다.
- 맞춤형 관광기후지수 : 전국 299개 시군구별 관광기후지수(과거 및 예측)를 제공함으로써 기상기후 정보에 대한 활용 가치를 증대시키고 지자체나 관광단체가 기후환경에 유연한 대처할 수 있도록 지원한다.

• 보건·환경
- 적조 발생 가능성 전망 : 최근 8년간 적조가 주로 발생한 남해안 9개 해구의 적조 발생 가능성을 매일 전망하며, 4단계 구간(높음/보통/낮음/없음)으로 조회일 기준 7일 후까지 예측값을 제공한다. 유관 기관과 어업인에게 적조 피해 대책 수립을 위한 의사결정에 과학적 근거를 제공함으로써 적조 피해 경감을 지원한다.
- 적조 전망 이력정보 : 주요 적조 발생 해구별 적조 발생 가능성을 4단계

구간으로 예측하였던 과거 정보를 확인할 수 있도록 한다. 과거 이력 조회를 통하여 적조 발생 동향을 확인하고, 예측 모델의 정확도를 높이는 데 활용할 수 있다.

- 교통·물류
  - 고속도로 사고 위험도 현황 : 기상 상태·제한 속도·통행 속도·도로지하구조·교통량에 따른 고속도로 사고 위험도 모형을 바탕으로 구간별 사고위험도를 4단계(안전, 주의, 경고, 위험)로 분류하여 교통사고 가능성을 산출한다. 교통 관련 기관에게 교통사고 발생 가능성을 준실시간(準實時間, 5분)으로 제공하여, 시기 적절한 대처 방안을 위한 의사결정을 지원한다.
  - 고속도로 교통사고 이력 : 최근 4년(2012~15년)간 전국 21개 고속도로에서 발생한 고속도로 교통사고 이력 및 사고 발생 시의 기상정보를 사고 등급별·날씨 상태별·요일별로 제공한다. 교통사고 원인에 대한 새로운 인사이트를 제공하여 교통사고 방지를 위한 연구활동에 활용함으로써 날씨 데이터의 적극적인 활용을 기대할 수 있다.
  - 고속도로 위험기상정보 : 도로에 설치되어 있는 교통 CCTV 영상, 기상관측장비 등 도로의 방대한 빅데이터를 활용하여 CCTV 지점별/표준노드 링크별 기상정보(안개, 비, 눈)를 생산한다. 도로기상정보와 소통정보, 사고돌발정보를 함께 제공함으로써 운전자의 안전한 도로 주행을 지원할 뿐만 아니라, 도로교통 관리기관의 제설작업이나 도로통제 등의 업무에 활용할 수 있다.

- 방재·기후
  - 호우 피해 이력정보 : 1998년 이래 기록된 전국 299개 시·군·구의 호

우 피해 기간, 피해액, 피해 면적, 강수량·풍속·기온 등 주요 기상 관측값 정보를 제공한다. 호우 피해 가능성 예측의 기초 자료로서 호우 피해를 줄이기 위한 연구활동에 활용할 수 있고, 호우 피해 예방 및 피해 경감을 지원하고자 하는 목적을 가지고 있다.
- 호우 피해 가능성 예측 : 과거 호우 피해 이력, 지형, 배수 처리 등 지역 특성 자료, 지역별 기상자료를 활용하여 호우 피해 발생 패턴을 분석하고, 예측된 호우 피해 가능성을 4등급(없음, 낮음, 보통, 높음)으로 분류하여 매 6시간마다 갱신하여 제공한다. 방재기관 담당자에게 제공되어 관련 정책 및 피해 경감을 지원하고자 하는 목적을 가지고 있다.

• 에너지·산업
- 태양광 발전량 예측 : 전국 시군구의 수치예보 모델의 기상예측 데이터를 활용하여 오늘과 내일의 48시간 발전량 예측 정보를 제공한다. 태양광 발전의 효율을 증대시켜 유관 기관과 태양광 발전사업자의 의사결정을 지원한다.
- 태양광 발전량 시뮬레이션 : 태양광 발전량 예측에 필요한 설비 용량, 어레이(array) 타입 등의 다양한 정보를 시뮬레이션하여 사용자 설정값에 따른 발전량 예측 정보를 확인할 수 있도록 한다.

(2) 활용 방향

기상청은 관측, 수치예보 등 매일 수천 기가바이트 이상의 방대한 기상 데이터를 활용하여 기상예보 서비스를 제공하고 있다. 기상 데이터는 유가, 환율처럼 생활 밀착형 정보이다. 기상 데이터는 유통, 보건, 교통 등 다양한 분야와 접목되어 새로운 부가가치를 갖춘 정보를 산출하는 등으로 그 역할이 확대되고 있으며, 기상 데이터를 바탕으로 기업의 생산계획 수립, 점포별 재고 보유 수준 결정, 고객 이벤트 마케팅 기획 등 다양한 분야에서 새로운 가치를 창출하는 핵심 수단으로 여겨지고 있다.

따라서 기상청의 빅데이터를 바탕으로 하는 융합 서비스의 필요 영역은 계속 확장될 것으로 여겨진다. 이에 따라 기상정보를 활용하는 각종 산업과 연구에도 중요한 역할을 수행하게 될 것으로 기대된다.

또한 기상청의 빅데이터센터인 날씨마루를 통하여 일반인을 비롯한 각종 연구기관에 통계 분석을 위한 기본적인 정보를 제공할 수 있다. '날씨 빅데이터 콘테스트' 등의 행사를 통하여 기상 관련 데이터 기반의 의사결정 문화를 사회 전반에 확산시키는 데에도 기여할 수 있다.

〈표 7-13〉 기상청의 날씨마루 ser-M 분석

ser-M	세부 지표	내용
	사업명	날씨마루/기상청
	센터 운영 설계	• 기상자료 개방 포털 : 지상관측 · 레이더 · 기상위성 · 수치예보 모델 등 기상청이 각종 관측을 통하여 파악한 1차적인 데이터 제공 • 날씨마루 : 각종 데이터와 외부 기관이 보유한 데이터를 융합하여 분석한 자료 및 사람들로 하여금 스스로 빅데이터 분석을 할 수 있는 환경 제공
주체 (s)	조직 관리 / 업무 분장	기상서비스진흥국 소속의 기상융합서비스과에서 운용 • 기상기후 빅데이터 활용에 관한 정책 및 기본계획의 수립 · 종합 · 조정 • 기상기후 빅데이터 융합 서비스 발굴 및 기술 개발에 관한 사항 • 응용특화기상(생활 · 농림 · 산업 · 생명 · 교통안전 등)에 관한 정책 및 기본계획의 수립 · 종합 · 조정 • 응용특화기상(생활 · 농림 · 산업 · 생명 · 교통안전 등)에 대한 정보 생산 및 기술 개발에 관한 사항 • 기상기후 빅데이터 분석 시스템 및 응용특화기상정보 생산 시스템의 운영 • 기상기후 빅데이터, 응용특화기상 및 지역 맞춤형 서비스 관련 대외 협력 • 지역 맞춤형 기상정보 활용 서비스를 위한 계획의 수립 · 종합 및 조정 • 지역 맞춤형 기상정보 활용 서비스 발굴 · 관리 및 홍보에 관한 사항
환경 (e)	목표 및 목적	• 기상 상황에 대한 관측 결과를 제공하는 것에서 나아가 기상 데이터를 다른 데이터와 융합하여 실생활에 적용할 수 있도록 하는 데이터 분석 결과를 제공하고 연구자들과 일반인들로 하여금 자신들의 필요에 맞는 분석을 직접 할 수 있도록 지원 • 과학적 의사결정의 지원 및 민간 기상 서비스 시장의 확대

ser-M	세부 지표	내용
환경 (e)	환경 이슈	• 산업의 고도화, 기후 변화 대응 등에 필요한 기상·기후 데이터 수요의 급증 • 자료 서비스의 패러다임이 수요자 중심의 맞춤형 자료 제공 방식으로 전환 • 첨단 정보기술이 접목된 고품질 기상기후 자료를 생산하고 국가기후 자료 서비스의 체계화 필요 • 기후 자료에 대한 신뢰성을 강화하고 공공 데이터 서비스의 품질 수준을 제고하여야 할 필요성
자원 (r)	입력	• 지상관측, 레이더, 기상위성의 관측 등으로 자체적으로 수집한 정보와 다른 국가 기관이 보유하고 있는 데이터를 통합(예: 호우 피해 가능성 예측) – 기상 데이터 : 각종 기상관측의 결과와 예보·특보 – 비기상 데이터 : 도시계획 현황, 토양 특성 및 하수도 통계
	처리	• 데이터 로딩 – 분석환경 설정 및 패키지 로딩 – 데이터 불러오기 – 데이터 결합하기 • 데이터 탐색 – 타입 변환 – 탐색적 자료분석 • 데이터 처리 – 이상값 및 결측값 대체 – 파생변수 생성 – 분석 데이터셋 완성 • 모형 구축 – 다중공선성 해결 및 변수 선택 – 모형 구축 • 모형 검증 – 교차 검증
	산출	• 기상예측을 위한 일반적인 데이터 분석 • 주요한 필요성이 있는 농림수산, 문화·체육, 보건·환경, 교통·물류, 방재·기후, 에너지·산업의 여섯 가지 분야에 대한 종합적 분석
메커니즘 (M)	제공 서비스	• 빅데이터 분석환경 : 기상청이 보유하고 있는 각종 기상 관련 데이터와 그 밖의 빅데이터를 활용하여 이용자가 직접 기상 관련 빅데이터 분석을 수행하도록 지원 • 기상융합 서비스 – 농림수산 : 주산지 기상정보, 농작물 생산성 예측, 서리 발생 가능성, 살오징어 어획량 예측 – 문화·체육 : 관광코스 기상정보, 맞춤형 관광기후지수 – 보건·환경 : 적조 발생가능성 전망, 적조 전망 이력정보 – 교통·물류 : 고속도로 사고 위험도 현황, 고속도로 교통사고 이력, 고속도로 위험기상정보 – 방재·기후 : 호우 피해 이력정보, 호우 피해 가능성 예측 – 에너지·산업 : 태양광 발전량 예측, 태양광 발전량 시뮬레이션

ser-M	세부 지표	내용
메커니즘 (M)	활용 방향	• 최근 기상 데이터는 유통, 보건, 교통 등 다양한 분야와 접목되어 새로운 부가가치를 갖춘 정보를 산출하는 등으로 그 역할이 확대되고 있음. • 기상 데이터를 바탕으로 기업의 생산계획 수립, 점포별 재고 보유 수준 결정, 고객 이벤트 마케팅 기획 등 다양한 분야에서 새로운 가치를 창출하기도 함. • 기상청의 빅데이터를 바탕으로 하는 융합 서비스의 필요 영역은 계속 확장될 것으로 여겨지며, 이에 따라 기상정보를 활용하는 각종 산업과 연구에도 중요한 역할을 수행하게 될 것으로 전망되고 있음. • 기상청의 빅데이터센터인 날씨마루를 통하여 일반인을 비롯한 각종 연구기관에 통계의 분석을 위한 기본적인 정보를 제공할 수 있으며, '날씨 빅데이터 콘테스트' 등의 행사를 통하여 기상 관련 데이터 기반의 의사결정 문화를 확산시키는 데에도 기여할 수 있음.

5 국내 사례의 시사점

1) 주체 기반 관점 소결 및 시사점

주체 기반 관점에서 앞서 살펴본 우리나라 빅데이터센터 제도의 개요를 정리하면 다음의 〈표 7-14〉와 같다.

즉, 우리나라의 경우에는 각 정부기관 내에 별도의 부서(예 : 통계청 통계빅데이터과, 국세청빅데이터센터, 건강보험심사평가연구원 빅데이터실, 기상청 기상융합서비스과)를 설립하여 빅데이터에 대한 업무를 총괄하도록 하는 전담부서를 설치하고 있음을 알 수 있다.

또한 각 기관에서는 자신들이 보유하고 있는 일차적 데이터를 공개하며, 그 밖에 빅데이터 분석에 따른 결과를 공개하거나 일반인 및 연구기관으로 하여금 자신들이 보유하고 있는 빅데이터 분석도구를 이용할 수 있는 서비스를 제공한다. 그러나 국세청과 같이 사람들의 일상생활에 직접적인 관련이 없거나 빅데이터 분석에 대한 밀행성이 요구되는 기관의 경우에는 일차적인 데이터 공개에 그

<표 7-14> 주체 기반 관점의 우리나라 제도의 개요

주체	센터 운영 설계	조직관리/업무 분장
통계청	• 데이터 간 연계 및 비식별화를 지원하는 독립된 제한 공간 • 공공기관과 민간기관이 보유하고 있는 각종 데이터를 취합하여 연계 자료와의 통합·분석을 통하여 통계 작성기관이나 일반 이용자에게 제공	통계데이터허브국의 빅데이터통계과
국세청	• 공공의 데이터를 클라우드를 통하여 그 밖의 비정형 데이터 및 일반 데이터와 융합하여 분석하고 시각화하여 각종 국세 관련 업무 처리 및 탈세 포착 기술의 개발, 국세행정의 관리에 응용	전산정보관리관 소속의 국세청빅데이터센터
건강보험 심사평가원	• 개방포털시스템 : 데이터 개방 DB를 통한 공공데이터 및 오픈 API 서비스 • 통계분석시스템 : 외부 연구자의 요청에 따라 통계분석 DB의 자료를 데이터셋으로 가공하여 제공	심사평가연구소의 빅데이터실
기상청	• 기상자료 개방 포털 : 기상청이 각종 관측을 통하여 파악한 일차적인 데이터 제공 • 날씨마루 : 빅데이터 분석 결과의 직접 제공 및 사람들로 하여금 스스로 빅데이터 분석을 할 수 있는 환경 제공	기상서비스진흥국 소속의 기상융합서비스과

치는 경우가 있다. 즉, 일차적인 데이터가 아닌 빅데이터 분석 결과 등의 제공은 기관이 수행하는 업무의 특성에 따라 결정된다고 할 것이다.

2) 환경 기반 관점 소결 및 시사점

환경 기반 관점에서 앞서 살펴본 우리나라 빅데이터센터 제도의 개요를 정리하면 다음 〈표 7-15〉와 같다.

〈표 7-15〉 환경 기반 관점의 우리나라 제도의 개요

주체	목표 및 목적	환경 이슈
통계청	• 빅데이터의 활용을 통한 신개념 통계 생산 및 산업화 지원	• 데이터 공유와 활용을 통한 부가가치 창출과 경제활성화를 위한 양질의 데이터에 대한 필요성 • 통계 생산용으로 구축된 행정 DB를 통계 작성 및 연구 분석을 위하여 제공하고, 데이터 분석에 도움을 필요로 하는 이용자를 지원하는 서비스 제공의 필요성
국세청	• 과학적 탈세 대응 • 지능형 납세 서비스 • 일하는 방식 효율화	• 4차 산업혁명 등 환경 변화에 대응 • 100대 국정과제 중 하나인 '과세형평 제고 및 납세자 친화적 세무행정 구축'의 뒷받침
건강보험 심사평가원	• 보건의료 정책 지원, 국민 맞춤형 서비스, 산업 분야의 고가치 데이터 제공 • 보건의료 R&D 지원을 위한 보건의료빅데이터와 유관 기관 데이터를 융합하여 DB 구축	• 빅데이터의 중요성과 데이터 개방 · 공유 패러다임 변화로 빅데이터의 융합과 활용을 통한 새로운 가치 창출의 필요성 • 자체적으로 빅데이터 분석을 수행하여 각 기관의 막대한 요청에 응하고 나아가 건강보험 관련 정책의 수립에 반영하여야 할 필요성
기상청	• 기상 데이터를 다른 데이터와 융합하여 실생활에 적용할 수 있도록 하는 데이터 분석 결과를 제공하고 연구자들과 일반인으로 하여금 자신들의 필요에 맞는 분석을 직접 할 수 있도록 지원 • 과학적 의사결정의 지원 및 민간 기상 서비스 시장의 확대	• 업의 고도화, 기후 변화 대응 등에 필요한 기상 · 기후 데이터 수요의 급증 • 자료 서비스의 패러다임이 수요자 중심의 맞춤형 자료 제공 방식으로 전환 • 첨단 정보기술이 접목된 고품질 기상기후자료를 생산하고 국가기후자료 서비스의 체계화 필요 • 기후자료에 대한 신뢰성을 강화하고 공공데이터 서비스의 품질 수준을 제고하여야 할 필요성

앞에서 살펴본 내용에 따르면 우리나라의 경우 대부분 빅데이터 운용 추진 체계의 내용에 '빅데이터 활용의 필요성 제기'의 사항이 반복하여 포함되어 있음을 알 수 있다. 따라서 우리나라에서의 빅데이터에 대한 활용은 빅데이터의 중요성이 세계적으로 부각됨에 따라 이를 이용하여 국민들에 대한 정보 제공 서비스를 개선하기 위한 목적을 중심으로 진행된 것으로 정리할 수 있다.

3) 자원 기반 관점 소결 및 시사점

자원 기반 관점에서 앞서 살펴본 우리나라 빅데이터센터 제도의 개요를 정리하면 〈표 7-16〉과 같다.

〈표 7-16〉 우리나라 제도의 자원 기반 관점 개요

주체	입력	처리	산출
통계청	• 온라인 물가, 자료 간 연계, SNS 데이터, 포털자료, 공문서 원문자료 등	• 암호화 과정을 통하여 비식별 연결키 마련 • 비식별 연결키에 해당하는 상대 기관의 관련 정보 추출 • 통계청 자료와 상대기관의 자료를 연계하여 DB 구축 후 연계키 삭제하고 분석 수행	• 국가통계관리를 위한 일반적인 통계 데이터 분석 • 정책결정을 보조하기 위한 각종 주제별 데이터분석
국세청	• 자체적으로 보유하고 있는 국세 관련 데이터를 바탕 • 특히 다년간의 사업자 등록 신청 정정 처리자료, 사업자 등록 신청서의 구비 서류(인허가 사항, 임대차계약서) 및 납세자의 제반 정보(체납, 사업이력 등) 등을 토대로 분석	• 다년간의 사업자 등록 현장 확인 및 실시 여부, 승인, 거부 유형 데이터를 기계학습과 빅데이터 기법으로 분석	• 2019년 시범운영의 결과 현장 확인 없이 사업자 등록증을 즉시 발급하는 건수가 크게 증가하여 납세자 편의와 직원의 업무 효율이 증가하는 효과가 확인
건강보험 심사평가원	• 자체적으로 보유하고 있는 데이터와 행정자치부(거주지정보), 국립중앙의료원(응급환자정보), 통계청(사망 원인정보, 신생아 자료), 보건복지부(장애등록정보), 기상청(기후정보) 등과 같은 외부 기관의 데이터	• 현황분석 • DB설계 • 데이터 이행 • 데이터 품질관리	• 원천 데이터를 바탕으로 5,258억 건의 빅데이터 정보를 개방 DB로 구축 • 빅데이터 분석 서비스, 공공데이터 개방 서비스, 맞춤형 정보 제공 서비스 제공
기상청	• 지상관측, 레이더, 기상위성의 관측 등으로 자체적으로 수집한 정보와 다른 국가기관이 보유하고 있는 데이터를 통합	• 데이터 로딩 • 데이터 탐색 • 데이터 처리 • 모형 구축 • 모형 검증	• 기상예측을 위한 일반적인 데이터 분석 • 농림수산, 문화·체육, 보건·환경, 교통·물류, 방재·기후, 에너지·산업의 여섯 가지 분야에 대한 종합적 분석

각 기관들은 일차적인 데이터와 빅데이터 분석 결과를 각각 공개하고 있다. 각 기관이 보유하고 있는 데이터(각종 통계의 분석, 기상정보 등)는 일반적으로 공개하여 일반인 및 연구기관이 활용할 수 있도록 제공한다.

그러나 빅데이터의 분석을 바탕으로 하는 데이터의 경우, 각 기관의 빅데이터 분석 목적에 따라 투입되는 데이터, 데이터의 처리 과정 및 그를 통한 분석 결과는 상이하다. 현재 빅데이터 분석을 본격적으로 활용하고 있는 기관은 모두 자신들의 고유한 데이터를 상당량 집적하고 있는 통계청, 국세청, 건강보험심사평가원 및 기상청이다. 이들은 자신이 보유하고 있는 각종 데이터를 바탕으로 하는 빅데이터 분석을 중심으로 하고 있다. 그 밖에 다른 공공기관 또는 민간연구기관이 보유하고 있는 데이터를 이용하는 경우도 일부 확인할 수 있다. 그 비중은 그렇게 크지 않은 것으로 여겨진다. 또한 빅데이터 분석 결과는 특정 주제별로만 공개하는 등 일반적으로 제공되지 않으며, 주로 사람들로 하여금 빅데이터 분석 플랫폼을 이용하여 직접적으로 분석할 수 있는 환경을 제공하고 있다.

4) 메커니즘 기반 관점 소결 및 시사점

메커니즘 기반 관점에서 앞서 살펴본 우리나라 빅데이터센터 제도의 개요를 정리하면 〈표 7-17〉과 같다.

〈표 7-17〉 우리나라 제도의 메커니즘 기반 관점 개요

주체	제공 서비스	활용 방향
통계청	• 분석센터 서비스 • 주문형 서비스 • 분석 지원 서비스 • 분석도구 및 분석사례 교육	• 삶의 질 향상을 위한 각종 정보(예: 출퇴근·근무·여가시간) 생산 • 빅데이터 관련 산업에 필요한 데이터 오픈 플랫폼, 분석전문가 양성 등 인프라의 지원

주체	제공 서비스	활용 방향
국세청	• 빅데이터 분석 결과의 대부분을 업무 간소화와 탈세 방지 등에 이용 • 그 밖에 현재 국세청 홈페이지의 공공데이터 제공 페이지에서 국세청이 전자적으로 관리하고 있는 데이터베이스(DB)·전자화된 파일 등의 정보인 공공 데이터를 28개 사항으로 구분하여 제공	• 납세자의 편의를 높이기 위하여 빅데이터를 기반으로 주택임대소득, 고소득 인적 용역 사업자 등에 맞춤형 도움자료를 개발하고, 챗봇을 활용한 부가가치세 신고도움 서비스도 제공할 예정 • 향후 빅데이터를 통한 업종별·규모별 탈세 위험을 분석하고 인공지능(AI)을 이용한 탈세 예측 모델도 개발할 예정 • 최근 증가하는 큐알(QR) 코드 간편결제, 블로그·소셜 미디어 등 전자상거래에서 탈세 유형을 정밀 분석하고 세원 확충 방안을 강구하는 데에도 기여할 것으로 예상
건강보험 심사평가원	• 빅데이터 개방 서비스 • 통계정보 제공 서비스	• 학술연구를 위한 데이터 분석 컨설팅 및 지원과 빅데이터 활용 공동 연구과제를 발굴하고 사업화하는 데에 활용할 수 있음 • 건강보험심사평가원이 보유하고 있는 빅데이터와 외부 데이터의 연계·융합을 통하여 유망한 기술과 아이디어를 지원하여 새로운 가치를 창출하는 데 기여 • 의료적 근거가 개발되고 적용되는 인공지능 사회를 선도하는 데에도 기여
기상청	• 빅데이터 분석환경 • 기상융합 서비스	• 최근 기상 데이터는 유통, 보건, 교통 등 다양한 분야와 접목되어 새로운 부가가치를 갖춘 정보를 산출하는 등으로 그 역할이 확대되고 있음. • 기상 데이터를 바탕으로 기업의 생산계획 수립, 점포별 재고 보유 수준 결정, 고객 이벤트 마케팅 기획 등 다양한 분야에서 새로운 가치를 창출하기도 함. • 기상청의 빅데이터를 바탕으로 하는 융합 서비스의 필요 영역은 계속 확장될 것으로 여겨지며, 이에 따라 기상정보를 활용하는 각종 산업과 연구에도 중요한 역할을 수행하게 될 것으로 전망됨. • 기상청의 빅데이터센터인 날씨마루를 통하여 일반인을 비롯한 각종 연구기관에 통계의 분석을 위한 기본적인 정보를 제공할 수 있으며, '날씨 빅데이터 콘테스트' 등의 행사를 통하여 기상 관련 데이터 기반의 의사결정 문화를 확산시키는 데에도 기여할 수 있음.

조직 내부에서 별도의 부서에서 관리하게 하거나 별도의 플랫폼을 운영하도록 하는 등의 차이는 있다. 그러나 기관이 보유하고 있는 데이터의 일반적인 공

개를 위한 플랫폼과 이용자가 빅데이터 분석을 할 수 있도록 하는 플랫폼을 동시에 운용하고 있는 경우가 대부분이라 할 수 있다.

　나아가 기관의 자체적인 빅데이터 분석 결과를 제공하는 것은 각 기관의 상황에 따라 상이하다. 예컨대 기상청은 '기상융합정보'의 형태로 분석 결과를 제공하고 있으나, 국세청의 빅데이터 분석 결과는 공개되지 않고 있다. 국세청의 경우 빅데이터 분석을 통하여 수행하는 업무가 주로 비정형적 거래의 파악 및 그를 통한 탈세의 추적이라는 점에서 그 분석 결과를 공개하지 않는 것이라고 이해할 수 있다.

빅데이터 기반 예측 행정 시스템의 이해와 도입 추진

1 예측 행정 시스템의 전략 추진 방향

　　빅데이터 체계에 이용되는 프로그램은 인공지능(AI)과 기계학습(ML), 그리고 데이터 마이닝(DM)의 개념을 활용한다. 인터넷, 휴대전화, 감지기, 무선 식별 체계(RFID) 등과 같은 상이한 데이터 취합 플랫폼으로부터 수집된 행정 관련 데이터를 이해하고, 연관성을 탐색하며 결론을 도출하여야 한다.

　　이는 행정에 대한 사람들의 적시 대응에 도움이 될 수 있을 것이다. 나아가 지리정보 체계로부터 획득한 지리공간정보 데이터셋은 빅데이터 연산틀과 함께 위치에 기반한 정보를 제공하여 위험한 상황을 회피할 수 있도록 할 것이다.

　　정부 및 지방정부 그리고 유관 기관의 높은 주의를 필요로 하는 예측 행정 서비스 분야를 파악하는 것도 유용할 것이다. 나아가 과거의 현재의 빅데이터를 분석하여 정보를 분석하는 것은 미래 행정에 대응하기 위한 가장 효율적인 전략을 수립할 수 있도록 할 것이다.

　　데이터의 유무 또는 크기('빅')에 연연할 필요는 없다. 데이터 친화적(data-friendly) 관점에서 '데이터, 분석, 기술'을 활용한 새로운 방식의 도시 및 지역 운영에 초점을 맞추고, 성과지향적으로 데이터 생성/수집/분석 메커니즘과 결합시키는 것이 중요하다.

　　사물인터넷(IoT), 클라우드 컴퓨팅, 데이터 분석, 소셜 미디어, 모바일/모빌리티, 스마트 기기와 같은 기술 트렌드에 주목하여야 한다.

　　개별 프로젝트 아이디어보다 혁신 아이템을 창조적인 방식으로, 연속적으로 구상해 낼 수 있는 조직적 프레임워크와 혁신 리더십 구축에 우선순위를 두고 추진하여야 한다.

　　일방향적, 선언적인 정책보다 현실적으로 작동할 수 있는 상호작용적 메커니즘을 설계하고, 실용적인 성과를 창출하여야 한다.

　　정부 및 자치단체장의 브랜드 이미지를 구축할 수 있는 의제를 선점하고, 선도적으로 모범 실무(best practice)를 창출하여 공유와 확산을 위한 전략을 수립하고 실행하여야 한다.

　　기술적으로 숙련되지 않은 공무원들도 손쉽게 큰 데이터를 다루고 업무를 수행할 수 있는 환경과 도구를 마련하여야 한다.

　　'민감한 도시(Sensitive City)'는 Data-Smart Governance Solution을 구축하고 운영하여야 한다. 도시 및 지역 전체를 데이터 플랫폼으로 간주하고, 시민(주민), 구조물, 자연환경 등 모든 구성 요소를 데이터화하여 연결하는 중장기 비전 및 전략을 수립하여야 한다.

　　도시와 지역 내에서 발생하는 사건과 사고 관련 추이를 실시간으로 감지하고, '자원'과 '수요'의 최적 연결을 가능하게 하는 프로세스 및 시스템 구축하여야 한다. 가령 응급의료 서비스를 필요로 하는 주민을 실시간으로 파악하여 의료진을 골든 타임 내에 파견할 수 있는 시스템이 운영되어야 한다.

특히 재난에 대한 예측적·선제적 재난관리가 가능한 체제 및 민첩하고 (agile), 경쟁력이 있으며(competitive), 경제적으로 탄탄한(resilient) 도시/지역 구축을 지향하여야 한다. 가장 안전한 데이터 스마트 도시(Data-Smart City)로 자리 잡는 것이 도시 경쟁력으로 이어질 수 있다.

관-산-학-연 등이 연계되어 협력을 통한 '데이터 생태계(data ecosystem)'를 구축하여야 한다. 데이터 기반 경제 발전을 촉진하고, 정책 운영의 투명성을 높여야 한다. 정부에 대한 신뢰를 회복하고, 효율성을 제고함으로써 재정 절약에 기여하여야 한다.

센서(환경 센서, 소셜 센서), 오픈 데이터(open data), 예측 분석(predictive analytics), 시민 참여 기술(civic engagement technology)의 전략적 활용을 통한 정부 및 지방정부 업무 효율성과 회복탄력성(resilince)을 강화하여야 한다. 주요 국가와 도시는 데이터 분석과 정책 운영을 전면적으로 통합하려고 시도하고 있는 단계이다. 다양한 사례를 통하여 볼 때, 조만간 모든 정부 운영 부문에서 새로운 솔루션을 접하게 될 것으로 예상된다.

행정에서 "반복되는 실수를 되풀이하는 무능한 정부"로 표현되는 '뒷북 행정', '탁상 행정', '졸속 행정', '전시 행정', '엇박자 행정' 등은 행정혁신이 필요하다는 또 다른 의미이자 표현인 것이다. 이를 위하여 예측-감지-대응 역량을 강화하는 데 빅데이터 기반의 예측 행정 시스템을 활용할 필요가 있다.

예측 행정 시스템의 전략 추진 방향은 다음과 같다.

첫째, Smart Dashboard를 구축하여 지역 내 중요 이벤트 및 트렌드, 핵심 정책 성과지표 등을 빅데이터 기반으로 실시간 모니터링하여야 한다. Citizen App을 통하여 시민과의 정보 공유 및 참여를 유도할 수 있어야 한다.

'Smart Dashboard', 'Citizen App'을 통한 정책 성과지표 관리 및 시민(주민) 참여 활성화를 유도하여야 한다. 도시 및 지역에서 발생하는 사건, 사고 등의 이벤트, 주민 생활 관련 소셜 트렌드 및 핵심 정책의 목표 달성 지표 등을 빅데이터 기반으로 실시간 모니터링할 수 있는 Dashboard를 구축하고, 시민들과 공유하여야 한다.

재난안전, 복지, 교육, 고용, 취약계층 보호 등 국정(國政), 도정(道政) 또는 시정(市政)의 핵심 관리 포인트 중심으로 정책 성과 지표를 추적, 공개하여 정책의 투명성을 강화하여야 한다('대통령[또는 단체장]과 함께 보는 국정/도·시정 현황').

활동보다 성과 또는 결과에 초점을 맞추어 진척률을 측정할 수 있는 지표를 다양한 데이터를 연결하여 구성하여야 한다. Citizen App을 개발하여 Dashboard의 내용을 공유하고, 주민 신고 및 공공 서비스 실시간 평가, 아이디어 포럼 등의 모바일 서비스를 제공하여야 한다.

둘째, 이를 위한 빅데이터 자원 확보 및 비즈니스 개발을 위하여 기업, 대학, 공공기관이 참여하는 빅데이터 공공-민간 파트너십을 체결하여 공공 데이터 활용사업을 본격화하여야 한다.

'빅데이터 공공-민간 파트너십(Big Data P3)'을 체결하여 빅데이터 자원을 확보하고, 신규 비즈니스 기회, 데이터 가치사슬(data value chain)을 창출하여야 한다. 기업(대기업, 중소기업, Startup), 대학, 공공기관 등이 참여하는 빅데이터 사업 협력 체계로서 R&I, 빅데이터 비즈니스 모델 및 공공 서비스를 공동 개발하고, 비즈니스 생태계를 구축하여야 한다. 공공-민간 경계를 넘어선 통합 빅데이터 구축 및 공유를 추진함으로써 실질적인 오픈 데이터 사업 활성화가 가능하다. 기존의 공공 데이터 개방사업은 데이터 공유에 초점을 맞추어 사업화 프로그램이 미흡하기 때문이다.

데이터와 기술을 보유한 기업이 오픈 데이터를 통합 활용하여 새로운 비즈니스 아이디어 및 서비스를 구현하고 지역 내에서 비즈니스를 수행할 수 있도록 지원하여야 한다. 가령 오픈 데이터 비즈니스 콘테스트를 개최하는 것도 검토하여야 한다. 실제로 빅데이터의 분석 결과를 제공하는 기관은 연구기관이나 일반인으로 하여금 직접 빅데이터 분석을 수행할 수 있도록 하는 플랫폼을 동시에 제공하고 있다. 이러한 플랫폼 이용을 촉진하기 위하여 일반인을 대상으로 한 각종 콘테스트를 진행하고 있다.

지역을 서비스 개발의 테스트 베드 및 비즈니스 플랫폼으로 활용할 수 있도록 제공하며, 인큐베이터로서의 역할을 수행하여 사업 성공가능성을 제고하여야 한다. 파트너십을 통하여 클라우드 기반의 데이터 공동활용 체계(data archive) 구축, 데이터 표준 마련 및 사업 추진 관련 법, 제도를 정비하여야 한다. 2014년 10월에 유럽연합(EU)은 유럽공동체(EC), 비영리기관, 대학, 연구소, 기업 등 20여 개 기관이 참여하여 향후 5년간 25억 유로를 투자하는 'Data P3' 양해각서(MOU)를 체결하였다. 정부는 이를 통하여 지역 산업 발전 기회 및 신규 고용을 창출하고, 전문인력 양성, 세수 기반의 확충이 가능해진다.

셋째, 사물인터넷(IoT) 기반의 새로운 공공 서비스 및 예측 분석모델 연구개발을 위하여 IoT Lab(Sensitive City Solution Center)을 설립하여야 한다. IoT Lab(가칭 'Sensitive City Solution Center')을 설립을 통하여 IoT 기반의 혁신적 공공 서비스 R&I(Research & Innovation)를 추진할 필요가 있다. 다양한 센싱 기술을 활용하여 '누가, 어디에서, 무엇을 원하는지'를 실시간으로 감지할 수 있는 인프라를 구축하고, 공공 서비스 자원의 전달 체계 및 프로세스를 혁신하여야 한다.

사물인터넷 기반의 공공 서비스 창출에 초점을 맞추어 '사물인터넷 기반의 사회 안전망 구축 방법' 등의 수요 대응 솔루션을 연구하고, 새로운 공공 서비스 형태를 발굴하여야 한다. 실시간 데이터와 예측 분석 기법을 적용하여 사건, 사고 및 트렌드 변화에 대한 선제적, 예방적 대응이 가능하여야 한다. 또한 제한된 자원의 최적 활용이 가능한 운영 프로세스를 구축하여야 한다. 사물인터넷 및 예측분석 활용 사례는 다음과 같다.

> **사례** 미국의 몽고메리 카운티는 매연, 유해가스, 공기질, 조명, 온도 등을 센서로 측정하여 클라우드의 오픈 포털에 올리고 유해 조건을 감지할 경우 SMS나 전화로 거주민에게 전송하여 상황을 점검한다. 무응답이거나 OK가 아니면 첫 번째 대응자에게 메시지가 자동으로 전송된다. 루이빌시는 센서가 부착된 흡입기를 천식 환자에게 보급하여 호흡기 질환에 대한 이해를 기반으로 건강 정책을 개발한다. 센서로 지하 압력 변화를 호흡기 질환에 대한 이해를 기반으로 건강 정책을 개발한다. 센서로 지하 압력 변화를 모니터링하여 수도관 파열 가능성을 사전 감지하고, 가령 보름달이 뜬 날 등은 가로등, 빌딩 조명 밝기를 자동으로 조절하여 저녁, 밤 시간 내내 같은 밝기를 유지할 필요가 없다. 예측분석을 통하여 범죄 발생 가능성이 높은 지역에 순찰차 우선 배치할 수 있다. 센서를 통한 취약 구조물 원격 진단 및 위험 가능성을 예측할 수 있다. 교통카드 데이터를 활용한 운송 중단 효과를 예측할 수 있다. 지역별로 수질, 공기질을 측정 및 관리하고 센서 네트워크 기반 신호등 제어 등에도 활용할 수 있다.

넷째, 정부와 지자체의 플래그십(Flagship) 프로젝트로서 Privacy Technology Initiative를 추진하여 빅데이터 사업 발전의 걸림돌인 정보 보호, 프라이버시 문제의 기술적 해결 방안을 제시할 수 있어야 한다.

빅데이터 연산틀은 본질적으로 복합적이며 개인의 정보 및 사생활 보호와 관련된 문제를 야기한다. 빅데이터는 사람들에 대한 방대한 정보로 구성되어 있다. 이러한 정보 중의 일부는 최소한 비밀을 보호하거나 유지하여야 하는 것이다. 이러한 정보는 빅데이터 연산틀에서 처리되는 중에 더욱 노출될 위험이 있다. 따라서 개인의 식별정보를 보호하고 취합된 데이터셋을 익명화하도록 하기 위한 노력을 기울여야 한다. 데이터가 취합되고 익명화된 이후에 데이터의 처리와 저장을 위하여 적절한 기술이 이용되어야 한다. 'Privacy Technology Initiative'를 플래그십 프로젝트로 추진하여 빅데이터 핵심 의제를 선점하여야 한다. 빅데이터 사업의 성공을 위해서는 데이터의 자유로운 활용이 필수적이나 개인정보 보호, 프라이버시 보호 이슈가 강력한 장벽으로 작용하고 있다. 프라이버시 보호는 제도적·법률적 측면에서의 솔루션뿐만 아니라 기술적 솔루션이 동시에 필요하다. 이에는 익명화 기술, 익명화 데이터 분석기술 등이 있다. 빅데이터 사업을 위한 기반 기술로서 데이터 및 프라이버시 보호를 위한 기술적 해결책의 연구개발을 지원하는 선도적인 프로그램을 마련하여야 한다. 연구개발 프로그램 성과의 사업화를 통하여 새로운 시장 창출이 가능하다.

다섯째, 사업의 핵심 추진 주체로서 국가 수준에서는 대통령 직속으로, 지자체 수준에서는 자치단체장 직속으로 예측 분석 최고 책임자 CAO(Chief Analytics Officer) 및 데이터 최고 책임자 CDA(Chief Data Officer)와 담당 조직을 신설하여 강력한 리더십을 확보하여야 한다.

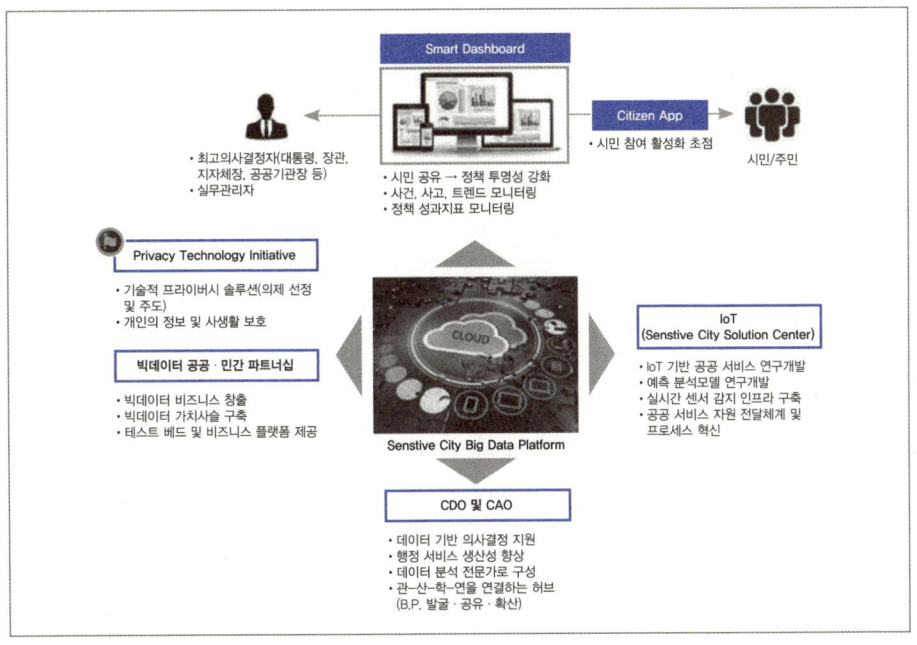

[그림 8-1] 빅데이터 기반 예측행정 시스템 사업 추진 전략 개념도

정부나 지자체 또는 공공기관은 최초로 CDO 및 CAO를 설치하고, 빅데이터 사업을 총괄하여야 한다. 업무에 데이터 분석기법과 도구를 사용하는 아이디어를 고안하고, 자치단체 내 행정 업무 프로세스 혁신, 데이터 기반의 의사결정 프로세스 설계를 통하여 비효율성을 줄여야 한다. 또한 조직 생산성을 향상하여야 한다. 관-산-학-연을 연결하는 허브 역할을 수행하며, 모범 실무(best practice) 사례를 발굴하여 다른 부처/지자체/공공기관 등에 공유 및 확산을 통하여 새로운 사업 아이디어 발굴하여야 한다. 특히, 예산의 낭비, 사기, 오용 패턴을 적발하여 재원을 확충하는 역할이 중요하다. 뉴욕시는 시장 직할로 여덟 명의 데이터 분석 전문가로 구성된 MODA(Mayor's Office of Data Analytics)를 설치하여 운용하고 있다.

2 스마트 공공 서비스를 위한 빅데이터 기반 예측 행정 시스템의 이해와 실천

빅데이터의 개념은 방대한 데이터의 양을 의미한다. 동시에 데이터의 다양성을 의미하기도 한다. 즉, 기존에는 별개로 여겨졌던 데이터를 통합하여 전체적으로 관찰하는 것 또한 빅데이터 연구의 주요한 내용 중의 하나가 되는 것이다.

첫째, 빅데이터의 핵심은 '예측'에 있다.

1990년대 이후, 우리 사회가 공들여 온 정보화 내지 전산화 과정에 의하여 정부·지자체·공공기관이나 기업은 매우 많은 정보를 축적해 왔다. 그중 일부는 실제로 '빅데이터(big data)'이기도 하다. 그러나 많은 데이터가 활용되지 못한 채 사장되어 있거나 주기적으로 삭제되고 있다. 실제로 이러한 문제를 개선하기 위하여 공공데이터법(공공데이터의 제공 및 이용 활성화에 관한 법률, 2017.7.26.)이 공포되고 시행되었지만 여전히 현장에서는 데이터로부터 의사결정의 객관적 근거와 혁신의 동인을 발견하겠다는 의식이 미흡하였다.

최근에 빅데이터에 대한 관심의 방향이 변화하기 시작하였다. 분석과 통찰력, 그리고 새로운 가치를 강조하는 주장들이 주류를 이루고 있다. 이는 당연한 결과이다. 왜냐하면 빅데이터 분야에서 통찰력을 가진 전문가들은 처음부터 빅데이터를 데이터의 문제가 아니라 분석의 문제라고 보았기 때문이다. 나아가 빅데이터의 핵심은 '예측'에 있다고 주장하기도 한다.

데이터에 대하여 이렇게 분석적인 관점으로 접근하게 되면 빅데이터의 본질에 좀 더 가깝게 다가갈 수 있게 된다. 많은 사람이 새로운 경제적 가치와 혁신의 원천으로서의 빅데이터를 이야기하고 있다. 나아가 정보사회가 제시한 많은 비전과 약속을 실현시켜 줄 수 있는 가장 중요한 도구로 인식하고 있다. 지금보다 훨씬 더 많은 데이터가 축적되고, 더 지능적인 분석도구가 만들어지고, 그리고 모든 분야에서 빅데이터의 창의적인 활용 방법을 찾아내게 된다면 충분히 가능한 일이다. 그러기 위해서는 빅데이터에 대한 정확한 이해와 관점을 가지고 접근할 필요가 있을 것이다. 데이터는 오래전부터 존재하였다.

누군가는 인류는 이제 겨우 인간의 도구, 차량 그리고 현재 발전하고 있는 '착용할 수 있는(wearable)' 기술의 산물들이 상호간에 정보의 교환을 할 수 있는, 소위 '사물들의 인터넷(Internet of Things)'이라고 불리는 시대에 진입하였다고 주장한다. 왜냐하면 정보의 생산, 획득, 관리 및 저장 등의 기술적인 진보를 이루며, 어느 때보다도 크고, 빠르고, 다양한 데이터를 획득하고 수집하며, 그리고 처리하는 기술적 능력이 향상되고 있기 때문이다. 모든 공공 분야에서 "데이터는 현재보다 빠르게, 더 넓은 범위를 포섭하며, 그리고 과거에는 불가능하였던 새로운 유형의 관찰과 측정을 통하여 예측에 대한 기대가 높아지고 있다."

왜 갑자기 '빅(big)'이 대두되었는지, 그것이 의미하는 바는 무엇인지를 이해한다면, 예측을 위한 측정하고 관리할 도구로서의 빅데이터를 더 잘 활용할 수 있을 것이다. 전대미문의 연산 능력과 기술의 고도화는 인간의 생활에서 예기치 않았던 발견, 혁신 및 진보를 가능하게 한다. 그러나 대부분의 평범한 시민에게는 데이터를 가지고 있는 사람들과 의도적으로 역량의 차이가 발생할 것이다. 또는 무심코 데이터를 제공한 사람들과의 사이에 힘의 불균형에 놓이게 된다. 이러한 차이를 해소하는 것이 빅데이터가 수행하는 중요한 역할이자 해결하여야 할 과제이다. 공공 서비스 분야에 빅데이터 기반 예측에 대한 접근이나 활용은 미래를 이끌어 갈 견인력이자 소중한 자유에 대한 위협이 될 수도 있다. 이 모든 것이 될 수도 있다는 것이 중론이다. 빅데이터 기반 예측 행정의 수행과 그 결과는 우리의 재산으로 여겨질 수도 있고, 공공재 또는 개인의 정체성의 상징으로 여겨질 수도 있다. 그 핵심에 예측이 있다.

둘째, 빅데이터는 관계성과 전체성의 귀결로 이해하여야 한다.

빅데이터의 핵심 용도는 우리가 이해하기 어려웠던 정보들 사이의 관계를 파악하고 이해하는 것이다. 인간의 개별 행동들과 그 결과가 데이터로 기록될 수 있다. 그 각각의 행동이 개인의 통일된 의식과 선호 체계를 반영하고 있다고 가정할 때, 무의미한 문자와 숫자의 나열로 보이는 데이터는 사람이 남기고 간 족적이 된다. 그리고, 그 족적들 간에는 행위 주체의 의식적인 계획 내지 습관 등으로 인한 시간적·공간적 연관성이 내재되어 있을 것이다. 따라서 증가하는 데이터는 더 많은 행위를 반영하고 있다. 다양한 행위를 파악할 수 있으면 행위 주체를 더 잘 이해할 수 있게 된다. 이러한 접근법은 오랜 시간 동안 우리가 익숙하게 사람과 사회를 이해하기 위하여 도입해 왔던 통계학적인 방법과는 사뭇 다르다. 즉, '관계와 행위의 총체로서의 사람'에 대한 현대적 인식이 생겨난 것이다.

이러한 인식은 데이터의 수집에도 영향을 미치게 된다. 과거에 비하여 사람의 행위에 관한 데이터의 다양성이 엄청나게 증가하게 되었다. 예를 들면 구글의 경우에 누가·언제·어떤 키워드로 검색을 하였고, 검색 결과에서 무엇을 선택하였는지, 그리고 웹사이트에 머무르는 시간이 얼마나 소요되는지 등 온라인 공간에서의 모든 기록이 가능한 거의 모든 행태의 데이터를 수집하고 있는 것으로 알려져 있다.

다른 한편, 빅데이터의 등장은 전체성의 추구라는 맥락과 맞닿아 있다. 전체성은 데이터의 규모보다는 범위에 관한 문제이다. 물론 일반적으로 범위가 커지면 규모도 커지게 된다. 하지만 그렇지 않을 수도 있다. 전체성은 데이터의 일부를 활용하는 것보다 전부를 활용하면 정확성과 함께 새로운 발견을 하게 될 가능성이 높아진다는 가정과 연관되어 있다. 이는 수시로 진행되는 여론조사와 몇 년에 한 번씩 진행되는 인구조사의 차이를 통하여 이해할 수 있을 것이다.

한편, 정보통신기술(ICT)의 비약적인 발전으로 인하여 전체 데이터를 수집하고 처리하는 비용은 획기적으로 줄어들게 되었다. 그리고 실제로 많은 분야에서 샘플링 대신 전체 데이터를 수집 및 저장하여 분석하고 있다. 빅데이터의 사례로 널리 알려져 있는 아마존의 추천 서비스, 구글의 검색 결과 랭킹 방법, 트위터 기반의 감성분석, 페이스북의 그래프 검색 등은 모두 데이터의 부분을 분석하는 것이 아니라 바로 전체를 분석하여 최대한의 가치를 발굴하고 있는 것이다. 적어도 인터넷 서비스 분야에서는 전체 데이터를 이용하는 것이 일반적이고, 또 당연시되고 있다. 이런 경향은 다른 분야에도 확산되고 있다.

이런 측면에서 볼 때 빅데이터는 데이터의 전체성에 대한 추구와 그 결과로서 이해할 수 있을 것이다. 전체성의 관점에서 볼 때 '빅'은 절대적 개념이 아니라 상대적 개념이 된다. 데이터의 규모와 전체성은 서로 독립적인 문제이기 때문이다.

셋째, 도시 경쟁력 제고를 위해서는 빅데이터에 대한 통시적 이해가 선행되어야 한다.

관계성과 전체성의 맥락에서 빅데이터의 성격을 이해하는 것과 함께 또 다른 중요한 관점은 데이터를 역사적 시간의 흐름 속에서 이해하는 것이다. 빅토르 마이어 쉰버거(Viktor Mayer-Schönberger) 교수의 '데이터화(datafication)'와 관련된 통찰로부터 많은 시사점을 얻을 수 있다. 데이터화는 디지털화와 구별되는 것이다. 어떤 현상을 데이터화한다는 것은 집계와 분석이 가능하도록 그 현상을 수량화 내지 요소 분해하는 것을 의미한다. 즉, 디지털화는 아날로그 형식으로 된 정보를 디지털 형식으로 변환하는 것이다. 데이터화는 측정과 기록에 중점이 있는 것이다.

아날로그 영상이 디지털화된다고 하거나 인쇄된 책이 디지털 이미지로 변환된다고 하여 곧바로 데이터로서 분석될 수 있는 것은 아니다. 등장인물, 지리적 배경, 줄거리 등과 같은 메타 정보가 필요하다. 텍스트의 경우에는 단어 단위로 인식되어 처리할 수 있어야 한다. 그런데 일단 데이터화가 되고 나면, 새로운 용도나 가치가 창출될 가능성이 높아진다. 이런 관점에서 볼 때, 그동안 대량으로 쌓여 있던 데이터가 빅데이터로 새롭게 조명받게 된 것은 수집, 저장, 분석, 통합 및 공유 도구의 발전에 기인한 것이다.

지금까지 우리나라의 정보화 경쟁력은 디지털화 중심의 경쟁력이었다. 그것이 데이터화 중심의 경쟁력으로 직결되는 것은 아닐 수도 있다. 경쟁력 제고를 위해서는 데이터에 대한 통시적(通時的) 이해가 선행되어야 한다.

넷째, 빅데이터의 성공을 위해서는 내부 데이터는 한 곳으로 모으고, 외부 데이터와 연계 체계를 구축하여야 한다.

빅데이터의 가치는 정부·지자체·공공기관이나 기업의 지식과 기술 내재화(internalization) 수준이 일정한 수준 이상 도달하였을 때, 비로소 드러나기 시작한다. 이때 '빅데이터' 기반 '예측' 문제에 관련한 기본적인 인식과 전제가 필요하다.

첫째는 빅데이터는 '신호(signal)'가 아닌 '소음(noise)'으로 가득 차 있다는 점이다. '빅(big)'에 현혹되지 말라는 점이다. '빅 노이즈' 이슈를 어떻게 해결할 것인지가 빅데이터를 다루는 데 핵심적인 문제가 될 수 있다. 정확한 예측을 위해서는 소음으로부터 신호를 구별해 내는 기술과 통찰력이 필요하다. 신호를 정확하게 포착하는 지표를 어떻게 개발할 것인지가 핵심 문제이자 도전이다. 이를 위한 전문 지식의 축적과 연구개발(R&D)이 병행되어야 한다.

둘째는 컴퓨터(기계) 혼자서는 할 수 없으며, 인간과 기계의 효과적인 결합이 최선의 선택이라는 인식이다. 나아가 집단의 총합적 예측(aggregate foresight)은 개인의 예측(personal forecast)보다 낫다는 점이다. 그리고 우리가 하는 모든 예측은 빗나갈 수밖에 없다는 사실을 인정하여야 한다. 얼마나 빗나갔는지, 그리고 빗나갔을 때는 어떻게 하여야 하는지를 이해하고, 또 빗나갔을 때 발생할 수 있는 비용을 최소화하는 것이 예측과 관련해서 우리가 하여야 하는 일이다.

셋째로 빅데이터의 핵심은 '데이터 통합(data integration)'과 '데이터 기반 의사결정(data-based decision making)'이다. 예측은 목적이 아니라 수단이라는 점이다. 정확한 예측을 하는 열쇠는 순전히 계량적인 정보에 의존하는 것이 아니다. 모든 유형의 정보를 적절한 맥락 속에서 파악하는 좋은 의사결정 과정을 구축하는 것이다.

빅데이터 열풍은 여러 가지 문제를 안고 있다. 하지만 데이터와 분석에 대한 인식을 짧은 시간 내에 향상시킬 수 있다. 이는 고무적인 일이다. 외부로부터 주어지긴 했으나 우리 사회와 경제의 기반을 한 단계 업그레이드할 수 있는 중요한 기회로 삼을 수 있다. 이를 위해서는 데이터와 분석에 대한 인식 변화와 함께 우선 조직 내에서 내부 인력들이 내부 데이터를 마음껏 주무를 수 있는 여건이 마련되어야 한다. 그리고 탐색과 시행착오를 위한 비용과 시간도 보장되어야 한다. 시급히 빅데이터 관련 전문가를 양성하고, 데이터를 한 곳으로 모으는 작업으로부터 한 걸음씩 나아가야 할 것이다.

그 방향은 당연히 내재화(internalization)이다. 빅데이터 사업의 목표가 일회적인 성공 사례의 발굴이 아니라 지속 가능한 분석모델과 업무 관행을 조직 내에 구조화하는 것이기 때문이다. 빅데이터 사업의 성공적인 추진을 위해서는 내부 데이터의 통합과 외부 데이터와의 연계 체계가 안정적으로 구축되어야 한다. 이를 위해서는 데이터에 관한 통합적인 주도권과 강력한 리더십을 발휘할 수 있는 조직적인 데이터 코어(Systematic Data Core)가 필요하다. 시스템 통합 이전에 데이터 통합이 우선 필요하다.

　스마트 공공 서비스의 시작은 빅데이터 기반 예측 행정 시스템을 이해하고 실천하는 것이다. 또한 스마트 공공 서비스는 공공 영역에서 빅데이터 기반 예측 행정 시스템을 구축하고 운영한다는 것을 의미한다. 실제로 국내외의 주요 사업에서 사전적 공공 서비스(Before Public Service), 미래 예측(또는 미래 인지)적 행정 운영, 데이터 스마트 도시(Data-Smart City), 데이터 근거 기반의 정책 운영(Data Science & Public Policy 또는 Evidence-based Policy) 등의 이름으로 추진되거나 준비 중에 있다.

　스마트 공공 서비스를 위한 빅데이터 기반 예측 행정 시스템을 구축하고 운영하는 것은 공공 서비스의 품질 향상과 사회적 비용 감소를 가능하게 할 수 있다. 앞으로 우리의 미래는 공공 서비스 분야에서 이런 이슈들을 실질적으로 어떻게 해결하고, 실행 가능한 예측 행정 시스템 구축으로 연결시킬 것인가 하는 데에 달려 있다.

스마트 공공 서비스를 위한 빅데이터 기반 예측 행정 시스템

국내	해외
Before Service	**After Service ↓ Before Service**
사후적 공공 서비스에서 사전적(또는 선제적) 공공 서비스로!	Anticipatory Governance
미래예측(미래인지)적 행정운영체계 - 미래를 예측하고 대비하는 행정운영체계 - 사회변화 예측, 전략적 미래 대비, 위험 최소화(two track 방식) - 주요 정책, 사업을 미래적 관점에서 사전 검증, 평가하는 '미래영향평가제도' - 미래에 선제적으로 대비하는 정책 - 근시안적 행정과 잘못된 수요예측으로 인한 사회갈등과 세금 낭비 최소화 - 전문가 통찰력 + 데이터 기반의 과학적 분석 - 사건, 사고의 사후조치에서 사전예방으로 - 위험의 사전 제거 - 행정혁신	Smart Integrated Civil Service
	Predictive Policing for Smart Policing
	Smart Firefighting Prediction System
스마트 공공 서비스를 위한 지능형 정부 플랫폼	Predictive Disaster Management
맞춤 행정	Evidence-based Policy
행정 + 빅데이터 근시 행정에서 지능형 예측 행정	Data Science & Public Policy

VS.

[그림 8-2] 국내·외 스마트 공공 서비스를 위한
빅데이터 기반 예측 행정 시스템의 패러다임(paradigm) 도식화

부록

부록은 저자가
- 부산시 · 부산일보. (2014). 빅데이터를 활용한 재난예측분석 시스템 구축 방안 연구
- 부산발전연구원. (2014). 내부 데이터 한 곳으로 모으고 외부 데이터와 연계체계 구축
- 한림대학교. (2015). 빅데이터 활용 사례: 정책결정 시스템을 중심으로
- 은평구청. (2017). 예측 행정 시스템 정보화 전략계획 수립 연구
- 한국원자력안전기술원. (2017). 원자력 안전관리 거버넌스 체계 구축을 위한 빅데이터 플랫폼 운용 방안 연구
- 감사원. (2018). 재난정보(호우 · 산사태 · 유해화학물질) 전파 · 공유 · 활용 해외 사례
- 한국행정학회. (2019). 빅데이터를 이용한 소방안전 선진화 방안 연구

등의 연구 수행 결과를 바탕으로 수정 및 보완하였음을 밝힙니다.

부록1 스마트 공공 서비스를 위한 빅데이터 기반 예측 행정 시스템

조직에서 추구하여야 할 빅데이터의 중요성

폭발적으로 증가하는 데이터를 '적절하게 처리하고 분석할 때' 개인, 회사는 물론이고 정부는 큰 효익을 누릴 수 있다. 『이코노미스트(Economist)』지의 특별 보고서(special report)에서는 여러 영역에서 빅데이터로 인하여 나타나고 있는 변화를 소개하고 있다. 천문학에서는 최신 천문관측 시스템이 수집하는 정보의 양이 급격하게 늘어났다. 2000년 뉴멕시코 지역에 설치된 천체관측용 망원경은 가동을 시작한 지 몇 주 만에 과거 천문학이 축적하였던 자료의 규모와 맞먹는 데이터를 수집하였다. 2016년 칠레에 설치된 새로운 관측망원경은 5일 만에 뉴멕시코의 설비가 10년 동안 수집한 데이터를 모을 수 있다. 대형 유통업체인 월마트(Wal-Mart)는 고객들의 쇼핑 패턴에 대한 데이터베이스를 구축하였으며, 용량이 미국 의회도서관이 보유한 서고 데이터의 167배에 달한다. 유전학 또한 눈부시게 발전하였다. 30억 쌍에 달하는 인간의 유전자 지도를 해독하는 일을 최초로 해내는 데 10년이 걸렸지만, 이제는 1주일 아니 1초면 충분해질 미래가 다가오고

있다.

빅데이터(big data)는 데이터 홍수 현상을 경험한 연구자들이 과거의 데이터와 구분하기 위하여 만들어 낸 단어이다. 빅데이터의 정의에 대하여 연구자들은 합의에 이르지는 못하였다. 기존에 사용되던 데이터와 비교하였을 때 두드러지는 속성들을 중심으로 빅데이터의 정의를 도출하려는 시도가 주를 이룬다(Oprea, 2016). 유럽집행위원회(European Commission, 2016)를 포함한 빅데이터 정의에 대한 여러 주체의 입장은 5V로 정리할 수 있다.

1 양(Volume)

이코노미스트(The Economist, 2010a)는 수집되는 데이터 양이 급격하게 팽창되는 추세가 멈출 줄 모른다는 점을 언급하였다. "2005년에 150엑사바이트의 데이터가 만들어졌다고 추산되는데, 올해(2010년)에는 1,200엑사바이트의 데이터가 만들어질 것으로 예상된다. (…) 이러한 추세가 계속된다면 데이터를 저장할 공간이 심각하게 부족해질 것이다. 데이터 생성 속도 증가에 맞춰 저장용 설비를 확대하는 일도 어렵지만 방대한 데이터 속에서 패턴을 발견하고 유용한 정보를 추출하는 일은 더욱 어렵다."

이코노미스트(The Economist, 2010b)는 특별보고서를 통하여 데이터 홍수가 영역을 가리지 않고 쇄도하고 있음을 알렸다. "천문학에서는 최신 천문관측 시스템이 수집하는 정보의 양이 급격하게 늘어났다. 2000년 뉴멕시코 지역에 설치된 천체관측용 망원경은 가동을 시작한 지 몇주 만에 과거 천문학이 축적하였던 자료의 규모와 맞먹는 데이터를 수집하였다. 2016년 칠레에 설치될 새로운 관측망원경은 5일 만에 뉴멕시코의 설비가 10년 동안 수집한 데이터를 모을 수 있다."

SAS(2012)가 발간한 백서에도 데이터베이스 규모가 이미 페타바이트

(petabyte) 단위에 진입한 영역도 상당할 것이라는 내용이 기록되어 있다. "이미 모든 부문이 적어도 100테라바이트 수준의 데이터베이스를 갖추고 있으며, 페타바이트 수준에 도달한 영역도 존재한다. 더욱 주의하여야 할 것은 6개월마다 데이터베이스의 규모가 2배로 커질 것이라는 예측이다." 이렇듯 '빅(big)'이라는 수식어가 붙은 빅데이터는 규모 측면에서 기존의 체계를 압도하며 더 구체적으로 표현하자면 '테라바이트 수준을 넘어서는 규모'를 가진 데이터 집합으로 볼 수 있다.

2 속도(Velocity)

ISO/IEC(2014)는 속도를 "데이터가 만들어지고(created), 저장되며(stored), 분석되고(analyzed), 시각화되는 데(visualization) 걸리는 속도(speed) 또는 비율(rate)"로 정의한다. 전통적인 데이터 시스템은 처리와 해석학 부분을 이원화되었다. 하지만, 점차 인터넷 연결이 가능한 범용 휴대기기들이 보급되면서, 많은 조직이 실시간(real time) 또는 그에 거의 근접하게(no-real time) 데이터를 얻을 수 있게 되었다. 따라서 이원화된 시스템을 통합하는 것(horizontal scaling approaches)이 필요하다는 점이 부각되었다. 빅데이터는 '속도' 면에서도 기존 데이터와 차별화된다.

3 다양성(Variety)

기존 분석학에서는 구조화된 데이터가 주요 분석 대상이었다. 원시자료(raw data)를 구조화된 형식으로 변환하는 과정에서 의미 있는 지식을 발견할 수 있는 가능성을 대가로 지불하여야 하였다. 하지만, 실시간으로 데이터를 얻을 수 있게 되면서 구조화되지 않은 데이터가 크게 늘어났다.

ISO/IEC(2014)에 따르면, 빅데이터의 형식은 정형(structured)에 국한되지 않으며 반구조화(semi-structured), 비구조화(unstructured), 문서(documents), 다양한 애플리케이션 및 소셜 네트워크(diverse applications and social network)로 확장된다. 데이터 형식(format)의 종류가 증가하였기 때문에 이질적인 형식으로 생성된 데이터들을 (활용에 적합하게) 통합하는 것은 복잡한 숙제가 된다. 유럽집행위원회(European Commission, 2016)는 다양성을 "여러 가지 수집 방식으로부터 이질적인 양식의 데이터가 생산되는 것"으로 정의하였다.

4 정확성(Veracity)

정확성이란 "데이터를 신뢰하기 위하여(trustworthiness) 데이터의 비관련성(noise), 편향성(bias), 비정상성(abnormality)과 같이 데이터 품질에 영향을 주는 요소를 통제할 수 있는 정도"를 말한다(ISO/IEC, 2014).

5 변동성(Variability)

ISO/IEC(2014)에 따르면, 변동성은 "지원 애플리케이션, 분석, 문제 모두에 영향을 끼치는 데이터 생성 및 처리 속도(rate), 형식·구조(format and structure), 의미론(semantics), 품질(quality)에 변화가 일어나는 것"이다.

국제전기표준기구(ISO/IEC)는 빅데이터를 "양(Volume), 속도(Velocity), 다양성(Variety), 변동성(Variability), 정확성(Veracity)과 같은 속성을 지닌 데이터 집합(datasets)이며, 주어진 시점에서 특정한 문제를 해결하는 데 현존하는 전통적인 기술과 기법만 가지고는 가치를 효율적으로 추출해 낼(extract) 수 없는 대상"으로 정의하였다. IBM의 경우 빅데이터의 속성 네 가지 — Volume, Variety, Velocity, Veracity — 를 제시하고 있다.[1]

빅데이터 정의에 대한 여러 주체의 입장을 정리하면 〈표 1-1〉과 같다.

〈표 1-1〉 빅데이터 정의에 대한 여러 주체의 입장

주체	빅데이터 정의에 관한 공통적 아이디어들				
	특별한 속성을 가진 하나 이상의 데이터베이스로 빅데이터를 보는가?	빅데이터 속성의 숫자는 얼마나 되는가?	현재의 데이터 처리 기법만으로는 빅데이터를 감당할 수 없는가?	새로운 데이터 원천이 등장하였음을 명시적으로 언급하는가?	새로운 기술의 필요성을 명시적으로 언급하는가?
ISO/IEC	O	5가지(5V)	O	-	-
Deloitte	O	언급하지 않음	O	O	O
IBM	-	4가지(4V)	-	O	O
McKensey	O	-	O	-	-
SAS	O	4가지(3V+1C)	O	O	O

빅데이터를 활용하고자 하는 조직은 다음과 같은 다섯 가지 부문에서 변화를 추구하여야 한다(HBR, 2012).

① 리더십(leadership): 빅데이터의 중요성을 인지하고, 이것을 활용하여 명확한 목표와 비전을 제시할 수 있는 지도조직을 마련하여야 한다.

② 인재관리(talent management): 빅데이터를 분석하고 연구설계를 할 수 있

---

[1] http://www.ibmbigdatahub.com/infographic/four-vs-big-data

는 전문가를 확보하여야 한다. 최고의 빅데이터 과학자(big data scientist)는 분석기술과 함께 조직 리더들과 의사소통을 효과적으로 할 수 있는 사람이다.

③ 기술(technology): 많은 빅데이터 관련 툴(tool)이 오픈 소스로 제공된다. 조직의 상황에 맞게 툴과 분석기법을 선택하고 활용할 수 있어야 한다.

④ 의사결정(decision-making): 의사결정이 이루어지는 곳에 필요한 정보가 적시(適時)에 제공될 수 있도록 하여야 한다.

⑤ 조직문화(company culture): 직관으로 내린 결정을 정당화하기 위하여 데이터를 활용하는 것이 아니라 지금까지 분석과 관찰을 통하여 알게 된 것들을 바탕으로 결정을 도출해 내는 것을 장려하는 문화가 조직 내부에 뿌리내려야 한다.

빅데이터 활용 사례 : 정책결정 시스템을 중심으로

1 데이터의 대홍수, 실질적으로 지원할 수 있는 정보를 위한 데이터 통합의 중요성

현대에 데이터의 수집, 보관 및 분석은 처리 능력의 향상, 계산 및 보관비용의 하락, 모든 종류의 기기에 포함된 감지기술의 발달 등에 힘입어 계속적으로 증가하고 있다. 미국 백악관 대통령실 보고서에 따르면, 2011년에 생성되고 복제되는 정보는 1.8제타바이트(zettabyte, 1제타바이트 = 1,000,000,000,000,000,000,000바이트)가량이라고 추정되었다. 2013년에는 세계적으로 4제타바이트의 정보가 생성될 것이라고 제시되고 있다(Executive Office of the President, 2014: 1). 기술적인 진보는 정보의 생산, 획득, 관리 및 저장의 비용을 2005년의 6분의 1수준으로 낮추었으며, 2005년 이래 하드웨어, 소프트웨어 등의 관련 산업에의 투자비용은 약 50%가 증가하여 4조 달러에 이른다.

빅데이터에서 중요한 것은 그것이 무엇을 하는가이다. 우리가 기술적인 현상으로서의 빅데이터를 어떻게 정의하는지에 대한 문제는 제외하더라도, 빅데이터 분석의 광범위한 잠재적 활용가능성은 인간의 법적·윤리적·사회적 규범이 빅데이터의 세계에서 우리의 사생활과 다른 가치들을 충분히 보호할 수 있는 것인가라는 중요한 문제를 제기한다. 여기서 빅데이터 현상이 단지 정보기술 분야에서의 일시적인 트렌드가 아닐까 하는 우려를 짚고 넘어갈 필요가 있다. 빅데이터 현상을 제대로 보기 위해서는 빅데이터 현상을 둘러싸고 있는 겉포장을 걷어내고 내용적인 본질을 파악할 때 실질적인 통찰과 가치에 접근할 수 있을 것이다. 즉, 빅데이터 현상이 누군가 의도적으로 발생시킨 일시적인 유행인지, 아니면 인간이 세상을 이해하고 조직해 온 유구한 흐름과 맞닿아 있는 현상인지, 만약 후자에 가깝다면 왜 지금 이 현상이 생겨나고 있는 것인지, 비즈니스와 시장, 그리고 사회에 어떠한 영향을 미치고, 어떤 변화를 유발할 것인지, 그 과정에서 어떤 문제가 생겨날 것이고, 그래서 지금 어떤 준비를 하여야 하는지 이해할 수 있을 것이다.

수많은 혼란스러운 논의와 담론 속에서 확실한 것은 데이터는 계속 쌓여갈 것이다. 그 규모는 방대해지고 있다는 점과 어떤 데이터이건 아직 발굴되지 않은 고유한 가치를 숨기고 있을 가능성이 크다는 점이다. 그런 측면에서 데이터가 정부나 기업의 중요 자산이자 새로운 사업 모델의 기반이 되고, 그 누구도 가치 있다고 생각하지 못한 곳에서 데이터를 발굴해 내는 능력이 미래에 국가의 핵심 경쟁력이 되리라는 예상은 설득력을 갖는다. 문제는 '어떻게'이다.

1990년대 이후 우리 사회가 공들여 온 정보화 내지 전산화 과정에 따라 정부기관이나 기업은 매우 많은 정보를 축적하여 왔다. 그중 일부는 실제로 '빅데이터'이기도 하다. 그러나 많은 데이터가 활용되지 못한 채 사장되어 있거나 주기적으로 삭제되고 있다. 데이터로부터 의사결정의 객관적 근거와 혁신의 동인을 발견하겠다는 의식도 미흡하였던 것이 사실이다. 데이터 분석의 세부 프로세스로 들어가면 상황은 더 나빠진다. 정상적인 분석의 사이클이 한 바퀴 수행되는 과정에서 무수한 난관에 부딪히게 된다. 데이터의 정확성이나 정합성, 누락 문제는 차치하고서라도 각 단계에서 필요한 데이터가 즉시 입수될 수 있도록 데이터가 수집, 관리되고 있지 않은 것이 현실이다. 실제로 공공 데이터를 개방하고 활용하는 법이 통과되어 시행되고 있지만 그 활용이 민간에서 제대로 이루어지지 않는 문제 역시 이러한 현실과 연결되어 있다. 서로 연관성이 커서 분석 과정에서 통합 활용되어야 할 필요가 있는 데이터가 분산되어 관리되고 있어 분석 업무의 효율성을 저하시키고, 경우에 따라서는 부서 간 협조가 쉽지 않아 필요한 데이터를 확보하지 못하는 경우도 흔히 겪게 되는 상황이다. 빅데이터 사업의 성공적인 추진을 위해서는 내부 데이터의 통합과 외부 데이터와의 연계 체계가 안정적으로 구축되어야 한다. 이를 위해서는 데이터에 관한 통합적인 주도권과 강력한 리더십을 발휘할 수 있는 조직적인 데이터 코어(data core)가 필요하다. 시스템 통합 이전에 데이터 통합이 우선 필요한 것이다. 따라서 이러한 논의를 기초로 주요 국가의 빅데이터 활용 사례를 살펴보고자 한다. 국내외 이러한 문제를 해결하기 위한 여러 노력을 하고 있다. 한정된 논의를 위하여 정책결정 또는 의사결정 시스템에서 데이터 통합을 어떻게 활용하는지에 대한 대표적 사례를 검토하고자 한다.

2 미래 전망을 위한 정책결정 시스템 : EU의 iKnow 프로젝트

iKnow(interconnected Knowledge) 프로젝트는 EU의 미래 전망 연구 프로그램의 하나로서, 유럽과 전 세계의 과학·기술·혁신(Science, Technology, Innovation : STI) 분야의 미래를 변화시키고 설계하기 위한 주제와 지식을 공유하는 것을 목적으로 한다. 미래 전망의 불확실성 극복 및 다양성 확보를 위하여 사회·경제·

기술·과학·인문학 등의 다양한 전문가가 참여하고 있다(한국정보진흥원 빅데이터 전략연구센터, 2013: 8).

기반이 되는 자료는 다음과 같다. ① FP7(7th Framework Programme for Research and Technological Development) 연구 프로젝트로부터 생성되는 구조화된 자료, ② 국제기구 및 업계, 각종 비정부기구(NGO), 블로그, 공상과학소설, 잡지, ③ 미래 연구 및 과학기술 분야 전문가와의 인터뷰, ④ 핀란드, 영국, 독일 등 국가 간 워크숍 및 통계조사 등을 통하여 수집한다(한국정보진흥원 빅데이터 전략연구센터, 2013: 9).

구체적으로는 ILTD(inward-looking top-down), OLTD(outward-looking top-down), ILBU(inward-looking bottom-up), OLBU(outward-looking bottom-up)의 방

출처: http://wiwe.iknowfutures.eu/iknow-description/

[그림 2-1] iKnow의 개념도

식을 사용하여, iKnow 컨소시엄 구성원으로부터(ILTD), 전 세계의 웹 사이트·블로그·뉴스 및 저널·보고서 및 공상과학소설 등으로부터(OLTD), 유럽의 정부·업계·학계·비정부기구로부터(OLBU), 전 세계 iKnow 커뮤니티 회원으로부터 획득한 와일드카드(wild card, 발생가능성은 낮지만 발생하는 경우 광범위한 사회적 파장을 야기할 수 있는 사건) 및 취약신호(weak signal, 사회 변화의 개시를 알리는 신호)들을 연계하여 조사한다(한국정보진흥원 빅데이터 전략연구센터, 2013: 9). 현재 2,664개의 구성 기관 및 구성원들이 참여하고 있으며, 501개의 와일드 카드와 396개의 취약신호에 대한 연구를 진행하고 있다.[1]

3 좋은 의사결정 구축 시스템으로서 유엔 글로벌 펄스의 헌치워크스

UN의 글로벌 펄스(Global Pulse) 혁신연구실에서 개발한 헌치워크스(HunchWorks)는 인간의 불완전성과 미래 예측의 불확실성을 인정하고, 그 한계를 "좋은 의사결정 과정을 구축하는 것"으로 극복하려고 한 첫 번째 시도이다. 인류 역사를 통틀어 인간은 수많은 예측을 해왔고, 지금도 매일, 매순간 예측을 하고 그에 의거하여 삶을 영위하고 있지만 맞은 예측보다 빗나간 예측이 압도적으로 많았다는 것은 자명한 사실이다. UN에서는 급격하게 대두하는 위험을 즉각적으로 분석하기 위해서는 정보의 흐름을 완벽하게 창조할 수 있는 체계(mechanism) 또는 생태계(ecosystem)가 필요함을 인식하였다. 따라서, 이를 바탕으로 통합적인 정보 연결망의 수립을 추구하고 있다. 즉, 흩어지고 구조화되지 않은 실시간 정보들을 확고한 사실의 단편으로 결합시킬 수 있도록 하는 연결조직을 수립하

---

1) http://wiwe.iknowfutures.eu/

여 현장에 있는 UN의 직원 및 수많은 전문가와 조직 전반에 (비록 해체되어 부분별로 나뉘어 있기는 하지만) 분포되어 있는 상황정보를 단순히 증폭시키는 것이 아니라 부분적이고 불안전한 정보에 기초한 가설을, 그러한 가설이 정보망(network)상의 다른 사용자로부터 자료와 분석을 이끌어 내는 유인자로 활동하는 방식으로 활용할 수 있는 안전한 공간을 창출하려 하고 있다.[2]

이러한 사고방식을 바탕으로 만들어진 헌치워크스는 세계 최초로 가설을 형성하고, 증거를 수집하며, 집합적인 의사결정을 내리는 사회적 네트워크이다. 헌치워크스는 연구자들로 하여금 상호 보완적인 자료를 가지고 있는 다른 전문가와 연계하여 그들이 함께 단편적인 조각들로 나뉘어 있는 자료가 발신하는 신호가 위험이 증가되고 있음을 알리는 것인지의 여부를 결정하도록 하여주고 추가적인 조사를 진행할 수 있도록 하여준다.

헌치워크스의 기능적 메커니즘은 첫째, 관심을 끄는 취약신호를 감지(빅데이터 분석 및 모니터링), 둘째, 신호의 성격을 가설화(헌치 생성), 셋째, 헌치를 네트워크에 공유, 넷째, 헌치가 시드(seed, 씨앗)가 되어 연관 신호와 다른 증거들을 수집, 다섯째, 지식 커뮤니티(communities of practice)의 관여를 통하여 신속하게 타당성 검증(소셜 네트워크 동학), 여섯째, 확정된 헌치를 재난 대응 행동의 기초로 활용하고, 검증 과정에 참여한 전문가의 신뢰도를 시스템 내에서 조정하는 기능으로 구성되어 있다. 충분한 증거가 수집되었을 때 최초의 헌치 생성자는 집계된 증거와 신뢰도를 바탕으로 헌치의 상태를 '입증(Proven)', '미입증(Disproven)', '종료(Closed)' 중 하나로 변화시키게 된다. 우선, 전문가들이 증거(evidence)의 형태를 세분화하여 제시하도록 하고, 각 증거들이 헌치의 내용을 지지하는 정도에 대하여 전문가들이 직접 상호 평가를 할 수 있게 해놓았다. 증거의 형태는 트윗, 데이터셋, 링크, 사진, 동영상, 관찰 내용 등이 가능하며, 집단적으로 평가된 증거들

---

[2] 이하 http://www.unglobalpulse.org/blog/why-hunchworks

이 집계되어 헌치의 신뢰 수준이 자동적으로 집계된다.

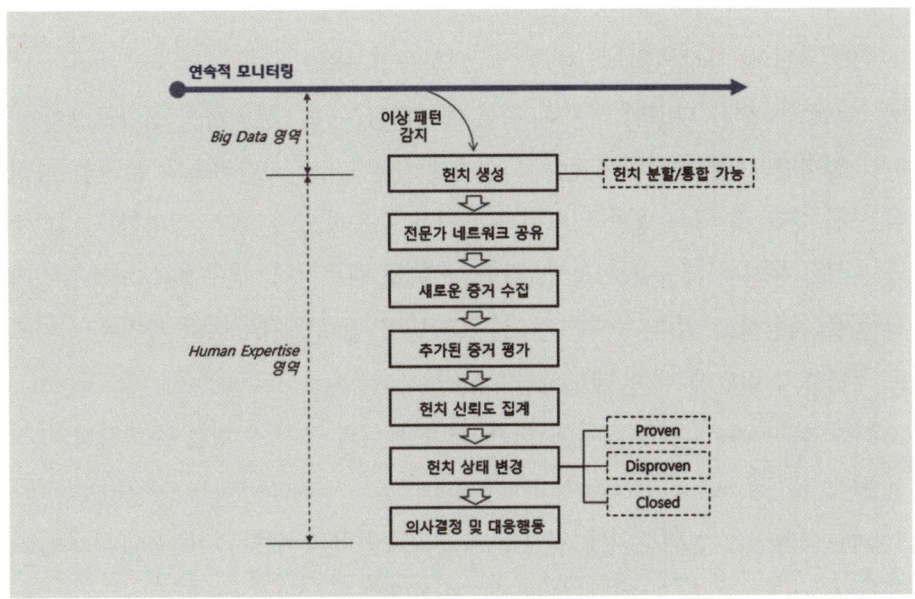

[그림 2-2] 헌치워크스 시스템 작동 메커니즘

　　헌치워크스는 빅데이터에 대한 인간의 시각을 투영하여 증거의 수집과 통합적 활동을 증진시키기 위한 사회 네트워크(social networks)를 활용하는 것을 목적으로 하고 있다. 즉, 전 세계적으로 불안정성과 복합적 위험이 증가하고 있는 시대에, 전 세계 전문가들이 퍼즐의 조각을 더 빨리 조립하도록 하고, 더 빨리 취약한 사람들에게 반응할 수 있도록 하는 기능을 수행하는 것이다.

4 전략적 의사결정 시스템으로서 싱가포르 국가안보조정사무국(NSCS)의 RAHS

2004년에 시작된 미래 예측 및 위험측정사업(Risk Assessment Horizontal Scanning: RAHS)은 다양한 국가적 위험 데이터를 수집·분석하여 싱가포르에 심각한 영향을 미칠 수 있는 전략적 주제에 대한 가상 시나리오의 분석을 통하여 사전 예측 및 대응 방안을 모색하는 것을 주목적으로 한다. 이러한 모니터링과 분석을 통하여 해상안보 정책, 질병 예측 및 대응정책, 인구정책, 교육발전정책 등을 지원하고 있다.[3] 예를 들어, 2011년에 종료된 RAHS의 사업은 싱가포르 청년층의 이민에 대한 태도분석(Examining the Attitudes of Young Singaporeans towards Emigration), 주택정책에 대한 공적 관심의 조사에 대한 주택시장의 정서 이해(Understanding Housing Market Sentiments to Examine Public Concern towards Housing Policies), 실력주의에 입각한 학생교육전략의 수립(Developing Strategies for Building Student - Centric Meritocracy) 등이다.[4]

RAHS 시스템의 활용도가 높아짐에 따라 2012년부터 RAHS Program Office를 설립하여 업무의 체계적 수행을 위한 3개의 센터를 운영하고 있다. 이는 각각 분석(RAHS Think Center), 해결책 제시(RAHS Solutions Center), 실험(RAHS Experimentation Center)의 역할을 수행한다. 구체적으로는 정책입안자에게 국가안보와 관련된 새로이 부각되는 위험이나 기회에 대하여 환기시키며, 정책집행자에게 전략적 예측을 활용하고 새로운 개념을 이해할 수 있도록 한다. 마지막으로 새로운 기술을 RAHS 체계에 접목할 수 있도록 한다.[5]

---

3) http://www.rahs.gov.sg/public/www/content.aspx?sid=2952

4) http://app.rahs.gov.sg/public/www/content.aspx?sid=2957

5) http://app.rahs.gov.sg/public/www/home.aspx

출처: http://nsworld.org/sites/nsworld.org/files/findings/findings5/rahs.jpg

[그림 2-3] RAHS의 Program Office의 조직

    이상의 논의를 정리하면 다음 〈표 2-1〉과 같다. 빅데이터의 중요한 특성 중의 하나는 단절적으로 축적된 데이터가 아니라 지속적으로, 그리고 빠르게 유입되는 흐름(stream data)이라는 점이다. 광범위하게 설치된 물리적 센서들이 수집하는 데이터나 소셜 미디어 데이터는 주기적 또는 비주기적으로 많은 양의 데이터를 쏟아낸다. 이런 데이터를 모니터링하거나 분석하여 의사결정과 사후 행동이 가능한 정보로 변환하기 위해서는 좀 더 연속적인 접근이 필요하다. 즉, 상시적인 모니터링 과정에서 구체적인 의사결정과 행동이 필요할 때를 결정하기 위한 새로운 절차가 필요한 것이다. 이런 관점에서 EU의 iKnow 시스템, UN 글로벌 펄스(Global Pulse) 혁신 연구실의 헌치워크스(HunchWorks) 시스템, 싱가포르의 RAHS 시스템은 정책결정 또는 의사결정을 할 때 빅데이터를 활용하여 실질적으로 지원할 수 있는 정보(actionable information)를 제공하고 있는 사례로 시사점을 제시한다.

<표 2-1> 종합 정리

구분	EU의 iKnow	UN의 HunchWorks	싱가포르의 RAHS
분석 기술 수준	예측적 분석	예측적 분석	예측적 분석
연구개발 주제	EU의 미래 전망 연구에 대한 의사결정	좋은 의사결정 과정을 구축하는 것	싱가포르에 심각한 영향을 미칠 수 있는 전략적 주제에 대한 의사결정
전문가와 역할 분담	각 구성원의 유기적 협력 (유럽의 정부·업계·학계·비정부기구로부터[OLBU], 전 세계 iKnow 커뮤니티 회원)	각 구성원의 유기적 협력 (연구자와 전문가)	RAHS Program Office 산하 Think Center, Solutions Center, Experimentatiom Center 역할 분담
분석 프로세스	구성원 및 블로그·잡지 등과 같은 내·외의 정보를 취합하여 각 구성원의 공동작업을 통하여 분석	구성 연구기관이 제기한 가설에 대하여 전 세계적인 네트워크를 통하여 검증	전략적 주제에 대한 가상 시나리오의 분석 → 사전 예측 및 대응 방안을 모색하는 것
빅데이터 활용 및 분석 (데이터 통합)	전 세계의 웹 사이트·블로그·뉴스 및 저널·보고서 및 공상과학소설 (OLTD) 유럽의 정부·업계·학계·비정부기구로부터(OLBU), 전 세계 iKnow 커뮤니티 회원으로부터 획득한 와일드카드 (wild card, 발생 가능성은 낮지만 발생하는 경우 광범위한 사회적 파장을 야기할 수 있는 사건) 및 취약신호 (weak signal, 사회 변화의 개시를 알리는 신호) 등을 중심으로 수집 및 분석	트윗, 데이터셋, 링크, 사진, 동영상, 관찰 내용 등을 중심으로 수집 및 분석	다양한 국가적 위험 데이터를 수집 및 분석

국내외 사례를 통하여 본 빅데이터와 재난관리의 결합 방향

우리나라뿐만 아니라 빅데이터와 재난관리 두 분야의 선진국들은 일찍부터 두 분야의 결합에서 나오는 시너지에 주목하여 다양한 시도를 해왔다. 이런 사례들은 이미 국내 연구기관의 보고서나 간행물을 통하여 많이 소개되었으므로 여기서는 나열식 소개보다는 사례들을 이 연구의 틀에 의거하여 분류해 보았다. 그것을 통하여 빅데이터와 재난관리의 결합 방향을 이해하고, 시스템 구축과 관련된 함의를 도출해 보고자 한다.

1 국내외 빅데이터 기반 재난관리 사례 분석

검토 대상으로 삼은 국내외 사례들은 몇 가지 문헌을 통하여 조사하였는데, 한국정보화진흥원(2013, 2014), 한국지역정보개발원(2013), 행정연구원(2013), 경기

개발연구원(2014), 임상규(2014)로부터 22개의 사례를 수집하였다(〈표 3-1〉).

〈표 3-1〉 국내외 빅데이터 기반 재난·안전관리 사례 현황

국가	도시	기관	시스템명	개요
한국		국립재난 안전연구원	스마트 재난상황실 (Smart Big Board)	• 2013. 5.: 기상정보, CCTV, 현장센서, 트위터 등 SNS 정보, 스마트폰, 무인헬기 등의 하드웨어와 ICT 기술을 이용한 실시간 현장영상, 위성영상, 시뮬레이션 등을 통합한 SBB 개발하여 시범 운영 • 위험 수준을 제시하여 의사결정에 활용 • 실시간 기상정보에 침수예상도, 급경사지 위험지도, 조석 위험정보 통합 표출, 단순 모니터링을 넘어 향후 상황 추이 예측 및 적절한 대응 가능
		경찰청	지리적 프로파일링 시스템 (GeoPros)	• 다양한 공간통계 분석기법을 경찰의 범죄수사 데이터(KICS 등)에 적용, 범죄위험지역 예측을 통한 방범전략 수립 및 연쇄 범죄자 거주지 예측을 통한 수사활동 전개가 가능한 시스템
		국립재난 안전연구원	도시 내수 침수 전조감지 시스템 (파일럿)	• 도시 내수(內水) 침수 관련 공공정보 연계 및 민간 정보수집 체계를 구축하여 모니터링을 통한 전조감지 및 위험도 분석 • 우수관망 DB, 강우량 등 정형 데이터와 트위터, 뉴스 등 비정형 데이터를 연계하여 도시 내수 침수를 조기에 감지할 수 있는 모델 수립
일본	도쿄도	기상청(JMA) 국가방재과학 연구소(NIED)	국가지진네트워크 지진네트워크	• 지진정보 모니터링, 분석정보를 중앙정부와 지방정부, 주요 매체 등에 통보 • 국민들에게 재난방송 및 문자 등을 전파 • 다양한 센서정보를 취합하여 분석
		도시정비국	지진 지역위험도 지도 (Community's Earthquake Risk Map)	• 일본 도쿄도 도시정비국은 지진 위험도를 분석한 '지진지역 위험도 지도(Community's Earthquake Risk Map)'를 제작·배포, 1975년부터 약 5년 주기로 배포하고 있으며, 2013년 7회차 발간 • 지진 발생 예상 지점 및 강도, 지진 예상 지점으로부터 지역별 거리, 지역별 건물내진도, 화재 발생 가능성을 고려하여 1단계 • 낮은 위험에서 높은 위험(5단계)까지 상대 평가
		NTT Docomo 선진기술 연구소	모바일 공간통계기술 개발	• 기지국 데이터를 활용하여 통행자 밀집지역 파악 • 재난 시 지역별 인구분포를 파악하여 재난에 대처할 수 있는 규모와 정도 의사결정에 활용계획(재난 대비 시뮬레이션 가능)

국가	도시	기관	시스템명	개요
미국	보스턴시	시청	도로 파손 정보 수집 프로그램	• 보스턴 시청의 신도시 정비팀(The Boston Mayor's Office of New Urban Mechanics)은 시내에서 운전하는 시민의 스마트폰을 통하여 도로 파손 정보를 수집하는 애플리케이션 및 웹 사이트 개발 • 자동차 운행 중 스마트폰 내 가속도계 센서를 통하여 도로의 파손 정보를 수집하며, 파손된 도로 정보를 지도 위에 표시 • 시민들이 직접 참여하고 문제 제기 할 수 있는 수집 프로그램을 통하여 도로 파손 복구비를 매년 20만 달러에서 8만 달러로 절감
		국립해양대기청 (NOAA)	고온건강 경보시스템 기상 경고지도	• 매일 35억건 이상 30 페타바이트 데이터 수집 • 3단계 여름철 폭염특보, 고온건강경보시스템 제공 • 눈보라, 스톰 및 돌풍, 돌발 홍수 주의보, 레드 플래그(Red Flag) 경고(화재) 등 총 24개의 기상 관련 경고지도 구축 운영 • 미국 국방부, 나사 등 공공기관과 민간 부문 예측을 위하여 기상정보와 분석정보 제공
		지질조사소 (USGS)	지질분석 시스템	• 1900년 이래 발생한 각종 지진을 유형별 크기별로 조사, 피해 정도 분석 • 지진이 발생하였을 경우에 어떤 형태로 발전할지에 대한 분석을 통하여 재난 상황을 • 미리 시뮬레이션해 봄으로써 각종 재난 피해에 대한 예측 가능 • 지진 시뮬레이션을 통하여 각 지역별 피해 상황을 매우 자세하게 분석할 수 있는 환경을 제공함으로써 다양한 대처 가능
			트위터 지진감지기 (Twitter Earthquake Detector: TED)	• 트위터 글 중 지진 낱말을 토대로 지진의 위치 정보를 파악하여 지진 발생을 실시간으로 전파 • 온라인 지도에 지진활동과 상황을 표시
		미항공우주국 (NASA)	태풍 이동 경로 예측	• 기상위성 TRMM 및 위성사진, 극초단파, 레이더 센서 데이터 등 정형, 비정형 빅데이터를 분석하여 태풍 샌디의 이동 경로 및 내륙 도달 시점을 정확하게 예측
		에스리 (ESRI)	실종/조난자 탐색 서비스	• 지리정보와 과거 실종자의 행동 패턴, 의사결정 데이터를 분석하여 실종 및 조난자를 빠르게 찾을 수 있는 서비스 제공
	시카고시	경찰서	범죄 예측 프로그램	• 911 통화 데이터 등 실시간 범죄 데이터와 거리 조명, 인구 밀도, 건물 • 형태 등 블록 단위 공간 데이터를 활용하여 폭력·강도 등 범죄 발생 시점 및 위치를 예측, 범죄 예상지역에 경찰인력 집중 배치

국가	도시	기관	시스템명	개요
영국		환경청	실시간 홍수 경고 지도 (Live Flood Warning map)	• 영국의 지역별 홍수 발생 가능성을 예측하여 실시간으로 지도에 표시한 '실시간 홍수 경고 지도' 서비스 제공 • 지역별 강우량, 지표면 고도, 토양, 지질, 배수, 홍수 이력 등의 정보를 활용하여 위험지역을 도출, 웹을 통하여 실시간 배포 • 다양한 요인 간 공간 관계 분석을 통하여 홍수 피해 위험 예상지역 도출, 홍수 대비 방안 수립 가능
			The Foresight HSC	• 해수면 상승, 해안 침식 및 홍수 등 잠재적 위험에 대한 관리대책 마련 목적 • HIV/ADIS, 전염병, 말라리아 등 글로벌 차원의 동식물 및 인간의 전염병 확산에 대한 문제를 효과적으로 대응하기 위한 정책적 방법론과 관점 제시
		영국 내무부 43개 자치단체 경찰서	범죄지도 (Crime Map) 서비스	• 43개 자치단체 경찰서의 범죄 유형별 발생 시점과 위치, 거리, 수준 등 상세 범죄정보 및 통계 제공
	런던시	교통국 · 올림픽 수행위원회	인구 밀집지역 및 교통 상황 분석	• 모바일 폰 위치 데이터를 활용하여 시점별 인구 밀집도를 분석, 인구 및 교통의 이동 현황을 모니터링하고 예측 * 익명의 모바일 폰 위치 데이터를 활용하여 위치별로 밀집도 분석 및 시점별 이동 위치 분석을 통한 시점별 · 위치별 인구 밀집도를 지도상에 표시 * 모바일 폰 위치 데이터는 익명성 보장을 위하여 5건 이상의 단위로 그룹핑하여 이동통신사로부터 전송 · 수신 * 모바일 데이터 이외의 다른 데이터 원천(버스 내 GPS, 블루투스 센서, Wi-fi 접근, Twitter, Foursquare, Facebook 등)으로 확대하여 분석을 정교화할 계획
		국무조정실 (Cabinet Office)	국가 및 지역 재난 · 안전 리스크 관리	• 2008년부터 매년 '국민 비상사태 대비 국가 위험 목록(National Risk Register for Civil Emergencies)'을 발표 • 국가 위험 평가는 향후 5년간 '발생 가능성 (Likelihood of occurring)' 대비 '영향도(Impact)'를 각 5단계로 평가하여 해당 • 결과를 매트릭스 형태로 표시 • 재난 · 안전에 대한 위험 요소를 진단, 평가 결과에 따른 위험 요소를 우선순위화하여 자원배분계획 수립
호주		법무부	'재난 방재형 호주' 지도 서비스	• 호주 법무부는 민 · 관 · 학 협업을 기반으로 국민들에게 '재난 방재형 호주(Disaster Resilient Australia)'의 재난지도 서비스 제공 • 호주에서 발생한 과거 재난정보를 지도상에 표시하여 정보 검색 서비스 제공

국가	도시	기관	시스템명	개요
브라질	리우데자네이루		지능형 운영센터	• 2014 월드컵, 2016 올림픽 대비 • 도시 내 30여 개 기관의 정보와 프로세스를 단일 체계로 통합하여 자연재해, 교통, 전력 공급 등을 24시간 감시 • 폭우를 48시간 전에 예측 • 30여 개의 시정부 산하 부서와 기관 데이터 통합 연동 • 홍수, 산사태, 대규모 행사, 교통관제까지 통합 제어 • 응급 상황 대응 시간 30% 개선, 사망자 수 10% 감소
싱가포르		국가안보 조정사무국 (NSCS)	RAHS (Risk Assessment Horizontal Scanning)	• 2004년부터 운영. 데이터 기반 국가 안전 위협 요소 평가 및 주변 환경 변화 탐지 • 2007년에 미래연구 방법론 및 기술 개발, 탐구를 위하여 데이터분석 실험센터(RAHS Experimentation Centre: REC) 설립 • 미국 합동군사령부, 북대서양조약기구와 공동으로 해상 상황 인식 프로젝트 추진 해상 테러, 해안 침투 등 안전 확보를 위한 의사결정 지원 정보 처리 및 시각화 • 조류독감 시뮬레이션
EU			iKnow (interconnect Knowledge) 프로젝트	• 동일본 대지진과 쓰나미로 인한 자연재난, 테러와 글로벌 경제위기 등 불확실성 속에서 예측하지 못한 사건으로 인한 미래준비 한계 인식 • Horizon scanning을 활용, 전 세계의 취약신호(weak signal)와 와일드 카드(wild cards)를 포착하여 미래를 형성하는 지식 및 전략적 이슈 발굴

다음 〈표 3-2〉는 이 사례들을 재난관리 단계와 빅데이터 분석의 수준을 교차한 테이블에 배치해 본 결과이다. 이를 통하여 읽을 수 있는 것은 재난관리 단계 측면에서는 대응·복구에 비하여 예방·대비 단계에 포지셔닝한 시스템이 많았으며, 분석의 수준 측면에서는 예측 분석에 해당하는 사례 수가 가장 많은 것을 발견할 수 있었다. 즉, 세계 선진국의 재난관리 흐름은 대응·복구에서 예방으로, 발생한 재난의 현황을 파악하는 서술적 분석에서 앞으로 닥쳐올 재난과 그 위험도를 예측하는 방향으로 집중되어 있는 것을 확인할 수 있다.

〈표 3-2〉 국내외 사례로 본 재난관리와 데이터 분석의 흐름

단계 구분	예방/완화 (Prevention)	대비 (Preparation)	대응 (Response)	복구 (Recovery)
서술 (Descriptive)	[영국] 인구밀집지역 및 교통상황분석 [영국] 범죄지도 서비스 [미국] 도로파손 정보수집 프로그램	[한국] 재난정보공동활용시스템 [미국] 트위터 지진감지기(TED)		
진단 (Diagnostic)	[호주] 재난방재형 호주 지도 서비스 [영국] 국가 및 지역 재난안전 리스크관리			
예측 (Predictive)	[한국] 경찰청 GeoPros [일본] 지진 지역위험도 지도 [싱가포르] RAHS 해양 생활 인식/분석 [일본] 국가방재과학연구소 지진 예측 [미국] NASA 기상위성 태풍 이동경로 예측 [미국] 지질조사소 지질분석 시스템 [미국] 범죄예측 프로그램 [EU] iKnow 프로그램	[한국] 도시 내 침수 전조감지 시스템(파일럿) [영국] 실시간 홍수경고 지도 [미국] 국립해양대기청 기상경고 지도	[한국] 재난안전연구원 스마트 빅 보드 [미국] 지질조사소 지진 피해 예측시뮬레이션 [브라질] 리우데자네이루 지능형 운영센터 [일본] NTT Docomo 모바일 공간통계 [미국] ESRI 실종자/조난자 탐색 서비스	
처방 (Prescriptive)		[영국] Foresigh HSC		

유엔 글로벌 펄스의 헌치워크스 사례

재난관리와 관련된 데이터의 중요한 특성 중의 하나는 단절적으로 축적된 데이터가 아니라 지속적으로, 그리고 빠르게 유입되는 흐름(stream data)이라는 점이다. 광범위하게 설치된 물리적 센서들이 수집하는 데이터나 소셜 미디어 데이터는 주기적 또는 비주기적으로 많은 양의 데이터를 쏟아낸다. 이런 데이터를 모니터링하거나 분석하여 의사결정과 사후행동이 가능한 정보로 변환하기 위해서는 좀 더 연속적인 접근이 필요하다. 즉, 상시적인 모니터링 과정에서 구체적인 의사결정과 행동이 필요할 때를 결정하기 위한 새로운 절차가 필요한 것이다. 이런 측면에서 유엔(UN)의 글로벌 펄스(Global Pulse) 혁신연구실에서 개발한 빅데이터 도구인 헌치워크스(HunchWorks)[1]는 행동을 실질적으로 지원할 수 있는 정보(actionable information)를 제공하는 빅데이터 기반 재난관리 시스템의 구축 방

---
1) 예감이 효과를 낸다는 의미.

향을 탐색하려는 이 연구에 많은 시사점을 안겨준다. 헌치워크스는 빅데이터 기반의 모니터링 지향 애플리케이션으로서 연구자들은 "가설 수립, 증거 수집, 그리고 집단적 의사결정을 위한 세계 최초의 소셜 네트워크"[2]라고 주장한다. 이는 집단의 총합적 예측(aggregate forecast)이 개인의 예측보다 낫다는 이 연구의 기본 인식에도 부합하는 사례로서 세밀한 검토가 필요할 것으로 본다.

1 유엔 글로벌 펄스의 헌치워크스 개요

헌치워크스는 유엔 글로벌 펄스 연구실 주관의 오픈소스 프로젝트로서 2011년에 프로토타입 형태로 출시되었다. 현재 초기 운영과 개발이 동시에 이루어지고 있다. 기본적인 아이디어는 다음과 같다. 데이터가 어떤 추세나 결과를 드러내면 – 예를 들어, 기상 데이터가 아프리카의 어느 지역에 기아로 이어질 수 있는 가뭄을 시사하면 – 연구자는 가설적인 예측과 그 근거 데이터를 '헌치(hunch)'로 올리고, 소셜 네트워크로 연결된 전 세계의 다른 연구자 또는 스태프는 새로운 데이터와 분석을 통하여 헌치를 지지 또는 부정하는 증거(evidences)를 제시하는 방식으로 관여(engage)하면서 가설의 신뢰도를 검증해 가는 방식이다. 이 시스템의 목적은 최초의 가설 또는 예측이 현실이 될 가능성이 얼마나 있는지, 또 상세한 분석과 그에 대응하는 행동을 할 가치가 있는지를 결정하는 것이다.

또한 헌치워크스는 취약신호(weak signals)를 포착하기 위한 가설 관리 시스템(hypothesis management system)으로서, 인간과 데이터 마이닝 도구가 협력하여 비정상적이거나 관심을 가져야 할 데이터와 관찰값에 대하여 헌치를 생성한다. 헌치는 기본적으로 사회적 위기로 이어질 수 있는 가능성을 보유하고 있는 것이

---

[2] http://www.unglobalpulse.org/technology/hunchworks

다. 헌치가 생성되고 나면 그것은 유엔의 글로벌 전문가 네트워크와 관련 기관의 스태프에게 공유되며, 신속하게 정보와 추가 증거를 수집하는 메커니즘으로 작동하게 된다.

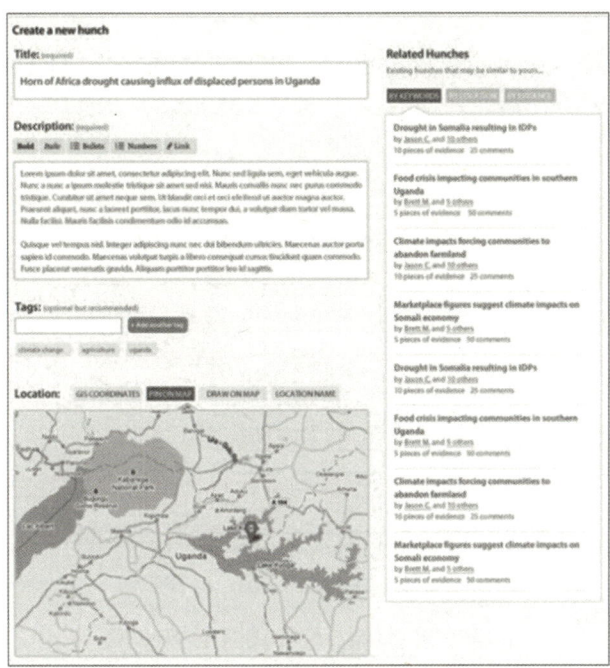

[그림 4-1] 유엔 글로벌 펄스의 헌치워크스

헌치워크스의 기능적 메커니즘은 ① 관심을 끄는 약한 신호를 감지(빅데이터 분석 및 모니터링), ② 신호의 성격을 가설화(헌치 생성), ③ 헌치를 네트워크에 공유, ④ 헌치가 씨앗(seed)이 되어 연관 신호와 다른 증거를 수집, ⑤ 지식 커뮤니티(communities of practice)의 관여를 통하여 신속하게 타당성 검증(소셜 네트워크 동학), ⑥ 확정된 헌치를 재난 대응 행동의 기초로 활용하고, 검증 과정에 참여한 전문가의 신뢰도를 시스템 내에서 조정하는 기능으로 구성되어 있다. 충분한 증거가 수집되었을 때 최초의 헌치 생성자는 집계된 증거와 신뢰도를 바탕으로 헌치의 상태를 '입증(Proven)', '미입증(Disproven)', '종료(Closed)' 중 하나로 변화시키게 된다([그림 4-2]).

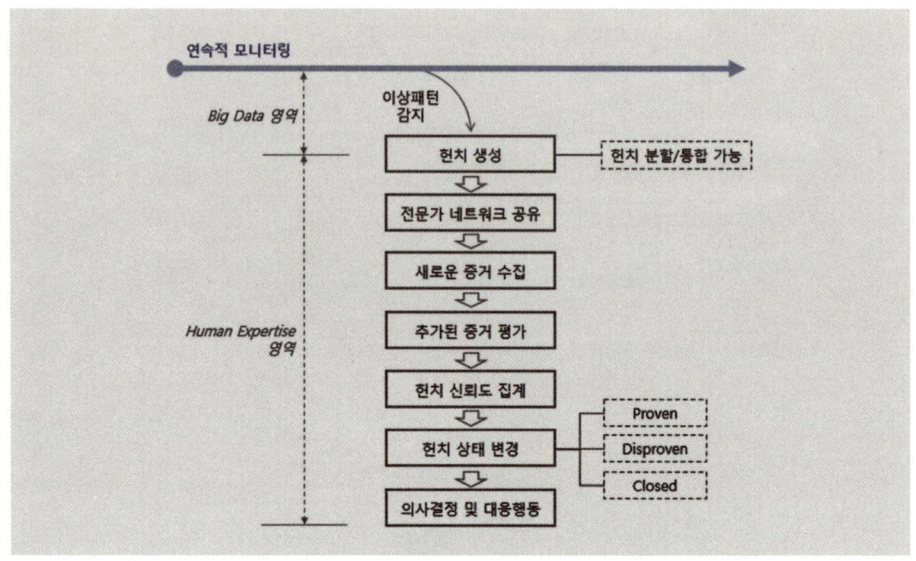

[그림 4-2] 헌치워크스 시스템 작동 메커니즘

이러한 기능은 글로벌 소셜 네트워크를 통하여 안전하고 신뢰성 있는 방식으로 집단지성이 발현될 수 있도록 직관적이고 정교하게 설계되어 있다. 재난관리에 전문가 네트워크를 동원하고자 할 때 눈여겨보아야 할 사항들이 많다.

첫째, 전문가들이 증거(evidence)의 형태를 세분화하여 제시하도록 하고, 각 증거가 헌치의 내용을 지지하는 정도에 대하여 전문가들이 직접 상호평가를 할 수 있게 해놓았다. 증거의 형태는 트윗, 데이터셋, 링크, 사진, 동영상, 관찰 내용 등이 가능하며, 집단적으로 평가된 증거가 집계되어 헌치의 신뢰 수준이 자동적으로 집계된다.

둘째, 헌치 생성자가 가설의 성격을 고려하여 보안 수준과 공유 대상을 직접 설정할 수 있도록 하여, 검증 과정에서 불필요한 소음이 발생하는 것을 방지하고 있다. 예를 들어, 보안 수준이 '숨기기(Hidden)'로 설정되면 헌치가 검색되지 않으며, 직접 초대받은 전문가만이 열람과 검증 과정에 참여할 수 있다.

셋째, 참여도와 기여도에 따라 전문가의 신뢰도가 정교하게 평가되는 메커니즘을 구현하고 있다. 즉, 헌치를 지지 또는 부정하기 위하여 제시된 증거는 다른 전문가들에 의하여 다시 검토, 평가되는데, 시스템 내에서 이루어진 모든 행위가 기록으로 남고, 전문가들의 신뢰도를 평가하는 지표로 활용된다. 다시 말하면, 신뢰성 있는 기여행위를 많이 할수록 전문가의 신뢰도가 높아지는 방식이다. 전문가의 신뢰도는 헌치의 신뢰도 집계에 가중값으로 반영된다. 이는 많은 사람에게 영향을 미칠 수 있는 국가적·지구적 재난을 예측하는 것인 만큼 신중한 행동을 유도하기 위하여 시스템 내부적으로 여과 기제를 심어놓은 것으로 이해될 수 있다.

아울러 헌치웍스 시스템에는 '통합(integration)'과 '연합(federation)'이라는 근본적인 설계 개념이 내재되어 있는 것으로 이해된다(Walt et. al., 2011). 우선, 헌치웍스를 중심으로 재난 관련 이해당사자, 대응행동, 다양한 도구(오픈 소스 및 상용 소프트웨어 포함), 그리고 데이터 원천 등의 기존 자원을 통합하려는 시도로서, 가령 전문가들의 인적 사항과 네트워크를 생성할 때 새롭게 정보를 입력하는 것이 아니라 이미 구축되어 있는 소셜 네트워크 서비스(LinkedIn, Facebook 등)를 활용하여 단시간에 전문가 네트워크가 만들어질 수 있도록 하고 있다. 이렇게 국가별·지역별 헌치웍스 시스템이 구축되면 그 시스템 간의 연계를 통하여 글로벌 수준에서 재난 대응 연합 네트워크를 형성할 수 있는 가능성이 열리는 것이다. 헌치웍스가 오픈 소스 프로젝트로 추진되는 것도 바로 이러한 이유 때문일 것이다.

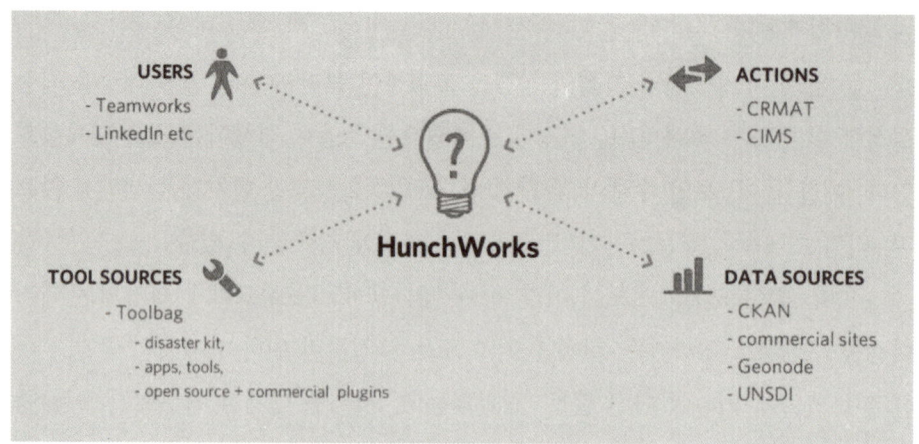

[그림 4-3] 유엔 헌치워크스의 통합 개념

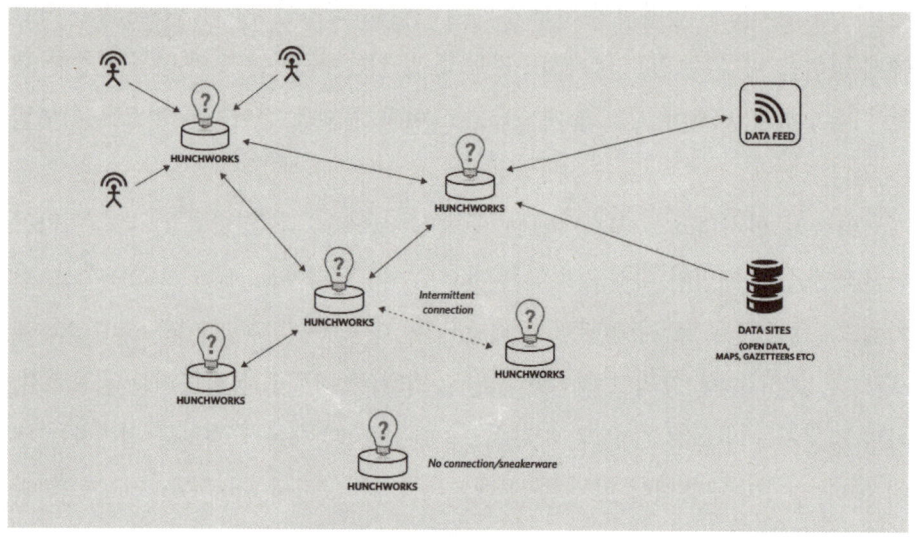

[그림 4-4] 유엔 헌치워크스의 연합 개념

　　이런 고려 사항들을 통하여 재난 예측 시스템을 실질적인 행동과 연계되는 엔진(action engine)으로 만들고자 한 것이다.

2 유엔글로벌 펄스의 헌치워크스 시사점

헌치워크스는 아직 완성된 시스템이 아니며, 수년에 걸쳐 개발과 동시에 진화하고 있는 것으로 알려져 있다.[3] 이 시스템이 원래의 설계 방향대로 완성될 수 있다면 재난관리에 혁신적인 사건이 될 것으로 기대된다. 헌치워크스는 인간의 불완전성과 미래 예측의 불확실성을 인정하고, 그 한계를 "좋은 의사결정 과정을 구축하는 것"으로 극복하려고 한 첫 번째 시도이기 때문이다. 인류 역사를 통틀어 인간은 수많은 예측을 해왔다. 지금도 매일, 매순간 예측을 하고 그에 의거하여 삶을 영위하고 있지만 맞은 예측보다 빗나간 예측이 압도적으로 많았다는 것은 자명한 사실이다. 심지어 과학적인 실험에 근거한 학술연구의 결과가 이후 검증 과정에서 재현이 불가능한 것으로 판명되기도 하였으니[4] 우리가 기정 사실로 받아들이고 있는 과학적 지식 중의 상당 부분은 잘못된 지식이거나 아직 확인되지 않은 사실일 가능성이 크다. 특히, 재난의 경우 그 유형별로 예측가능성의 편차가 매우 큰 것으로 알려져 있다. 일기예보를 위한 기상예측은 오랜 기간 동안 축적된 예보관의 경험과 슈퍼컴퓨터와 같은 기술의 발전에 힘입어 상당 부분 정확성이 높아졌다. 하지만 장기간에 걸친 기후 변화는 아직 예측이 불가능하며,

---

3) 유엔이 공개하고 있는 로드맵은 2013년 1월까지 전체 기능을 갖춘 1차 시스템을 선보이는 일정이었는데, 공식 발표가 없는 것으로 보아 아직 개발이 진행 중인 것으로 추측된다. 그러나 1차 시스템 역시 완성된 시스템은 아니었으며 초기 개발 단계(in early stage development)의 시스템임을 분명히 하였다(Walt et. al., 2011).

4) 2005년 의학자 이오애니디스(John P. Ioannidis)가 발표한 "왜 논문의 내용은 대부분 틀릴까(Why Most Published Research Findings Are False)"는 학계에 큰 논란을 일으켰는데, 학자들의 상호 심사를 거쳐 학술지에 실린 새로운 발견들, 즉 실험실 실험을 통하여 진행된 성공적인 의학 가설들을 연구 대상으로 삼았는데 이 발견의 대부분은 실제 현실에 적용할 경우 실패 가능성이 높다고 결론을 내렸다. 한편, 바이엘연구소(Bayer Lab.)는 최근 이 가설이 맞는다는 것을 실제로 확인하였는데, 의학잡지에 실린 발견을 직접 실험한 결과, 약 2/3에서 원 연구자들이 내린 결론과 다른 결과를 얻었다(Silver, 2014: 28).

태풍이나 토네이도의 이동 경로는 2~3일 전에야 비로소 정확한 예상이 가능한 수준이다. 발생 시 피해 규모가 큰 지진이나 해일은 수많은 연구와 시도에도 불구하고 거의 예측이 불가능한 것으로 판명이 났으며, 홍수·산사태 등도 마찬가지이다. 그렇다면 효과적인 재난관리를 위하여 필요한 예측문제에 우리는 어떻게 접근하여야 할 것인가? 유엔의 헌치워크스는 이런 맥락에서 몇 가지 중요한 시사점을 우리에게 안겨준다.

첫째, 현 단계에서 정확한 미래 예측이 불가능함을 인정하고 실용적인 최선의 예측을 하는 데 초점을 맞출 필요가 있다는 점이다. 빅데이터를 활용한 재난관리 주제를 다루는 최근의 다양한 연구와 보고서들에서는 예측의 불확실성을 정면으로 다루지 않고, 데이터와 알고리즘에 의한 기술적인 가능성에 초점을 맞추고 있는 것이 사실이다. 그러나 자연 현상이나 사회 현상에 영향을 미치는 모든 변수를 데이터화하고 그 내부적인 메커니즘을 완벽하게 이해하지 않는 이상 100% 정확한 예측은 불가능할 것이다. 그렇다면 예측이 얼마나 빗나갈 수 있는지, 그런 상황에서 우리는 어떻게 행동하여야 하는지, 그리고 예측이 잘못되었을 때 발생할 수 있는 비용을 어떻게 최소화할 수 있는지를 함께 생각하고 대비하는 것이 실용적인 접근일 것이다.

둘째, 최선의 예측을 위해서는 기계적인 예측 모델에 전적으로 의존할 것이 아니라 사람이 축적하고 있는 경험적 통찰력과 지혜를 충분히 활용할 필요가 있다는 점이다. 헌치워크스는 사람이 보유하고 있는 경험적 전문성(humanitarian assistance)과 컴퓨터의 힘을 결합함으로써 현명한 의사결정을 가능하게 하고, 이를 통하여 복잡한 문제를 해결하려는 시도이다. 사람의 눈과 생각은 일정한 편향을 가지고 있지만 여전히 중요하다. 미국 국립기상청에 따르면, 기상 예측에서 인간은 컴퓨터가 독자적으로 수행한 예측작업의 정확도를 약 25% 개선하고, 기온 예측은 10% 정도 개선하는 것으로 알려져 있으며, 이런 비율은 오래전부터

거의 일정하게 유지되고 있다(Silver, 2014: 198).[5]

셋째, 집단지성(collective intelligence)에 의한 의사결정의 이점을 충분히 활용할 필요가 있다는 점이다. 집단의 총합적 예측이 개인 혼자 하는 예측보다 더 정확하다는 사실은 연구가 진행된 거의 모든 분야에서 이미 증명된 사실이기 때문이다.[6] 헌치워크스는 이 집단지성을 동원하는 메커니즘으로 소셜 네트워크의 역동성을 활용한다. 소셜 네트워크는 단지 지식과 정보의 연결이 아니라 경험적 지혜와 전문성, 그리고 책임감을 가진 사람들의 연결 관계라는 점에서, 상호작용적 커뮤니케이션을 통하여 최적의 해답을 찾아가려는 노력을 관계적으로 견인해 낼 수 있는 적절한 수단이라는 점에서 충분한 가치가 있다.[7]

---

[5] 물론 인간의 판단이 컴퓨터의 예측 결과를 더 정확하게 만들 수도 있고, 그 반대일 수도 있다.

[6] 집단적인 예측이 10 ~ 25% 예측 정확도를 향상시키는 것으로 알려져 있다.

[7] 다만, 이런 설계를 하기 위해서는 소셜 네트워크의 동학(dynamics)을 제대로 이해하고, 그것이 자연스럽게 발현될 수 있는 다양한 장치를 시스템의 적절한 위치에 마련해 둘 수 있어야 한다. 그것을 위한 전문적인 안목 역시 필요하다.

부록5

스마트 공공 서비스를 위한 빅데이터 기반 예측 행정 시스템

미래 예측과 구분되는 주요 개념

　　미래 예측(foresight)은 단순히 상상에 의존하는 것이 아니라 현재는 미약할 뿐인 징후를 감지하여 '달라질 수 있는 미래상(alternative futures)'을 추론해 낼 수 있는 능력이다. 따라서 미래상은 둘 이상이 도출될 수 있으며, 미래 예측에는 미래상 예측으로 끝나는 것이 아니라 "아무것도 하지 않았을 경우의 미래상과 어떤 조치를 했을 경우의 미래상" 사이의 차이(gap)를 줄일 수 있는 방법이 있는지 탐구하는 작업 역시 포함되어야 한다. 새로운 학문 분과로 자리 잡는 데 성공한 지 얼마 되지 않았기 때문에 미래 예측에서 사용되는 많은 개념과 어휘가 혼동되고 있는 실정이다.

① 비전과 미래 예측은 어떻게 다른가?

　　비전(vision)은 미래를 '고정시키는(fixed)' 경향이 있다. 그리고 강력한 신념을 가진 선지자의 예언을 조금 세속적 상황에 맞게 다듬는 과정이 추가된다. '미래

는 ~한 형태가 되어야 한다'는 강한 규범의 색채가 너무 짙기 때문에 현실적으로 사람들이 무엇을 하여야 하는지, 어떤 방법을 선택할 수 있는지는 중요하게 다루어지지 않는다. 반면에, 미래 예측은 미래상을 "조건에 따라 변화할 수 있는 것"으로 여기며, 인간의 노력과 의미 있는 선택이 큰 역할을 한다고 본다.

② **추세란 무엇인가?**
 일반화할 수 있는 변화와 혁신에서 확인할 수 있는 요인들이다. 모든 이가 경험하며, 여러 해 동안 지속되어 (보통 세계적 수준까지 확장되는) 태도 그리고 정책적 요소를 품고 있는 맥락이다. 가장 중요한 것은 대부분의 사람, 조직, 심지어 국가조차도 추세(trends)를 바꾸기 위하여 할 수 있는 일이 거의 없다는 점이다. 즉, 개별 조직과 국가도 받아들이는 것이 고작인 셈이다. 추세는 크게 세 종류 — 대세(mega-trends), 잠재 추세(potential trends), 파생 추세(branching trends) — 로 나눌 수 있다. 대세는 여러 세대를 거치면서도 사라지지 않는 추세를 일컫는다. 기후, (구석기 시대 이후부터 계속되어 온) 인구 증가 등이 대표적이다. 잠재 추세는 "미래에 그 흐름이 거스를 수 없을 정도"가 될 수 있는 가능성이 있는 부류이다. 혁신적인 신념과 행위에 잠재 추세의 씨앗이 깃들어 있다. 과거에 현대 약학에서는 쓸모없는 것으로 여겨지던 대안적 약물은 연구를 통하여 그 효과가 입증되었다. 마지막으로, 파생 추세가 존재하는데 더 큰 추세의 목표를 이루기 위한 세부적인 영역에서 나타나는 양상으로 이해할 수 있다. 구체적 사례로는 양성 평등을 이루기 위한 성별 간 임금 격차 해소가 있다.

③ **동인**
 개인, 조직, 국가가 관여(accessible)할 수 있으며, 직접적으로 환경에 영향을 주는 힘의 원천이 바로 동인(動因, drivers)이다. 사람들이 그것의 강화와 약화 또는 유지에 개입할 수 있다는 점에서 추세와 다르다. 동인은 (사람들의) 개입으로

인하여 변할 수 있기 때문에 불확실성을 가지고 있다. 따라서 시나리오를 구상할 때 동인의 수에 따라 경우의 수가 달라진다(2^n, 단 n은 동인의 수).

<표 5-1> 동인의 유형

구분	동인 B가 지속될 때 (B-high)	동인 B가 지속되지 않을 때 (B-low)
동인 A가 지속될 때 (A-high)	제1 시나리오 (Ah-Bh)	제2 시나리오 (Ah-Bl)
동인 A가 지속되지 않을 때 (A-low)	제3 시나리오 (Al-Bh)	제4 시나리오 (Al-Bl)

④ 대사건

대사건(wild cards)은 일어날 수 있고 발생하였을 경우 파급 효과는 엄청나지만, 그 발생가능성은 높지 않은 상황과 사건이다. 이러한 상황은 사회의 바탕을 뒤흔들며, 거의 모든 이해관계자가 대사건이 발생하기 전에는 고려하지 않았던 기회와 대비하지 않았던 도전에 직면하게 된다. 9·11 테러, 체르노빌발전소 폭발, 대규모 감염병과 같은 것이 대사건에 포함된다.

⑤ 단절

단절(discontinuities)은 시간이 흐르면서 단일 사건의 영향이 확대되고 기존 방식 또는 기존에 상정하여 두었던 정책의 방향에 급격하고도 근본적인 변화가 일어나게 만드는 사건이다. 창조적 파괴와 혁신이 곧잘 일어나는 시장에서 단절은 일상적인 현상이지만, 사회와 정부에서 단절이 일어난다면 더 많은 관련 영역을 바꿀 수 있다. 대표적 사례로, 전자계산기의 도입으로 곡선형 자와 기계식 계산기가 사라졌던 것과 검색 엔진과 웹포털의 등장이 의회도서관 사서라는 직업이 더 이상 필요하지 않게 만든 것을 들 수 있다.

⑥ 취약신호

취약신호(weak signals)는 발전, 위협, 사업-기술적 혁신을 일으킬 핵심적인 동력을 나타내는 지표가 될 가능성이 있는 변화이지만 현재 시점에서는 소음(noise)과 구분하기 힘든 초기 신호로 볼 수 있다. 21세기 들어서 지구촌의 주요 의제가 된 지구온난화에 대한 경고는 1980년대에 나타났다. 최초의 경고로부터 실질적인 국제적 대응이 있기까지는 수십 년이 걸렸다. 취약신호는 중요한 변화가 태동하고 있음을 알려주지만, 신호가 발생된 '해당 시점'에서는 그 의미를 증명하기가 어렵다.

부록6

미래 예측적인 행정운영 체계를 위한 예측 행정 시스템의 개념 및 발전 방향에 대한 제안 : 재난이나 위기에 강한 도시 공동체의 회복력 강화를 중심으로[*]

1 도시 미래를 위한 빅데이터 기반 예측 행정 시스템의 기본 가정

중앙정부나 지방정부 수준에서 코로나 19 사태, 경제위기, 인구 감소 등으로 인한 도시 회복력을 강화하는 것이 전 세계적으로 중요한 의제가 되었다. 특히 주요 국가에서는 재난이나 위기에 강한 도시 공동체의 회복력 강화를 위한 예측 행정 시스템을 구축하고 운영하는 것을 필수적으로 고려하고 있다. 따라서 빅데이터를 활용하여 미래 예측적 행정운영 체계를 위한 예측 행정 시스템의 내용을 구체화하고, 예측 행정 시스템의 구조와 기능을 설계하는 데 다음 사항을 기본적인 전제로 한다. 예측 행정 시스템은 컴퓨터가 독자적으로 수행한 예측작업의 정확성과 집단지성에 의한 의사결정의 이점을 충분히 활용하는 총합적 예측이 핵

---

[*] 서울특별시 은평구의 정보화 전략 계획 보고서(2017) 제출 자료를 수정·보완하였음.

심 메커니즘이다. 도시 미래를 위한 예측 행정 시스템은 기계적 예측과 집단의 총합적 예측을 통한 상호작용적 커뮤니케이션을 통하여 최적의 해답을 찾아가려는 노력의 결과물로 이해할 수 있다. 빅데이터 근거 기반의 예측 시스템은 최적의 해답을 찾아가려는 노력을 관계적으로 견인해 낼 수 있는 적절한 수단이다.

서울시 보도 자료(2014년 11월 30일)

서울시, '미래 예측' 행정 시스템 본격 도입
– 다가올 미래 대비하고 위험은 최소화하는 '미래 인지적 시정 운영 체계' 구축
– 시 산하 서울연구원 내에 미래연구 전담 싱크탱크 '미래연구센터' 신설
– 각계 전문가로 구성 '미래서울기획위원회' 토론·연구로 시에 정책과제 제시
– 중장기계획, 대규모사업 등에 '미래영향평가제도' 시행… 2017년 목표
– 시 '미래 인지적 시정 운영, 서울시의 새로운 행정혁신 사례로 자리매김 기대'

류경기 서울시 기획조정실장은 "최근 발생한 일련의 사건·사고에서 중요한 점은 사후조치가 아닌 사전예방"이라며 "미래를 예측하고 대비하는 시정 운영 체계 구축은 위험을 사전에 제거해 시민이 행복한 서울을 구현하는 데 기여할 수 있을 것이며, 새로운 행정혁신의 사례가 될 것"이라고 말했다.

※ 서울연구원 내 미래연구센터의 주요 역할
① 미래 변화 예측 연구 ⇒ 시에 장기적 안목과 정확한 정보 제공
  – 미래 예측에 필요한 기초 데이터베이스 구축 및 빅데이터 분석·연구
② 전문가·연구조직 네트워크 구축 ⇒ 전문가 풀(pool) 구성·활용
  – 국내외 신진 미래학 연구자, 역량 있는 전문가 지속 발굴·연구 교류
③ 미래전략 콘퍼런스 개최 ⇒ 논의의 장 마련
  – 미래 예측 연구 결과 등을 공유하고, 각 분야에 미치는 함의 도출

④ 미래서울기획위원회 운영 ⇒ 거버넌스 구축 · 활동 지원
- 미래학을 포함, 각계 전문가들로 구성된 위원회 운영
⑤ 미래영향평가 수행 ⇒ 실효성 있는 평가 체계 마련 · 실행
- 평가 대상, 방법, 절차 등 구체적인 평가 시스템 개발, 평가보고서 작성
- 시 기획조정실과 협의를 통하여 주요 정책 및 사업 최종 조정
⑥ 정기간행물 발간 ⇒ 연구 결과의 체계적 관리 및 정보 축적
- 서울미래백서(격년) : 연구 주요 실적, 미래서울기획위원회 운영 결과 등
- 미래전망 리포트(반기) : 메가트렌드 등 주요 지표 소개, 부상 이슈 등

'미래서울기획위원회'는 '미래연구센터'의 자문단 역할을 하게 되며, 미래학, 과학기술, 정치, 사회, 인류, 환경 등 여러 분야 전문가 풀(pool)로 구성될 예정이다.

첫째, 예측 행정에 대하여 시스템적으로 접근하는 데 있어, ① 분산된 자료를 데이터화(통합DB의 구축)함으로써 데이터 활용성 및 업무효율성 제고, ② 지수화 및 시각화를 통한 근거 기반 정책결정(evidence-based policy-making) 기반 구축, ③ 지수 변화 트렌드의 모니터링을 가능하게 함으로써 변화 인지 역량 확보, 데이터 분석 메커니즘과 정책의 계획 · 실행 · 평가 프로세스를 통합하고, 지능화함으로써 예측가능성 향상, ⑤ 이를 통한 스마트 맞춤행정 구현에 주안점을 둔다.

둘째, 빅데이터에 대한 시스템적 고려는 범용 인프라(빅데이터 플랫폼) 구축을 지향하지 않고, 목적 및 효용지향적으로 접근하여 향후 데이터 수집(외부 빅데이터 연계, 센서데이터 수집 등), 축적, 분석 상황에 따라 빅데이터 처리를 위한 인프라를 추가, 확장하는 것으로 제안한다.

• 최근 빅데이터 인프라에 관한 인식은 별도의 시스템보다 모든 시스템의

기본 구성 요소로 인식되는 경향이 강하다. 즉, 과거에는 하급 기반 생태계와 같은 빅데이터 시스템 아키텍처를 구축하는 것이 별도의 사업으로 추진되었으나 지금은 필요 시 언제든지 추가할 수 있는 하위 구성 요소로 인식하여 범용 플랫폼으로서의 빅데이터 시스템을 구축하는 경향은 사라지고 있는 상황이다.

셋째, '도시공동체 회복력 지수(Community Resilience Indicators: CRI)를 활용한 도시 재난 대응력 향상' 콘셉트로 수행하고, 최근 전 세계적으로 '공동체 회복력 향상'을 목적으로 하는 장기적, 대규모 사업의 일환으로 추진되어 장기적인 정책 프로그램과의 연계 및 투자가 필요하다.

- 현재 주요 자치단체에서 시행되고 있는 정책 및 행정 프로그램의 상당수는 이러한 맥락에서 수용될 수 있는 것으로 판단된다. 하지만 정책결정에 근거가 되는 지수를 개발하는 작업은 이론적·경험적으로 정교한 논리와 근거가 필요한 작업이므로 시스템화 이전에 학술적 전문가와 현장 전문가가 공동으로 참여하는 심도 있는 선행연구와 지속적인 후속연구가 필요한 분야이다.
- 따라서 지수 체계와 시스템은 이러한 본격적인 작업을 위한 시범적인 참고 자료로서 이해하는 것이 바람직할 것으로 판단된다.

2 도시 미래를 위한 빅데이터 기반 예측 행정 시스템의 개념 및 목표

도시 미래를 위한 예측 행정 시스템의 개념을 이해하고, 목표를 설정하기 위해서는 재난 대응의 현대적 접근 방법으로서의 '공동체 회복력'과 '공동체'의 개념을 이해할 필요가 있다.

첫째, 피하기 어려운 자연재난 및 사회재난에 대하여 한편으로는 사전 대비를 강화하여 피해를 축소하고, 다른 한편으로는 신속한 사후 복구를 통하여 정상적인 삶을 회복할 수 있는 잠재력을 키우는 것이 중요하다.

- 이를 위해서는 정부, 자치단체의 행정력과 함께 비정부기구와 주민공동체의 협력, 강건한 회복력이 뒷받침되어야 한다. 이러한 맥락에서 미국, 일본, 영국, 호주 등 선진국에서는 '도시 공동체의 회복력 강화'를 미래지향적인 재난관리 프레임워크로 인식하였다. 따라서 일찍부터 민관의 재난 대응 네트워크 구축(Resilience-focused Private-Public Collaboration Networks)과 공동체를 구성하는 다양한 요소의 재난 대응 역량을 지수로 계량화하여 일상적으로 관리, 지원하는 정책을 실행하고 있다.

미국 NIST의 공동체 회복력 가이드 및 FEMA의 CRS 프로젝트

■ 공동체 회복력은 파괴적인 재난 상황 이후 시스템 기능 및 기능을 회복하는 데 걸리는 시간과 관련된 것으로 정의

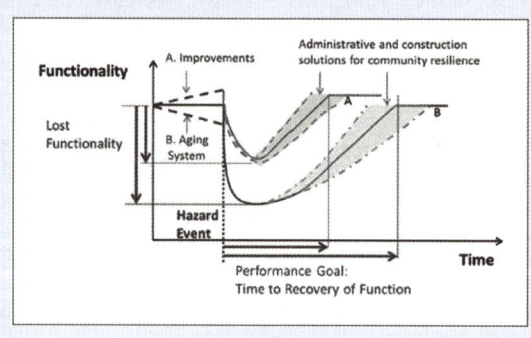

- 커뮤니티의 자산을 일곱 가지 자본으로 구성된 프레임워크로 파악함.
- 인적 자본, 사회적 자본, 정책적 자본, 시설(인프라) 자본, 재정적 자본, 자연적 자본, 문화적 자본으로 구성

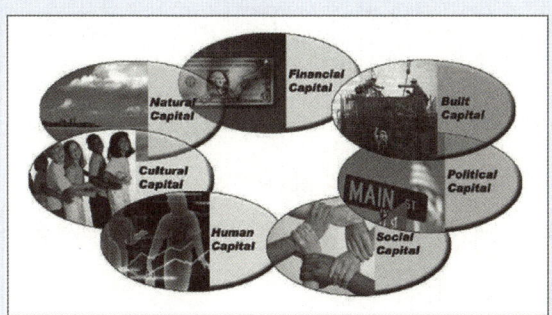

- 가이드에서는 공동체 회복력을 위한 계획을 6단계로 구분하고, 단계별 핵심 활동을 제시하고 있음.

출처: 미국 상무부(DoC) 국가표준기술원(NIST)의
공동체 회복력 계획 가이드(Community Resilience Planning Guide).
https://www.nist.gov/topics/community-resilience/community-resilience-planning-guide

- 초기에는 카운티 단위의 소규모 자치 도시를 중심으로 추진되었으며, 최근에는 국가, 주, 대도시 차원에서도 이를 수용하여 국가 차원의 공동체 회복력 지수를 개발하고 관리하기도 한다(미국 연방재난관리청[FEMA]의 "Community Resilience Indicators").
- 도시 공동체 회복력은 지속가능성(sustainability), 참여형 거버넌스(participatory governance)와 내용적 연관성을 가진 개념으로 함께 논의되기도 한다.

둘째, '도시 공동체 회복력'은 재난에 대한 사전적 대비와 사후적 대응 및 복구 역량을 모두 포괄한 개념으로 이해된다.

- 내재적 커뮤니티 기능: 경제 개발, 교통, 주택, 인프라, 자연자원, 환경보호, 공중보건 등 공동체의 핵심 기능에 대한 지원을 통하여 대응력을 강화한다.
- 위기관리 및 완화 행동: 공동체가 직면한 재해와 위기에 대한 파악, 관리, 완화 지원을 통하여 회복력을 강화한다.
- 재난 복구 및 재건: 공동체 복원 및 재건을 위한 보조와 지원을 통하여 복구 역량을 강화한다.

공동체 회복력

'공동체 회복력'의 개념은 공동체를 사회 시스템으로 간주하고, 시스템은 파괴적인 사건이 발생한 이후 새로운 균형 상태에 도달하려는 경향이 있다는 사실에서 착안(아래 그림에서 Event ~ New Equilibrium까지의 시간이 짧을수록, Previous Equilibrium ~ New Equilibrium의 격차가 적을수록 회복력 또는 대응력이 강한 공동체임)

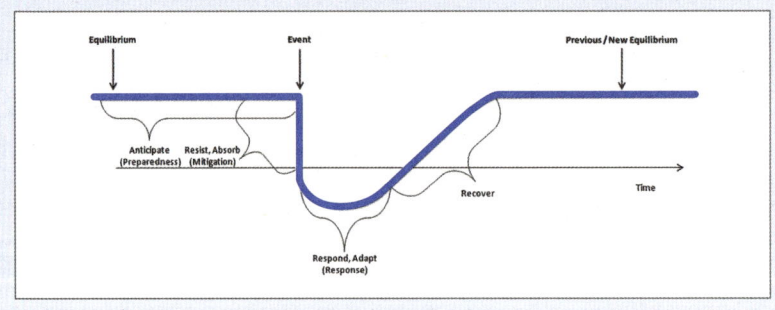

출처: FEMA.

셋째, 도시 공동체 회복력을 예시하면 다음과 같다.

- 재난 발생 시 구호품(의약품, 비상식량 등)의 효율적인 전달, 배치 역량
- 통신망, 전력망 등 기간시설이 마비되거나 교란 상태에 빠졌을 경우 기능을 회복하는 능력
- 역경에 대한 의미 부여, 긍정적 시각, 융통성, 연결성, 사회경제적 자원, 개방적 소통 등으로 신속하게 재난 이전 상태의 삶의 안정성을 되찾을 수 있는 태도와 능력
- 위기 상황에 직면하여 여러 가지 스트레스에 대처할 수 있는 힘 등

넷째, 도시 공동체 회복력에 기여하는 시스템 요소는 [그림 6-1]과 같다.

출처: AIIC(2017), "Guidelines for Community Resilience Evaluation.

[그림 6-1] 공동체 회복력 관련 시스템 요소

공동체 회복력은 유연한 계획과 절차를 통하여 가용한 자원을 잘 관리하고, 공동체의 연결성을 강화함으로써 위험과 취약성을 축소하는 일련의 활동을 통하여 확보될 수 있음.

Figure 1. A model for community disaster resilience.

출처: 호주 정부의 국가응급관리 프로그램의 지원을 받아 Torrens Resilience Institute가 2012년도에 발간한 "Developing a model and tool to measure community disaster resilience" 보고서.

[그림 6-2] 도시 공동체 재난 회복력 모델

다섯째, 도시 공동체 회복력이 강한 공동체의 주요 특징은 다음과 같다.

- 주요 특징(1)[1]
- 연결되고, 수용적이며, 권한이 부여된: 공동체에 협업, 소통, 공유, 타인에게 도달, 상호 학습을 지원하는 네트워크와 구조가 잘 형성되어 있는가?
- 문화적으로 풍부하고, 생동감 있는: 공동체가 다양성을 지향하고, 모든

---

[1] Emergency Management Victoria(EMV), "Community Resilience Framework for Emergency Management," 2017.

사람에게 접근 가능한 광범위한 문화적, 예술, 레저 행위를 가지고 있는가?
- 안전하고, 잘사는: 공동체가 신체적·정신적으로 건강하고 안전한 장소이며, 웰빙의 수준이 높은가?
- 지속 가능한 건축과 자연환경: 생활을 즐겁게 하는 높은 수준의 시설(건물, 장소)이 모두에게 접근 가능하고, 생태계 서비스가 가치 있고 지속 가능한가?
- 숙고하며, 의식이 있는: 공동체가 미래에 대한 대비와 대응을 위하여 필요한 자원에 대하여 알고 있으며, 필요한 곳에서 행동을 하고, 자신의 경험을 되돌아보고 있는가?
- 동적이며 다양성이 있는 지역 경제: 다양하고 접근 가능한 고용 기회와 지속 가능한 일/생활 균형(work-life balance)이 이루어지고 있는가?
- 민주적이며, 참여적: 공동체가 의사결정과 공동체 행동에 참여할 수 있는가?

• 주요 특징(2)[2]
- 도시 공동체 회복력을 강화하는 것은 다부문(multi-sectoral), 다수준(multi-level)의 프로세스를 통합하는 일이다. 따라서 공동체 구성원(집단) 모두가 공동체의 회복력이 모두의 일이라는 것을 이해하는 것이 필요하다. 즉, 재난관리부서나 보건부서 등 특정 업무부서에 국한되는 일이 아니다. 삶의 모든 측면에 영향을 미치는 위협으로부터 공동체가 스스로를 지키기 위하여 총체적인 비전을 가지고 공동의 협력적 행동을 하여야 한다.

---

2) IFRC(2016), "Road map to community resilience: Operationalizing the Framework for Community Resilience."

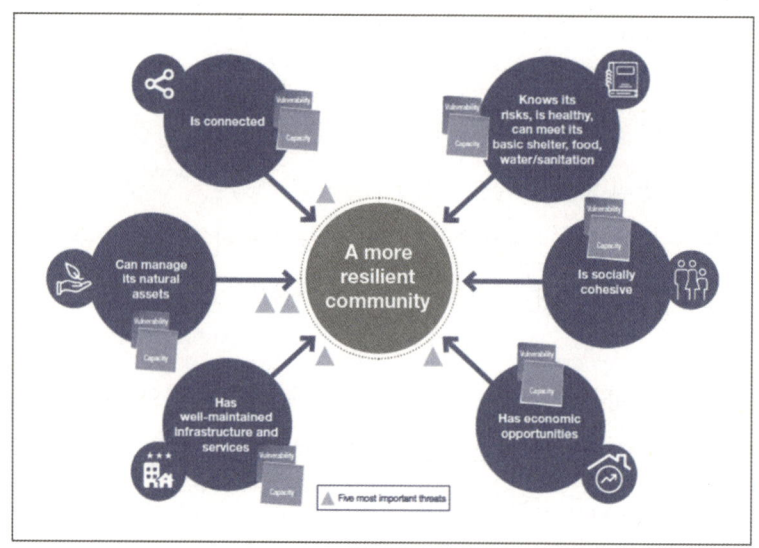

[그림 6-3] 회복력이 강한 도시 공동체의 주요 특징

여섯째, 현대의 도시 공동체는 복잡성이 큰 사회생태계(complex socio-ecological system)로서 다양한 하위 시스템을 결합하는 시스템('a system of systems')으로 인식되며, 과거의 지역, 혈연 공동체와는 달리 독립적 개인들의 응집성 있는 네트워크(networked individualism)로 이해되는 경향이 강하다.

- 아울러 공동체의 재난 회복력과 기후 변화 적응은 복잡한 사회생태계 내의 예측 불가능한 변수의 상호연결성으로 인하여 매우 복잡한 영역으로 인식되며, 따라서 전통적인 선형적, 시장 기반 또는 명령-통제(command and control) 프로세스로는 이러한 복잡성을 다루기에 적합하지 않으며, 거버넌스적인 접근을 필요로 한다.
- 거버넌스 접근은 적응적 공동관리(adaptive co-management)와 네트워크 거버넌스가 주목을 받아왔는데, 적응적 공동관리는 전형적으로 학습, 지식,

네트워크, 권한의 공유, 조직 간 상호작용을 의미하며, 네트워크 거버넌스는 네트워크화된 분산 의사결정 프로세스로 특징지어지고, 신뢰·상호 이해와 상호책임성 등과 같은 비공식적 메커니즘에 의하여 작동된다.
- 이러한 맥락에서 이 시스템에서는 'a network of networks'로서의 공동체 개념을 적용하여 도시 공동체 네트워크를 이해, 설계, 구축, 활성화하기 위한 메커니즘을 기능적으로 고려한다.

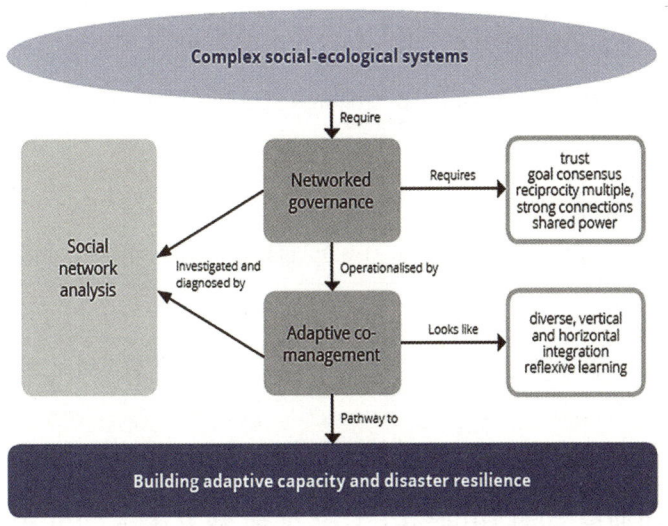

"Enhancing Networks for Resilience: Inter-organizational collaboration for disaster resilience," 2016.

[그림 6-4] 회복력, 거버넌스와 사회연결망 분석의 관계

일곱째, 가칭 '도시 공동체 회복력 지수 시스템'은 도시공동체의 회복력(community resilience)을 향상시킴으로써 피하기 어려운 재난과 위험의 피해를 최소화하고, 즉각적인 복구를 통하여 공동체가 그 기능을 신속하게 복원할 수 있도록 지원하는 것을 목적으로 하며, 아래 두 가지 사항을 기능적 목표로 설정한다.

- 정책입안자 및 현장전문가가 도시 공동체의 회복력을 측정하여 지수화·가시화하고 모니터링함으로써 도시 공동체 재난 대응력의 취약성과 개입의 성과를 효과적으로 파악할 수 있도록 한다.
- 공동체 회복력을 향상시키기 위하여 필요한 주체(행위자), 자원, 정보의 연결을 설계하고, 강건한 도시 공동체 네트워크의 구축을 지원함으로써 재난 대응 또는 복구 시기에 자원의 동원과 소통, 협업이 원활하게 이루어질 수 있도록 한다.

여덟째, 도시 미래를 위한 빅데이터 기반 예측 행정 시스템(프로그램)명을 가칭 '도시 링크 프로그램(Urban LINK Program)'으로 제안한다.

- 도시 공동체 회복력 강화를 위하여 필요한 '행위자' – '자원' – '정보'를 연결하고, 데이터화·지수화·가시화를 통하여 재난 대비 및 즉각적 대응 능력 향상을 지원한다.
- 사회적 연결망을 통한 소통 능력 향상이 도시 공동체 회복력의 핵심 요소이다.

3 도시 미래를 위한 빅데이터 기반 예측 행정 시스템의 필요성

첫째, 이 시스템은 도시 공동체 회복력 지수를 측정하여, 공동체의 재난 대비 정도를 평가함으로써 행정력이 포괄하기 어려운 재난관리 영역에서 공공 부문과 민간 부문의 협력을 통하여 공동체 전체의 재난 대응 역량을 향상시키는 데 필요하다.

둘째, 재난이 발생하기 전에 조치를 취함으로써 재난 대응에 필요한 생명과 재산을 보호하고, 강하고, 안전하고, 안정된 도시 공동체를 구축한다.

- 현재의 위험 노출 수준과 잠재적인 충격을 이해함으로써 도시 공동체가 재난 위험에 스스로 책임성을 가질 수 있도록 한다.
- 도시 공동체가 부정적 효과에 대응할 수 있는 역량과 개선 지점을 파악할 수 있도록 지원한다.
- 자기충족감, 도움주기, 생활방식 개선 문화를 촉진한다.
- 전체 공동체 구성원의 협력(cooperation)을 촉진한다.

셋째, 궁극적으로 커뮤니티의 사회적·인적·경제적·자연적·물리적·정책적 자산을 활용하여 재난 대비·대응력·유연성·학습과 혁신·자기조직화·다양성·포용성·삶에 대한 열망 등과 같은 사회적 요인을 강화, 향상시킨다. 따라서 재난 위험 경감·갈등관리·사회적 보호·자연자원 관리·공공재화 관리 분야에서 도시 공동체의 집합적이고 창발적인 행동이 발현될 수 있도록 하려는 것이 목적이다.

넷째, 이 시스템은 이러한 맥락에서 공동체 회복력의 다양한 측면을 측정하고 분석하여 지수화하고 가시화함으로써 공동체의 회복력을 향상시키기 위한 정책적 프로그램의 계획과 의사결정을 지원하고 성과를 정량적으로 확인하는 일련의 정책 과정을 지원하고자 하는 것이다.

4 도시 미래를 위한 빅데이터 기반 예측 행정 시스템의 활용 방향

첫째, 도시 공동체 회복력 지수는 일반적으로 재난관리 관련 정책입안자, 의사결정자, 이해관계자들의 지리공간적·시간적 의사결정을 지원하는 도구로 활용되며, 회복력 측정도구는 정책의 우선순위, 목적, 요구 사항을 평가한다. 그리고, 기준선(baseline)을 설정할 수 있게 해준다.

- 기준선은 회복력의 개선 상황을 평가하고, 자원 할당을 위한 목표를 설정하기 위하여 필요하며, 회복력 향상을 위한 정책적 투자의 필요성과 정책적 개입 방향의 선택지를 효과적으로 파악하는 데 활용될 수 있다.

둘째, 예측 행정을 위한 활용 방향은 다음과 같다.

- 기본적으로는 도시 공동체 회복력 지수의 하위 지역(동)별 비교를 통한 취약 지점 파악 및 지역의 회복력 향상을 위한 정책적 지원 우선순위 설정에 활용한다.
- 동 단위 지도에 지수별로 등급화하여 표시함으로써 동별로 취약 부문을 직관적으로 파악하고 변화를 모니터링할 수 있도록 시각화한다.
 - 건강성 또는 취약성의 원인을 파악할 수 있도록 지수 계산 방법과 데이터를 투명하게 공개하는 것이 바람직하다.
- 낮은 지수(low resilience)의 원인 파악 후 우선적으로 필요한 사후 대책을 지역과 협의하여 예산·인력의 지원 여부 및 규모, 지식·역량 강화, 주민 참여예산제도 활성화, 지원 프로그램 운영, 행정 조치 사항 등을 결정하는 데 활용될 수 있다.
- 진행 중인 기존 사업과의 중복을 피하고, 행정자원(예산, 인력 등)의 배분 기준 및 우선순위를 결정하는 기준으로 활용될 수 있으며, 이를 통하여 실행 조직에 뚜렷한 방향성과 목표 제시가 가능하다.
- 지수가 높은(high resilience) 동(洞)에 대해서는 우수 사례 선정, 표창 수여, 주민 편의시설 추가 설치 등의 인센티브를 제공한다.

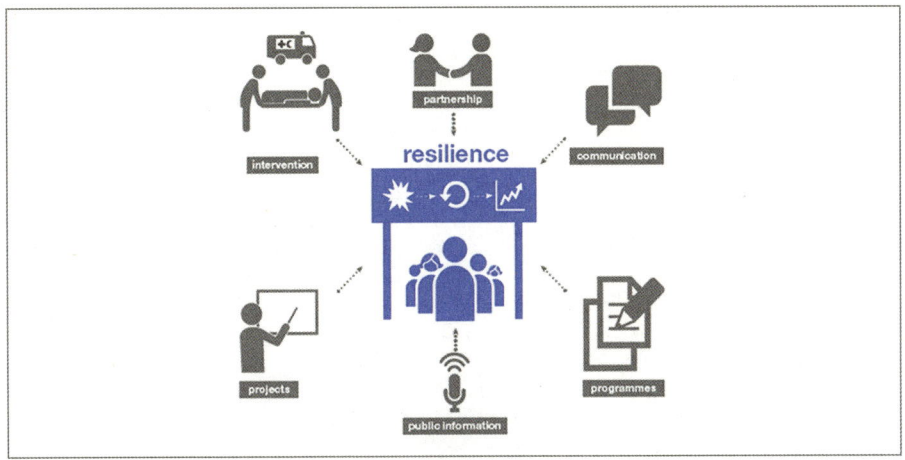

출처: IFRC(2014), "Framework for Community Resilience.

[그림 6-5] 공동체 회복력 향상에 영향을 미치는 요소

셋째, 실효성 있는 지수관리 체계 수립과 운영을 위해서는 리더십과 파트너십이 중요하다.

- 지수는 분기별로 재평가하는 것을 기본으로 하되, 하위 지수별 성격(데이터 갱신주기 등)을 반영하여 평가주기 차별화가 가능하다.
- 최고관리자 주도로 공동체 리더들이 정기적으로 평가 결과를 공유하고, 투자 대비 성과를 점검하며, 후속 대책을 논의하는 프로그램을 운영한다.
- 관련 전문가들이 참여하는 위원회를 구성하고, 정기적인 워크숍을 통하여 평가 방법과 지수 체계의 개선 및 실행 프로그램을 논의한다.
- 공공기관, 시민단체, 학교, 주민 등 지역 내 이해관계자들의 적극적인 관심과 참여를 유도하기 위한 네트워킹 프로그램을 마련한다.
- 1~2년 경과 후 지수 데이터가 축적되면 도시 공동체의 위기 대응 역량을

종합적으로 평가하고, 사업의 방향성과 지수 체계를 재점검하여 미래 의제(agenda)를 도출한다.

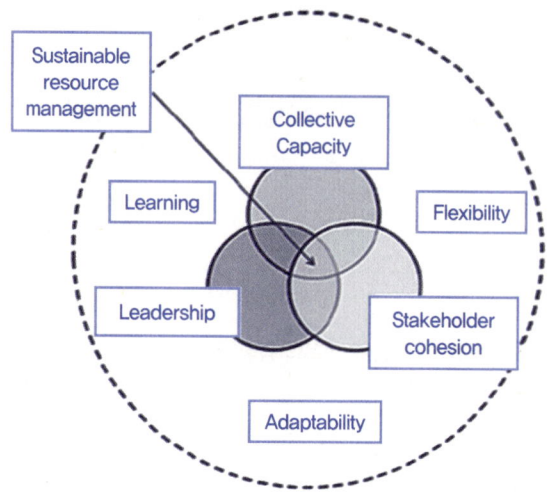

출처: A. Rochelle Bec(2016). "Harnessing resilience for tourism and resource-based communities."

[그림 6-6] 공동체 회복력의 영역

■ 도시 공동체 회복력 지수 활용 방안(예시)

〈표 6-1〉 도시 공동체 회복력 지수 활용 방안(예시)

취약성 측면	행정 개입 방향
시설(인프라)	- 안전점검 강화(회수, 보강/복구 조치 등) - 재난 대비 사업예산 우선 지원(노후 건물 보강, 침수 대비 설비 등) - 대피소 추가 설치, 구호품 정비 등

신체건강	- 찾아가는 동주민센터를 통한 복지 서비스 강화 - 치매환자요양시설 입소 지원 - 대사증후군 치료를 위한 교육 및 무료 운동시설 확충 등
정신건강	- 우울증, 스트레스 환자 전문 의료인 연결 지원 - 고위험 환자에 대한 개인별 추적 관리 프로그램 - 시민 교육·문화 프로그램 운영(교양철학/과학 강좌, 가족 단위 강좌 개설 등) - 유치원에서 성인에 이르기까지 일관성 있는 교육 프로그램 개발 운영 - 가족관계 강화를 위한 프로그램 - 학교·학년별 재난 대응 교육 실태조사 등
사회적 관계	- 이웃관계 활성화 지원 프로그램 기획 운영 - 온라인 반상회 활성화(동 SNS 페이지 운영) - 계층별 동호회 지원 확대 - 동별 자원봉사자 네트워크 구축 등
재난 대비 상태	- 관내 경찰서와의 협력사업 추진(순찰 안내 전광판 설치 등) - 폭염, 가뭄 취약 주민 개별 지원 프로그램 운영 등
지역경제	- 고학력 은퇴자를 위한 고급 공공일자리 만들기 - 관내 기업 유치 활동 - 저소득층 자활 프로그램 운영 지원 등

5 도시 미래를 위한 빅데이터 기반 예측 행정 시스템의 단계적 발전 방향

시스템의 단계적 발전 방향을 고려하여 이용자, 데이터, 지수화, 플랫폼 등 시스템의 각 측면별로 시기적인 발전 단계별 고려 사항은 다음과 같다.

1) 시스템 목표 및 운영적 측면

- 1단계에서는 도시 공동체 회복력에 대한 이해 및 공감대를 형성하고, 지역별로 산재한 자원을 데이터 수준에서 연결한다. 정책적 측면에서 개입의 필요성을 판단하는 데 필요한 판단지수를 시범적으로 개발하여 도시 공동

체 회복력 향상을 위한 정책적 프로그램을 효과적으로 설계할 수 있도록 지원하는 데 초점을 맞춘다.
- 시범 구축 단계에서의 시스템 이용자는 구청 내부 업무담당자와 지역의 관련 기관 또는 리더에 한정하고, 접근 계정을 발급하여 이용하는 폐쇄 시스템으로 운영한다.

• 2단계에서는 도시 공동체 회복력 향상을 위한 프로그램을 계획, 실행하고, 그 성과를 모니터링하기 시작하는 단계로 설정할 수 있으며, 그 과정을 통하여 데이터와 지수 체계의 보완, 지식정보의 제공 등을 추진한다.
- 광역/기초 자치단체 차원의 '도시 공동체 회복력 프로그램' 및 추진 체계를 통한 공식 지수 체계 수립, 지수 및 산출 방법 보완, 평가 및 피드백 프로세스 등과 연계하고, 개입(intervention)에 필요한 기능을 추가한다.
- 도시 공동체 회복력 향상과 관련된 지식정보와 지수 체계의 신뢰성 확보를 전제로 시스템을 시민들에게도 공개하여 피드백을 받을 수 있는 오픈 시스템으로 운영한다.

• 3단계에서는 2단계에서 확보된 다양한 빅데이터를 활용하여 데이터 분석 모델과 시스템을 지능화함으로써 본격적인 예측 행정 단계로의 진입을 추진한다.
- 기준선 데이터(baseline data), 외부 빅데이터, 센서 데이터를 연계하여 회복력 향상에 필요한 구체적인 개입 지점을 지능적으로 예측하여 제시해 주는 인지적 분석 모델을 추가한다.
- 지역의 회복성 개선 양상과 주민의 수요를 예측하고, 행정적 개입이 필요한 영역과 지점을 기능적으로 파악하여 자원을 할당하는 메커니즘과 프로세스를 마련한다.

IFRC의 도시 공동체 회복력 향상을 위한 4단계 로드맵

※ 도시 공동체 회복력 향상을 위한 정책 프로그램적인 측면에서의 접근 절차는 'IFRC의 공동체 회복력 향상을 위한 4단계 로드맵'을 참조하여야 한다. IFRC는 2016년 보고서 "Road map to community resilience: Operationalizing the Framework for Community Resilience"에서 공동체 회복력 향상을 위한 4단계 로드맵을 제시하였다(IFRC: 국제적십자사·적신월사연맹, International Federation of Red Cross and Red Crescent Societies).

• 1단계: 연결 단계(이해당사자의 관심, 참여를 통한 연결 형성)

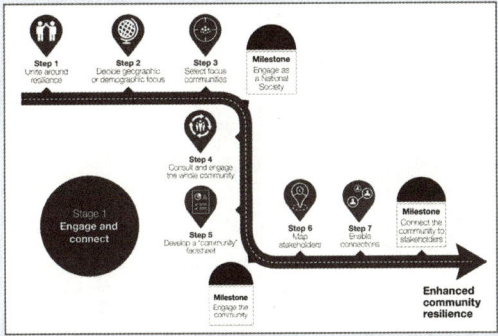

• 2단계: 이해 단계(공동체 위험과 회복력에 대한 이해)

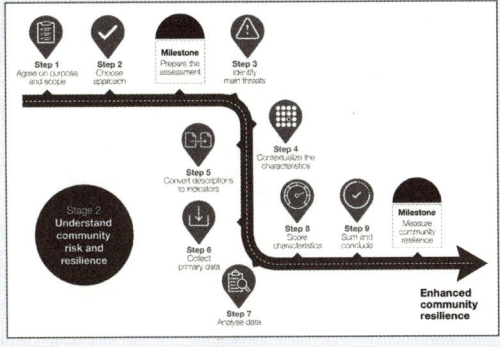

- 3단계: 실천 단계(회복력 향상을 위한 활동)

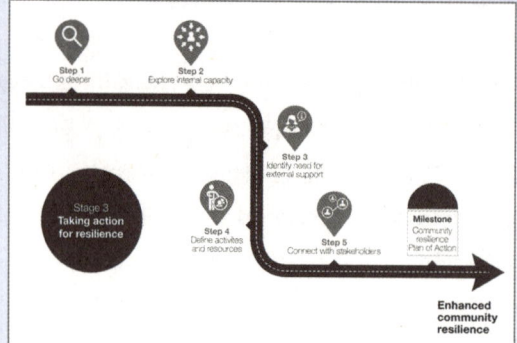

- 4단계: 학습 단계(학습을 통한 교훈 얻기)

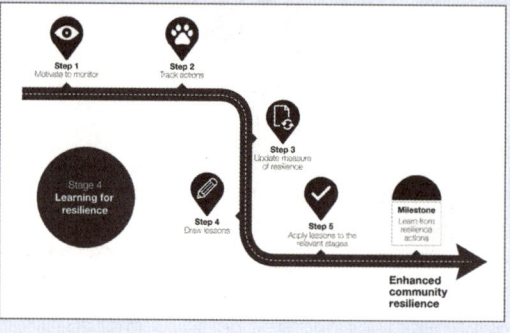

2) 데이터 전략 측면

- 1단계: 'Collect & Integration'(1~2차 연도 기본 전략)
- 1차 연도에는 정적(static) 데이터 위주로 내부에 분산된 행정자료를 수집하여 데이터베이스(DB)화하고, 데이터 포인트를 중심으로 통합하는 전략을 중심으로 추진한다.

- 지리적 · 시간적 분석과 공동체 자원관리를 위한 기반 데이터(지리/공간, 인구, 건물/시설 등)는 좌표 변환을 통하여 지도상에 매핑할 수 있도록 우선 구축하고, 회복력 지수별로 행정자료를 수집하여 데이터 포인트별로 통합한다.
- 많은 시간과 비용을 수반하는 데이터웨어하우스 구축과 자동화된 데이터 전처리시스템(ETL 시스템)은 2차 연도 이후 순차적 데이터 통합작업을 통하여 진행을 고려한다.
- 기관 간 협조가 필요한 외부 데이터와 개인정보는 법률적 근거가 마련되면 시스템 간 연계, 수집, 통합을 추진한다.

- 2단계: 'Sense & Stream'(3차 연도 기본 전략)
- 공공 부문에서 사물인터넷(IoT)이 본격화되는 시점부터 지수 체계의 객관성 확보에 필요한 동적(dynamic) 데이터를 센서를 통하여 수집하고, 스트림 데이터(stream data)를 실시간으로 분석하는 전략을 추진한다.
- 물리적 센서와 사회적 센서를 동시에 활용하여 센서 네트워크를 구축한다.
- 물리적 센서: 체감 온도, 실내온도, 공기질, 취약계층 활동성, 유동인구, 교통량 등을 자동으로 감지할 수 있는 센서를 필요한 위치에 설치하여 데이터를 수집한다
- 사회적 센서: 시민들의 자발적인 협력을 통한 정보 제공(예: 스마트폰 센서, SNS, 자동차, 자전거 센서 부착 등)을 통하여 데이터를 수집한다.
- 이를 통하여 사물인터넷(IoT)과 모바일 네트워크를 통한 반응적(responsive) 스마트 도시 구축의 기반을 구축한다.

3) 지수화 및 시스템 측면

- 1단계에서는 시범적 지수 체계를 통하여 지수를 개발하여 신뢰성을 검증

하고, 공동체 회복력의 기반이 되는 행위자-자원-정보 간의 연결 관계를 풍부하게 정의하여 데이터화하는 데 중점을 둔다.
- 데이터 분석과 시각화를 위하여 지리정보체계(GIS), 통계, 사회연결망분석(SNA)을 중심으로 활용하고, 시스템적으로는 데이터 입력 및 통합, 데이터 분석 및 시각화 기반을 구축한다.
- 시스템은 웹과 PC 기반 애플리케이션을 통하여 구현한다.

- 2단계에서는 지수 체계를 보완하여 공식화하고, 동적(dynamic) 지수를 추가함으로써 시스템에 역동성을 부여하고, 외부 데이터 수집, 연계를 통하여 빅데이터를 구축하는 데 중점을 둔다.
  - 분석적으로는 SNS 및 텍스트 데이터 분석을 위한 텍스트 마이닝 기법을 추가한다.
  - 특히, SNS를 활용한 재난 소통 네트워크 구축 및 데이터 연계(API)를 통하여 동적(dynamic) 지수 체계 확장을 시도한다.
  - 동별 카톡방, 페이스북 페이지 등 간편한 온라인 커뮤니티 공간을 활용하여 공동체 소통 네트워크를 구축한다(핵심 행위자를 중심으로 확장).
  - 네트워킹 활동을 통하여 네트워크를 구축하고, 긴급 상황에 네트워크를 활용하여 실제 대응할 수 있는 행동 지원 메커니즘을 시스템으로 구현하여 실행 프로그램을 연계한다.
  - 상황 발생 시 긴급 메시지가 공동체 리더(first responder)에게 자동으로 전달되며, SNS 네트워크를 통하여 전파되는 모델을 구현한다('볼 수는 없지만 실제 존재하는 다중 네트워크 모델'을 구축하고 활용).
  - 모바일 앱을 추가로 개발하여 상시적 모니터링이 가능하도록 한다.

- 3단계에서는 센서 데이터 등 스트림 데이터 기반의 실시간 지수를 추가하

고, 지능적 분석 체계를 구축한다.
- 실시간 빅데이터 분석이 가능한 체계를 구축하고, 기계학습, 인공지능 등의 분석기법을 추가하여 본격적인 스마트 예측 행정의 기반을 마련한다.
- 분야별 센서 네트워크를 구축하고, 수집되는 센서 데이터를 수용할 수 있는 시스템 인프라를 추가한다.

〈표 6-2〉 도시 미래를 위한 빅데이터 기반 예측 행정 시스템의 단계적 발전 방향

구분	1단계	2단계	3단계
운영적 측면	회복성 이해 및 자원 연결·설계 단계	회복성 프로그램 실행·모니터링 단계	회복성 예측 및 지능적 개입 단계
이용자 범위	업무담당자 (closed system)	일반인 (open system)	일반인 (open system)
주요 데이터	내부 데이터	외부 데이터	센서 데이터
데이터 규모	Small Data	Big Data	Big & Smart Data
지수화	파일럿 지수 체계	지수 공식화 동적 지수 추가	빅데이터 기반 실시간 지수 추가
분석방법론	GIS / 통계 사회연결망분석(SNA)	텍스트 마이닝	기계학습/인공지능
시스템 기능	데이터 통합 및 시각화 데이터분석 기반	SNS 연계 외부 데이터 수집	센서 네트워크 연계 실시간 수집·분석
플랫폼	Web	App(mobile) 추가	Sensor Network 추가

부록7

도시 미래를 위한 빅데이터 기반 예측 행정 시스템의 구조 및 기능 설계

1단계 구축 범위를 중심으로 시스템의 기능 구성과 하드웨어 및 소프트웨어 구조를 설계하여 제시한다.

1 1단계 구축 범위

1단계 시스템 구축 시의 주안점을 다음과 같이 설정한다.

1) 행정자료의 데이터화

- 업무 과정에서 생산, 관리되고 있는 행정자료(엑셀 파일 형식 등)를 데이터화(datafication)하여 통합 관리하고, 편리하게 열람할 수 있는 기능을 개발

한다.
- 손쉬운 데이터 입력 기능을 개발하여 데이터 중복 입력 부담을 완화하고 및 데이터 열람 및 분석, 시각화를 위한 통합DB(데이터 마트)를 구축한다.
- PC에 저장된 행정자료 외에 구청 내부 시스템을 연동하여 데이터를 가져올 수 있는 기능을 선택적으로 개발한다.

2) 동별 현황지수 등 좌표를 포함한 주요 데이터 포인트를 지도상에 시각화

- 동별 도서관, 보육기관, 주요 시설 등 위치를 지도상에 표시할 수 있는 기능을 구축한다.
- 인구밀도와 같은 비율지수는 열지도(heat map) 또는 콘투어차트(contour chart) 방식으로 표출한다.
- 지도에 표시된 데이터의 상세 속성정보를 차트, 표, 텍스트 형식으로 열람할 수 있는 기능을 구축한다.

3) 공동체 회복력 관련 행위자 – 자원 – 정보의 연결 관계(네트워크) 설계 및 데이터화

- 공식적 재난관리 네트워크와 공동체 기반 네트워크를 파악한다(기준선 데이터의 구축).
- 행정자료에 내재된 연결 관계를 추출하여 데이터화하는 기능을 구축한다.
  - 재난 유형별 조직 간 협업 관계 설계(조직 – 조직)
  - 재난 유형별 필수 소통 관계 설계(발신자 – 수신자)
  - 조직의 재난관리 자원 보유 관계 설계(조직 – 자원)
  - 재난 유형별 조직의 역할 수행 관계 설계(조직 – 역할)

- 서비스 제공자, 자원과 수혜자 관계 설계(제공자/자원 – 수혜자) 등

• 공동체 내에 존재하는 파악 가능한 다양한 수준과 내용의 모든 네트워크를 추출하여 입력하고, 필요한 연결 관계를 설계할 수 있는 기능을 구축한다.
※ 비정형 텍스트 자료로부터 노드와 링크 객체를 자동으로 추출하는 기능은 2단계 사업 범위로 포함하며, 1단계에서는 사회연결망분석·모델링 전문가가 수작업으로 모델링하고 데이터화를 진행한다.

4) 연결 관계(네트워크)를 지도상에 시각화하고 분석

• 연결 관계의 시간 속성을 이용하여 시간의 흐름에 따른 동적 네트워크 변화를 시각화하고 분석할 수 있는 기능을 구축한다.
• 노드의 좌표 정보를 활용하여 노드를 지도상에 그리고 링크를 표시할 수 있는 기능을 구축한다.
• 중요한 행위자(critical actor), 구조적으로 중요한 링크(critical link), 링크의 취약성을 평가하기 위한 분석 기능을 구축한다.

5) 도시 공동체 회복력 지수의 시범적 개발과 적용

• 내부자료(행정자료, 통계조사 등)를 활용하여 지수 계산을 위한 변수를 추출하고, 통계적 모델링과 분석기법을 활용하여 지수 계산방법론(알고리즘)을 개발한다.
※ 통계모델링 등 데이터 분석 전문가 참여 필요

• 입력된 데이터를 활용하여 지수를 계산하고, 결과를 데이터 마트(data

mart)에 저장하는 기능을 구축한다.

※ 통계분석 도구는 R, Python 등과 같은 오픈 소스 소프트웨어를 활용한다.

6) 도시 공동체 회복력 지수를 지도상에 시각화

- 지수의 고저 수준에 따라 동별로 구획된 지도에 색깔로 표출하는 기능을 구축한다.
- 지수 선택, 동별 비교 등을 컨트롤할 수 있는 이용자 인터페이스 기능을 구축한다.
- 지수의 위계성(hierarchies)과 상호연관성, 의존성(interdependencies) 등의 정보를 표출하는 기능을 구축한다.

7) 기초자치단체 기준으로 동별 지수의 세부 정보를 스코어카드(scorecard) 형식으로 관리하고 열람

- 지수의 상세 정보를 스코어카드 형식으로 보여주는 기능을 구축한다(DB와 연결하여 차트, 테이블 등으로 표출).
- 스코어카드를 통하여 지수별 설명, 현황 및 변화 과정을 확인할 수 있는 기능을 구축한다.

8) 대시보드(dashboard)

- 웹사이트 초기 화면에 지도, 차트 등으로 지수의 현황 요약, 업데이트 현황 및 특이 사항을 시각적으로 표출하는 기능을 구축한다.
- 세부 지수 내용으로 연결되는 메뉴와 링크 방식의 사용자 인터페이스 기

능을 구축한다.

9) 시스템 관리도구(Admin)

- 이용자 계정 관리, 지수 입력 상황 모니터링, 분석 스케줄링, 데이터 모델 수정 등 시스템 관리 기능을 지원하는 기능을 구축한다(상세 설계 단계에서 개발 범위 검토 필요).

※ 빅데이터 형상은 2차 연도 이후에 수집, 축적, 처리하여야 할 데이터 규모를 고려하여 데이터 입력, 데이터 변환, 데이터 분석 파트에 추가하여 적용 가능하므로 1단계에서는 구축 범위에서 제외한다.

2 도시 미래를 위한 빅데이터 기반 예측 행정 시스템의 기능 구성 예시

구축할 시스템의 기능적 구성을 다음 [그림 7-1]과 같이 도식화할 수 있다.

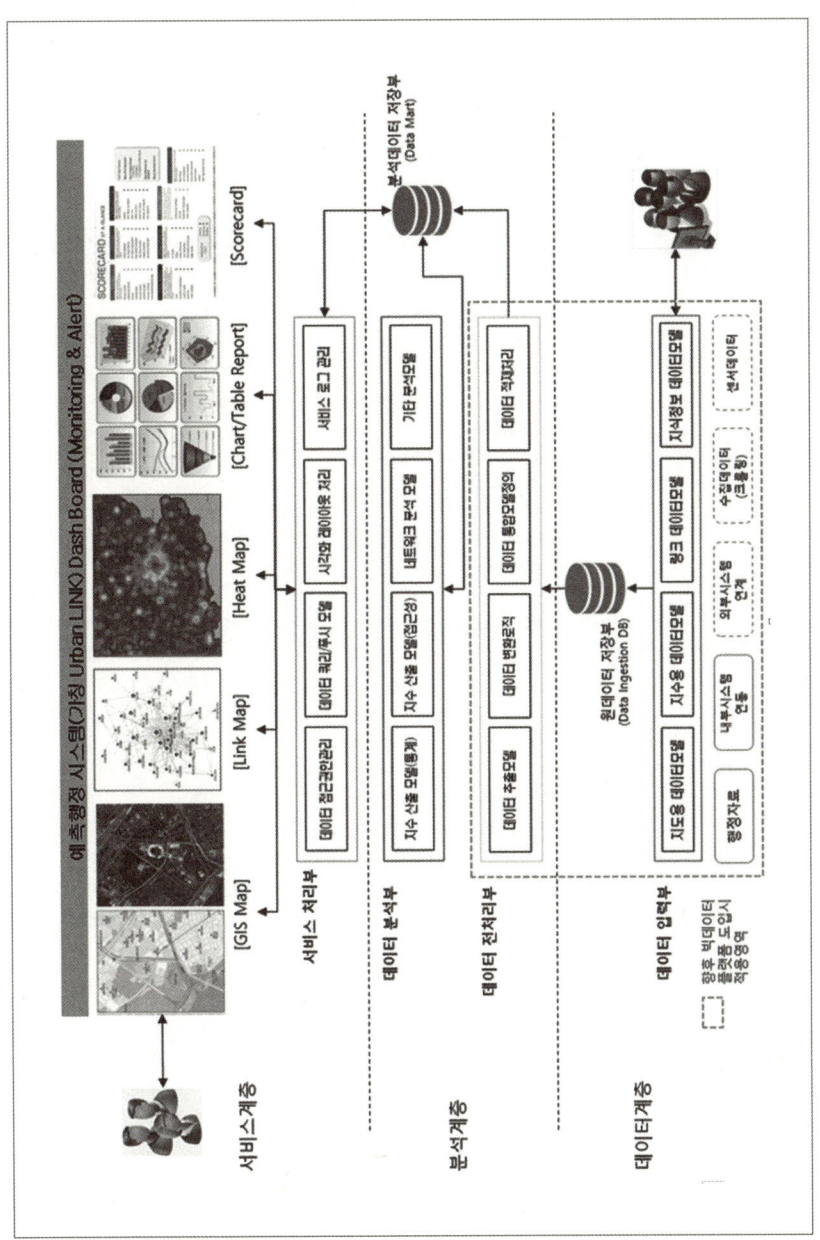

[그림 7-1] Urban LINK(가칭) 빅데이터 기반 도시 미래를 위한 예측 행정 시스템 기능 구성도

각 구성 요소별 세부 기능을 아래와 같이 제시한다.

■ 시스템 세부 기능

〈표 7-1〉 데이터 입력부

기능	개요	비고
엑셀 파일 입력 기능	사전에 데이터 모델에 적합하게 구조화된 엑셀 파일을 입력받아 DB(원데이터 저장부)에 적재하는 기능	GUI 기반
네트워크 시각적 입력/편집 기능	데이터 입력 후 화면상에 네트워크가 시각화되고, 마우스를 이용하여 노드와 링크의 추가, 삭제 등 편집과 속성 정보를 입력할 수 있는 기능(예: 행위자, 자원, 정보, 수혜자 간의 소통, 협업, 지원, 소속 등의 연결 관계를 입력)	GUI 기반
내부 시스템 연동 데이터 가져오기 기능	내부 시스템의 데이터를 사전에 설정된 일정에 따라 주기적으로 가져와서 DB에 적재하는 기능	내부 시스템 연동 필요 시
외부 시스템 연계 데이터 가져오기 기능	외부의 시스템을 API로 연결하여 주기적으로 데이터를 가져와서 DB에 적재하는 기능	2차 연도 이후 적용
데이터 수집 기능	웹 등 공개된 데이터를 크롤링하거나 센서 데이터를 에이전트 등을 통하여 수집하여 DB에 적재하는 기능	2차 연도 이후 적용
데이터 수정 기능	입력된 데이터를 확인하고 접근 권한에 따라 수정할 수 있는 기능(CRUD: Create/Read/Update/Delete 지원)	GUI 기반
데이터 오류 체크 기능	데이터의 오류를 검사하여 이용자에게 보여주는 기능	GUI 기반
지도용 데이터 모델링 기능	지도에 표시할 데이터의 구조, 특성을 사전에 설정하고, 수정할 수 있는 기능	사전에 설정 필요 (필요 시 추가/수정 가능)
지수용 데이터 모델링 기능	지수 산출에 필요한 데이터의 구조, 특성을 사전에 설정하고, 수정할 수 있는 기능	
링크 데이터 모델링 기능	링크 맵으로 표현할 데이터의 구조, 특성을 사전에 설정하고, 수정할 수 있는 기능	
지식정보 데이터 모델링 기능	재난안전 관련 일반 지식정보 및 시스템에 입력할 기타 데이터의 구조, 특성을 사전에 유연하게 설정하고 수정할 수 있는 기능	

- 외부 시스템 연계, 크롤링을 통하여 수집한 데이터, 자동으로 수집되는 센서 데이터를 입력, 저장할 수 있는 기능은 추후 고려한다.

〈표 7-2〉 데이터 전처리부(ETL)

기능	개요	비고
데이터 추출 기능	원데이터 저장DB로부터 필요한 데이터를 쿼리(query)하여 추출하는 기능	
데이터 변환 기능	원데이터의 구조, 형식 등을 분석 및 시각화에 적합한 형태로 변환하는 기능 [예] 주소를 위경도 좌표로 변환(geocoding) 원데이터를 링크 구조의 데이터로 변환 특수 형식의 데이터를 표준 데이터로 변환 등	
데이터 적재 기능	변환된 데이터를 분석데이터 저장부(data mart)에 적재하는 기능	
데이터 통합 모델링 기능	핵심 데이터 객체(조직, 가구, 건물, 시설, 사건, 사고 등)를 중심으로 관계와 속성을 정의하고, 모델을 데이터 마트의 구조에 반영할 수 있는 기능	
데이터 추출 모델링 기능	데이터 추출 규칙과 쿼리를 정의할 수 있는 기능	
데이터 변환 로직 설정 기능	데이터 변환 규칙과 로직을 정의할 수 있는 기능	
전처리 스케줄링 기능	데이터 전처리(ETL) 프로세스를 스케줄링할 수 있는 기능	Admin
데이터 오류 검증 기능	데이터의 중복성, 정합성 및 형식(type)의 통일성 문제 등 오류를 검증하고, 신뢰성을 향상시킬 수 있는 기능	

※ 데이터 전처리부의 기능 대부분은 상용 ETL 솔루션을 통하여 해결 가능하나 데이터 규모, 솔루션 도입 비용 등을 고려하여 1차 연도 시범 구축 단계에서는 PC 기반의 입력 도구를 개발하여 처리하는 방안으로 추진한다.

〈표 7-3〉 데이터 분석부

기능	개요	비고
회복성 지수 계산 기능	지수별 사전에 정의된 분석 방법에 따라 데이터를 가져와서 분석하는 기능	
접근성 분석 기능	지리정보를 활용하여 주요 지점에 대한 접근성을 계산하는 기능	
네트워크 분석 기능	링크 데이터로부터 네트워크의 구조적 특성(연결성, 중심성, 응집성 등)을 분석하는 기능	
기타 사전 정의된 분석 기능	차트, 테이블 등 보고서 및 스코어카드 작성을 위하여 사전에 정의된 분석을 실행하는 기능 [예] 트렌드 분석에 의한 Alert	
텍스트 마이닝/ 분석 기능	텍스트 데이터를 분석하여 주요 키워드 및 키워드 간의 연관관계 등을 분석할 수 있는 기능	2차 연도 이후 도입
기계학습 분석 기능(AI)	빅데이터를 학습하여 패턴 추출, 분류, 클러스터링 등의 분석을 수행하고, 지능형 시스템 구현을 위한 인지적 모델을 생성할 수 있는 기능	3차 연도 도입
분석 관리 기능	데이터 갱신주기에 따라 지수별 분석 일정을 설정하고, 분석모델을 관리(수정 등)하는 기능	Admin
이용자 요청에 의한 분석 기능	이용자의 임의 요청에 의하여 분석을 실행하고 결과를 돌려주는 기능(ad hoc analysis) [예] 데이터 갱신 즉시 지수분석을 실행하여 시각화에 반영	
분석 결과 적재 기능	분석 결과를 데이터 마트에 적재하는 기능	
분석 스크립트 편집 기능	모든 분석 프로세스를 경량 스크립트 언어(Python 등)를 이용하여 프로그래밍하고, 수정할 수 있는 기능	

〈표 7-4〉 서비스 처리부

기능	개요	비고
데이터 접근 권한 관리 기능	데이터 접근(입력, 열람, 수정, 삭제 등) 권한을 위계적으로 설정하고, 관리할 수 있는 기능	
데이터 쿼리/푸시 모델링 기능	데이터 마트와 시각화 계층 간의 양방향 데이터 통신을 중개 처리하는 기능	
시각화 레이아웃 처리 기능	데이터 크기에 따라 서버에서 시각화 레이아웃 알고리즘을 처리하는 기능	
서비스 로그관리 기능	서비스 로그를 축적하고, 관리하는 기능(적재/삭제 주기 등)	Admin

〈표 7-5〉 데이터 시각화 기능

기능	개요	비고
지리정보 시각화 기능	지도상에 주요 지점의 위치를 표시하고, 상세 정보를 열람할 수 있는 기능	
네트워크 시각화 기능	개체들의 연결 관계를 노드와 링크로 시각화하고 상세 정보를 열람할 수 있는 기능 - 노드 시각화 요소: 색깔, 모양, 크기 - 링크 시각화 요소: 색깔, 굵기, 방향, 모양 - 동적 네트워크 시각화 기능(시간에 따른 변화) - 지수들 간의 위계성과 관련성(의존성)을 시각화	
지도상의 네트워크 시각화 기능	지도상에 좌표정보가 있는 노드와 링크를 표시할 수 있는 기능	
열지도(heat map) 시각화 기능	인구밀도 등 모든 지점을 표시하기 어려운 데이터 또는 지수의 수준(level)을 contour chart 형식 및 영역별 색깔로 표현할 수 있는 기능	
차트/표 리포트 기능	지역별 지수 비교, 통계, 다차원 분석, 변화 트렌드 추적 등을 다양한 형식의 차트와 테이블로 시각화할 수 있는 기능(사전 정의된 시각적 분석)	
스코어카드(scorecard) 기능	지역별 지수 정보와 세부 분석 결과를 스코어카드 형식으로 보여주는 기능	
대시보드(dashboard) 기능	도시 차원의 지수 요약 정보, 비교정보, 최신 업데이트 정보 등 주요 정보를 요약하여 시각적으로 보여주는 기능(상세 정보를 열람하기 위한 내비게이션 포함)	
자동 Alert 기능	트렌드 분석, 이상값 분석 등 사전에 설정된 규칙에 의거하여 대시보드 또는 지정된 담당자에게 Alert 메시지를 보내는 기능	

3 시스템 아키텍처(HW, SW)

도시 공동체 회복력 지수 시스템의 하드웨어와 소프트웨어 구성안을 설계하여 아래와 같이 제안한다.

• 1단계는 시범 구축을 위하여 하드웨어 구성을 최소화하였으며, 소프트웨어의 경우도 도입 비용을 절감하기 위하여 가급적 오픈소스 소프트웨어를 중심으로 구성하고, 불가피한 경우에는 상용 소프트웨어를 포함하였다.

(〈표 7-1〉, [그림 7-2] 참조).

- 2~3단계 시스템 아키텍처는 향후 수집, 적재될 데이터 규모와 시스템의 내·외부 연계 기능에 의존적이므로 상세 설계는 생략하고, 하드웨어 구성 측면에서만 데이터 확장성을 고려하여 제시하였다([그림 7-3], [그림 7-4] 참조).

〈표 7-6〉 1단계 시스템 하드웨어 및 소프트웨어 구성

하드웨어	대수	소프트웨어 구성	수행 기능
DB 서버	1대	DB 데이터 관리 응용SW RDBMS JDK Linux CentOS(O/S)	[데이터관리 서버] • 분석용 내부 행정 데이터 관리 • CRI 지수 산출 결과 관리 • 네트워크 시각화 데이터 관리 • 각종 데이터 산출용 프러시저(procedure) • 데이터 백업관리 등
WEB/WAS 서버	1대	행정 데이터 GIS시각화 웹 SW 지수 시각화 웹 SW 시스템 관리자용 웹 SW 네트워크 시각화 엔진 WEB 서버 SW WAS SW JDK Linux CentOS(O/S)	[인터넷 HTTP 정보 제공 서버] • 외부기관 OpenAPI를 활용한 지도 표출 • 입력한 내부 행정 데이터의 지도기반 표출 • 레벨별 지수 스코어카드 표출 • 차트 형태의 시각화 표출 • 관계형 네트워크 시각화 표출 • 통합 모니터링 대시보드 표출
통합분석 서버	1대	분석관리 통합SW 지수분석용 플러그인/스크립트 지수 계산 알고리즘 SNA 분석 엔진 GIS 분석/편집도구 JDK / Java Windows 서버(O/S)	[CRI/SNA 분석 서버] • CRI 분석 및 산출 • 관계형 네트워크 분석 및 산출 • GIS 분석 및 정보 산출 • 통계 및 지능형 분석정보 산출 • 지표 특이 상황 알림정보 발생
시스템 관리자 PC	1대	웹 브라우저 JDK Windows 10(O/S)	[운영자/관리자용 업무시스템] • 행정 데이터 입력 현황 조회 • 시스템 상태 및 지표 산출 모니터링 • 지표별 특이 상황 조회 • 사용자 등록 및 권한 입력 관리

데이터 입력용 PC	이용자 수	행정자료 입력 SW 네트워크형 자료 입력 SW GIS 분석/편집도구 JDK / Java Python Windows 10(O/S)	[행정 데이터 입력 관리 시스템] • 표준 속성 부여(고유번호, 관리담당자 등) • 공간 속성 부여(Geocoding) • 정보 분류 체계 및 메타데이터 관리 • 입력 데이터 무결성 점검 • 입력 데이터 지도 기반 시각화 점검 • 입력 데이터 업로드 ※ PC 설치형 소프트웨어 형태
개발용 PC	개발자 수	개발도구 전자정부 프레임워크 웹시각화 Script Library Python Java C/C++/C# JDK Windows 10(O/S)	[시스템 개발 PC] • 전자정부 프레임워크 활용(선택적) • 웹시각화 라이브러리(차트 등) 활용

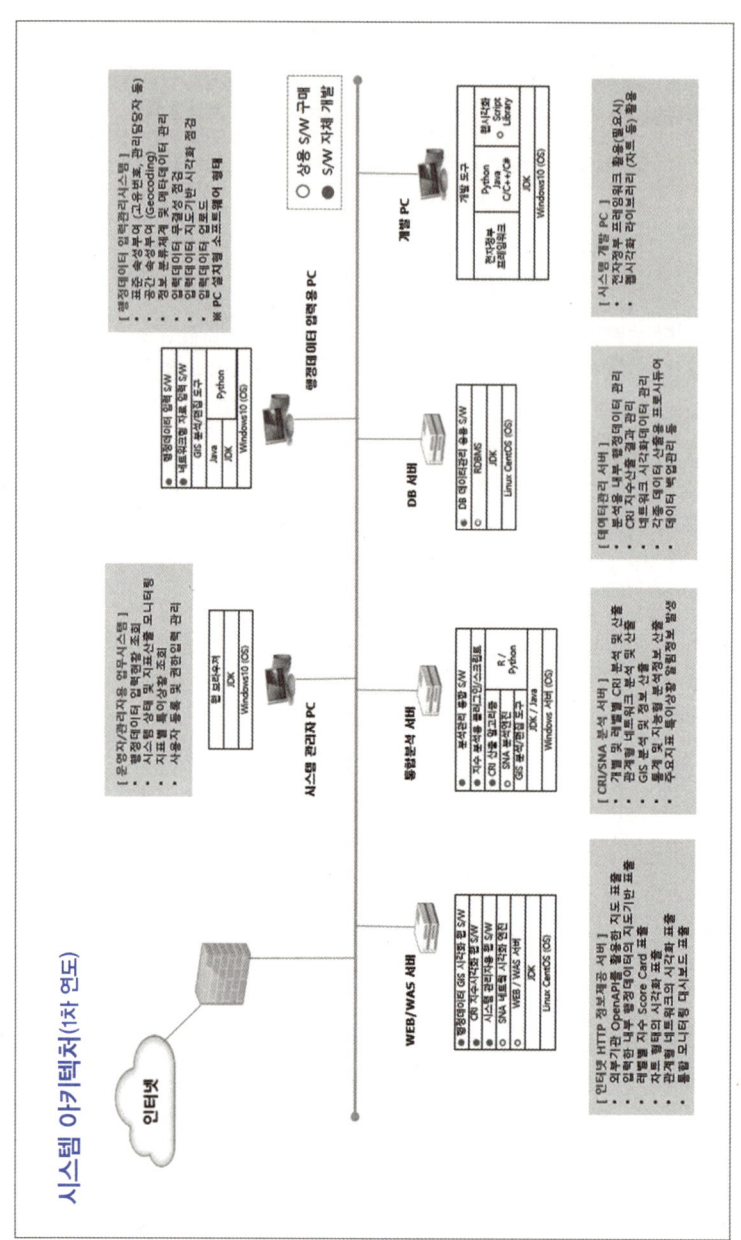

[그림 7-2] 1단계 시스템 아키텍처

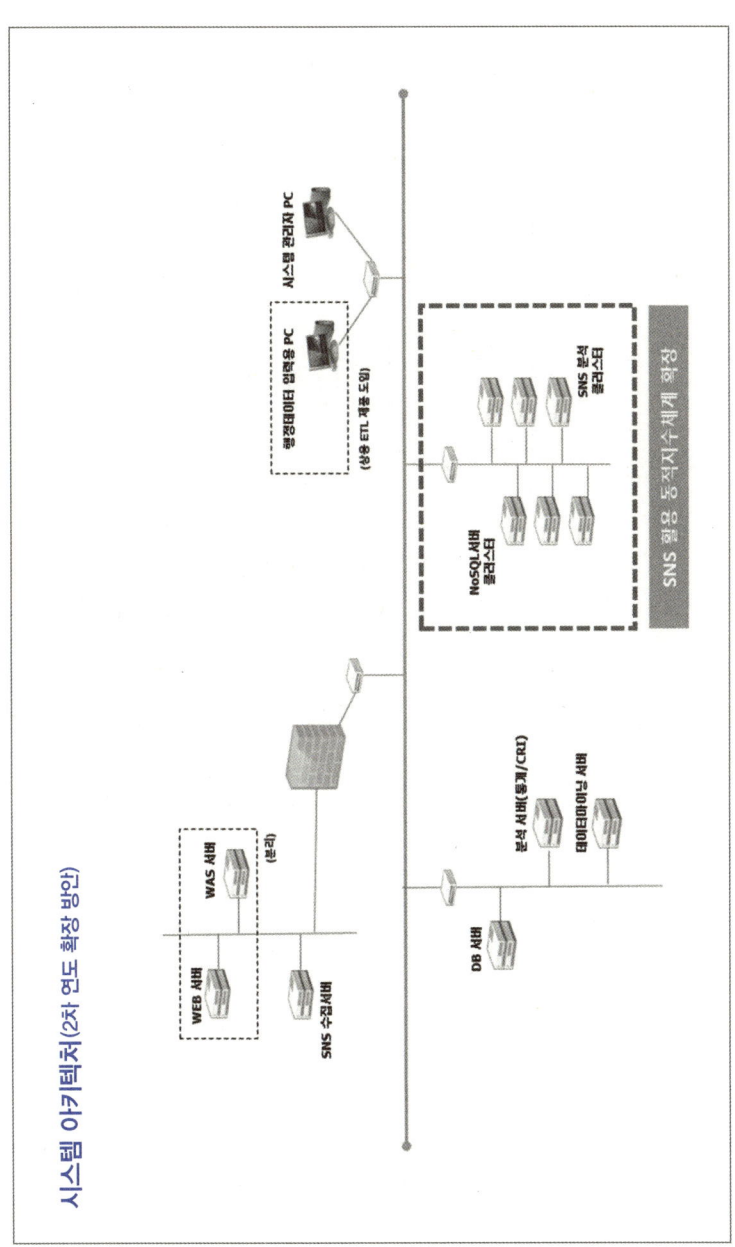

[그림 7-3] 2단계 시스템 아키텍처

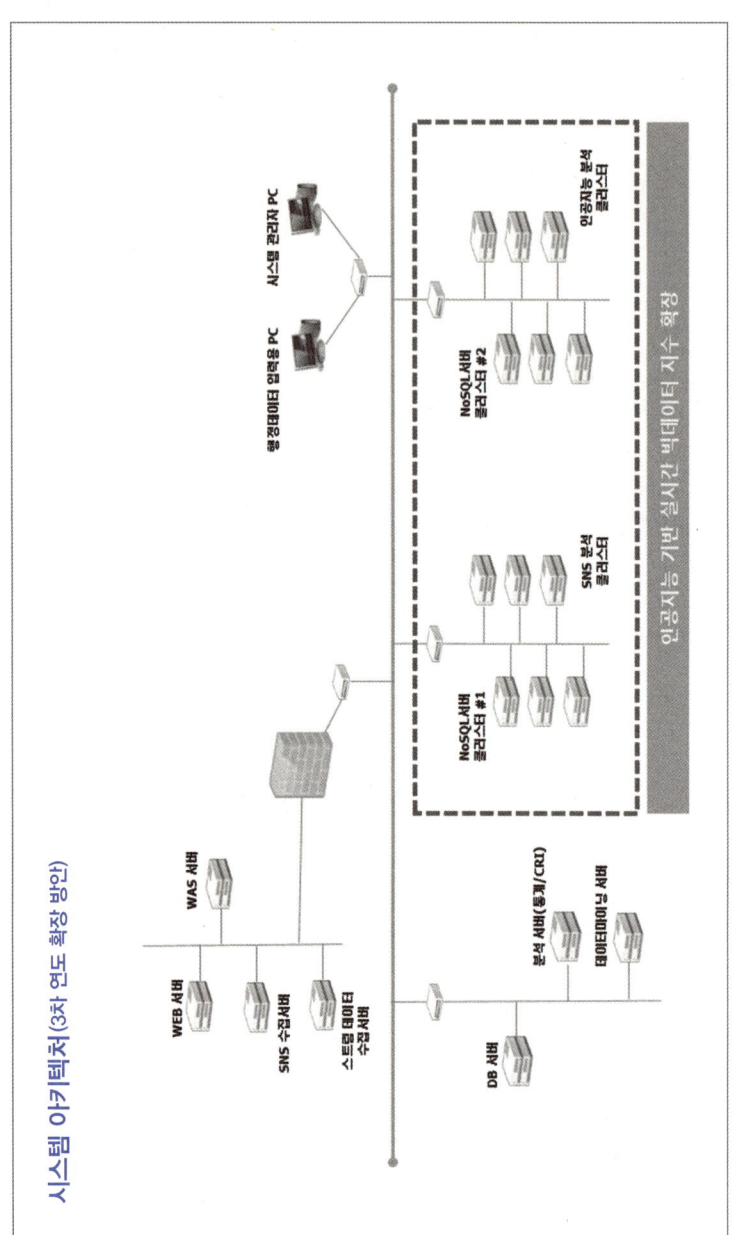

[그림 7-4] 3단계 시스템 아키텍처

부록8

도시 미래를 위한 빅데이터 기반 예측 행정 시스템 운영 및 활성화 방안

1단계 시범 구축 및 향후 발전 방향을 고려하여 시스템 운영 시의 전략적 고려 사항과 이용 활성화를 위한 방안을 제언한다.

첫째, 도시 공동체 회복력 지수 시스템은 기본적으로 행정 계획입안자와 업무담당자를 위한 시스템이므로 업무 효용 극대화 및 행정력 낭비의 최소화가 기본 전제 사항이다.

- 기존의 업무 분장에 존재하지 않는 새로운 업무로 인식되거나 기존 업무와 중복적으로 수행하여야 하는 것으로 인식되지 않아야 한다.
- 이를 위해서는 '도시 공동체 회복력 향상'이 정책과 사업으로 공론화 과정을 거쳐 공식화되고, 그에 따른 담당자와 역할을 명시적으로 정의할 필요가 있다.

- 미국 연방재난관리국(FEMA)의 '공동체 회복력 시스템(CRS)'을 참고하여 지역사회가 참고할 수 있는 다양한 공동체 활성화 콘텐츠를 마련한다.
- 즉, 정책과 사업에 대한 최고관리자의 리더십이 전제되어야 하며, 도시 공동체의 정체성에 기반하여 사업의 목적과 목표를 분명하게 설정하고, 업무상의 역할에 따라 명확한 권한과 예산의 분배가 뒷받침되어야 시스템과 업무에 대한 관심과 열성을 유도할 수 있다.

둘째, 도시 공동체 회복력에 대한 중앙 및 지방정부 전체 차원에서의 관심을 유발하고, 추진력을 확보하기 위해서는 공공기관, 시민사회, 기업, 전문가 간의 파트너십이 필요하다.

- 이를 위하여 도시 공동체 회복력 향상의 이해관계자(stakeholders)를 먼저 파악하고, '위원회'를 조직하여 정책의 파트너로서 역할을 부여할 필요가 있다.
- '위원회'는 주기적인 회합과 워크숍을 개최하여 사업 내용을 공개, 공론화함으로써 지역사회의 관심을 유발하고, 시민사회의 적극적인 참여를 유도한다.
- 주민참여예산제도와 연계하여 지역의 참신한 아이디어를 폭넓게 수용하고, 우수 사례를 발굴하여 공유함으로써 지역 간 경쟁을 통하여 도시 공동체가 발전할 수 있도록 인센티브를 부여한다.

셋째, 시스템이 안정화되고 우수 사례가 축적되면 다른 지자체에서 활용할 수 있도록 공개하여 국가 또는 광역자치단체의 관심을 유발할 수 있다.

- 도시 공동체의 발전은 특정 지역의 노력만으로는 불가능하며 인접 공동체

또는 광역 · 기초자치단체 등 공동체의 관심과 공동 노력이 필요하다.
- 지수 체계를 공유함으로써 다른 지자체에서 저비용으로 수용할 수 있도록 지원한다.

■ 시민 참여 활성화를 위하여 매년 데이터 분석 관련 학과 및 일반인, 공무원을 대상으로 도시 공동체 회복력 향상을 위한 주제를 제시하여 공모전을 개최한다.
- 최우수로 선정된 아이템을 시스템에 탑재하여 활용함으로써 시스템적인 개선을 도모한다.
- 지수 또는 예측분석 모델을 효과적으로 개발하기 위해서는 해당 분야 전문가와 데이터 분석 전문가의 협업이 필수적이므로 공모전을 비롯하여 연구 과제 발주, 시민 제안 등 다양한 참여 채널을 마련할 필요가 있다.
- 도시 공동체 회복력 주제와 관련된 국내 전문가 네트워크를 구축하여 선진 사례 및 혁신 기술 관련 정보를 지속적으로 입수하고, 아이디어에 대한 평가, 검증 시에도 활용한다.

넷째, 전문인력 교육훈련 프로그램을 마련하여 내부 전문가를 양성함으로써 고급 데이터 분석기술을 내재화하고, 공동체 회복력 프로그램 기획 전문가도 동시에 양성한다.

- 해외 선진 사례 방문연수 프로그램, 학술 전문가와의 공동연구 참여, 내부 혁신 아이디어에 대한 예산 지원 등을 통하여 공동체 전문가를 적극적으로 양성할 필요가 있다.

다섯째, 시스템 측면에서는 데이터의 신뢰도 확보가 핵심적으로 중요한 사안이므로 데이터 갱신 절차, 시스템 접근 권한 마련 등 데이터 관리 프로세스를 체계화한다.

- 데이터 갱신주기 준수, 실시간 데이터 입수 및 지수분석 체계 등을 통하여 시스템에 역동성을 부여함으로써 시스템에 주기적으로 접속할 유인책을 마련한다.
- 재난안전 관련 지식정보를 FAQ 방식으로 제공하여 구체적인 상황별 행동요령을 쉽게 숙지할 수 있도록 지원한다.
- 장기적으로 지능적 데이터 분석 체계가 구축되면 챗봇(chatbot)과 같은 인공지능 에이전트를 통하여 재난 상황 발생 시 즉각적인 대응이 가능한 메커니즘을 확보한다.
- 예를 들면, 화재 발생 시 골목에 주차된 차량을 신속하게 이동시키기 위하여 에이전트에 지시하여 필요한 연락처에 메시지가 자동으로 발송될 수 있도록 하는 기능을 시스템에 탑재한다.

여섯째, 빅데이터 기반의 도시 미래를 위한 예측 행정 시스템에 활용될 시각화 자료를 참고하면 [그림 8-1]~[그림 8-10]과 같다.

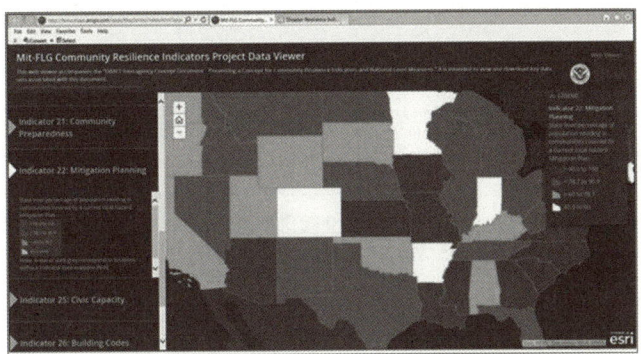

출처: http://fema.maps.arcgis.com/apps/MapSeries/

[그림 8-1] 공동체 회복력 지수 시각화 시스템 예시

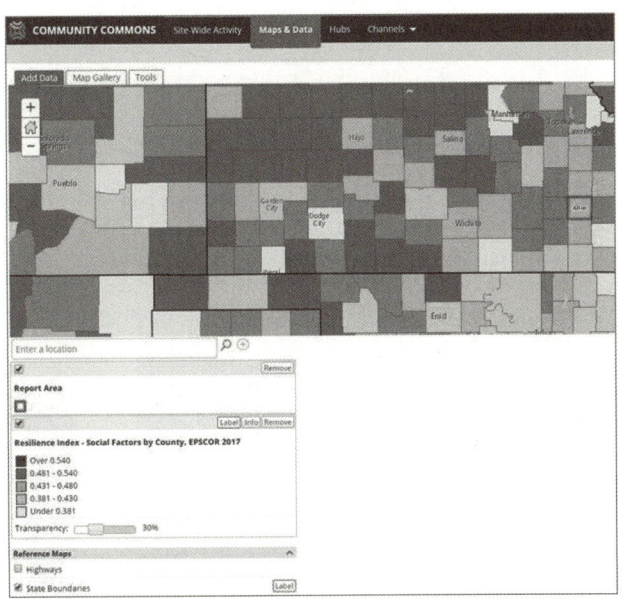

출처: https://maps.communitycommons.org/

[그림 8-2] 공동체 회복력 지수 시각화 시스템 예시

Community Resilience Technical Dimension	
Emergency-response infrastructure – supporting Emergency Response	
Protection of critical first response assets.	
Description	Critical responder assets include such items as: - Vehicles (fire-fighting, ambulances vehicles) - Helicopters and aircraft - Emergency food and first aid stocks/supplies; - Shelters; - Back-up generators; - Rescue equipment; - Bulldozers, excavators, debris trucks (may be supplied by private organizations); - Local emergency response IT systems, hand-held devices. - Communications systems - Operations centers - Key buildings; - Critical IT systems. Service may be provided either from the asset itself or via a designated alternative/back-up.
Scenario Relevance	Most emergency scenarios
Evaluation method(s)	Possible questions to be evaluated: To what extent are system components of this infrastructure technologically up-to-date and designed to behave in a resilient manner? To what extent are critical elements of this infrastructure (e.g. operation centers) built for survivability and supported by backup alternatives (alternate facilities)? To what extent are plans and assets in place to quickly re-establish service to users after a major disaster? To what extent is the topology of this infrastructure constrained by natural factors (e.g. distance, roads, etc.), which will make restoration of normal operations difficult?
Indicator's score	CMMI Scale 1 to 5 attributed by the expert in charge for the resilience evaluation (e.g. 1=none or very low, 2=low, 3=medium or adequate, 4= high, 5= very high). It is expected that a lower RI for infrastructures which are a dependency to this one, will further lower the RI score of this infrastructure.
Sources / References	UNISDR Disaster Resilience Scorecard for Cities 4.7.1

출처: AIIC(2017), "Guidelines for Community Resilience Evaluation.

[그림 8-3] 회복력 지수 스코어카드 예시(AIIC)

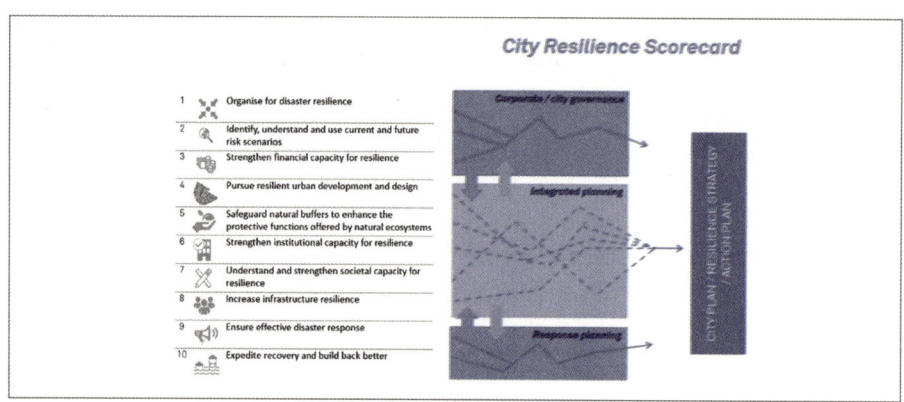

출처: https://www.linkedin.com/pulse/disaster-resilienceun-city-resilience-scorecard-peter-williams

[그림 8-4] 회복력 지수 스코어카드 예시(UNISDR)

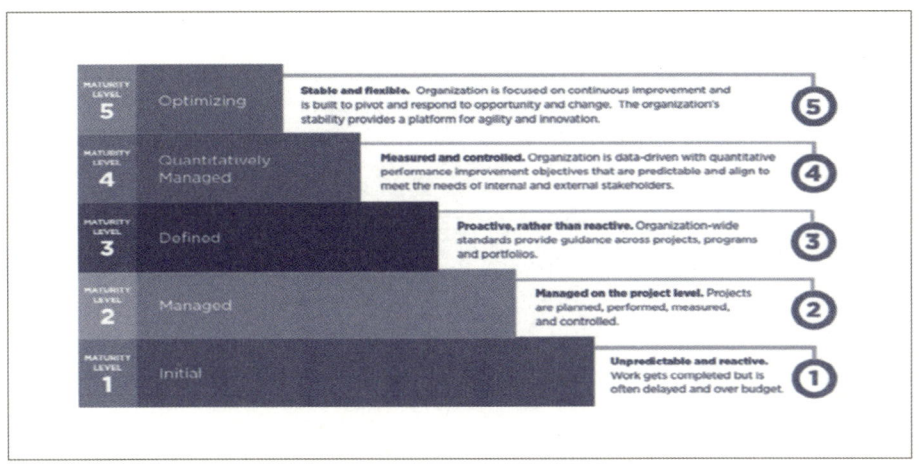

출처: ISACA-CMMI Maturity Levels

[그림 8-5] 수준 지수(Level Indicator) 예시

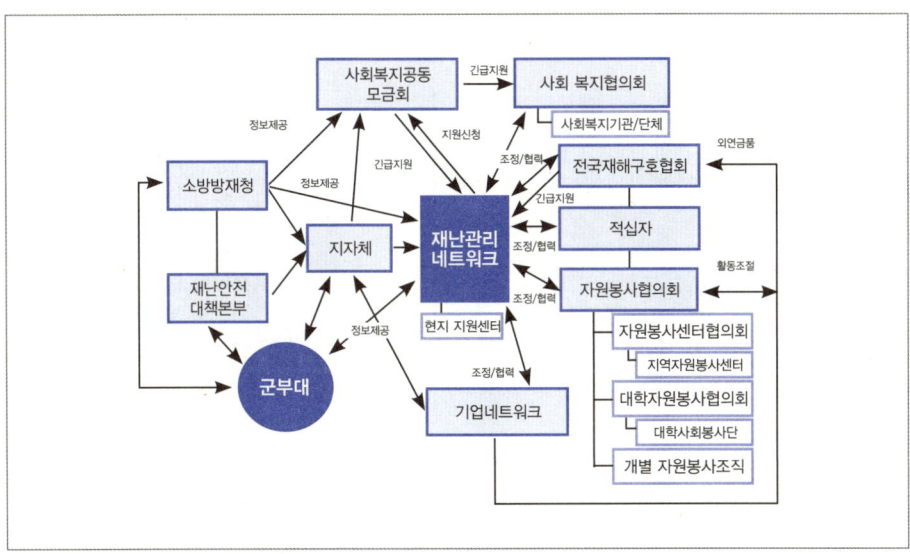

출처: http://www.di-focus.com/news/articlePrint.html?idxno=1213

[그림 8-6] 재난관리 네트워크 예시

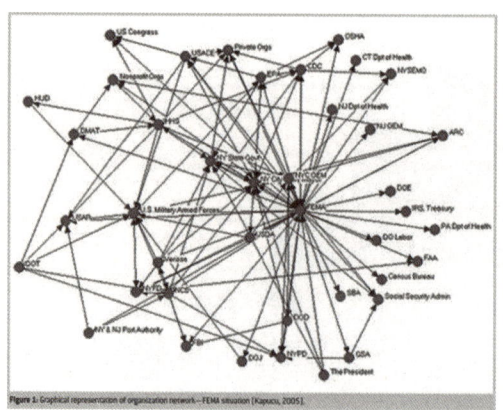

출처: https://www.pmi.org/learning/library/consequence-management-emergency-response-networks-5579

[그림 8-7] 재난관리 네트워크 예시

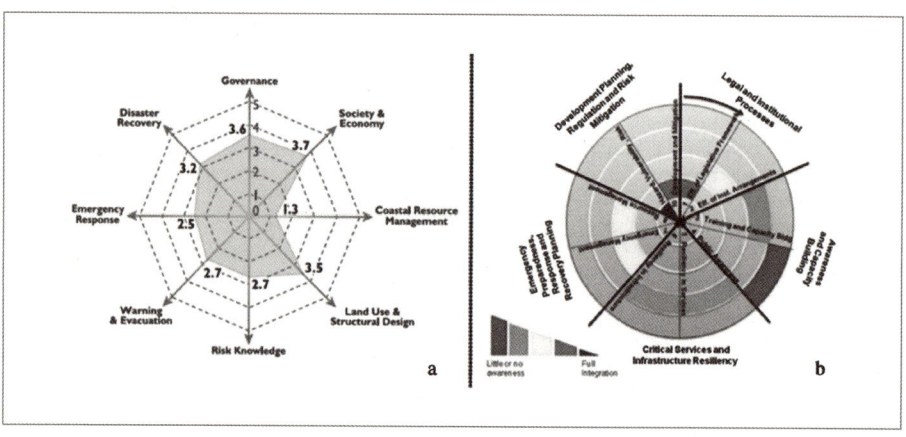

출처: A. Sharifi(2016). "A critical review of selected tools for assessing community resilience."

[그림 8-8] 지수평가 관련 시각화 사례

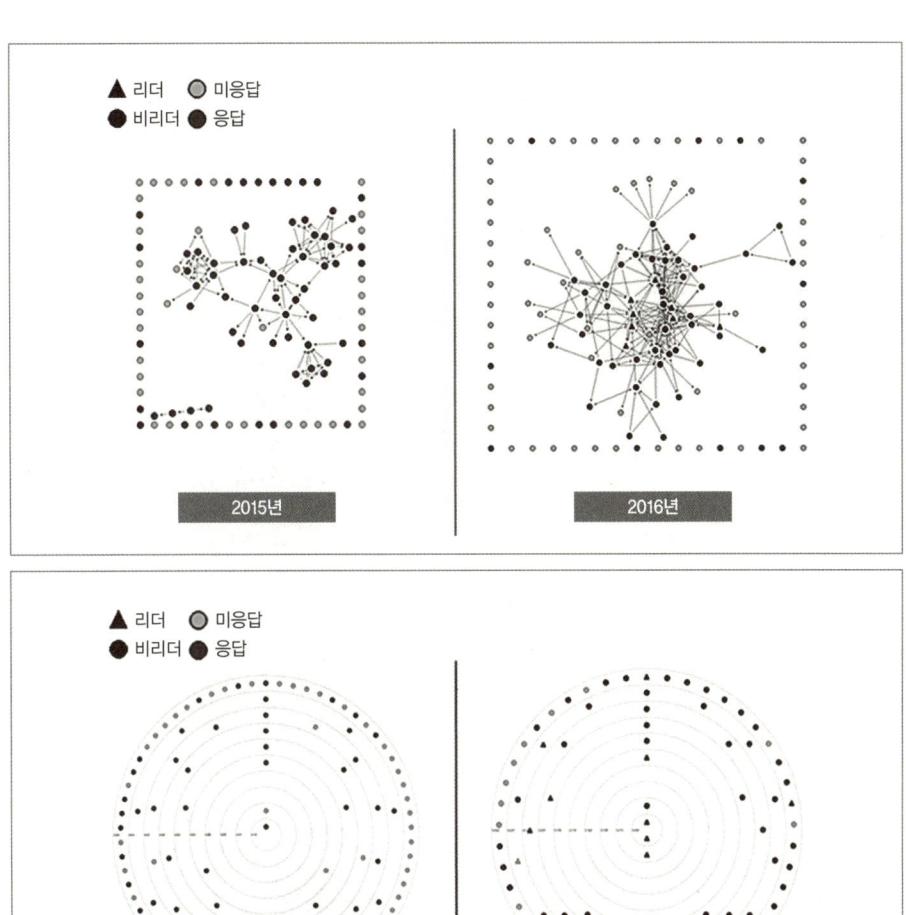

출처: 찾아가는 동주민센터 주민관계망 분석, 2016.

[그림 8-9] 네트워크 시각화 예시

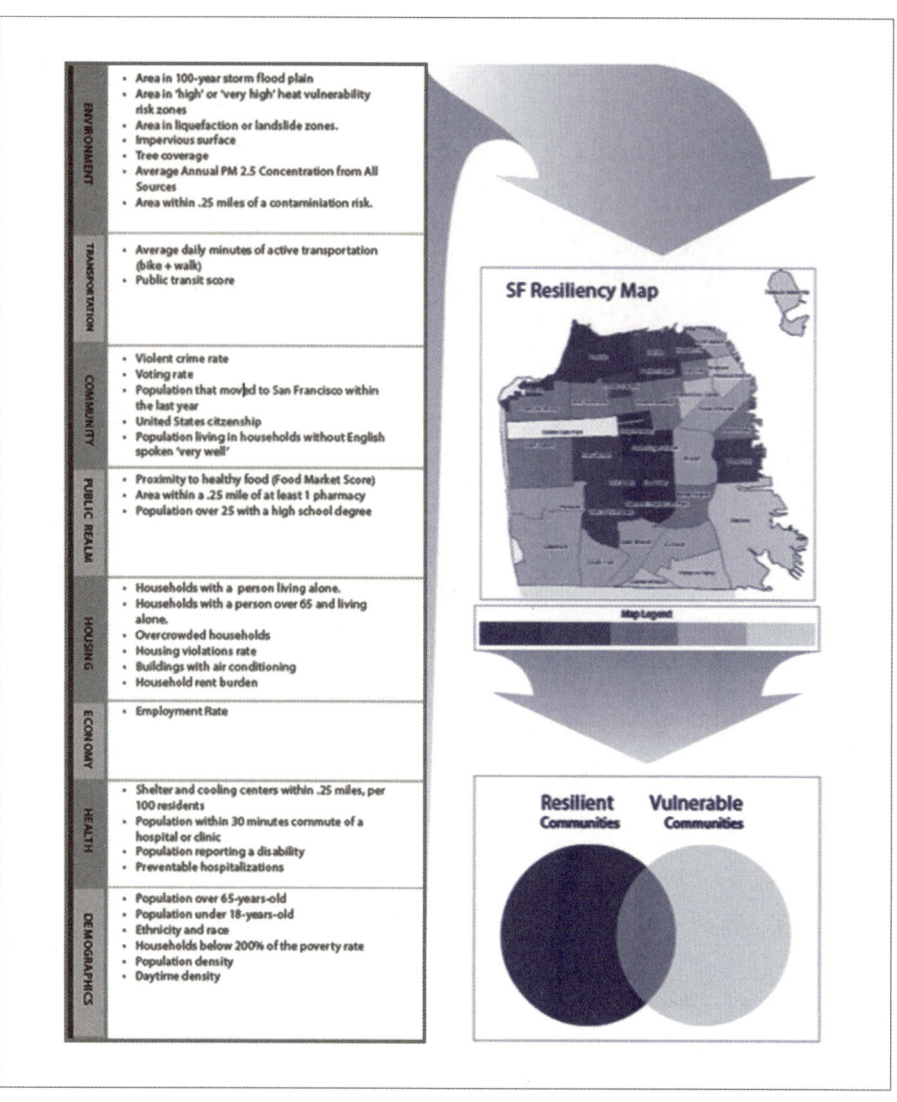

출처: San Francisco Department of Public Health, "Healthy and Resilient Communities."

[그림 8-10] 샌프란시스코의 공동체 회복력 지수 시스템 예시

부록9

ser-M 분석 요약 : 빅데이터 기반 예측 행정 시스템 국내 자치단체 수준 사례

〈표 9-1〉 부산광역시 해운대구: SNS로 본 해운대 방문객 Voice 분석

ser-M	세부 지표		내용
주체 (s)	지역명		부산광역시 해운대구
	사업명		SNS로 본 해운대 방문객 Voice 분석
	목표 및 목적		• SNS 및 온라인에서 표출되는 해운대 관련 키워드, 연관어, 이슈 등을 분석하여 관광문화 및 교육, 복지 등 다양한 분야에서 더 나은 행정 서비스와 신뢰 행정을 펼쳐나가는 데 활용
환경 (e)	환경 이슈		• 해운대 관광정책의 개선을 위한 기존 방식인 설문조사 등의 비효율성 및 시대적 흐름 파악의 어려움
자원 (r)	입력	원천 데이터 내·외부 수집 및 이해	• 트위터, 페이스북, 블로그 등의 사회적 매체에서 '해운대'라는 키워드로 작성된 내용들

ser-M	세부 지표		내용
자원 (r)	처리	데이터 저장, 정제, 가공, 통합 여부	• 2012년 분석 시 데이터 수집 키워드를 해운대(Haeundae)로 한정하였으나, 2014년 분석 시 벡스코, 동백섬, 송정해수욕장 등 해운대 관련 단어를 수집 키워드로 추가하여 1차 데이터 수집량이 급증함. • 2014년 분석에서는 관광객/구민 의견을 중심으로 의미 있는 결과를 도출하기 위하여 2012년 분석 시 많은 비중을 차지하였으나 의미를 찾을 수 없었던 단순 뉴스 공유, 행사 홍보 등의 포스트와 특히 영어 데이터 중 예능, 연예인 언급 단순 공유 포스트는 제외하는 세밀한 데이터 정제작업을 수행함.
		데이터 분석 방법	• 언어적 분석 • 부정적 내용과 긍정적 내용으로 구분하여 그에 대한 상세한 항목을 분석

	산출	분석 결과 및 평가	• 2014년 5월 ~ 10월 해운대 관련 언급은 총 5,386건(월 평균 898건)
			   - 언급이 가장 많았던 시기는 7월 말 ~ 8월 초 여름 휴가철임.
			   - 언급이 가장 많은 채널은 트위터로 총 2,402건(45%)의 트윗이 작성됨.
			• 감성 분석 결과 긍정 82%, 부정 18%로 전반적으로 긍정적임.
			   - 긍정적 요인 : 아름다운 풍경, 멋진 야경, 맛있는 음식, 모래축제, 서핑 등
			   - 부정적 요인 : 기름 유출, 이안류, 폐목재, 태풍 등
			• 해운대 관련 가장 많이 언급된 단어는 부산으로 나타남.
			   - 해수욕장, 바다(바닷가), 추천, 여행, 벡스코, 맛집 순으로 많이 언급됨.
			   - 특히 6~8월 해수욕장에 대한 언급이 급증함.

메커니즘 (M)		제공 서비스	• 긍정적 요인(자연경관 등)과 부정적 요인(비싼 숙박요금 등)의 파악. • 각 항목의 분석 결과에 대한 시각화된 자료 제공
		활용 방향	• 새로운 관광상품 체계적 개발 및 관광명소에 대한 인식 개선 • 맛있는 해운대구 먹거리에 대한 홍보활동 필요 • 다양한 형태의 숙박시설 확충 및 청소년 숙박시설 점검 • 사진 및 동영상 콘텐츠 생성, 배포, 확산을 위한 기반 확충의 필요 • 지속적인 소셜 빅데이터 모니터링을 통한 필요 정보의 적기 제공
		모니터링 및 환류	• 2012년의 1차 분석 결과를 2013년의 정책에 반영한 결과에 대한 점검 - 예를 들어, 영화의 거리 조성·역사를 소재로 한 문화관광상품 개발 등이 있었으나 2014년의 분석에서 관련 언급이 많지 않아 SNS를 활용한 지속적인 홍보가 필요

⟨표 9-2⟩ 서울특별시: 서울특별시 빅데이터 캠퍼스

ser-M	세부 지표	내용
주체 (s)	지역명	서울특별시
	사업명	서울특별시 빅데이터 캠퍼스
	목표 및 목적	• 시민·시민사회와 함께 빅데이터를 활용하여 서울의 도시 사회문제 해결
환경 (e)	환경 이슈	• 사회의 복잡화에 따른 정부의 역량만으로 해결할 수 없는 문제의 발생, 이의 해결을 위하여 하향(top-down)식의 정부 주도 정책이 아닌 시민 중심의 행정으로의 전환 필요
자원 (r)	입력 / 원천 데이터 내·외부 수집 및 이해	• 서울시 빅데이터 공유활용 플랫폼 데이터셋(40여 종) • 서울시 통합공간정보시스템 데이터셋(470여 종) • 서울시 열린데이터광장 데이터셋(4,000여 종)
	처리 / 데이터 저장, 정제, 가공, 통합 여부	• 서울시가 운영하던 기존 데이터 공개 사이트의 통합
	처리 / 데이터 분석 방법	• 이용 신청자들의 빅데이터 분석 필요에 따른 다양한 유형의 분석 가능
	산출 / 분석 결과 및 평가	• 2016. 8. 23. '골목상권 분석 연구' 이후 시민들이 자체적으로 행한 총 71건의 분석 결과 공개 • 서울시와 시민이 공동으로 수행한 분석 결과는 현재까지 공개된 바 없음.
메커니즘 (M)	제공 서비스	• 외부 인터넷과 차단된 오프라인상의 시설(상암동, 개포동) 내에서만 데이터 공개 • 총 4,000여 건의 데이터를 9개의 유형에 따라 분류하여 제공 • 빅데이터 분석을 위한 각종 오픈 소스 프로그램의 제공 • 분석 결과 등의 공유
	활용 방향	• 빅데이터 분석을 통한 정책 제안, 사회문제 해결 방향의 제안 • 서울시에서 분석 과제를 선정하여 시민과 공동 분석 프로젝트 진행 • 서울시와 협력 기관간 공모전의 주최
	모니터링 및 환류	• 대학생들의 리포트 제작용으로 활용되고 있는 경우가 많은 것으로 보임.

〈표 9-3〉 전라북도 전주시 : 빅데이터를 활용한 지역관광 활성화

ser-M	세부 지표		내용
주체 (s)	지역명		전라북도 전주시
	사업명		빅데이터를 활용한 지역관광 활성화
	목표 및 목적		• 빅데이터 분석을 통한 지역관광 활성화 체계 확립
환경 (e)	환경 이슈		• 전주시 관광산업의 활성화를 위하여 주차·숙박·상업시설의 현상태를 파악하고, 관수급에 맞는 정책을 수립할 필요성 대두 • 이동통신의 유동인구, 신용카드 매출 등의 빅데이터 수집 및 활용이 가능해짐에 따라, 과학적인 관광정책 수립의 요구
자원 (r)	입력	원천 데이터 내·외부 수집 및 이해	• 이동통신사의 유동인구 관련 데이터 • 신용카드 회사의 신용카드 매출 관련 데이터 • 전주시의 축제 등과 같은 관광정보 관련 데이터 • 기상청의 기상 관련 데이터 • 전주 한옥마을과 관련되는 사회적 매체상의 언급 관련 데이터
	처리	데이터 저장, 정제, 가공, 통합 여부	• 관련 데이터의 익명화 • 목적에 따른 각 데이터들의 통합 저장
		데이터 분석 방법	• 사회적 매체에 대한 언어적 분석 • 각종 변수의 상관관계 추적
	산출	분석 결과 및 평가	• 전주역과 관광객 주요 집결지를 연결하는 버스 노선은 많으나 전주박물관의 경우 버스 노선이 없음. • 주요 관광지를 연결한 관광투어버스 상품화 필요 • 행정자치부의 '2015년도 빅데이터 분석 사례' 선정
메커니즘 (M)	제공 서비스		• 전주시 한옥마을 내 동선 및 상권 분석 • 한옥마을에 집중된 관광객의 이동 범위를 파악하여 전주시 전체로 분산 확대하기 위한 관광지역 확인 • 전주시를 거점으로 하는 전라북도 연계 관광지의 발굴
	활용 방향		• 예측된 관광 수요에 따른 관광 인프라 계획 및 관광정책 수립 • 유입 인구당 매출 기여 효과와 상권 분석을 바탕으로 관광코스 및 상권의 분산 개발 • 효율적인 관광마케팅 기획으로 관광객 및 매출 증가와 체류 시간 증가를 유도하여 지역경제 활성화
	모니터링 및 환류		• 전주시-전라북도의 교통과 관광의 통합적 정책 수립

〈표 9-4〉 경기도 남양주시: 잠재적 사회취약계층 일자리 창출 및 지원

ser-M	세부 지표		내용
주체 (s)	지역명		경기도 남양주시
	사업명		잠재적 사회취약계층 일자리 창출 및 지원
	목표 및 목적		• 사회취약계층의 시급한 문제점 해결을 위한 지원을 우선하고, 향후 사회취약계층의 노후 준비 지원
환경 (e)	환경 이슈		• 사회취약계층이 지방자치단체에 지원을 신청하기 전에는 도움이 필요한 것을 선제적으로 알 수 없으며, 능동적 대응이 어려움. • 국민연금관리공단과 지방자치단체의 업무 추진 과정 중 축적되는 대량의 데이터를 분석, 활용하여 선제적으로 지원 대상을 파악하고 소득 보장 및 자립 지원 제공의 필요

자원 (r)	입력	원천 데이터 내·외부 수집 및 이해	• 국민연금관리공단의
			  - NPS 번호, 성명, 관할지사 등
			  - 지역가입자 월별 집계
			  - 직장가입자의 정보
			  - 직장가입자 월별 집계
			  - 관리대상자 주소, 재산 등 가입 내역
			  - 월별 사업장별 근로자 수 등 집계
			  - 가입자별 사업장 정보
			  - 사업장 등록 형태, 업종 주소 등
			• 남양주시의
			  - 구직자 성명, 학력, 연령, 성별 등
			  - 구인 사업장명, 업종, 주소 등
			  - 취업자 성명, 연령, 고용 형태 등
			  - 버스 정류소 ID, 노선번호, 정류소명 등

	처리	데이터 저장, 정제, 가공, 통합 여부	• 데이터 검증 이후 저장
			  - 기초 데이터 통곗값 확인
			  - 데이터 불일치성 교정

		데이터 분석 방법	• 분석 시나리오의 구축
			  - 취약 관련 주요 요인 정의
			  - 추가 확보 필요 정보 정의
			• 분석 유형 도출
			  - 취업자/실직자 분석
			  - 실직자 세대 특성 분석
			  - 사업장 분석
			• 시각화

	산출	분석 결과 및 평가	• 행정자치부의 '2016년도 빅데이터 분석 사례' 선정

ser-M	세부 지표	내용
메커니즘 (M)	제공 서비스	• 지역별/업종별 취업자/실직자 분석 • 지역별/연령대별 취업자/실직자 분석 • 취업률/실직률 추이 • 지역별/업종별 사업장 분석 • 사업장 업종별/규모별 분포
	활용 방향	• "집중홍보의 날", "찾아가는 일자리 버스"를 통한 취업지원센터 홍보, 취업정보 설명 등 현장활동 추진 • 잠재적 취약계층의 직업훈련 등을 통한 취업역량 강화 지원 • 취약계층의 업무 재능과 관련이 많은 근거리 사업장에의 연결 • 국민연금 가입 및 노후 준비 상담 안내
	모니터링 및 환류	• 일용직 근로자 가입 확대 등 국민연금 사각지대 해소에 활용

〈표 9-5〉 경기도 안양시: 공동주택 관리비 투명성 제고

ser-M	세부 지표		내용
주체 (s)	지역명		경기도 안양시
	사업명		공동주택 관리비 투명성 제고
	목표 및 목적		• 공동주택 관리비의 부조리 방지를 통하여 건전한 공동주택 관리문화 조성
환경 (e)	환경 이슈		• 불투명한 관리비 집행 및 입찰 비리에 대한 사회적 이슈가 증가함에 따라 건전한 공동주택 관리문화 조성의 필요성 대두
자원 (r)	입력	원천 데이터 내·외부 수집 및 이해	• 경기도 안양시 일대의 160개 아파트 단지의 단지별 관리비/공사 입찰 관련 자료 • 경기도 : 감사자료 • 국토교통부 : 감사자료, 비리신고 자료 • 한국감정원 : 관리비, 단지, 입찰 관련 자료 • 한국전력공사 : 전기요금, 사용량 관련 자료 • 수도사업소 : 수도요금, 사용량 관련 자료 • 대한시설물유지관리협회 : 입찰 관련 자료 • 대한전문건설협회 : 입찰 관련 자료

자원
(r)
	처리	데이터 저장,
		정제, 가공,
		통합 여부
			• 데이터 검증 이후 저장
			  - 기초 데이터 통곗값 확인
			  - 데이터 불일치성 교정

		데이터 분석
		방법
			• 입찰 부조리 지수
			  - 입찰 계약금 부조리 지수
			  - 입찰 제한 과(過)부조리 지수
			• 관리비 부당 지수
			  - 전기료 부당 지수
			  - 수도료 부당 지수
			  - 난방료 부당 지수
			  - 수선/장충금 부당 지수
			  - 인건비 부당 지수
			• 민원/감사 패턴

	산출	분석 결과 및 평가	• 행정자치부의 '2015년도 빅데이터 분석 사례' 선정
메커니즘 (M)	제공 서비스		• 안양시 일대 160개 단지에 대한 각 지수별 시각화 자료 제공
	활용 방향		• 공동주택 관리비 및 입찰의 효율적인 감독 • 비리 사례 공개를 통한 공동주택 관리 주체 및 입찰공사 업체의 자발적 자정 효과 • 공동주택 입주민의 정보 접근성 확대 및 국민의 알 권리/재산권 보호
	모니터링 및 환류		• K-apt를 통하여 관리비 및 입찰의 관리 투명성 자료로 공개

〈표 9-6〉 경기도 이천시: 국민참여형 어린이 안전 및 교통사고 원인 분석

ser-M	세부 지표	내용
주체 (s)	지역명	경기도 이천시
	사업명	국민참여형 어린이 안전 및 교통사고 원인 분석
	목표 및 목적	• 어린이 교통행동은 성인과 비교할 때 다른 특성을 나타내기 때문에 어린이 교통행동 특성 분석 기반의 교통안전정책 수립 필요

환경
(e)
	환경 이슈	• 우리나라 어린이 평균 교통사고 건수가 OECD 회원국의 평균 수치
		  보다 높음(OECD의 평균 어린이 교통사고 건수가 1.1명/10만 명임에 반하여,
		  우리나라는 1.3명/10만 명).
		• 어린이는 신체적·정서적으로 발달하는 단계이며, 성인과 비교할 때
		  상황판단 인지 정도가 느리기 때문에 보호받아야 할 교통 약자임.

자원 (r)	입력	원천 데이터 내·외부 수집 및 이해	• 이천시 : 교통안전시설물 시스템 데이터(위치정보) • 경기도 　- CCTV 데이터(설치 연/월/일, 위치) 　- 놀이시설 데이터(놀이시설명, 위치정보) • 경기콘텐츠진흥원 : 119구급차량출동시스템데이터(접수 연/월/일/시, 대상자 성별/연령, 사고 발생지역, 사고 유형 등) • 도로교통공단 : 교통사고 데이터(발생 연/월/일/시, 발생 위치, 발생 개요, 사고 주체, 행동 유형, 사상자 연령/성별 등) • 경기교육청 : 초등학교/학원 위치 데이터
	처리	데이터 저장, 정제, 가공, 통합 여부	• 데이터 검증 이후 저장 　- 기초 데이터 통곗값 확인 　- 데이터 불일치성 교정
		데이터 분석 방법	• 차량 대 사람의 교통사고 위험도 지수 개발을 통하여, 100m X 100m 격자를 기준으로 교통사고에 영향을 미치는 요소에 대한 정량분석 • 국민참여형 데이터의 활용을 통하여, 어린이 교통사고 예방에 도움이 되는 실행 방안 도출
	산출	분석 결과 및 평가	• 무단횡단 충동을 느끼는 지역 - 무단횡단 충동을 느끼는 지역 중 주변에 횡단보도가 없는 지역 - 무단횡단 충동을 느끼는 지역 중 주변에 횡단보도가 없고 실제로 보행자 교통사고가 발생하였던 지역의 순서로 지도에 표시 • 하교 시 학원 등 경유지가 있는 경우의 이동 경로분석/하교 시 경유지 없이 바로 귀가하는 경우의 이동경로 분석 • 행정자치부의 '2016년도 빅데이터 분석 사례' 선정
메커니즘 (M)	제공 서비스		• 학교별 맞춤형 어린이 보호구역 설정 • 어린이 통학 안전지도 콘텐츠
	활용 방향		• 교통안전시설물 입지 선정을 위한 의사결정에 활용 • 어린이 안전교육자료 작성 및 안전교육/감독에 활용 • 사고 유형별 원인분석 결과 기반의 교통안전사고 다발지역에 인력 배치 지침으로 활용
	모니터링 및 환류		• 상시적 분석을 통하여 안전시설의 위치 선정의 기준 제시

〈표 9-7〉 경기도 수원시: 수원시 CCTV/보안등 사각지대 선정

ser-M	세부 지표	내용
주체 (s)	지역명	경기도 수원시
	사업명	수원시 CCTV/보안등 사각지대 선정
	목표 및 목적	• 수원시민들의 안전한 생활을 위하여 보안이 취약한 안전사각지대를 도출하고 이를 바탕으로 CCTV 및 보안등 설치에 활용

ser-M	세부 지표		내용
환경 (e)	환경 이슈		• 수원시 팔달산 토막살인 사건의 발생으로 시민 안전 및 보안의 중요성 증대 • 주민들의 생활안전을 위하여 CCTV 및 보안등이 요구되는 보안이 취약한 지역에 대한 분석 필요
자원 (r)	입력	원천 데이터 내·외부 수집 및 이해	• 수원시 　- CCTV의 경위도 좌표 　- 비상벨의 지번, 도로명 　- 보안등의 KATEC 좌표 　- 가로등의 중부 원점 　- 방범초소의 지번, 도로명 　- 용도지역의 중부 원점 좌표 　- 보안등, 가로등에 대한 민원정보(지번, 시설 위치) • 경기도 수원 교육지원청 　- 학교 현황(학교명, 지번, 도로명) • 통계청 　- 집계구 경계정보(중부 원점) 　- 집계구별 인구/가구 정보(성별, 연령, 세대 구성) 　- 집계구별 주택 정보(주택 유형, 건축 연도) 　- 집계구별 사업체 정보(사업체 수 등) 　- 점유 형태 가구 정보(자가, 월세, 전세)
	처리	데이터 저장, 정제, 가공, 통합 여부	• 분석 소스 수집 • 데이터 전처리 　- 데이터 클렌징(data cleansing) 　- 데이터 가공 • 변수 생성 • 공간 DB 생성
		데이터 분석 방법	• 분석 목적에 맞는 분석기법 적용 　- 키워드, 빈도분석 　- 상관분석 　- 의사결정 나무(Decision Tree) 　- 최근린분석 　- 지리정보시스템(GIS) 분석 등
	산출	분석 결과 및 평가	• 보안등 설치 밀집지역 특성을 분석한 결과 인구밀도가 높고, 단독 주택 비율이 높을수록, 유사한 인구밀도라도 1인 가구 비율이 높거나 월세 비율이 높을수록 보안등의 영향을 받는 면적 비율이 높은 것으로 나타남. • 이는 범죄 발생 가능성이 상대적으로 높은 주택밀집지역에 대한 특성을 유사하게 가지고 있음을 나타내지만 여성 비율 및 어린이, 청소년 비율은 고려하지 않은 것으로 보임. • CCTV 사각지대 후보 집계구 37개 중 네이버 위성사진을 통하여 후보 지역 주변 환경을 살펴본 결과 CCTV가 추가로 설치 가능한 주택밀집지역으로 최종 5곳을 우선 선정

ser-M	세부 지표	내용
메커니즘 (M)	제공 서비스	• 주택밀집지역 CCTV 사각지대 도출 • 주택밀집지역 사각지대 위치 선정
	활용 방향	• 하천 및 산책로, 학교지역 등에 대한 사각지대 분석 결과 추가 • 범죄 예방을 위한 보안 체계의 강화를 위한 정책 수립의 기준
	모니터링 및 환류	• 사각지대 우선순위로 선정된 지역은 CCTV 설치 조건에 필요한 요건을 충족하는지에 대한 주변 환경 및 현장조사의 추가 실시 필요 • 최근 이슈가 된 조선족 외국인들의 범죄에 대하여 집계구별 외국인 거주 비율을 고려하여 추가적인 사각지대 도출의 필요

〈표 9-8〉 경상남도 하동군: '하동야생차문화축제' 축제 효과 분석

ser-M	세부 지표		내용
주체 (s)	지역명		경상남도 하동군
	사업명		'하동야생차문화축제' 축제 효과 분석
	목표 및 목적		• 축제로 인한 지역의 시장 규모 변화와 방문객 기여도의 분석
환경 (e)	환경 이슈		• 지역축제가 지역경제에 미치는 영향 분석 • 지역축제 및 지역경제의 활성화 방안 마련의 필요
자원 (r)	입력	원천 데이터 내·외부 수집 및 이해	• 신용카드 및 현금 사용 매출 데이터 • 축제 및 행사장 중심의 인근 행정동 내 중소상공업의 현황 • 사회적 매체(SNS) 등에서의 검색어
	처리	데이터 저장, 정제, 가공, 통합 여부	• 단말기(point of sales: POS)를 통하여 수집되는 개인의 신용카드 및 현금 거래 내역 데이터를 관련법에 따라 적법한 절차를 거쳐 정제하여 사용

		데이터 분석 방법	• 매출 분석 : 축제 및 행사장을 중심으로 인근 행정동의 업종별 영향도 추이 분석
			• 방문객 특성 분석 : 외부에서 유입되는 실질적 방문객 비중을 중심으로 분석
			• 자연언어처리 기술(어휘, 구문, 의미분석)을 통해 온라인상의 텍스트 데이터 속에서 단어 사이의 관계 검토, 시간에 따른 변화를 추적하여 의미 분석
			• 사회적 매체(SNS) 및 온라인 버즈(buzz) 데이터를 통하여 검색 추이, 탐색어, 감성언어 등 분석
			  – 검색 추이 분석 : SNS와 온라인상의 축제 및 연관 검색어 경향 분석
			  – 탐색어 분석 : 축제 관련 버즈에 함께 언급된 빈출 키워드 특성 분석
			  – 표현어 분석 : 축제 관련 버즈에 함께 언급된 표현어의 속성 분석

자원
(r)
	산출	분석 결과
		및 평가
			• 하동야생차문화축제 관련 매출 특성 분석
			  – 2015년 하동야생차문화축제 기간 동안 분석지역(화개면, 악양면, 하동읍)의 시장 규모는 평상시보다 41.8% 증가
			  – 특히, 2015년 하동야생차문화축제 기간 동안 화개면의 시장 규모는 평상시보다 102.4%로 대폭 증가
			  – 2013년 대비 2015년 하동야생차문화축제 기간의 업종별 매출 증감 비교 결과, 다양한 음식업종과 함께 '모텔/여관' 및 '커피/디저트' 등 업종의 매출 증가가 지속적으로 나타남.
			• 외부 방문객 특성 분석
			  – 2015년 하동야생차문화축제 기간 동안 분석지역(화개면, 악양면, 하동읍)의 점포 이용객 중 외부 방문객은 59.0%로 나타남.
			  – 특히, 2015년 하동야생차문화축제 기간 동안 화개면의 외부 방문객 이용 비율은 95.7%로 매우 높게 나타남.
			  – 분석지역의 과거 1년간 월별 외부 방문객 매출 추이 분석 결과 하동야생차문화축제 기간을 포함한 봄철(3월 ~ 5월)의 매출 비율이 1년 중 가장 높은 것으로 나타남.
			• 검색어 추이 및 속성 분석
			  – 축제 시작 3개월 전부터 축제 관련 검색이 시작되는 특징이 분석되며, 매년 축제 개최 시기인 5월에 관련 검색 추이가 가장 높게 나타남.
			  – 축제에 대한 온라인상의 홍보가 매우 활성화되어 있기 때문에 축제 개최 이전에 축제 관련어 검색 추이의 높은 수준이 비교적 장시간 유지되는 반면, 축제 종료 이후의 검색 추이는 급격히 떨어지는 것으로 분석됨.
			  – 축제 탐색어 및 표현어 분석 결과도, 축제를 안내하거나 방문을 유도하는 홍보 내용의 글이 많은 반면, 축제 참여 이후 방문객들이 자신의 경험을 타인과 공유하거나 감상 및 평가를 하는 내용의 글은 상대적으로 적은 것으로 분석됨.
			  – 따라서 축제 종료 이후에도 일정 기간 축제에 대한 사람들의 관심과 검색이 지속될 수 있도록 축제 매력도 유지 방안에 대한 고민이 필요함.

메커니즘 (M)		제공 서비스	• 각 항목의 분석 결과에 대한 시각화된 자료 제공
		활용 방향	• 지역축제의 활성화 방안 및 지역경제의 성장 촉진 방안의 수립을 위한 정책적 지침
		모니터링 및 환류	• 빅데이터의 수집 범위가 한정되어 있기 때문에 다양한 관점의 분석 결과를 도출하는 데 일부 한계가 있음. • 분석지역 상권의 점포 이용객을 대상으로 총체적 분석을 시도하고 있기 때문에, 분석 결과를 단순히 축제에 대한 직접적 효과라고 판단하기에는 다소 무리가 있음.

〈표 9-9〉 경상남도 김해시: '가야문화축제' 축제 효과 분석

ser-M	세부 지표		내용
주체 (s)	지역명		경상남도 김해시
	사업명		'가야문화축제' 축제 효과 분석
	목표 및 목적		• 축제로 인한 지역의 시장 규모 변화와 방문객 기여도의 분석
환경 (e)	환경 이슈		• 지역축제가 지역경제에 미치는 영향 분석 • 지역축제 및 지역경제의 활성화 방안 마련의 필요
자원 (r)	입력	원천 데이터 내·외부 수집 및 이해	• 신용카드 및 현금 사용 매출 데이터 • 축제 및 행사장 중심의 인근 행정동 내 중소상공업의 현황
	처리	데이터 저장, 정제, 가공, 통합 여부	• 단말기(point of sales: POS)를 통하여 수집되는 개인의 신용카드 및 현금 거래 내역 데이터를 관련법에 따라 적법한 절차를 거쳐 정제하여 사용

		데이터 분석 방법	• 매출분석
			  – 기간별 매출 변화, 행정동별 매출 비교
			  – 업종별 평균 매출 증감 분석
			• 방문객 특성 분석
			  – 방문고객 매출 분석
			  – 방문객 유형별(성별/연령별)/요일별 이용 비중
			  – 외부 방문객 유입지역 분석

	산출	분석 결과 및 평가	• 2014년 가야문화축제 기간 동안 분석지역의 총매출은 평상시에 비하여 2.8% 증가함.
			• 축제기간 동안 업종별 매출을 분석한 결과, '음식 및 요리' 관련 업종의 매출 증가율이 가장 높게 나타남.
			  – 그 외 '편의점' 및 '수퍼마켓'의 매출 역시 증가한 것으로 나타남.
			• 축제기간 동안의 분석지역 점포 이용객 중 34.9%가 외부 방문객인 것으로 나타남.
			  – 외부 방문객 매출 비율은 전체의 48.2%를 차지하는 것으로 분석됨.
			  – 축제 방문객을 대상으로 유입지역을 분석한 결과, 경남 김해시 주민을 제외하고는 부산에 거주하고 있는 방문객 유입 비율이 월등히 높은 것으로 나타남.

메커니즘 (M)	제공 서비스		• 각 항목의 분석 결과에 대한 시각화된 자료 제공
	활용 방향		• 지역축제의 활성화 방안 및 지역경제의 성장 촉진 방안의 수립을 위한 정책적 지침
	모니터링 및 환류		• 빅데이터의 수집 범위가 한정되어 있기 때문에 다양한 관점의 분석 결과를 도출하는 데 일부 한계가 있음. • 분석지역 상권의 점포 이용객을 대상으로 총체적 분석을 시도하고 있기 때문에, 분석 결과를 단순히 축제에 대한 직접적 효과라고 판단하기에는 다소 무리가 있음.

〈표 9-10〉 경상남도 창원시: '진해군항제' 축제 효과 분석

ser-M	세부 지표		내용
주체 (s)	지역명		경상남도 창원시
	사업명		'진해군항제' 축제 효과 분석
	목표 및 목적		• 축제로 인한 지역의 시장 규모 변화와 방문객 기여도의 분석
환경 (e)	환경 이슈		• 지역축제가 지역 경제에 미치는 영향 분석 • 지역축제 및 지역경제의 활성화 방안 마련의 필요
자원 (r)	입력	원천 데이터 내·외부 수집 및 이해	• 신용카드 및 현금 사용 매출 데이터 • 축제 및 행사장 중심의 인근 행정동 내 중소상공업의 현황
	처리	데이터 저장, 정제, 가공, 통합 여부	• 단말기(point of sales: POS)를 통하여 수집되는 개인의 신용카드 및 현금 거래 내역 데이터를 관련법에 따라 적법한 절차를 거쳐 정제하여 사용
		데이터 분석 방법	• 매출 분석 - 기간별 매출 변화, 행정동별 매출 비교 - 업종별 평균 매출 증감 분석 • 방문객 특성 분석 - 방문 고객 매출 분석 - 방문객 유형별(성별/연령별)/요일별 이용 비중 - 외부 방문객 유입지역 분석
	산출	분석 결과 및 평가	• 2013년 대비 2014년의 경기가 전반적으로 좋지 않음에도 불구하고 진해군항제로 인한 축제 효과는 오히려 상승한 것으로 분석됨. - 특히, 축제 프로그램이 운영되는 지역(중앙동, 태평동, 여좌동, 병암동, 충무동 등)의 축제영향도가 높은 것으로 분석됨. • 축제기간 동안 업종별 매출을 분석한 결과, '숙박업'과 '음식업' 관련 업종의 매출 증가율이 가장 높게 나타남. - 반면, 지역주민의 일상생활과 밀접한 일부 업종의 경우 축제기간 동안의 매출이 소폭 감소한 것으로 분석됨. • 축제기간 동안의 분석지역 점포 이용객 중 59.9%가 외부 방문객인 것으로 나타남. - 외부 방문객 매출 비율은 전체의 62.1%를 차지하는 것으로 분석됨. - 외부 방문객 중에서 30대와 40대의 이용 비율이 가장 높게 나타남. • 방문객을 대상으로 유입지역을 분석한 결과, 경남 창원시 주민을 제외하고는 김해, 진주, 거제, 부산, 대구, 아산, 천안, 수원, 대정 등 지역의 방문객 비율이 상대적으로 높게 나타남.
메커니즘 (M)	제공 서비스		• 각 항목의 분석 결과에 대한 시각화된 자료 제공
	활용 방향		• 지역축제의 활성화 방안 및 지역경제의 성장 촉진 방안의 수립을 위한 정책적 지침
	모니터링 및 환류		• 빅데이터의 수집 범위가 한정되어 있기 때문에 다양한 관점의 분석 결과를 도출하는 데 일부 한계가 있음. • 분석지역 상권의 점포 이용객을 대상으로 총체적 분석을 시도하고 있기 때문에, 분석 결과를 단순히 축제에 대한 직접적 효과라고 판단하기에는 다소 무리가 있음.

〈표 9-11〉 경상남도 함양군: '함양산삼축제' 축제 효과 분석

ser-M	세부 지표	내용
주체 (s)	지역명	경상남도 함양군
	사업명	'함양산삼축제' 축제 효과 분석
	목표 및 목적	• 축제로 인한 지역의 시장 규모 변화와 방문객 기여도의 분석
환경 (e)	환경 이슈	• 지역축제가 지역 경제에 미치는 영향 분석 • 지역축제 및 지역경제의 활성화 방안 마련의 필요
자원 (r)	입력	원천 데이터 내·외부 수집 및 이해	• 신용카드 및 현금 사용 매출 데이터 • 축제 및 행사장 중심의 인근 행정동 내 중소상공업의 현황
	처리	데이터 저장, 정제, 가공, 통합 여부	• 단말기(point of sales: POS)를 통하여 수집되는 개인의 신용카드 및 현금 거래 내역 데이터를 관련법에 따라 적법한 절차를 거쳐 정제하여 사용
		데이터 분석 방법	• 매출 분석 – 기간별 매출 변화, 행정동별 매출 비교 – 업종별 평균 매출 증감 분석 • 방문객 특성 분석 – 방문 고객 매출 분석 – 방문객 유형별(성별/연령별)/요일별 이용 비중 – 외부 방문객 유입지역 분석
	산출	분석 결과 및 평가	• 2014년 함양산삼축제 기간 동안 분석지역의 총매출은 평상시에 비하여 23.1% 증가함. • 축제기간 동안 업종별 매출을 분석한 결과, 축제의 주요 상품인 '산삼'이 포함되어 있는 '건강/미용식품' 업종의 매출 증가율(216.1%)이 매우 높은 것으로 나타남. – 이와 함께, '음식 및 요리' 및 '간식' 관련 업종의 매출도 크게 증가함. • 축제기간 동안의 분석지역 점포 이용객 중 63.2%가 외부 방문객인 것으로 나타남. – 외부 방문객 매출 비율은 전체의 66.7%를 차지하는 것으로 분석됨. • 방문객을 대상으로 유입지역을 분석한 결과, 경남 함양군 주민을 제외하고는 진주, 창원, 거제, 거창 등 방문객 비율이 높게 나타남.
메커니즘 (M)	제공 서비스	• 각 항목의 분석 결과에 대한 시각화된 자료 제공
	활용 방향	• 지역축제의 활성화 방안 및 지역경제의 성장 촉진 방안의 수립을 위한 정책적 지침
	모니터링 및 환류	• 빅데이터의 수집 범위가 한정되어 있기 때문에 다양한 관점의 분석 결과를 도출하는 데 일부 한계가 있음. • 분석지역 상권의 점포 이용객을 대상으로 총체적 분석을 시도하고 있기 때문에, 분석 결과를 단순히 축제에 대한 직접적 효과라고 판단하기에는 다소 무리가 있음.

〈표 9-12〉 경상남도 합천군: '합천호러축제' 축제 효과 분석

ser-M	세부 지표		내용
주체 (s)	지역명		경상남도 합천군
	사업명		'합천호러축제' 축제 효과 분석
	목표 및 목적		• 축제로 인한 지역의 시장 규모 변화와 방문객 기여도의 분석
환경 (e)	환경 이슈		• 지역축제가 지역 경제에 미치는 영향 분석 • 지역축제 및 지역경제의 활성화 방안 마련의 필요
자원 (r)	입력	원천 데이터 내·외부 수집 및 이해	• 신용카드 및 현금 사용 매출 데이터 • 축제 및 행사장 중심의 인근 행정동 내 중소상공업의 현황
	처리	데이터 저장, 정제, 가공, 통합 여부	• 단말기(point of sales: POS)를 통하여 수집되는 개인의 신용카드 및 현금 거래 내역 데이터를 관련법에 따라 적법한 절차를 거쳐 정제하여 사용

		데이터 분석
		방법
			• 매출 분석
			  - 기간별 매출 변화, 행정동별 매출 비교
			  - 업종별 평균 매출 증감 분석
			• 방문객 특성 분석
			  - 방문 고객 매출 분석
			  - 방문객 유형별(성별/연령별)/요일별 이용 비중
			  - 외부 방문객 유입지역 분석

	산출	분석 결과
		및 평가
			• 2014년 합천호러축제 기간 동안 분석지역의 총매출은 평상시에 비하여 46.1% 증가함.
			• 축제기간 동안 업종별 매출을 분석한 결과, 외부 방문객이 소비하기 좋은 음식 관련 업종의 매출 증가율이 가장 높은 것으로 나타남.
			  - 그 외 '수퍼마켓'과 '주유소/충전소' 업종의 매출 역시 증가한 것으로 분석됨.
			• 축제기간 동안의 분석지역 점포 이용객 중 99.1%가 외부 방문객인 것으로 나타남.
			  - 외부 방문객 매출 비율은 전체의 98.0%를 차지하는 것으로 분석됨.
			• 방문객을 대상으로 유입지역을 분석한 결과, 대구광역시 주민의 유입이 가장 많은 것으로 분석됨.

메커니즘 (M)	제공 서비스		• 각 항목의 분석 결과에 대한 시각화된 자료 제공
	활용 방향		• 지역축제의 활성화 방안 및 지역경제의 성장 촉진 방안의 수립을 위한 정책적 지침
	모니터링 및 환류		• 빅데이터의 수집 범위가 한정되어 있기 때문에 다양한 관점의 분석 결과를 도출하는 데 일부 한계가 있음. • 분석지역 상권의 점포 이용객을 대상으로 총체적 분석을 시도하고 있기 때문에, 분석 결과를 단순히 축제에 대한 직접적 효과라고 판단하기에는 다소 무리가 있음.

〈표 9-13〉 광주광역시 광산구: 불법주정차 단속 분석

ser-M	세부 지표	내용
주체 (sS)	지역명	광주광역시 광산구
	사업명	불법주정차 단속 분석
	목표 및 목적	• 불법주정차 현황 분석을 토대로 지역 내 불법주정차 문제를 포함한 교통행정에 대한 정책 수립 및 정책 집행의 우선순위 결정
환경 (e)	환경 이슈	• 광산구에서는 수완지구 · 신창지구 · 첨단지구 등 신도시를 중심으로 불법주정차 문제가 심각한 상황임. 이로 인한 여러 형태의 교통문제가 발생하고 민원이 증가하고 있음. • 광산구에는 불법주정차 단속과 관련된 행정 데이터가 누적되어 있으며, 이를 이용하면 광산구의 불법주정차 현황을 체계적으로 살펴볼 수 있음.
자원 (r)	입력 / 원천 데이터 내·외부 수집 및 이해	• 불법주정차 단속 데이터 • 주차장(공영, 민영) 현황 데이터 • 휴게음식점 현황 데이터 • 미용업(피부 포함) 현황 데이터 • 일반음식점 현황 데이터 • 병의원 현황 데이터 • 약국 현황 데이터 • 체육시설업 현황 데이터 • 용도지역 지도 • 도로명주소 지도
	처리 / 데이터 저장, 정제, 가공, 통합 여부	• 데이터 검증 이후 저장 　- 기초 데이터 통곗값 확인 　- 데이터 불일치성 교정
	처리 / 데이터 분석 방법	• 통계분석 　- 통계분석 프로그램 SPSS 19.0을 이용하여 교차분석, 빈도분석, 기술통계분석 실시 • GIS 분석 　- GIS 프로그램 QGIS 2.0.1을 이용하여 밀도분석, 위치분석, 공간분석 실시. • 분석변수 　- 주정차단속 연도 : 불법주정차 단속 현황을 연도별로 구분 　- 주정차 단속된 민원인 성별 : 불법주정차로 단속된 민원인의 성별을 구분 　- 주정차 단속된 근무시간별 : 불법주정차 단속원의 근무시간을 일과시간(09:00~18:00)과 일과외시간(18:00~09:00)으로 구분함. 　- 주요 단속시간대 : 출근시간(07:00~09:00), 퇴근시간(18:00~20:00), 오전피크(10:00), 오후피크(14:00)로 구분함. 　- 주정차 단속된 행정동 : 불법주정차가 단속된 지역을 행정동으로 구분함.
	산출 / 분석 결과 및 평가	• 불법주정차 단속은 2010년부터 매년 약 6만 건 이상, 월별로는 7·8월에 가장 많이 단속 • 하루 중 주요 단속 시간대는 14시이며, 요일별로는 월요일에서 주말로 갈수록 단속 건수가 감소 • 주요 불법주정차 단속지역은 수완동이며, 단속된 민원인의 52.6%가 광산구외 거주자 • 공영 · 민영 주차장의 반경 100m 이내에서 불법주정차 단속 건수의 약 24~44%가 적발.

메커니즘 (M)	제공 서비스	• 각 항목의 분석 결과에 대한 시각화된 자료 제공
	활용 방향	• 광산구 이외 거주자에게 주정차 관련 정보의 제공 • 불법주정차 차량 계도 및 공영·민영 주차장 확보 • 주요 단속 시기에 탄력적 임시 주차장 운영
	모니터링 및 환류	• 광산구 내의 교통정책에 대한 기본적인 자료로 활용

〈표 9-14〉 광주광역시: 빅데이터 분석을 통한 시내버스 효율적 운영 방안 연구

ser-M	세부 지표		내용
주체 (s)	지역명		광주광역시
	사업명		빅데이터 분석을 통한 시내버스 효율적 운영 방안 연구
	목표 및 목적		• 지난 1년간 시민들의 교통카드 사용 이력뿐만 아니라 통신사 유동인구 및 거주인구 등의 빅데이터를 분석하여 시내버스 이용 편의 증진과 시내버스 효율적 운영을 위한 기초자료로의 활용
환경 (e)	환경 이슈		• 광주광역시는 2007년 준공영제 실시 이후 시내버스 운송 수입이 매년 감소함에 따라 재정지원이 큰 폭으로 증가하고 있는 실정임. • 또한 신규 택지 개발 등으로 생겨난 신도심은 시내버스 수요가 급증하고 있는 반면 버스 공급은 그 수요를 따라가지 못하고 있는 실정으로 이용과 수요에 맞는 시내버스의 효율적 운영이 필요함.

자원 (r)	입력	원천 데이터 내·외부 수집 및 이해	• 교통카드
			  – 교통카드 이력 데이터(암호화된 카드 번호, 승차 일시, 하차 일시, 환승 Flag, 승/하차 노선, 승/하차 정류장, 건수, 금액)
			  – 지하철 이력 데이터(암호화된 카드 번호, 승차 일시, 하차 일시, 환승 Flag, 승/하차 노선, 승/하차 정류장, 건수, 금액)
			• 노선 정류장 정보
			  – 노선운행정보(노선, 기/종점, 첫차/막차시간, 주행시간, 주행거리, 배차간격, 운행대수, 운행횟수)
			  – 노선별 정류장 정보(노선 ID, 노선명, 정류장 ID, 차량번호, SEQ, 정류장명, 다음 정류장명)
			  – 정류장 위치정보(정류장 ID, 정류장명, 위도, 경도)
			  – 지하철 기본정보(역코드, 역명, 역번호, 역주소)
			  – ARS, ID와 쟁류장 ID 매핑정보(정류장 ID, 정류장명, ARS_ID, 다음 정류장명)
			• 민원정보
			  – 버스민원(접수번호, 접수일자, 제목, 내용, 답변)
			• 버스운행정보
			  – 노선 운행이력(노선명, 버스 차량 ID, 운행 회차, 정류장명, 상/하행 구분, 버스 도착 일시)
			• 시설정보
			  – 교통약자 이용시설정보(시설 구분, 시설명, 시설 주소, 정원, 수위도, 경도)
			• 인구정보
			  – 거주인구(추정된 성별/연령대별 거주인구 수 : 건물지번 단위 집계)
			  – 유동인구(추정된 성별/연령대별/시간대별 유동인구 수 : 셀 단위 집계)
			• 기타
			  – 아파트 분양자료(아파트명, 동, 지번, 세대수)
			  – 도로정보(정류장 주변 도로폭, 도보폭, 경사도)

자원
(r)
	처리	데이터 저장, 정제, 가공, 통합 여부	• 분석 소스 수집
			• 데이터 전처리
			  − 데이터 클렌징
			  − 데이터 가공
			• 변수 생성
			• 공간 DB 생성

		데이터 분석 방법	• 분석 목적에 맞는 분석기법 적용
			  − 키워드, 빈도분석
			  − 상관분석
			  − 군집분석
			  − GIS 분석

	산출	분석 결과 및 평가	• 대중교통 사각지대 분석은 서비스 권역 외 사각지대 추출, 유동인구 사각지대 추출, 주변 환경 분석 등을 수행하였으며, 선정된 후보지는 광산구 월곡동 월곡초교 주변 등 7개소임. • 환승객 정류장 속성에 따른 분류, 환승 정류장 속성별 구간화, 환승 정류장 주요 속성 및 기준 도출을 통하여 환승 편의시설을 우선적으로 설치·도입할 정류장을 선정하였으며, 대표적인 정류장은 서구 광천동 광천 터미널, 북구 우암2동 경신여고 등임. • 노선별 요일/시간대 이용 승객 수 산출, 탄력배차 노선 우선순위 선정, 노선별 특정 과수요 구간 도출 과정을 통하여 탄력배차제를 적용할 19개 노선을 선정 • 평일 대비 일요일 이용객 수 비율과 평일/일요일 운행 횟수 비율을 분석하여 대형 노선 33개 중 14개 노선을 일요일 축소 배차 노선으로 선정 • 노선별 주거/유동인구 산출, 교통약자 이용 시설 분석을 통하여 저상버스를 우선 도입할 노선을 선정
메커니즘 (M)		제공 서비스	• 각 항목의 분석 결과에 대한 시각화된 자료 제공
		활용 방향	• 도보 폭 및 정류장 주변 여건을 고려하여 환승 편의시설(가시거리가 좋은 BIT, LED 정류장 등)을 우선 설치함으로써 이용자의 환승 편의를 도모할 수 있음. • 정기적으로 운영하는 노선에서 특정 부근의 일정 거리 내에서 많은 이용 수요가 반복적으로 발생하는 경우, 이용 수요가 높은 특정 구간에 배차를 집중 운행하는 서비스(탄력 배차제)를 제공할 예정
		모니터링 및 환류	• 사각지대 우선순위로 선정된 지역은 개선에 필요한 요건이 성립되는지에 대한 도로 및 주변 환경에 대한 현장조사를 추가 실시하여야 함.

⟨표 9-15⟩ 광주광역시: 빅데이터 분석을 통한 교통사고 예방 방안 연구

ser-M	세부 지표		내용
주체(s)	지역명		광주광역시
	사업명		빅데이터 분석을 통한 교통사고 예방 방안 연구
	목표 및 목적		• 교통사고 및 관련 내·외부 빅데이터 분석으로 과학적인 정책 의사 결정 지원 • 지역별 교통사고 발생 유형 및 특징에 따른 맞춤형 정책 실현으로 시민과 더불어 사는 안전안심 도시 조성
환경(e)	환경 이슈		• 교통사고에 의한 각종 피해의 경감

자원(r)	입력	원천 데이터 내·외부 수집 및 이해	• 사고정보
			  – 광주광역시 교통사고 발생 현황
			• 디지털 운행 기록
			  – 사업용 자동차 위험운전 행동 기록
			• 교통신호 체계
			  – 교통신호 변경 순서 및 시간
			• 소셜 텍스트
			  – 주요 인터넷 포털 언론 뉴스(국내 620여개 언론사), 블로그, 커뮤니티, SNS의 키워드 추출
			• 교통민원
			  – 교통과 관련한 불편, 질의, 불만 사항 및 개선 의견(120 콜센터, 전자민원)
			• 교통정보
			  – 주요 교차로 교통량
			• 시설정보
			  – 도로 및 도로상 시설물의 위치 정보
			  – 버스전용차로 및 공영주차장 현황 등
			  – 수치지형도(시설 등 위치정보)
			• 구조정보
			  – 119 구조활동에 관한 통계자료
			• 주정차 단속정보
			  – 지역 내 주정차 단속 구간 및 단속 건수
			  – 집중 단속 구간 정보

	처리	데이터 저장, 정제, 가공, 통합 여부	• 사로 다른 형태(좌표 형태, 주소, 지역 단위, 좌표 없음 등)의 데이터에 개별 좌표를 별도로 검색하여 생성하고, 분석 가능한 형태로 표준화
		데이터 분석 방법	• 소셜 데이터, 관계 기관이 내부 데이터 및 기상정보 데이터를 수집하여 데이터 간의 상관관계 분석 및 정보 추출

자원 (r)	산출	분석 결과 및 평가	• 노인 보행자 사고와 횡단보도 및 육교 위치 등을 분석하여 횡단 중 사고가 잦은 지역 선정 • 어린이 보행자 사고와 학교 및 관련 시설물 위치 등을 분석하여 횡단 중 사고가 잦은 지역 선정 • 불법주정차로 인한 교통사고와 불법주정차 단속 현황 등을 분석하여 사고 예방을 위해 집중단속이 필요한 지역 선정 • 차대차 신호 위반에 따른 교통사고가 잦은 지역 선정 및 특징 분석 • 차량 단독사고가 잦은 지역 선정
메커니즘 (M)		제공 서비스	• 각 항목의 분석 결과에 대한 시각화된 자료 제공
		활용 방향	• 무단횡단 관련 안전 시설물 설치 및 계절별 맞춤형 예방 캠페인 실시 • 어린이 보호구역 확대 및 저학년 보행안전교육 실시 • 지역별 사고가 잦은 시간대에 불법주정차 집중단속 실시 • 신호 위반 단속 카메라 등 관련 시설물 설치 및 개선 • 공작물 충격흡수시설 등 관련 시설물 설치 및 개선 • 맞춤형 교통사고 예방 캠페인 　– 신호위반 및 음주운전 사고가 잦은 지역(버들교)에서는 30~40대를 대상으로 화요일과 토요일에 관련 예방 캠페인 실시 　– 서구 만호초등학교 주변에서 가을철 등하교 시간대에 어린이 횡단에 대한 교통안전지도 강화
		모니터링 및 환류	• 광주광역시 내의 교통정책에 대한 기본적인 자료로의 활용

부록10 스마트 공공 서비스를 위한 빅데이터 기반 예측 행정 시스템

그림으로 보는 스마트 공공 서비스를 위한 빅데이터 기반 예측 행정 시스템 활용 사례

출처: https://arstechnica.com/tech-policy/2017/12/is-big-data-racist-why-policing-by-data-isnt-necessarily-objective/

[그림 10-1] 뉴욕 경찰청의 조정실 전경

뉴욕시 경찰은 런던시의 교통 및 치안 집중관리 방식인 'Ring of Steel'의 모형을 근거로 2008년 자체적인 조정실(coordination center)을 설치하였다. 2010년 기준으로 1,159개의 CCTV로부터 제공되는 정보를 취합하여 통제에 이용하였으며, 최종적으로는 3,000여 개의 CCTV를 활용할 계획이다.

출처: https://movietvtechgeeks.com/privacy-biggest-barrier-to-big-data/

[그림 10-2] 경찰 업무에의 빅데이터 활용에 대한 형상화

빅데이터를 헤드업 디스플레이(HUD) 방식으로 제공하는 것은 순찰활동을 좀 더 효율적으로 수행하도록 할 것이다.

스마트 공공 서비스를 위한 빅데이터 기반 예측 행정 시스템

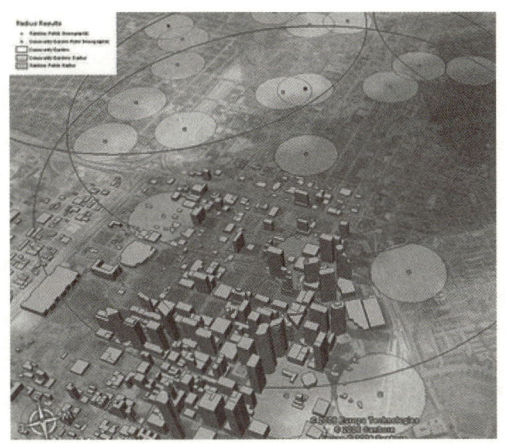

출처: https://www.datanami.com/2014/07/31/police-push-limits-big-data-technology/

[그림 10-3] Esri를 이용한 범죄지도 예시

Esri를 이용한 범죄지도는 지리정보체계(GIS)를 기반으로, 최근 5년 간의 범죄 발생 장소에서부터 사람들이 이용하고 있는 건물들에 이르는 다양한 정보를 좀 더 직관적으로 이해할 수 있는 방식으로 제공함으로써, 현재 이용 가능한 최선의 정보를 바탕으로 좀 더 효율적으로 순찰활동이 이루어지게 할 수 있다. 위의 그림에서는 범죄의 발생 빈도가 높은 지역을 붉은 색으로 표시하고, 특정한 사건의 발생 위치와 그의 영향 범위를 3D로 묘사된 지형도 위에 나타내고 있다.

사진의 단말기에서는 CCTV로 촬영된 현장 인근의 모습과 그 밖에 필요한 각종 정보를 제공하고 있음을 확인할 수 있다.

출처: https://www.pbs.org/newshour/nation/column-big-data-analysis-police-activity-inherently-biased

[그림 10-4] 경찰차에 설치된 빅데이터 연동 단말기

출처: https://www.govtech.com/Behavioral-Data-and-the-Future-of-Predictive-Policing.html

[그림 10-5] 멤피스시 경찰청의 조정실

미국 멤피스시 경찰청의 조정실은 컴퓨터의 보조를 받는 정보 수집 활동을 통하여 경찰관으로 하여금 위험이 높은 지역을 더 신속하게 파악할 수 있도록 할 것이다.

미국 로스앤젤레수 경찰청의 통합지휘소(Unified Command Post)에서 사건·사고 등에 대하여 종합적으로 판단하여 지휘하고 있다.

https://www.businessinsider.com/the-lapd-is-predicting-where-crime-will-occur-based-on-computer-analysis-2014-6

[그림 10-6] 로스앤젤레스 경찰청의 통합지휘소

히다치(日立, Hitachi)사의 범죄 예측지도는 경찰이 기존에 사용하던 과거의 범죄 기록을 바탕으로 이에 더하여 트위터(Twitter)와 같은 소셜 미디어에 대한 분석을 바탕으로 정확하게 범죄를 예측하고자 한다. 즉, 특정한 범죄의 발생 기록에 더하여 범죄의 발생에 영향을 미치는 요인을 트윗과 같은 소셜 미디어의 분석을 통하여 파악하여 이를 시각화하는 것이다. 위의 그림에서는 특정 범죄의 발생 빈도를 색의 농도와 %를 통하여 나타내고 있다.

[그림 10-8]에서는 중국 후베이성(湖北省)의 경찰이 고해상도 CCTV를 통하여 거리를 감시하고 있는 모습을 확인할 수 있다.

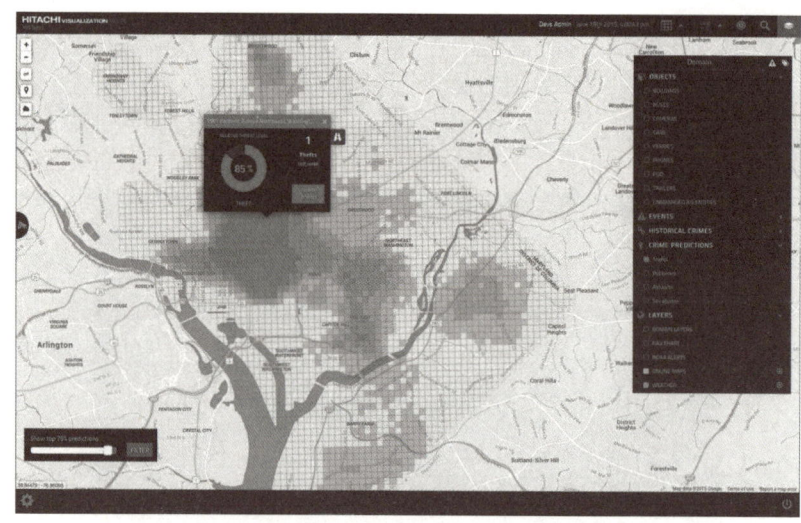

https://www.mic.com/articles/126036/hitachi-is-working-with-us-police-on-a-minority-report-like-crime-prediction-map

[그림 10-7] 히다치사의 범죄 예측지도의 예시

출처: www.globaltimes.cn/content/1070546.shtml

[그림 10-8] 고해상도 CCTV를 통하여 거리를 감시하는 중국 후베이성의 경찰

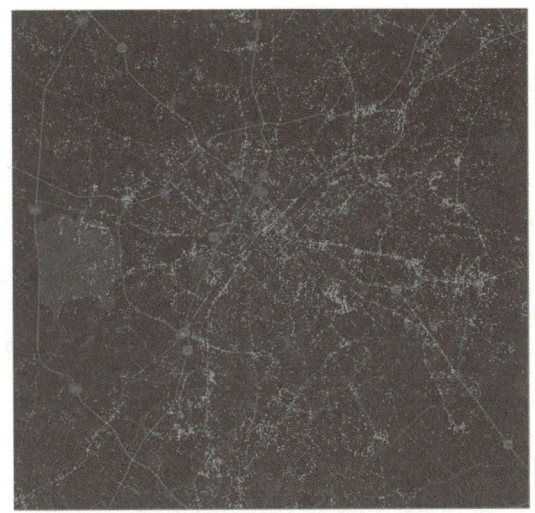

출처: https://nationswell.com/charlotte-police-shootings-early-intervention-systems-big-data/

[그림 10-9] 샬롯테 메클렌부르크(Charlotte-Mecklenburg) 경찰의 1주일간 투입 상황을 표시한 지도

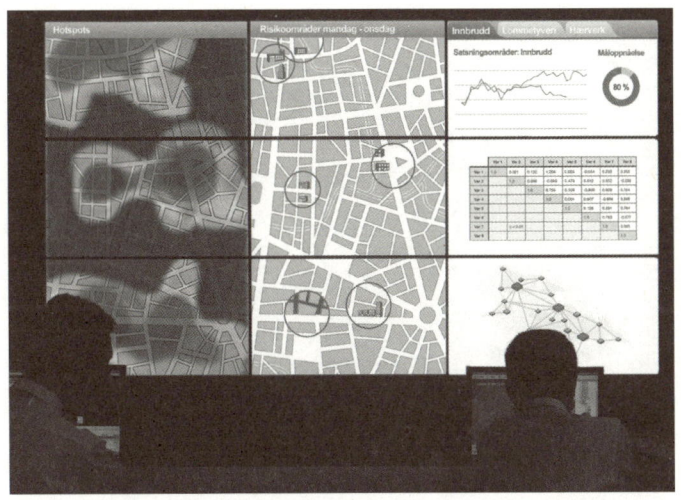

출처: volta.pacitaproject.eu/wp-content/uploads/2013/10/Special-Report-ANALYSE.jpg

[그림 10-10] 범죄 빈발지역(hot-spot) 지도 활용의 예시

출처: https://www.lefigaro.fr/actualite-france/quand-la-police-plonge-dans-l-ocean-d-informations-du-big-data-20200206

[그림 10-11] 빅데이터와 CCTV를 결합하는 감시활동의 형상화

CCTV 화면에 표시된 안면 인식의 결과와 그에 대한 빅데이터 분석은 범죄 수사, 국가안보에 활용할 수 있게 된다.

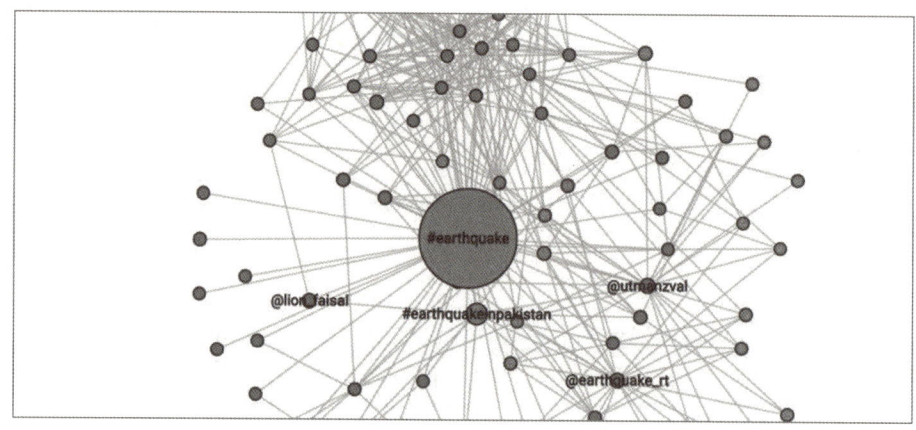

출처: https://www.mei.edu/publications/big-data-disaster-response-data-poor-settings-lessons-2015-hindu-kush-earthquake

[그림 10-12] 재난관리에 대한 빅데이터 이용의 형상화

소셜 미디어의 분석을 통하여 지진과 같은 재난의 발생 및 진행에 대한 좀 더 신속한 정보를 획득할 수 있다.

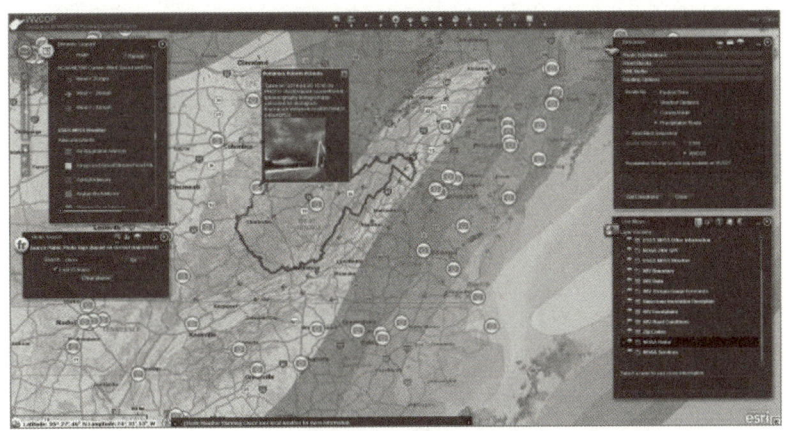

출처: www.matricinnovates.com/what-we-do/high-performance-computing-big-data-analytics-advanced-software/big-data-analytics-geographic-information-systems-2/big-data-analytics-modeling-and-simulation-emergency-response/

[그림 10-13] 재난관리를 위한 통합 지휘 플랫폼의 예시

통합 지휘 플랫폼(Common Operating Platform)을 통하여 지리정보체계(GIS)를 기반으로 하는 데이터의 통합과 분석을 통하여 위치에 기반한 각종 정보를 수집, 취합, 분석하고 배포하여 데이터를 활용할 수 있도록 한다.

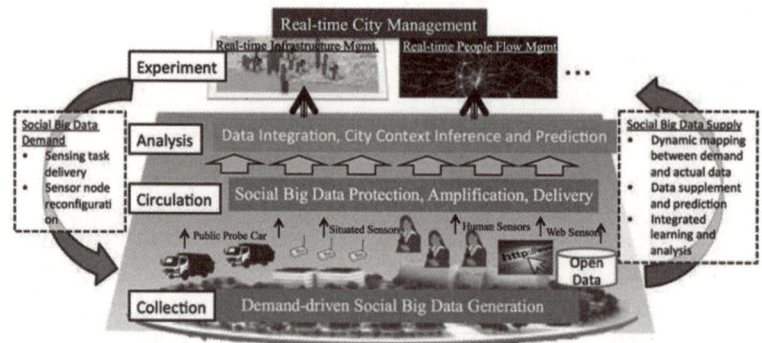

출처: https://www.ht.sfc.keio.ac.jp/smartcity/projects/

[그림 10-14] 빅데이터를 이용한 실시간 도시관리 개념도

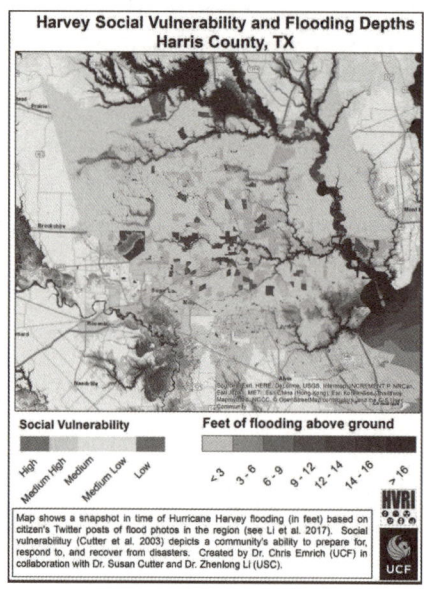

출처: gis.cas.sc.edu/gibd/leveraging-twitter-for-rapid-flood-mapping/

[그림 10-15] 텍사스주 해리스 카운티의 사회적 취약성 및 홍수위를 표시한 지도

위의 사진은 사람들이 허리케인 하비(Harvey)가 발생하였을 때 텍사스주 해리스 카운티(Harris County)에서 트위터에 올린 사진과 메시지를 바탕으로 홍수위를 표시하고, 사회적 취약지역을 그에 대입하여 재난을 좀 더 효과적으로 관리할 수 있도록 분석한 것이다.

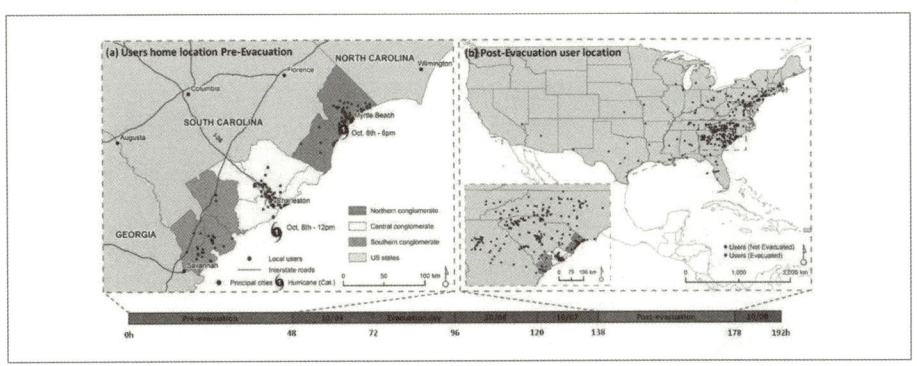

출처: gis.cas.sc.edu/gibd/social-media-and-evacuation/

[그림 10-16] 허리케인 매튜(Mathew) 당시 트위터를 분석하여 파악한 대피 상황

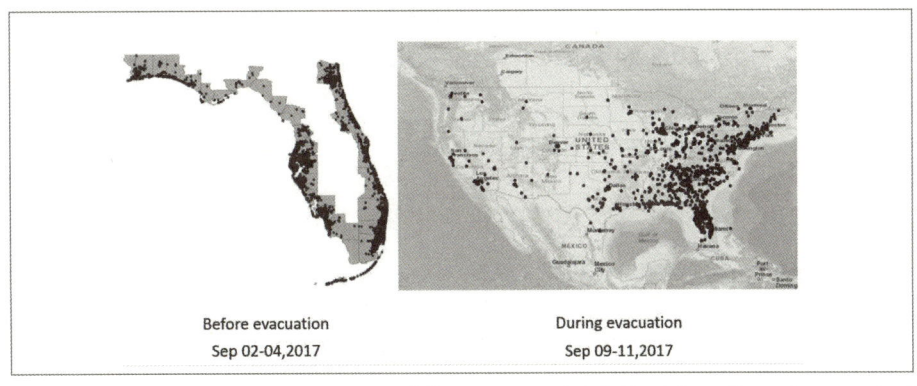

출처: gis.cas.sc.edu/gibd/social-media-and-evacuation/

[그림 10-17] 허리케인 이르마(Irma) 당시 트위터를 분석하여 파악한 대피 상황

앞의 사진들은 허리케인 발생 전과 허리케인으로 인하여 대피가 이루어진 후의 트위터 발신지역을 비교한 것이다. 이러한 분석을 통하여 사람들의 대피 경로와 대피 장소, 대피 방법 등을 파악할 수 있고, 재난 피해자에 대한 좀 더 효율적인 구호활동이 이루어지도록 할 수 있다.

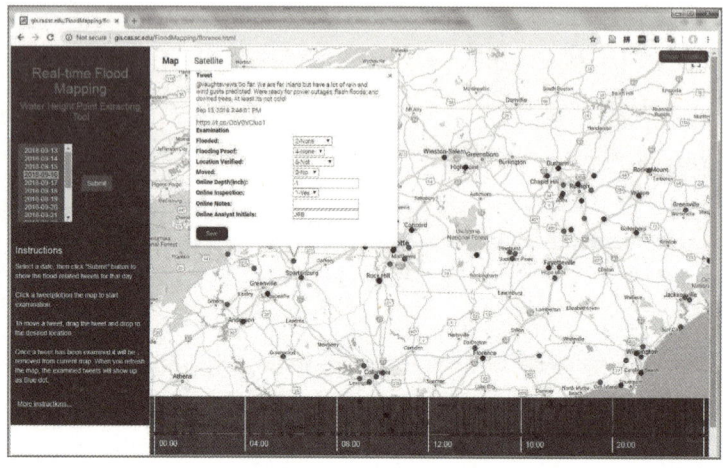

출처: gis.cas.sc.edu/gibd/detecting-disaster-photograph-from-social-media/

[그림 10-18] 트위터 분석을 반영한 실시간 홍수지도

사람들이 트위터에 올린 사진들을 분석하여 홍수의 규모와 그 피해의 범위 등을 적시에 파악할 수 있게 된다, 위의 지도상에 표시된 점들은 각 트위터에 게시된 사진을 나타내고 있으며, 그 사진을 통하여 해당 지역의 상황을 좀 더 구체적으로 파악할 수 있다.

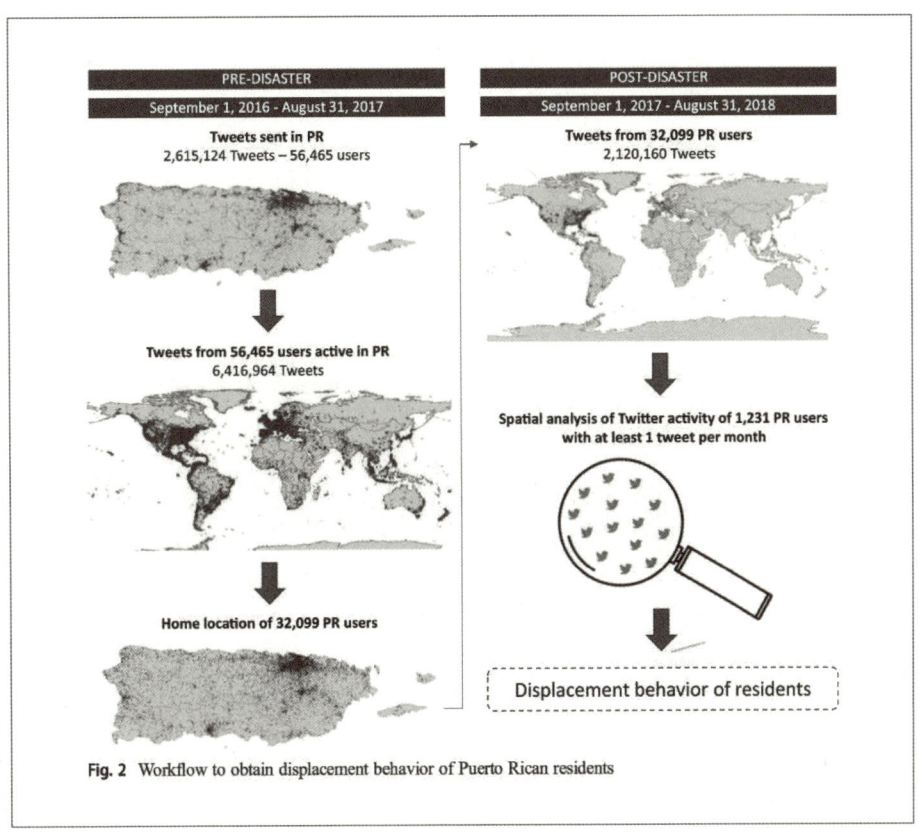

출처: gis.cas.sc.edu/gibd/big-data-and-human-mobility/

[그림 10-19] 재난 전후의 트위터 분석을 통한 재난 시 인간행동 연구의 개요

출처: gis.cas.sc.edu/gibd/understanding-tourist-movement-patterns-with-big-data/

[그림 10-20] 전 세계의 옐로스톤국립공원 방문객 분석

위의 사진들은 2017년 6월, 미국 옐로스톤(Yellow Stone)국립공원에 방문한 사람들을 분석한 것이다. 녹색의 점은 각 방문객을 표시한 것이며, 붉은색의 점은 각 방문객의 출발 지점으로 분석되는 지역을 표시하고 있다. 이를 통하여 어떤 지역의 사람들이 해당 기간 동안 옐로스톤국립공원을 방문하는지를 알 수 있으며, 이를 바탕으로 관광객들에 대한 좀 더 효율적인 관리가 가능해질 것이다.

스마트 공공 서비스를 위한 빅데이터 기반 예측 행정 시스템

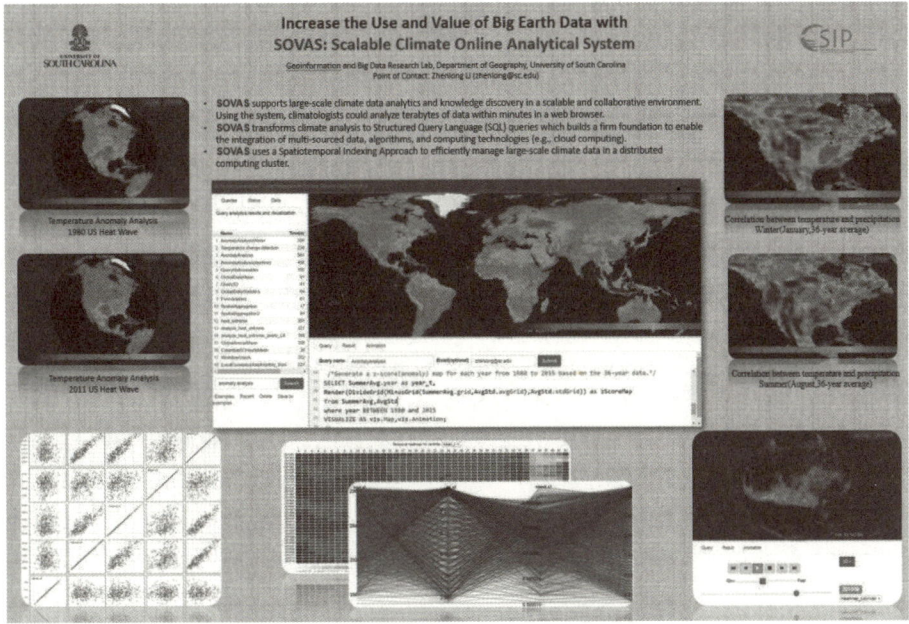

출처: gis.cas.sc.edu/gibd/big-data-computing/

[그림 10-21] SOVAS의 기후 빅데이터 분석 예시

온라인 시각 분석 체계(Scalable Online Visual Analytic System: SOVAS)는 대규모의 기상 데이터를 분석하여 신축적으로 공유할 수 있는 환경을 제공하는 것이다. 위의 화면은 SOVAS를 통하여 기후 데이터 분석을 실시한 결과의 예시이다.

부록 11

CRISP-DM
예측 모델링의 이해

　　예측을 하려면 구체적인 모형설계(modeling)와 표준화된 데이터 마이닝을 적용하는 것이 중요하다. 데이터 마이닝(data mining)이란 대규모 데이터에서 가치 있는 정보를 추출하는 것이다. KDD(Knowledge Discovery in Database), SEMMA(Sample, Explore, Modify, Model, Access) 그리고 CRISP-DM(cross industry Standard Process For Data Mining)방법론이 있다. 이 세 가지 방법론의 공통점은 간 단계를 반복하면서 실행한다는 점, 비즈니스 문제에 대한 이해가 선행되어야 한다는 점이다.

　　1996년 EU의 ESPRIT 프로젝트에서 Daimler-Chrsler, SPSS, NCR, Teradata, OHRA 등 5개 업체가 주도하여 '산업 공용 데이터 마이닝 표준 과정(Cross Industry Standard Process for Data Mining: CRISP-DM)'을 정립하려는 시도가 있었다. 최근에 가장 대중적인 데이터 마이닝 방법론으로 자리 잡았다.

질문: 분석, 데이터 마이닝, 데이터 사이언스 프로젝트에 어떤 방법론을 적용하고 있습니까?

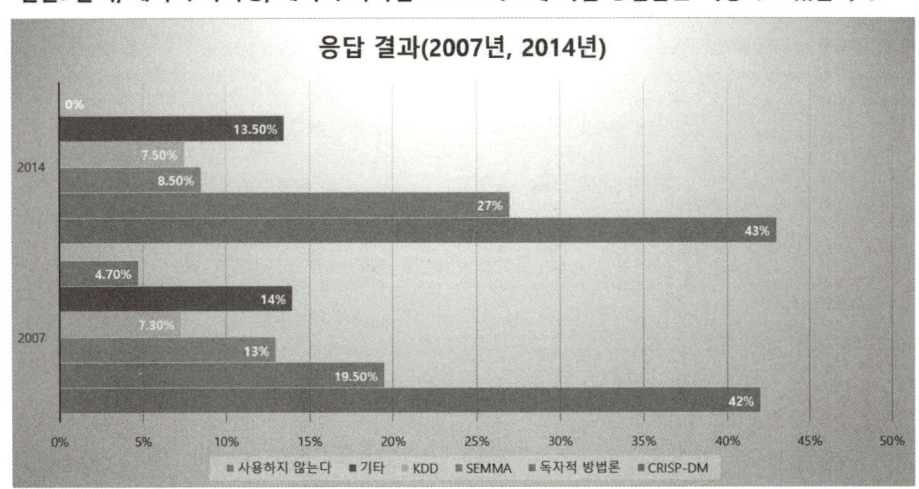

출처: http://www.kdnuggets.com - CRISP-DM, still the top methodology for analytics, data mining, or data science projects

[그림 11-1] CRISP-DM의 평가

1. KDD(Knowledge Discovery in Databases) 방법론의 의의

- 1996년 Fayyad의 프로파일링 기술 기반으로 발전됨 → 데이터로부터 통계적 패턴이나 지식을 찾기 위하여 활용할 수 있도록 체계적으로 정리한 데이터 마이닝 프로세스로 이해(기술 + 데이터베이스 → 지식 발견을 위한 절차 및 전 단계 정리된 것으로 이해)
- KDD는 데이터 마이닝, 기계학습, 인공지능, 패턴 인식, 데이터 시각화 등에서 응용될 수 있는 구조
- KDD는 데이터로부터 유용한 지식을 찾아내는 과정으로 데이터에서 패턴을 찾는 장점이 있음(활용 패키지: Oracle Data Mining)

분석 절차 단계(5단계)	프로세스(9개)
데이터셋 선택(Data Select)	분석 대상 비즈니스 도메인 이해 → 분석 대상 데이터 추출(selection)
데이터 전처리 (Data Pre-Processing)	노이즈와 이상값을 제거하는 데이터 사전 처리(preprocessing)
데이터 변환 (Data Transformation)	데이터 변환 과정(transformation) : 변수 찾기, 데이터 차원 축소
데이터 마이닝 (Data Mining)	분석 목적에 맞는 데이터 마이닝 기법 선택 분석(data mining) → 데이터 마이닝 알고리즘 선택 → 데이터 마이닝 실행
데이터 마이닝 결과 평가 (Data Evaluation)	데이터 마이닝 결과 해석 → 발견된 지식 활용

※ Han et al.(2012) : 데이터 마이닝은 데이터 분석 과정의 핵심 요소이고, 분석을 위한 데이터를 만드는 전 처리 과정이나 결과를 해석·평가하는 것은 넓은 의미로는 데이터 분석에 해당된다고 주장(이런 관점에서 데이터 마이닝은 KDD의 구성 요소라기보다는 KDD의 전 과정을 포괄하는 개념)

2. SEMMA(Sampling Exploration Modification Modeling Accessment) 방법론의 의의

- SAS 주도로 만들어진 데이터 마이닝 방법론(SAS 통계 패키지 활용; SAS Enterprise Miner)
- 기술적 관점 데이터 마이닝에 초점 상대적으로 비즈니스 관점 분석 단점(그러나 비즈니스 관점 분석이 상대적으로 약하다고 해석 가능)

분석 절차 단계(5단계)	프로세스
Sampling	분석에 사용할 데이터 샘플 만들기(통계적 추출 및 조건 추출 + 비용 절감 및 모델 평가를 위한 데이터 준비)
Exploration	추출된 데이터 전반적인 조사 및 분석할 데이터 탐색+ 데이터 오류 검색 + 모델 효율 증대 + 데이터 현황을 통하여 비즈니스 이해 + 아이디어를 통하여 이상 현상 및 변화 등을 탐색
Modification	분석 데이터 수정 및 변환 + 최적의 모델을 구축할 수 있도록 다양한 형태로 생성 선택 변형(중복 데이터 제거, 정규화, 차원 축소)
Modeling	다양한 통계 및 기계 학습 모델 구축(상관성, 군집 분석 등) 및 알고리즘 적용 가능
Accessment	모델 평가 및 검증 후 시각화 도구 이용 + 서로 다른 모델 동시 비교 + 추가 분석 수행 여부 결정(도출된 결과를 최대한 효율적으로 적용)

CRISP-DM 방법론은 네 가지 계층으로 이루어져 있으며, 상위 계층일수록 보편적이다.

※ 단계(phases): 최상위 레벨은 여러 개의 단계로 구성하고 각 단계는 일반 과업 포함 → 일반 과업(generic tasks): 데이터 마이닝의 단일 프로세스를 완전하게 수행하는 단위 → 특화된 과업(specialized tasks): 구체적으로 수행하는 과업 → 개별 사례 및 결과물(또는 프로세스 실행: process instances) : 데이터 마이닝 실행을 위한 구체적인 실행 포함

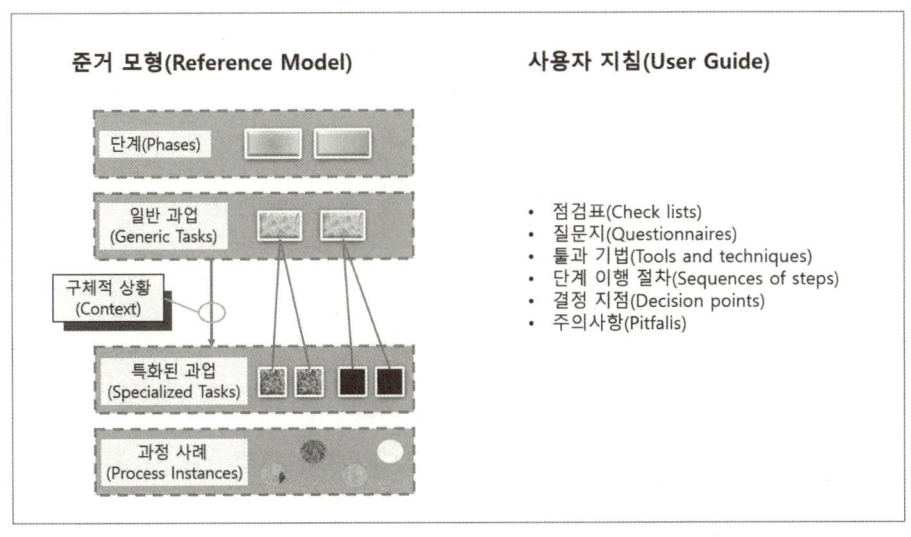

출처: Wirth & Hipp(2000).

[그림 11-2] CRISP-DM 방법론의 네 가지 계층의 이해

가장 상위 계층인 단계에서는 몇 가지 항목이 등장한다. 각 단계는 '이상적인' 순서에 따라 배열되어 있지만, 현실이 늘 기존에 상정해 놓은 양상에 따라서

만 움직이지 않는다는 점을 기억하여야 하며 유연한 태도를 유지할 수 있어야 한다.

기본적인 단계는 다음과 같다. 세부 항목으로 단계별 일반 과업도 함께 소개하였다.

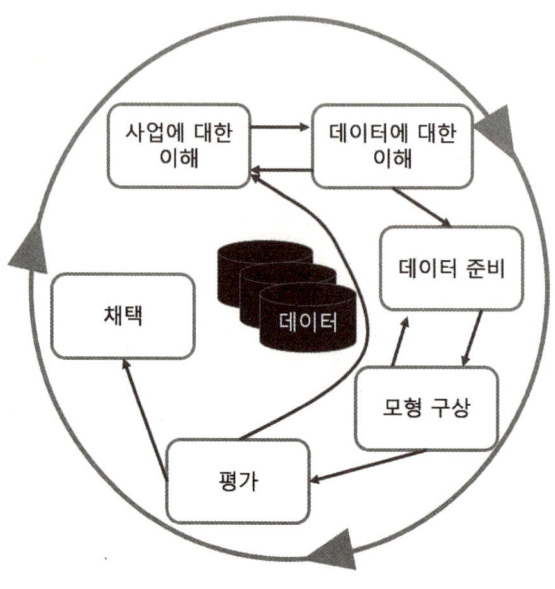

출처: Wirth & Hipp(2000).

[그림 11-3] CRISP-DM 방법론의 기본적인 단계

① 사업에 대하여 이해하는 단계(business understanding)
 - 프로젝트의 목표가 무엇인지, 진행을 위하여 갖추어야 하는 것들은 무엇인지 파악하는 단계 + 이후 과정을 진행하는 기초가 되는 단계

일반 과업	주요 내용
사업의 목표를 결정	사업의 성공을 평가할 기준은 무엇인가? 사업을 진행하여야 하는 배경에 대한 정보는 충분한가?
현 상황을 평가	현재 보유한 자원의 종류와 수준은 어느 정도인가? 추가적으로 더 확보하여야 하는 항목과 고려하여야 하는 제약 요인들은 무엇인가? 어떤 위험과 돌발 상황을 고려하여야 하는가? 사용되고 있는 용어체계(terminology)는 어떠한가? 비용/편익 분석 결과는 어떤가?
데이터 마이닝의 목표 설정	데이터 마이닝 결과의 성패를 판단할 기준은 무엇인가?
프로젝트 진행 계획 수립	진행 계획을 문서화하였는가? 사용할 툴과 기법에 대하여 평가하였는가?

② **데이터를 이해하는 단계**(data understanding)
 - 초기에 수집한 데이터를 이해하고 현재의 데이터 수준(quality)을 평가함으로써 최초 시도를 통하여 발견할 수 있는 시사점(first insight)을 도출하거나 심층적 정보를 발견하는 데 필요한 가정들을 세우는 단계

세부 과업 단계	주요 내용
초기 데이터 수집	초기 데이터 수집 과정과 현황에 대한 보고서를 작성하였는가?
데이터 기술(description)	데이터에 대한 상세 내용을 담은 문서를 작성하였는가?
데이터 탐색	추가적인 데이터 탐색 과정을 기록해 두었는가?
데이터 품질 증명	지금까지 수집한 데이터의 수준에 대한 보고서를 작성하였는가?

③ **데이터를 준비하는 단계**(data preparation)
 - 모형설계에 최종적으로 사용할 데이터 집합(data set)을 확정짓는 일련의 활동이 포함되는 단계

세부 과업 단계	주요 내용
데이터 집합 구성	–
데이터 선택	특정 데이터를 포함시키거나 제외시키는 이유를 명확히 밝혔는가?
데이터 정제	정제 과정을 문서로 남겼는가?
데이터 확정	–
데이터 통합	데이터의 특성을 추출해 낸 결과를 정리해 두었는가?
데이터 포맷	–

④ 모형 구상(modeling): 여러 가지 모델 설계 기법을 검토하는 작업이 이루어지는 단계

세부 과업 단계	주요 내용
모형에 필요한 기법 선택	적절한 모델링 기법을 선택하였는가? 해당 모델링 기법에서 채용한 가정은 어떤 것들이 있는가?
시험 설계(test design)	–
모형 만들기	변수를 어떻게 설정하였는가? 모형을 가동시켜 보았는가? 모형에 대하여 상세하게 기술하였는가?
모형 평가하기	모형 전반에 대하여 포괄적인 평가를 하였는가? 여러 차례 가동을 거치면서 변수들을 수정했다면 그 과정에 대하여 기록해 두었는가?

⑤ 평가(evaluation)

– 앞선 네 단계가 이루어진 과정을 살펴보고, 핵심적인 부분이 누락되지는 않았는지 확인하는 단계 + 최종적으로, 현재 도출된 데이터 마이닝 결과를 사용할 것인지 폐기할 것인지 결정하는 단계

결과 평가 → 검토 과정 수행 → 채택 여부 결정

⑥ **채택 또는 전개**(deployment) : **평가를 통하여 채택된 모형을 확정하는 단계**
– 채택에 대한 계획 수립 → 모니터링 및 유지에 관한 계획 수립 → 최종보고서 작성 →프로젝트 검토

참고 문헌 찾아보기

참고 문헌

감사원. (2018). 재난정보(호우·산사태·유해화학물질) 전파·공유·활용 해외 사례.
경기개발연구원. (2014). 미래형 재난대응과 통합플랫폼 구축: 경기도 빅데이터 프로젝트 실현에 활용.
구자원·이윤철. (2007). 기업성장단계 연구에 있어 변수의 사용빈도 및 상대적 중요성에 관한 종단적 연구: ser-M Framework를 중심으로, 『생산성논집』, 21(2): 129-169.
_____. (2009). 주체, 환경, 자원, 메커니즘 요인이 경영성과에 미치는 영향, *The Korean Small Business* Review, 34(4): 95-112.
부산발전연구원. (2014). 내부데이터 한 곳으로 모으고 외부데이터와 연계체계 구축.
부산시·부산일보. (2014). 빅데이터를 활용한 재난예측분석 시스템 구축방안 연구.
오석홍 (2016). 『행정학』(7판). 서울: 박영사.
은평구청. (2017). 예측행정시스템 정보화 전략계획 수립 연구.
임상규. (2014). 빅 데이터를 활용한 스마트 재난관리전략. 『한국위기관리논집』. 10(2): 23-43.
조동성·이윤철·박재찬. (2001). 인터넷기업의 e-Mechanism에 관한 연구, 『전략경영연구』, 4(2): 1-21.
최용호·신진교·김승호. (2003). 최고경영자, 전략 및 구조요인이 중소기업의 성과에 미치는 영향, 『중소기업연구』, 25(2): 1-20.
최해룡·구자원. (2016). 기업 정보화 요인 변수의 연구 빈도에 관한 연구: ser-M Framework을 중심으로, *Journal of Information Technology Services*, 15(2): 125-155.

충남연구원. (2019). 빅데이터 기반 재난안전 예측행정시스템 전략방안 수립 연구.

한국원자력안전기술원. (2017). 원자력 안전관리 거버넌스 체계 구축을 위한 빅데이터 플랫폼 운용방안 연구.

한국정보화진흥원. (2014). 2014년도 빅데이터 활용 스마트서비스 사례집.

한국정보화진흥원 빅데이터 전략연구센터. (2013). 더 나은 미래를 위한 데이터 분석 : Big Data 글로벌 선진 사례 Ⅱ.

한국지역정보개발원. (2013). 빅데이터를 활용한 지방자치단체의 재난안전관리 거버넌스 구축연구, 12월.

한국행정연구원. (2013). 빅데이터와 재난관리, 미래전략본부 재난관리연구실. Issue Paper, 5월.

한국행정학회. (2019). 빅데이터를 이용한 소방안전 선진화 방안 연구.

한림대학교. (2015). 빅데이터 활용사례 : 정책결정 시스템을 중심으로.

Ansoff. H. I. (1975). Managing strategic surprise by response to weak signals, *Californian Management Review*, 18(2): 21-33.

Arslan, Muhammad et. al. (2017). A Review on Applications of Big Data for Disaster Management, The 13th International Conference on SIGNAL IMAGE TECHNOLOGY & INTERNET BASED SYSTEMS, Dec. 2017, Jaipur, India, hal-01678238.

Barber, M. P. (2006). Wildcards - signals from a future near you, *Journal of Future Studies*, 11(1).

Bardach, Eugene. (1999). *Getting Agencies to Work Together: The Practice and Theory of Managerial Craftsmanship*, Washington DC: The Brookings Institution.

Barney, Jay. (1991). Firm Resources and Sustained Competitive Advantage, *Journal of Management*, 17(1): 99-120.

Bright, Jonathan et. al. (2019). *Data Science for Local Government*, Oxford Internet Institute, University of Oxford.

Burkett, M. (2014). Big Data & Supply Chain Analytics: Separating Facts from Fiction. SCC Global Member Meeting and Supply Chain World North America.

Cartwright, Nancy & Jeremy Hardie. (2012). *Evidence-Based Policy: A Practical Guide to Doing It Better*, Oxford University Press.

Casson, Mark. (1982). *The Entrepreneur: An Economic Theory*, Totowa, NJ: Barnes and Noble Books.

Child, John. (1972). Organization Structure, Environment and Performance: The Role of Strategic

Choice, *Sociology*, 6(1): 1-22.

Cho, D. S. & D. H. Lee. (1998). A New Paradigm in Strategy Theory: "ser-M", *Monash Mount Eliza Business Review*, 1(2): 91-106.

Choi, H. & H. Varian. (2012). Predicting the Present with Google Trends. *Economic Record*, 88(s1): 2-9.

City of Boston Smart Communities, *VISION ZERO PILOT AGREEMENT*, 2016. 11. 7.

Coglianese, C. (2003). *Renascent Pragmatism: Studies in Law and Social Science*, Aldershot: Ashgate.

Collis, David. (1994). How valuable are organisational capabilities?, *Strategic Management Journal*, (Special Issue), 15: 143-152.

Crawl, Daniel et. al. (2017). Firemap: A Dynamic Data-Driven Predictive Wildfire Modeling and Visualization Environment, Procedia Computer Service, 108C: 2230-2239.

Davenport, Thomas. H. (2013). *The Rise of Analytics 3.0: How to Compete in the Data Economy*. International Institute for Analytics.

Davenport, Thomas. H., 김진호 옮김. (2014). 「빅데이터 @ 워크」. 서울: 21세기북스.

DCDC. (2007). The DCDC Global Strategic Trends Programme: 2007-2036 3rd edition, Swindon(http://www.cuttingthroughthematrix.com/articles/strat_trends_23jan07.pdf).

Deloitte Touche Tohmatsu. (2013). *Big Data Challenges and Success Factors*, https://www2.deloitte.com/content/dam/Deloitte/it/Documents/deloitte-analytics/bigdata_challenges_success_factors.pdf.

Dewey, John. (2008). *The Later Works of John Dewey, Vol. 1, 1925-1953: 1925, Experience and Nature (Collected Works of John Dewey)*. Carbondale: Southern Illinois Press.

Dumitru OPERA. (2016). Big Questions on Big Data. *Revista de Cercetage si Interventie Sociala*, 55: 112-126.

Eterno, John A. & B. Eli. (2010). Silverman, The NYPD's Compstat : compare statistics or compose statistics?, *International Journal of Police Science & Management*, 12(3).

European Commission. (2016). *Big data and B2B digital platforms: the next frontier for Europe's industry and enterprises*, Recommendations of the strategic Policy Forum on Digital Entrepreneurship, Ref. Ares(2016) 19133442-22/04/2016.

Executive Office of the President. (2014), *Big Data : Seizing Opportunities, Preserving Values*, The White House.

Finkelstein, Sydney. & Donald Hambrick. (1990). Top-Management-Team Tenure and Organization Outcome: The Moderating Role of Managerial Discretion, *Administrative Science Quarterly*,

35(3): 484-503.

Fuerth, Leon S. (2009), Foresight and anticipatory governance, *Foresight*, 11(4): 14-32.

Gartner. (2011). *Gartner's Business Analytics Framework*.

Gladden, E. N. (1953). *The Essential of Public Administration*, Staples Press.

Godown, Jeff. (2013). The CompStat Process : Four Principles for Managing Crime Reduction, *The Police Chief Magazine*, Jan 2013.

Grant, Robert. (1991). The Resource-Based Theory of Competitive Advantage: Implications for Strategy Formulation, *California Management Review*, 33(3): 114-135.

Hambrick, Donald & Phyllis Mason. (1984). Upper Echelons: The organization as a reflection of its top managers, *Academy of Management Review*, 9(2): 193-206.

Han, Jiawei, Micheline Kamber, & Jian Pei (2012), *Data Mining: Concepts and Techniques* 3rd ed, Morgan Kaufmann.

Hannan, Michael & John Freeman. (1984). Structural Inertia and Organizational Change, *American Sociological Review*, 49(2): 149-164.

Hara, Takahiro et. al. (2016). Big Data : Challenges and Opportunities for Disaster Recovery, *NII Shonan Meeting Report*, No 2016-6.

Hart, Timothy C. & Paul A. Znadbergen. (2012). *Effects of Data Quality on Predictive Hotspot Mapping*, Department of Justice.

HBR(Harvard Business Review). (2016). Getting Control of Big Data. Oct.

Head, B. (2008). Three Lenses of Evidence-based Policy, *Australian Journal of Public Administration*, 67(1): 1-11.

Helms, James Max et. al. (2018). *Assessment of Data-Driven Deployment by the Memphis Police Department*, Public Safety Institute.

Henry, Vincent E. (2005). CompStat Managment in the NYPD : Reducing Crime and Improving Quality of Life in the New York City, 129th International Senior Seminar on Crime Prevention, Visiting Expert's Papers.

Hughes, O. E. (2003). *Public Management and Administration: An Introduction: An Introduction*. 3rd ed, Basingstoke: Palgrave Macmillan.

Huw, T., O. Davies, Sandra M. Nutley, & Peter C. Smith. (2000). *What works? Evidence-based policy and practice in public service*, The Policy Press.

International Federation of Red Cross and Red Crescent Societies (IFRC). (2013). World Disasters Report 2013: Focus on technology and the future of humanitarian action. Geneva: IFRC.

Jantz, Ronald C. (2001). Technological Discontinuities in the Library: Digital Projects that Illustrate New

Opportunities for the Librarian and the Library, *IFLA Journal*, 27(2): 74–77.

Joas, Hans. (1993). *Pragmatism and Social Theory*, Chicago: University of Chicago Press.

Jones, B. D. (2001). *Politics and the Architecture of Choice: Bounded Rationality and Governance*, Chicago: University of Chicago Press.

Kay, Adrian. (2011). Evidence-Based Policy-Making: The Elusive Search for Rational Public Administration, *The Australian Journal of Public Administration*, 70(3): 240.

Kerksieck, Dustin James. (2016). *A Systematic Approach to Urban Traffic Safety : Theory and Applications for the Implementation of Vision Zero Boston*, Northeastern University Press.

Keulartz, J., M. Korthals, M. Schermer, & T. Swierstra. (2002). *Pragmatist Ethics for a Technological Culture*, Dordrecht: Kluwer Academic Publishers.

Kor, Yasemin. (2003). Experience-Based Top Management Team Competence and Sustained Growth, *Organization Science*, 14(6): 707–719.

Legislative Audit Bureau. (2002). *An Evolution : Milwaukee Metropolitan Sewerage District*.

Loucks, Eric et. al. (2013). Combined Sewer Overflow in the Milwaukee Metropolitan Sewerage District Conveyance and Treatment System, *Water Resource Systems Analysis through Case Studies*, ASCE Library.

Mahoney, Joseph. (1995). The management of resources and the resource of management, *Journal of Business Research*, 33(2): 91–101.

March, James. (1991). Exploration and Exploitation In Organizational Learning, *Organization Science*, (Special Issue), 20(1): 71–87.

Mayer-Schönberger, Viktor & Kenneth Cukier, 이지연 옮김. (2013). 「빅데이터가 만드는 세상」. 서울: 21세기북스.

Mendoça, Sandro, Gustavo Cardoso, & João Caraça. (2012). The strategic strength of weak signal analysis, *Futures*, 44(3): 218–228.

Mintzberg, Henry, Paul Ahlstrand, & Joseph Lampel. (1998). *Strategy Safari: A guided Tour Through the wilds of strategic management*, New York, NY: The Free Press.

Nanus, Burt. (1992). *Visionary Leadership*, San Francisco, CA: Jossey-Bass Publishers.

National Academy of Science, Engineering and Medicine. (2016). *Big data and analytics for infectious disease research, operations and policy : Proceedings of a workshop*, The National Academies Press.

Nelson, Richard & Sidney Winter. (1982). *An Evolutionary Theory of Economic Change*, MA: Harvard University Pres.

Nonaka, Ikujiro. (1991). The Knowledge-creating company, *Harvard Business Review*, 69(9): 96–104.

Oswald, Sharon, Kevin Mossholder, & Stanley Harris. (1994). Vision salience and strategic involvement: Implications for psychological attachment to organization and job, *Strategic Management Journal*, 15(6): 477–489.

Ozdemir, Habib (2011). Compstat : Strategic Police Management fir Effective Crime Deterrence in New York City, International Police Executive Symposium, Working Paper No 30, Geneva Centre for the Democratic Control of Armed Forces.

Petersen, James. (2000). *Out of The Blue: How to Anticipate Big Future Surprises*, Madison Books.

Porter, Michael. (1980). *Competitive Strategy: Techniques for analyzing Industries and Competitors*, New York, NY: The Free Press.

Rahman, Shahinoor et. al. (2017). The Role of Big Data in Disaster Management", Proceeding, International Conference on Disaster Risk Mitigation, Dhaka, Bangladesh, September 23– 24.

Rescher, Nicholas. (1993). *Pluralism: Against the Demand for Consensus*, Oxford: OUP.

Saritas, Ozcan. & Jack E. Smith. (2011). The Big Picture – trends, drivers, wild cards, discontinuities and weak signals, *Futures*, 43: 292–312.

SAS. (2012). White paper – BigData Meets BigData Analytics.

Shackle, G. L. S. (1961). *Decision, Order, and Time in Human Affairs*, Cambridge University Press.

Silver, Nate. 이경식 옮김. (2014). 「신호와 소음」. 서울: 도서출판 길벗.

Smith, Ken, Terence Mitchell, & Charles Summer. (1985). Top Level Management Priorities in Different Stages of the Organizational Life Cycle, *The Academy of Management Journal*, 28(4): 799–820.

Stone, D. (2001). *Policy Paradox: The Art of Political Decision Making*, 2nd ed, New York: W. W. Norton.

Taleb, N.N. (2007). *The Black Swan: The Impact of the Highly Improbable*, New York : Random House Publishing.

The Economist. (2010a). The data deluge(http://www.economist.com/node/15579717).

_____. (2010b). Data, data everywhere(http://www.economist.com/node/15557443).

Tomar, Louisa et. al, (2016). Big Data in the Public Sector, *IDB*, 2016. 10.

Tulumello, Simone (2016). The Long Way to a Safer Memphis : Local Policies for Crime Prevention Need Structural Change, *Race, Class, and Social Justice in Memphis : A Call to Bridge the Great Divide*, The Benjamin L. Hooks Institute for Social Change, The University of Memphis.

Van de Ven, Andrew, Roger Hudson, & Dean Schroeder. (1984). Designing New Business Startups: Entrepreneurial, Organizational, and Ecological Considerations, *Journal of Management*,

10(1): 87-107.

Waldo, Dwight. (1955). *The Study of Public Administration*, Random House.

Walsh, J. Martin. (2016). *Vision Zero Boston 2016 Review : Making Our Streets Safer*.

_____. (2016). *Vision Zero Boston Action Plan*, City of Boston Transportation Department.

Walt, Chris van der, D. Perterson, & S. Farmer. (2011). *HunchWorks: Combining human expertise and big data*. UN.

Westley, Frances & Henry Mintzberg. (1989). Visionary Leadership and Strategic Management, *Strategic Management Journal*, 10: 17-32.

Weiss, C. H., E. Murphy-Graham, A. Petrosino, & A. G. Gandhi. (2008). The Fairy Godmother-and Her Warts making the Dream of Evidence-Based Policy Come True, *American Journal of Evaluation*, 29(1): 29-47.

White, Leonard D. (1926). *Introduction to the Study of Public Administration*, Macmilan.

Wilson, Thomas W. (1887). The Study of Administration (Originally published in *Political Science Quarterly*, vol. 2, Jun, 1887, as reprinted in *Political Science Quarterly*, LVI(56)(Dec. 1941), pp. 486-506, again selected by Donald C. Rowat(ed.), *Basic Issues in Public Administration*(Macmillan, 1961).

Wirth, Rüdiger & Jochen Hipp. (2000). CRISP-DM: Towards a Standard Process Model for Data Mining, Proceedings of the Fourth International Conference on the Practical Application of Knowledge Discovery and Data Mining.

Yu, Manzhu et. al. (2018). Big Data in Natural Disaster Managment : A Review, *Geosciences*, 2018. 8.

e경제뉴스, '국세청, 빅데이터로 탈세-세금 체납 막는다', 2017. 11. 27.자
 (http://www.e-conomy.co.kr/news/articleView.html?idxno=22018)

세정일보, '국세청 '빅데이터 분석'으로 '사업자등록 즉시 발급' 높아진다', 2019. 11. 4.자.
 (https://m.sejungilbo.com/news/articleView.html?idxno=18821)

http://wiwe.iknowfutures.eu/

http://wiwe.iknowfutures.eu/iknow-description/

http://www.unglobalpulse.org/projects

http://www.rahs.gov.sg/public/www/content.aspx?sid=2952

http://app.rahs.gov.sg/public/www/home.aspx

http://nsworld.org/sites/nsworld.org/files/findings/findings5/rahs.jpg

찾아보기

[ㄱ]

가치	14, 18
감염성 질병	80
개방포털시스템	171
개방형 정보공개 체계	85
개인의 예측	219
개체군 변동 추이	81
건강보험심사평가원 빅데이터센터	171
건축물에 대한 안전대책	61
경험적 전문성	254
계절풍	133
공기청정도관측소	138
공동체 회복력 시스템(CRS)	300
교차로 안전 개선	114
국립기상국(NWS)	135
국립사법정책연구소(NIJ)	65
국립항공우주국(NASA)	135
국제전기표준기구(ISO/IEC)	228
국토안보부(DOH)	51
근접·반복 모델링	50
글로벌 펄스(Global Pulse)	235, 247, 248
급여정보분석부	175
급여정보운영부	175
기계학습(ML)	15, 86, 207
기상관측소	137
기상예보	137
기준선 데이터	278

[ㄴ]

날씨마루	185

내무부(DOI)	135
내재화	219
농업기술원	82
뉴욕시 경찰국(NYPD)	51

[ㄷ]

다양성	14, 227
단절	258
대기이론의 문제	85
대사건	258
대세(mega-trends)	257
대시보드(dashboard)	287
데이븐포트(Thomas H. Davenport)	19
데이터 경제	152
데이터 공동활용 체계	211
데이터 기반 의사결정	219
데이터 로딩(data loading)	189
데이터 마이닝(data mining)	15, 22, 49, 344
데이터 스마트 도시	209, 220
데이터 저장소	15
데이터 처리	190
데이터 탐색	190
데이터 통합	219
데이터화	217, 284
뎅기열	83
도시공동체 회복력 지수(CRI)	263
동인(drivers)	257

[ㄹ]

라스트퀘이크(Lastquake)	94
레스터 데이터(raster data)	139
레스터 파일(raster file)	139

로스앤젤레스시 소방청(LAFD)	131
리더십	229, 275
리프트밸리열병	81

[ㅁ]

마이어 쇤버거 (Viktor Mayer-Schönberger)	217
마이크로데이터	154
머레이밸리뇌염	83
메커니즘 기반 관점	60, 67, 76, 114, 124, 145, 156, 166, 181, 193, 204
명령-통제	270
모형 검증	190
모형 구축	190
모형설계(modeling)	22, 344
무선 식별 체계(RFID)	207
무차별 난사에 대한 위험경감책	61
미국 연방재난관리국(FEMA)	300
미래 예측	220, 256
민감한 도시	208

[ㅂ]

발화지역	144
방법론	15
벡터 데이터(vector data)	139
변동성	228
보건의료 빅데이터 개방시스템	171
분석도구	15
분석 성숙도 모델	19
분석센터 서비스	156
분석지원 서비스	156
비전(vision)	256

빅데이터(big data)	14, 16, 90, 207, 214, 226, 241	시스템 아키텍처	293
		식량농업기구(FAO)	82
빅데이터 공공-민간 파트너십 (Big Data P3)	210	신호	18, 218
		실시간 기상관측소창	142
빅데이터 기반 예측 행정 시스템	30, 107, 140	실시간 범죄통제소(RTCC)	51
빅데이터기획부	172	실시간 분석	15
빅데이터사업부	174		
빅데이터센터	160	**[ㅇ]**	
빅데이터지원부	174	안면인식기술	102
		애플워치(Apple Watch)	43
[ㅅ]		약물오남용대책반	128
사건 및 경향분석연구실	85	양(量)	226
사물들의 인터넷	215	엘니뇨/남방진동주기	81
사생활 보호지침	102	역사적 화재	140
사업자 등록 예측모델	166	연기 발생지역	140
사전적 공공 서비스	220	예측 모델링	344
사회 네트워크	237	예측 분석	209
산불 위험지역	140	예측적 거버넌스	27
서부 나일 바이러스	82, 85	예측적 재난관리	100
설정창	144	예측 행정	24
세계동물보건기구(OIE)	82	예측 행정 시스템	24, 27
세계보건기구(WHO)	82	오픈 데이터(open data)	209
센서	209	오픈소스(open source)	17
소음	18, 218, 259	온라인 시각 분석 체계(SOVAS)	343
속도	14, 227	운영본부	133
속도감속지역사업	114	웹 과학	100
숲모기	81	위성위치 확인체계(GPS)	90
스노(John Snow)	86	위성탐지	140
스마트 시티(Smart City)	31	위험지역 분석	50
시각화	15	의사결정	230
시계열 통계정보	168	의사결정 자동화	21
시공간분석	50	인간행동모형	101

인구조사구역	140	지카(Zika)	83
인 메모리 데이터베이스	15	지표연소재	140
인재관리	229	집중관리구간	114

[ㅈ]

[ㅊ]

자동경보 체계	96	차세대 염기서열 분석	83
자연언어 처리 과정	86	차폐율	141
자원 기반 관점	55, 66, 74, 109, 122,	참여형 거버넌스	265
	133, 154, 164, 177, 188, 203	챗봇(chatbot)	162, 302
잠재 추세	257	처리	15
재난관리	89, 241	초소형 전자기계 체계(MEMS)	93
재난 대응	93	총합적 예측	219
재난 복구	95	추세	257
재난 예방·대비	91	취약신호	235, 248, 259
재난정보의 지도화 서버	96		
저장	15	**[ㅋ]**	
적응적 공동관리	270	카메라 영상	137
전파식별태그(RF-ID tag)	101	카메라의 시야	141
정확성	14, 228	크기	14
조직문화	230	클라우드 소싱	15
종단 DB	154		
주문형 서비스	156	**[ㅌ]**	
주체 기반 관점	50, 64, 72, 107, 118,	통계분석	15
	130, 149, 160, 171, 185, 200	통계분석시스템	171
중앙제어 체계	121	통계빅데이터센터	149
증거	250	통계데이터허브	149
지능형 납세 서비스	162	트윗(tweet)	86, 97
지리적 프로파일링	50		
지리정보체계(GIS)	90, 97, 331	**[ㅍ]**	
지속가능성	265	파생 추세	257
지역정보	90	파트너십	275, 300
지역정보 인식 체계(DAS)	51	폐렴(HAP-VAP)	84
		표현	15

푸어스(Leon S. Fuerth)	27, 29
프로세스	270
플래그십(Flagship)	212

[ㅎ]

하둡(Hadoop)	15, 17
하천예보체계(NWSRFS)	118
학습 프로그램	87
핫스팟(hot spot)	48, 56, 59
핫스팟분석	49
행정	25
행정자료	154
헌치워크스(HunchWorks)	235, 247, 248
헤드업 디스플레이(HUD)	330
환경감지모형	101
환경 기반 관점	52, 65, 73, 108, 120, 132, 152, 162, 175, 187, 201
회귀분석	49
횡단 DB	154

Blue CRUSH(Crime Reduction Utilizing Statistical History)	64
CAO(Chief Analytics Officer)	213
Citizen App	210
Civil Immigration Detainers	55
Collect & Integration	280
Compare Stats	54
CompStat(Compare Statistics)	50
CompStat book	54
Court Summonses	55
CRASH	71
Crime and Enforcement Activity Reports	55
CRISP-DM	344
Data P3	211
Data-Smart Governance Solution	208
Deployment Law	55
Desk Appearance Ticket Arrest Analysis Data	55
Drug Dashboard	126
ESPRIT project	344
ExportRun	142
FARSITE	141
Firearms Discharge Reports	55
FireMap	130
FP7	234
GenomeTrakr program	83
GeoServer	139
GetSharedRuns	142
Go Boston 2030	109
Gov2Go	43
Grade.DC.Gov	39
iKnow(interconnected Knowledge)	233
ILBU(inward-looking bottom-up)	234
ILTD(inward-looking top-down)	234
IoT Lab	211
ISO/IEC	227
KCB	154
KDD	344
Kepler Scientific Workflow System	146
Kepler WebView	141
ListShredRuns	142

LiveWx	142	Sense & Stream	281
MACRO	122	ShareFireRun	142
MODA	214	Smart Dashboard	209
MyLA 311	35	Stop	55
NoSQL database	15	Target Zero	109
OLBU(outward-looking bottom-up)	234	ThingSpace	110
OLTD(outward-looking top-down)	234	Toward Zero Deaths	109
OpenStreetMap(OSM)	94	TRAC	69
Overflow Control System	118	Transit-Bus Crime Reports	55
PredPol(Predictive Policing)	72	Vision Zero Boston	107
Privacy Technology Initiative	212	WiFire	131
Pylaski	136	WiFire Lab	130
Python	287	WindyGrid	85
Question and Frisk Data	55	Zero-Client 단말기	155
R	287	Zero Fatalities	109
RAHS	238		
Ring of Steel	330		
R&I(Research & Innovation)	211		
RunFarsite	142	4V	14
School Safety Data	55	5V	14, 226
SEMMA	344, 346	311 민원신고	30, 36

저자 소개

이동규
invictus88@dau.ac.kr

경희대학교 법학 학사
성균관대학교 국정전문대학원 행정학 석사
성균관대학교 국정전문대학원 행정학 박사

동아대학교 대학원 기업재난관리학과 부교수
동아대학교 긴급대응기술정책연구센터 소장

국무총리 표창(국가재난관리 유공)
한국행정학회 학위논문 부문 학술상/학술 논문 대회 최우수상
국가위기관리학회 학술상/학술공로상
한국지방정부학회 공로패
㈜넥슨커뮤니케이션즈 감사패

미국 Project Management Institute : Project Professional Management 자격 취득

현 기획재정부 준정부기관 경영평가단 위원
현 행정안전부 중앙안전관리민관협력위원회 위원
현 행정안전부 재난안전사업평가 자문위원회 위원
현 국립재난안전연구원 연구심의위원회 위원
현 부산광역시 서비스산업발전위원회 위원
현 부산본부세관 보세구역 특허심사위원회 심사위원
현 한국정책학회 국문편집위원회 편집위원/ 영문 편집위원회 편집위원

전 한국정책학회 콘텐츠 게임산업정책특별위원회 위원장/재난관리특별위원회 간사
전 국회 안전한 대한민국 포럼 특별회원
전 게임물관리위원회 비상임 이사
전 제21기 통일부 통일교육위원
전 국민안전처 지진방재 종합개선 기획단 민간위원/정책자문위원회 위원
전 부산정보산업진흥원 부산 SW융합 혁신위원회 혁신위원
전 한국행정학회 국문편집위원회 편집위원
전 한국정책학회 콘텐츠게임산업정책특별위원회 위원장/재난관리특별위원회 간사
전 국가위기관리학회 연구위원회 위원장/재난안전게임정책위원회 위원장/제도화 위원장
전 한국리서치 여론조사 분야 공공정책 부문 자문위원
전 한국지방정부학회 연구위원회 위원장
전 부산일보 부일시론 필진
전 위기관리이론과실천(CEM-TP) 정보정책센터 센터장
전 대전광역시 출연기관 경영평가 평가단장
전 이재민사랑본부 재난피해자연구소 부소장
전 동아대학교 대학원 기업정책학과 책임교수
전 동아대학교 석당인재학부 공공정책 전공 학부장
전 국회예산정책처 경제예산분석과 예산분석관